동주집

이 책은 2012년도 정부(교육부)의 재원으로 한국고전번역원의 지원을 받아 수행된 '권역별거점연구소협동번역사업'의 결과물임.

This work was supported by Institute for the Translation of Korean Classics - Grant funded by the Korean Government.

한국고전번역원 한국문집번역총서 / 충남대학교 한자문화연구소

동주집 3

이민구 지음
李敏求

강원모 김문갑 오승준 정만호 옮김

東州集

일러두기

1. 이 책의 번역 대본은 한국고전번역원에서 간행한 한국문집총간 94집 소재《동주집(東州集)》으로 하였다. 번역 대본의 원문 텍스트와 원문 이미지는 한국고전종합DB(http://db.itkc.or.kr)에서 확인할 수 있다.
2. 내용이 간단한 역주는 간주(間註)로, 긴 역주는 각주(脚註)로 처리하였다.
3. 한자는 필요한 경우 이해를 돕기 위하여 넣었으며, 운문(韻文)은 원문을 병기하였다.
4. 맞춤법과 띄어쓰기는 한글 맞춤법과 표준어 규정을 따랐다.
5. 이 책에서 사용한 부호는 다음과 같다.
   ( ) : 번역문과 음이 같은 한자를 묶는다.
   〔 〕: 번역문과 뜻은 같으나 음이 다른 한자를 묶는다.
   " " : 대화 등의 인용문을 묶는다.
   ' ' : " " 안의 재인용 또는 강조 문구를 묶는다.
   「 」: ' ' 안의 재인용을 묶는다.
   『 』: 「 」 안의 재인용을 묶는다.
   《 》: 책명 및 각주의 전거(典據)를 묶는다.
   〈 〉: 책의 편명 및 운문·산문의 제목을 묶는다.

차례

동주집 시집 제3권

시詩

철성록3 鐵城錄三

동주집 시집 제4권

시詩

철성록4 鐵城錄四

동주집 시집 제5권

시詩

철성록5 鐵城錄五

동주집 시집 제6권

시詩

철성록6 鐵城錄六

동주집 시집 제7권

시詩

철성록7 鐵城錄七

동주집 시집 제8권

시詩

아성록1 牙城錄一

동주집

시집 제3권

詩시

기묘년(1639, 인조17) 정월 초하루에 작년 정월 그믐날의 운자[1]에 맞춰 짓다
己卯元日 次上年春晦韻

성루에 북과 호각 울리는 봄날	城鼙樓角屬春天
나그네 꿈 객지 잠자리에서 처음 깼네	羈夢初回客枕邊
고향으로 다시 돌아갈 날 언제일까	故國重還知幾日
외로운 신하 귀양 온 지 벌써 삼 년일세	孤臣一謫已三年
아이들은 저도 모르게 오랑캐 말 익숙하고	兒童暗覺夷音慣
마을에는 변방의 풍속이 전하는구나	閭井堪從塞俗傳
말술을 어찌 홀로 마시지 못하랴만	斗酒豈無供獨酌
술잔 마주하고 들지 못한 채 눈물만 흘리노라	臨觴不御却潸然

1 작년……운자 : 《동주집(東州集)》 시집(詩集) 권2에 수록된 〈정월회일(正月晦日)〉을 말한다.

강원 감사 유성증[2]이 멀리 옷가지를 보내 준 것에 사례하다
謝關東兪監司省曾遠遺衣資

섬강[3] 물 한양성 감돌아 흐르니	蟾江水繞漢陽城
관산까지는 보름 길이지	終是關山半月程
편지로 문득 천 리 밖 소식 전해 주고	書疏忽傳千里信
의복 보내 주니 백 년의 정 간절하네[4]	綈袍轉切百年情
풍진이 변방 둘렀으니 언제나 돌아갈까	風塵繞塞歸何日
천지에 이 몸 의지할 집도 없어라	天地無家寄此生
죽기 전에 혹 반갑게 만난다면	未死倘諧青眼對
백발 쇠한 몸으로 함께 갓끈 적시겠지	只應衰白共霑纓

2 유성증(兪省曾) : 1576～1649. 본관은 기계(杞溪), 자는 자수(子修), 호는 우곡(愚谷)·요곡(拗谷)이다. 《白軒集 卷42 江原道觀察使兪公神道碑銘》 1638년(인조16) 9월 2일에 강원 감사에 임명되었다. 《仁祖實錄 16年 9月 2日》

3 섬강(蟾江) : 강원도 횡성군(橫城郡)에서 발원하여 원주시(原州市)를 지나 한강으로 합류하는 강이다.

4 의복……간절하네 : 유성증이 옷가지를 보내 주니, 그의 정의가 대단히 간절하고 고맙다는 말이다. 제포(綈袍)는 두꺼운 명주로 만든 솜옷이다. 전국 시대 위(魏)나라의 수가(須賈)가 그의 옛 친구 범저(范雎)가 추위에 떠는 것을 보고 제포를 주었던 고사가 있다. 《史記 卷79 范雎列傳》

달

月

은하수 금빛 물결 변방 문에 닿으니	銀漢金波接塞門
하늘가에서 슬피 바라보며 녹아내리는 마음이네	天邊悵望一銷魂
삼 년 피리 소리 속에 관산 경치 보았고[5]	三年笛裏關山色
밤새 옷깃 앞에 눈물 자국 남았네	竟夜襟前血淚痕
고향에서 편지 기러기에 부칠 수도 없는데	故國無書堪寄雁
여생에 통한 있으니 차마 원숭이 울음 들으랴[6]	餘生有恨忍聞猿
멍하니 북녘 바라보니 달빛 떠오르고	虛瞻北陸寒蟾轉
홀로 매화[7] 마주하니 자던 까치 날아간다	獨對南枝睡鵲翻

5 삼 년……보았고 : 영변 적소에서 3년 동안 피리 소리 들리는 속에 달빛 비친 관산의 경치를 보았다는 말이다. 참고로 두보(杜甫)의 시에 "삼 년 피리 소리 속에 관산에 비친 달빛이요, 만국의 군대 앞에 초목을 휩쓰는 바람이라.〔三年笛裏關山月, 萬國兵前草木風.〕"라는 말이 있다. 《杜少陵詩集 卷6 洗兵馬行》

6 여생에……들으랴 : 이민구가 병자호란 당시 두 아들을 잃어 큰 한이 되었기에 한 말이다. 진(晉)나라 환온(桓溫)이 군사를 거느리고 장강(長江)을 거슬러 올라가 촉(蜀)의 이세(李勢)를 공격할 당시, 삼협(三峽)에 이르렀을 때 어떤 군사가 원숭이 새끼 한 마리를 잡았다. 그 어미가 슬피 울며 강기슭으로 백여 리를 따라오다가 배 위로 뛰어 올라와서는 그만 죽고 말았는데, 배를 갈라 보니 창자가 마디마디 끊어져 있었다고 한다. 《世說新語 黜免》

7 매화 : 남지(南枝)는 매화를 가리키는 시어(詩語)이다. 소식(蘇軾)의 시에 "내 소원은 매화꽃 질 무렵에, 일찍 북쪽 기러기 따라 날아 보는 것이다.〔願及南枝謝, 早隨北雁翩.〕"라는 표현이 있다. 《蘇東坡詩集 卷35 次韻蘇伯高遊蜀岡途李孝博奉使嶺表》

봄날

春天

봄날 비는 오지 않고 흐리기만 한데	春天不雨每陰陰
베개에 기대 빈 창에서 새벽 새소리 듣는다	欹枕虛窓聽曙禽
오솔길 따라 풀싹이 눈 뚫고 돋아나고	繚逕草芽穿雪早
못으로 통하는 샘 줄기 얼음 깨고 흐른다	通池泉脈坼氷深
따뜻한 봄기운에 만물 생동하는데	陽和萬物俱生意
늙고 병든 몸 삼 년이나 죽지 못한 마음이네	衰病三年未死心
앉아서 꽃 마주하니 더욱 시름겨운데	坐對芳華轉愁絶
내 시에 수창할 사람 없구나	無人酬我白頭吟

두보의 시 〈이완은거〉[8]를 차운하여 김대진에게 주다

次杜詩貽阮隱居韻 贈金大振

내가 변방에 유배 와서	自我謫關塞
겪은 사람 무수히 많지	閱人乃無數
김대진은 태천의 수재로	金生泰川秀
문장에서 숭상할 바를 알았지	績文知所祖
책 끼고 쑥대 우거진 집에 찾아와[9]	挾冊就蓬蒿
스승의 도움 받아 옛것 사모하게 되었네	師資慕前古
때는 마침 상란 겪은 뒤라서	屬時經喪亂
백성들 삶 평안치 못한데	萬姓未安堵
호미 버리고 공부하러 오니	廢鋤起游學
생각하면 너의 지극한 마음 괴로웠으리	念汝至心苦
나는 바야흐로 눈과 귀를 막고	余方塗耳目
한 칸 방에서 봄비에 갇혀 지내다가	一室閉春雨
마지못해 정성스런 바람에 답하니	勉强答殷勤
네가 범 그릴까 두렵구나[10]	恐爾業畫虎

8 이완은거(貽阮隱居) : 두보(杜甫)가 일찍이 은사(隱士) 완방(阮昉)에게 준 시로, 《두소릉시집(杜少陵詩集)》 권7에 수록되어 있다.

9 책……찾아와 : 김대진이 이민구에게 찾아왔다는 말이다. 봉호(蓬蒿)는 동한(東漢)의 고사(高士) 장중울(張仲蔚)이 벼슬하지 않고 은거하며 안빈낙도(安貧樂道)하였는데, 그의 거처가 쑥대로 우거졌었다는 고사를 인용한 것이다. 《高士傳 中 張仲蔚》

10 네가……두렵구나 : 김대진이 너무 큰 뜻을 품었다가 도리어 실패하게 될까 염려

훌륭한 선비가 큰 덕망 떨치려고　　傑士振大雅
꼭 중원으로 달려갈 필요는 없다네　　不必奮中土

된다는 말이다. 화호(畫虎)는 호랑이를 그린다는 말로, 분수에 넘치는 고원(高遠)한 일을 이루려다가, 끝내 이루기 어려움을 비유한다. 후한(後漢)의 명장(名將) 마원(馬援)이 일찍이 자기 조카들에게 경계한 글에서, 용술(龍述)은 신중하고 위엄 있는 사람이므로, 그를 본받으면 행검(行檢) 있는 선비는 될 수 있으니, 이른바 '고니를 새기다가 못 이루더라도 집오리처럼은 될 수 있다.〔刻鵠不成, 尙類鶩.〕' 그러나 두보(杜保)는 호협(豪俠)한 사람이므로, 그를 본받다가는 천하의 경박자(輕薄子)가 될 것이니, 이른바 '범을 그리다가 이루지 못하면 도리어 개같이 되어버린다.〔畫虎不成, 反類狗.〕'라고 한 데서 온 말이다.《後漢書 卷24 馬援列傳》

양양 부사 목순경[11]이 부쳐준 편지에 답하다

謝睦襄陽舜卿寄書

새해에 병 많고 마음도 서글퍼	新年多病意悽悽
멀리서 온 편지에 한 달 지나 답장 쓰네	遠地傳書隔月題
천 리 밖 꿈에서나 얼굴 보니	會面只憑千里夢
편지 뜯자 몇 줄기 눈물이 앞을 가렸지	開緘却掩數行啼
선생의 다섯 버들은 시상 북녘에 있고[12]	先生五柳柴桑北
적객의 그윽한 난초는 초택 서쪽에 있네[13]	遷客幽蘭楚澤西

11 목순경(睦舜卿) : 목서흠(睦敍欽, 1572~1652)으로, 본관은 사천(泗川), 자는 순경, 호는 매계(梅溪), 시호는 충정(忠貞)이다. 《승정원일기》 인조 15년 6월 22일 기사에 목서흠을 양양 부사에 임명한 기록이 있다.

12 선생의……있고 : 목서흠이 초야로 물러나 있다는 말이다. 시상(柴桑)은 도잠(陶潛)의 고향이고, 오류(五柳)는 다섯 그루 버드나무라는 말인데, 도잠이 팽택 현령(彭澤縣令)을 지내다가 〈귀거래사(歸去來辭)〉를 읊으며 고향으로 돌아와, 집 앞에 버드나무 다섯 그루를 심고 스스로를 오류선생(五柳先生)이라고 하였다. 《晉書 卷94 陶潛列傳》 목서흠은 1637년(인조14) 양양 부사에 임명되었다가, 이듬해 심양에 보낼 여인들을 잘못 골라 보냈다는 이유로 파직되고, 1641년 서용(敍用)되어 개성 유수(開城留守)에 임명되었다. 《東州集 文集 卷8 知中樞府事睦公墓誌銘》 이 시는 1639년에 지은 것이고, 이민구의 원주에도 목서흠이 파직되었다는 내용이 있으므로, 도잠의 고사를 인용하여 초야로 물러난 목서흠에 대해 읊고 있음을 알 수 있다.

13 적객(謫客)의……있네 : 영변 유배지에 있는 자신을 굴원(屈原)의 고사를 인용하여 읊은 것이다. 초택(楚澤)은 초(楚)나라 굴원이 방축(放逐)된 곳이다. 《초사(楚辭)》에 "내가 구원의 땅에 이미 난초를 심어 놓고는, 다시 백 묘의 땅에다 혜초를 심었노라. 〔余旣滋蘭之九畹兮, 又樹蕙之百畝.〕"라고 하였으므로, 유란(幽蘭)을 오류(五柳)와 짝이 되도록 배치한 것이다. 원(畹)은 본래 땅의 면적을 나타내는 단위로, 1원(畹)은

듣자니 대제에 짝할 여자 없어서 聞道大堤無女伴
산공이 곤드레만드레 취하지 못한다지[14] 山公不得醉如泥

순경이 심양에 보낸 여자들이 못생겼다는 이유로 체포되어 파직되었다. 그러므로 마지막 구에서 언급하였다.

12묘(畝) 또는 30묘(畝)라고도 한다. 후대 사람들은 보통 구원을 난초 심는 동산이라는 의미로 사용하였다.

14 듣자니……못한다지 : 원주에 있는 바와 같이, 목서흠이 심양에 보낸 여자들이 예쁘지 않아 청나라 사람들이 좋아하지 않았다는 사실을 말한 것이다. 대제(大堤)는 중국의 호북(湖北) 양양현(襄陽縣)에 있는 지역 이름이다. 산공(山公)은 진(晉)나라 산간(山簡)을 가리키는데, 그가 술을 몹시 좋아하여 양양의 고양지(高陽池)에 늘 나가 노닐면서, 번번이 대취(大醉)하여 사람 등에 업혀 오곤 하였다는 고사가 있다. 《世說新語 任誕》 여기서는 목서흠이 양양 부사로 있었기 때문에, 양양현과 관련된 대제와 산공을 인용하여 읊은 것이다.

참의 이경의[15]가 안부를 묻고 새 달력을 보내 준 것에 사례하다

謝李參議景義問訊及新曆

한 쌍 물고기 강해에서 부침 면하고[16]	雙魚江海免浮沈
봉력의 봄 반포 변방까지 미쳤네[17]	鳳曆頒春及塞陰
매양 세월 보내며 이별의 한 사무치고	每閱流年催別恨
자주 편지 열어 보며 헤어진 마음 슬퍼지네	頻開尺牘感離心
벗들도 대부분 돌아가니 소식 값지고	交游略盡音書重
굶주림과 추위에 시달리는 몸 병도 깊어가네	饑凍相仍疾病深
궁도에 성한 백발 괴상타 마라	莫怪窮途饒白髮
이 사람 진실로 옛 화잠을 저버렸다네[18]	此生眞負舊華簪

15 이경의(李景義) : 1590~1640. 본관은 연안(延安), 자는 자방(子方), 호는 만사(晩沙)이다. 호조(戶曹)와 이조(吏曹)의 참의(參議)를 역임하였다.《澤堂集 別集 卷6 吏曹參判李公墓誌銘》

16 한 쌍……면하고 : 편지가 무사히 도착했다는 말이다. 쌍어(雙魚)는 두 마리 잉어로, 서신(書信)을 의미한다. 진(晉)나라 육기(陸機)의 〈음마장성굴행(飮馬長城窟行)〉에 "손님이 멀리서 와서 나에게 잉어 두 마리 주네. 아이 불러 삶게 했더니 그 속에 편지 있네.〔客從遠方來, 遺我雙鯉魚, 呼兒烹鯉魚, 中有尺素書.〕"라고 한 데서 유래하였다.

17 봉력(鳳曆)의……미쳤네 : 이경의가 달력을 보내 준 것에 대해 읊은 것이다. 봉력은 책력(冊曆)을 의미한다. 옛적 소호씨(少皞氏) 때에 봉이 마침 이르렀기 때문에, 봉으로써 관명(官名)을 하여 역서(曆書) 맡은 관직을 봉조씨(鳳鳥氏)라 하였다.《春秋左氏傳 昭公17年》

18 이 사람……저버렸다네 : 벼슬살이에 대한 기대가 없다는 말이다. 화잠(華簪)은 고관들이 머리에 꽂는 화려한 비녀로, 높은 벼슬을 상징한다.

운산 강팔해[19]에게 주다

贈雲山康八垓

예전 내가 서울에 있을 때	昔我在京師
서쪽 바라보니 운산 멀었으니	西望雲山遠
생각도 못했지 궁마의 고장에	不謂弓馬鄕
그런대로 문헌이 많을 줄을[20]	居然足文獻
강팔해는 그윽한 골짜기에서 나와	康生出幽谷
빼어난 자질로 맑은 의론 좋아했네[21]	峻拔愜淸論
뭇 서적을 눈과 반딧불에 비춰 읽고[22]	群書映雪螢
각고의 마음으로 조금씩 쌓아갔네	苦心思積寸
시골구석에서 어리석음 깨치기에 한계 있으니	窮荒限擊蒙

19 강팔해(康八垓) : 인적사항 미상인 인물이다. 시의 내용으로 보아 이민구가 영변 유배지에 있을 때 가르침을 받기 위해 찾아왔던 인물로 판단된다.

20 생각도……줄을 : 운산은 군사들이 주둔한 변방이므로, 문헌이 없을 것이라고 생각했다는 말이다. 궁마향(弓馬鄕)은 말을 타고 활을 쏘는 고을이라는 말이다. 참고로 "세상 사람들이 관서지방을 궁마의 고을이라고 한다.〔世之人謂關西弓馬鄕也〕"라는 말이 있다. 《夢梧集 卷6 戶曹佐郎鄭公墓碣銘》

21 강팔해는……좋아했네 : 강팔해가 변방의 비루(鄙陋)한 환경에서 자랐지만, 뛰어난 자질로 맑은 의론을 좋아했다는 말이다. 《시경》〈벌목(伐木)〉에 "깊은 골짜기에서 나와, 높은 나무 위로 옮기네.〔出自幽谷, 遷于喬木.〕"라는 말이 있다.

22 뭇……읽고 : 강팔해가 부지런히 독서했다는 말이다. 영설형(映雪螢)은 눈과 반딧불에 비춘다는 말로, 겨울철 눈에 책을 비춰 읽었던 손강(孫康)과 여름철 반딧불에 책을 비춰 읽었던 차윤(車胤)의 형설지공(螢雪之功) 고사를 인용한 것이다. 《蒙求》

우물에서 하늘 보는 한탄이 남았네[23]	井觀乃餘恨
나를 찾아 희미한 길 물으니	款余問迷塗
통달하려면 곤궁함에 처하기를 잘해야지	求通重處困
좋은 금은 마침내 쇳돌에서 벗어나겠지만	良金會脫礦
거친 돌로 어찌 무딤을 갈 수 있으랴[24]	頑石豈磨鈍
저녁에도 두려워함 실추하지 말 것을 기약하면	夕惕期勿墜
반드시 공을 이루리[25]	功成若操券
부끄럽다 내가 하루라도 어른이지만	自愧一日長
분명하게 권할 말이 없구나[26]	無言效明勸
오직 근본에 힘쓸 것을 바라면서	唯將漑根望

23 우물에서……남았네 : 강팔해가 변방 시골에서 거주하고 있기 때문에, 스스로의 노력만으로 견해를 넓힐 수 없었으므로, 좁은 식견에 대한 한이 있었다는 말이다.

24 좋은……있으랴 : 강팔해는 양금(良金)처럼 뛰어난 자질을 가지고 있지만, 이민구 자신은 강팔해를 가르칠 만한 능력이 없다는 말이다. 완석(頑石)은 다듬어지지 않은 단단한 돌로, 전하여 무능하고 세련되지 못함을 비유하는데, 여기서는 이민구 자신을 비유한 말이다.

25 저녁에도……이루리 : 부지런히 노력하면 반드시 성과를 거둘 수 있다는 말이다. 석척(夕惕)은 《주역》 〈건괘(乾卦) 구삼(九三)〉의 "군자가 종일토록 부지런히 힘쓰고, 저녁까지도 두려워하면, 위태로우나 허물이 없다.〔君子終日乾乾, 夕惕若, 厲无咎.〕"라고 한 데서 나온 말로, 항상 조심함을 의미한다. 조권(操券)은 보증하는 문건을 의미한다. 고대에는 계약할 때 계약 증서를 둘로 나누어서, 한 조각은 채권자가 가지고 다른 한 조각은 채무자가 가졌는데, 채권자가 가진 조각을 조권이라 하였다.

26 부끄럽다……없구나 : 이민구가 강팔해보다 나이가 많기는 하지만, 그에게 지남(指南)이 될 만한 말을 해줄 수 없어 부끄럽다는 겸사이다. 일일장(一日長)은 하루라도 나이가 많음을 의미하는 말로, 《논어》 〈선진(先進)〉에 "내가 너희보다 하루라도 어른이라고 해서 나를 어렵게 여기지 말라.〔以吾一日長乎爾, 毋吾以也.〕"라고 하였다.

힘써 그대 입신양명하길 기원하노라[27] 勖汝立揚願

27 오직……기원하노라 : 강팔해에게 근본에 힘쓰라고 당부하면서 입신양명을 기원한 말이다. 개근(漑根)은 뿌리에 물을 댄다는 말로, 근본에 힘쓴다는 말이다. 한유(韓愈)가 장적(張籍)에게 자신을 인도해 준 것을 감사하며 말하기를 "뿌리에 물을 주어서 열매를 먹게 한다.〔漑其根, 將食其實.〕"라고 하였다. 《古文眞寶 後集 卷2 重答張籍書》

객지에서 마음을 달래다
客居遣懷

흐르는 세월은 괴롭게도 멈추지 않고	流景苦難淹
지난 일은 항상 쉬 사라지네	往事常易朽
서쪽 관새 고향 아니건만	西關非故鄉
나그네 신세로 노년 보내노라	客寓送老醜
변방 푸른 풀 세 번 보았으니	三見塞草青
여기 온 지도 이미 오래구나[28]	我來亦已久
세상 변화 아득히 이어지니	世變莽相仍
쓸쓸히 한번 머리 돌려 돌아보노라	蕭條一回首
중년에는 마음 즐거웠지만	中歲會心樂
금세 지나가 취할 게 없고	瞥眼不可取
노년에 가까워짐을 날마다 깨달으니	日覺暮境迫
생사에 다시 무슨 미련 있을까	死生復何有
본래의 바람 아련히 어긋났으니	茫然乖夙尙
술조차 끊고 싶어라	至欲屛杯酒
변방에 묻혀 졸렬한 분수대로	沈埋隨拙分
기꺼이 어부랑 나무꾼과 어울려 사네	甘與漁樵偶
이역 풍속 그대로 따르고	異俗苟因循

28 푸른……오래구나 : 이민구가 영변에 유배된 것은 1637년(인조15)의 일이었으므로, 1639년은 영변 생활 3년째였다.

인정의 야박함과 후덕함 두루 겪었네 人情閱薄厚
고개 떨군 떠돌이 늙은이 低顏逆旅叟
하대의 괄시도 웃으며 받아들이네 爾汝安笑受
길이 일반 백성 되어 永爲編戶甿
일 묘의 땅에 집 짓고 살리라 結宇依一畝
어찌 옛 집이 없으랴 豈無舊先廬
풍우 속에서도 대대로 지켜왔지 風雨經世守
난리 통에 감히 생각도 못하니 喪亂未敢懷
담장이 지금도 남아 있기나 할는지 墻壁今在否
섬돌 아래 꽃들은 잡초에 묻혔을 터 階花旣蕪沒
하물며 문 앞 버들 물으랴 況問門前柳
아직도 노송 두 그루 떠오르니 尙憶兩株檜
눈서리 내린 후에 옮겨 심었지 移栽霜雪後
석 자 남짓 마주보고 서서 對立三尺餘
푸른빛이 높은 창 비추었지 翠色映高牖
울창하게 하늘 찌르는 자태 鬱鬱干霄姿
일찍이 뭇 나무들과 벗하기를 마다했지 早辭群木友
이웃 아이 본래 함부로 굴었는데 隣童本無賴
도끼로 찍지나 않았을까 斤斧莫相負
마침 구름 스칠 만큼 자란 모습 본다면 會見拂雲長
묵은 뿌리가 오래 되었음을 알리라 方知古根壽

사일[29]에

社日

어느새 새봄도 반 지나가니	忽過新春半
유배객 눈물로 옷깃 가득 적시네	流人淚滿衣
해마다 사일 맞이해도	年年逢社日
제비와 함께 돌아가지 못하누나	不與燕同歸

29 사일(社日) : 토지신(土地神)에게 제사하는 날이다. 대개 입춘과 입추 후 다섯 번째 무일(戊日)에 제사를 지낸다. 춘사일(春社日)에는 제비가 날아오고, 추사일(秋社日)에는 제비가 떠난다고 하므로, 시에서 제비를 언급하고 있는 것이다.

봄날

春日

물고기 올라오고 언덕에 진흙 녹고	游魚上水岸泥融
어린 꿩 놀라 날고 들녘은 꽃들로 붉게 타네	乳雉驚飛野燒紅
삼월 비에 연못가 버들개지 떨어지고	池絮落殘三月雨
봄바람에 산꽃이 두루 피었네	山花開遍一春風
평소 절후는 자꾸만 바뀌고[30]	平居節候頻移琯
늘그막 거취는 구르는 쑥대 신세로다	老去行藏獨轉蓬
이미 관아에서 백 묘 땅 빌렸으니	已就州家分百畝
밭농사 이웃 노인과 함께 하려네	斫畬終擬共隣翁

둔전을 빌려 경작하였기에 이렇게 읊었다.

30 평소……바뀌고 : 절후의 변화가 빠르다는 말로, 세월이 쉬 흘러감을 의미한다. 이관(移琯)은 옥관(玉琯)을 옮긴다는 말로, 절후가 바뀜을 말한다. 갈대 속의 얇은 막을 태워 재로 만든 뒤 그것을 각각 율려(律呂)에 해당되는 여섯 개의 옥관(玉琯) 안에 넣어 두면, 그 절후에 맞춰 재가 날아가는 바, 동지에는 황종(黃鍾) 율관(律管)의 재가 나는 것과 같은 경우이다. 《漢書 律曆志》

이 만호[31]와 농담으로

戱李萬戶

내가 오고서 세 번 해 바뀌니　　我來三易歲
그대 나이도 더욱 늙어가네　　見君歲益老
가는 세월에 늙은 얼굴 쇠하고　　逝景凋暮顔
어느새 머리에는 백발 가득하네　　俄頃雪滿腦
오늘이 어제 아니니　　今日非昨日
어찌 오래도록 고우랴　　安得久姸好
비록 거울 보지 않아도　　雖無照鏡看
마르고 야윈 줄을 스스로 알리라　　自知亦枯槁
부질없이 젊은 시절 마음만 남았으니　　空餘少壯心
감히 아이들 비웃음 한하랴　　敢恨兒童笑
흥망성쇠 서로 갈마드나니　　盛衰遞相乘
선배나 후배나 모두 번뇌하네　　先後均懊惱
걱정거리는 거센 풍상 속에　　所虞風霜急
아침과 저녁을 보전할 수 없음이라네[32]　　朝夕莫可保
사람마다 그대처럼 장수하고　　人人及君齡

31 이 만호(李萬戶) : 인적사항 미상의 인물이다. 시의 내용으로 보아 이민구의 적소(謫所) 근처에 거주하는 인물로 보인다.

32 걱정거리는……없음이라네 : 혼란한 세상에 언제 죽을지 알 수 없다는 말이다. 조석(朝夕)은 아침과 저녁이라는 말인데, 여기서는 아주 짧은 시간, 또는 특정할 수 없는 시간을 의미한다.

갓난아이가 포대기에 있으며	生子在襁褓
먹고 마심이 모두 그대 같다면	飮啗一似君
늙은 얼굴 센 머리를 어찌 말하랴	衰白何足道
이미 지난 칠십 년 세월	已往七十年
다른 사람에게는 오지 않을 보물이지	是他未來寶
상자의 장례 보지 못했는가	不覩殤子葬
실로 장수와 요절을 같다 하기 어렵지[33]	實難齊壽夭
장수한데다 건강하려고까지 하니	旣壽欲常健
어찌 천지의 조화에 부끄럽지 않으랴	豈不慙大造
이 말로 그대 마음 위로하노니	將此慰君意
달관한 사람은 거꾸러지며 웃으리라	達者應絶倒

33 상자(殤子)의……어렵지 : 장수하는 것과 요절하는 것은 엄연히 다르다는 말이다. 상자는 20세 이전에 죽는 단명자(短命者)를 말한다. 16세~19세 사이에 죽는 것을 장상(長殤), 12세~15세 사이에 죽는 것을 중상(中殤), 8세~11세 사이에 죽는 것을 하상(下殤)이라고 한다.《儀禮 喪服傳》《장자(莊子)》〈제물론(齊物論)〉에 "요절한 소년보다 더 장수한 이가 없고, 팽조가 요절했다고 할 수도 있다.〔莫壽乎殤子, 而彭祖爲夭.〕"라는 말이 나온다.

정랑 이사겸[34]에게 답하다

答李正郎士謙

소식이 일 년이나 끊겼다고 감히 말하랴　　音書敢道隔年遲
보내온 말에 서글퍼 그리던 마음 위로되네　　來語悽然慰所思
만 번 죽을 객지에 나 홀로 있으니　　萬死客游身獨在
평생의 우의 꿈에서도 더욱 알겠네　　一生交誼夢偏知
놀란 새는 밤낮으로 활에 다친 것을 한하고[35]　　驚禽日夜傷弓恨
늙은 말은 변방에서 마구간에 엎드려 슬퍼하네[36]　　老驥關河伏櫪悲
떠나온 사람 번거롭게 안부 묻지 마시게　　離別不須煩問訊
우번은 돌아갈 기약 없다네[37]　　虞翻未有定歸期

34 이사겸(李士謙) : 이행진(李行進, 1597~1665)으로, 본관은 전의(全義), 자는 사겸, 호는 지암(止菴)이다.《老村集 卷5 嘉善大夫吏曹參判止庵李公墓表陰記》

35 놀란……한하고 : 이전에 화란을 겪은 사람은 매사에 놀라기부터 한다는 말이다. 부혁(傅奕)이 한왕(漢王) 양(諒)에게 아뢴 말 가운데 "끓는 죽에 덴 자는 냉채를 불어 마시고, 화살에 상한 새는 굽은 나무를 보고도 놀란다.〔懲沸羹者吹冷虀, 傷弓之鳥驚曲木.〕"라는 말이 있다.《新唐書 卷107 傅奕列傳》 여기서는 이민구의 원주를 참조해 볼 때, 이행진이 대간(臺諫)의 탄핵을 당했기 때문에 이렇게 읊은 것으로 보인다.

36 늙은……슬퍼하네 : 유배지에 있는 신세를 비유적으로 읊은 것이다. 조조(曹操)의 〈보출하문행(步出夏門行)〉에 "늙은 천리마가 구유에 누웠어도 뜻은 천 리 밖에 있고, 열사가 늙었어도 장한 마음 변함이 없네.〔老驥伏櫪, 志在千里. 烈士暮年, 壯心不已.〕"라고 하였는데, 그 말을 원용한 것이다.

37 떠나온……없다네 : 이민구 자신의 해배 시기를 기약할 수 없다는 말로, 이행진의 시에 안부를 묻는 말이 있었기 때문에 이렇게 읊은 것으로 보인다. 우번(虞翻)은 삼국시대 오(吳)나라 사람으로 자는 중상(仲翔)이다. 그는 기절(氣節)을 숭상한 나머지

사겸이 당시에 대간의 탄핵을 당했다.

직간(直諫)을 하다가, 손권(孫權)에게 미움을 받아 여러 지방으로 쫓겨났다. 최후에 교주(交州)로 쫓겨났는데, 그곳에서 수백 명의 문도(門徒)를 거느리고 강학(講學)에 전념하였다. 《三國志 卷57 吳書 虞翻傳》

영변곡

寧邊曲

곳곳에서 술 나누며 즐기니	處處傳杯樂
집집마다 웃음 사는 소리구나[38]	家家買笑聲
거문고 소리 밤 잔치에 어울리고	絃歌宜夜宴
꽃과 달이 봄 성에 곱구나	花月媚春城

2

거문고 연주하며 봄 술 올리니	琴鳴春酒薦
촛불 밝힌 밤 대청 소란하다	燭爇夜堂喧
길손을 어천역[39]에서 보내고	送客魚川驛
낭군을 수구문에서 맞누나	迎郞水口門

38 집집마다……소리구나 : 기생들과 어울려 논다는 말이다. 매소(買笑)는 웃음을 산다는 말로, 기생들과 어울려 노는 것을 의미한다.

39 어천역(魚川驛) : 평안도 영변도호부에 있던 역참이다.《新增東國輿地勝覽 卷54 平安道》

이천장 형제가 상기를 마친 뒤에[40] 멀리까지 은근한 편지를 보내 주었다. 또 쌀값을 물으며 굶주리고 곤궁한 삶을 염려해 주니 우의가 성대하였다

李天章兄弟制除後 遠書勤渠 且問米價 軫念飢窮 友誼藹然

위태한 시절이라 만남과 이별에 울부짖으니	時危聚散各嗚呼
천지 풍진 속에 모두 상란 겪었구나[41]	天地風塵喪亂俱
초막살이 삼 년에 눈물 다 말랐고[42]	草上三年雙淚盡
관산 만 리에서 한 몸 외로워라	關山萬里一身孤
빈 들보에서 꿈 끊어져 형제 그렸더니	空梁夢斷懷聯璧
고향 소식 전해 주니 구슬로 갚을 걸 생각하네[43]	故國書傳想報珠

40 이천장(李天章)……뒤에 : 천장(天章)은 이명한(李明漢, 1595~1645)으로, 본관은 연안(延安), 자는 천장, 호는 백주(白洲)이다. 아우는 이소한(李昭漢, 1598~1645)으로, 자는 도장(道章), 호는 현주(玄洲)이다. 이들은 월사(月沙) 이정귀(李廷龜, 1564~1635)의 아들인데, 1635년(인조13)에 아버지상을, 이듬해에 어머니 상을 당했다. 《淸陰集 卷27 吏曹判書白洲李公神道碑銘》 이 시는 1639년에 지어진 것이므로, 어머니 상까지 모두 마친 때로 추정된다.

41 천지……겪었구나 : 이민구는 병자호란으로 두 아들을 잃은 뒤였고, 이명한은 부모상을 당한 뒤이기 때문에 이렇게 읊은 것이다.

42 초막살이……말랐고 : 이명한 형제가 부모상을 당하여 시묘살이 하며 슬퍼했다는 말이다.

43 빈……생각하네 : 이명한 형제를 그리워했는데 마침 그들이 소식을 전해 주므로 시로 답한다는 말이다. 연벽(聯璧)은 두 구슬이 서로 연했다는 말로, 둘이 똑같이 아름답다는 표현이다. 《진서(晉書)》 권55 〈하후담열전(夏侯湛列傳)〉에 "담(湛)은 풍채가 아름다우며, 반악(潘岳)과 사이가 좋아서 나가면 수레를 함께 타고, 앉으면 자리를

타향에 쌀이 귀한지 흔한지 묻지 마라　　莫問他鄉米貴賤
지난날 구학이 궁도에 이어졌네[44]　　向來溝壑接窮途

같이하니, 서울 사람들이 연벽(聯璧)이라 칭하였다."라고 하였다. 여기서는 이명한 형제를 가리키는 말로 사용되었다.

44 타향에……이어졌네 : 이명한 형제가 쌀값을 물었으므로 답한 내용이다. 미(米)는 원문의 자형(字形)이 분명하지 않아, 제목에서 유추하여 보충하였으나 정확한 것인지는 알 수 없다. 구학(溝壑)은 구렁과 계곡을 가리키는데, 굶어 죽는 것을 의미한다. 쌀값이 비싸서 곤궁한 유배지에서 기아에 허덕이고 있다는 뜻으로 말한 것이다.

봄놀이

春游

늦잠 자고 일어나 밥 지어 먹고	晩起炊粱熟
봄놀이 나서니 나막신에 향기 나네	春游步屧香
제비는 옛 둥지 보수에 바쁘고	燕忙添故壘
벌은 새 방 잇느라 분주하다	蜂鬧接新房
늙어가며 시 짓기 그만두어	老去停詩課
근심 일면 술에 흠뻑 취하노라	愁來任酒狂
단정히 앉아 고즈넉한 나날 보내는데	端居遣幽寂
처마 끝에 해는 누굴 위해 길어지나	簷日爲誰長

봄이 저물다

春盡

그윽한 정원에 봄날 저물고	幽園春事盡
작은 집에 나무그늘 지나네	小屋樹陰過
목마르고 날마저 더워지는데	肺渴兼天暑
마음 한가롭고 몸도 평안하다	心閑得氣和
타향에 향기로운 풀 시드니	異鄕芳草歇
고향에 떨어지는 꽃 많겠지	故國落花多
다만 숲 꾀꼬리가 짝이 되어	獨有林鶯件
자주 날아와 날 향해 노래한다	頻來向我歌

나의 늙음을 한탄하는 노래

我衰篇

내가 늙었으니 마치 석양이	我衰如夕陽
산 밑으로 내려가 남은 빛 적음과 같구나	下山少留景
또 반쯤 마른 오동나무가	又如半枯桐
뿌리와 가지에 날마다 병 생기는 것과 같네	根幹日以病
나면 죽는 줄을 잘 아나니	熟知生必死
머잖아 이 일도 끝나리라	早晚此事竟
일부러 바깥 근심 없애려	故撥外患嬰
쓸쓸히 술기운 빌려 읊노라	蕭然委酣詠
올해는 걸음걸이 불편하여	今年蹈履愆
줄곧 누워 문득 저물녘에 이르네	一臥輒至暝
습관이 아침저녁으로 바뀌고	習尙改朝暮
좋아하는 것도 마찬가지라네	所嗜亦云倂
평소 곱던 얼굴	平生好眉目
빼어나 봄빛과 서로 비췄는데	秀發春相映
금세 얼굴과 머리털 변해	轉頭顔髮變
어느덧 밝은 거울 내던지고 싶네	已欲抛明鏡
비유하자면 저 세상 사람들 어리석어	譬彼世人愚
허물 감추며 바로잡아 주는 말 싫어하는 꼴이지	諱過厭規評
빠른 세월 아낄 것 없으니	倏去不足吝
잠시 머무는 인생 또 무엇을 다투겠는가	暫駐又何競

어젯밤 꿈에는 청도[45]에 가서 昨夢造淸都
정신으로 노닒 하늘과 함께 했네 神游天與竝
가만히 있으면 허공과 합해 하나 되고 靜則合空化
움직이면 기운 따라 헤엄쳤지 動也隨氣泳
천지의 조화[46] 속에 잠시 왔다 가는 것이 闢闔乍存亡
이것이 만물의 목숨이라네 是謂萬物命
끝없이 넓은 천지의 사이에 浩浩覆載間
밝고 밝게 신령한 본성 있구나 昭昭有靈性

45 청도(淸都) : 옥황상제가 산다는 천상(天上)의 궁전을 가리킨다. 《楚辭 遠遊》

46 천지의 조화 : 벽합(闢闔)은 닫히고 열린다는 말로, 천지의 조화를 의미한다. 《주역》 〈계사전 상(繫辭傳上)〉에 "문을 닫는 것을 곤이라 하고, 문을 여는 것을 건이라 하고, 한번 닫고 한번 여는 것을 변화라 하고, 끝없이 왕래하는 것을 통이라 한다.〔闔戶謂之坤, 闢戶謂之乾, 一闔一闢謂變, 往來不窮謂之通.〕"라고 하였다.

손주를 마주하다

對孫兒

머나먼 변방에 있는 너와 나	絶塞吾將汝
궁민 넷 가운데 셋에 해당한다[47]	窮民四處三
애끊는 심정 농수를 따르고[48]	斷腸隨隴水
헝클어진 머리 상담에 부치노라[49]	披髮寄湘潭
혈육 잃었으니 남은 삶 괴롭고	凋喪餘生苦
고난과 위기 속에 살아가니 죽는 게 낫겠구나	艱危一死甘
쓸쓸한 이 세상에	凄涼宇宙內
이 한 몸 비참하기만 하다	形影但悲慚

47 궁민(窮民)……해당한다 : 《맹자》〈양혜왕 하(梁惠王下)〉에 "늙어서 아내가 없는 것을 홀아비라 하고, 늙어서 남편이 없는 것을 과부라 하고, 늙어서 아들이 없는 것을 무의탁자라 하고, 어려서 부모가 없는 것을 고아라 하니, 이 네 가지는 천하의 곤궁한 백성으로 하소연할 곳이 없는 자들입니다.〔老而無妻曰鰥, 老而無夫曰寡, 老而無子曰獨, 幼而無父曰孤.〕"라는 말이 있다. 이민구는 병자호란 당시 아내와 두 아들을 잃었으므로 홀아비이면서 무의탁자에 해당하고, 이민구의 손자는 아버지를 잃었으므로 고아에 해당한다.

48 애끊는……따르고 : 단장(斷腸)의 고사를 인용하여 아들 잃은 슬픔을 말한 것이다. 29쪽 각주6 참조. 농수(隴水)는 중국 서부 산악지대인 감숙성(甘肅省)과 섬서성(陝西省)에 위치한 농산(隴山)에서 흘러나오는 물인데, 장강으로 흘러든다.

49 헝클어진……부치노라 : 이민구 자신의 상황을 초나라 굴원(屈原)에 비유한 것이다. 상담(湘潭)은 굴원이 방축된 곳이다.

모란

牧丹
겨우 한 송이가 피었다.

고향에는 갖가지 꽃 피었을 텐데	故國應千萼
변방 성에는 고작 한 송이 피었구나	邊城只一花
떠돌이 신세로 고운 자태 보노라니	流離看秀色
눈물 뿌리며 서울 그리노라	霑灑憶京華
하늘의 큰 은혜로 아침 이슬 맺혔고	天渥蒙朝露
은혜로운 빛 저물녘 노을을 빌렸네[50]	恩光借晚霞
곱게 난간 가까이 피었으니	嫣然近軒檻
외로운 자태 뽐낼 만하다	孤艷亦堪夸

50 하늘의……빌렸네 : 지금 이민구는 모란을 읊고 있으므로, 여기서는 모란에 맺힌 이슬과 저물녘 노을과 어우러진 모란의 모습을 말한 것이다. 그러나 그 속에는 임금의 용서를 받아 해배(解配)되기를 바라는 마음이 있는 것이다.

작약

芍藥

난간 가의 꽃은 저녁 고운 자태 잃었는데 欄英辭夕艶
섬돌 옆의 꽃은 새 향기 뿜는다 階蕚擅新香
채색 비단처럼 탐스럽게 문에 침범하고 綵纈團侵戶
밝은 노을처럼 찬란하게 술잔 비추누나 明霞爛入觴
타향에도 멋진 일 많으니 他鄕餘勝事
저물녘에 갖은 꽃 마주했네 落日對群芳
앉아서 한 해가 저무는 걸 보나니 坐閱年華晩
고향 동산은 한양에 막혔구나 園林隔漢陽

거문고 타는 늙은 기생

老琴妓

화려한 자리 비단 방석 옛적 좋았는데	瓊筵綺席舊年歡
옥주와 금휘[51]를 눈물 훔치며 보노라	玉柱金徽掩涙看
풍악 소리 성에 가득하고 달 밝은 밤에	歌吹滿城明月夜
어렴풋이 한 곡조를 꿈속에 탄다	依俙一曲夢中彈

51 옥주(玉柱)와 금휘(金徽) : 거문고를 가리킨다. 옥주는 거문고 줄을 받치는 기러기발을 말하고, 금휘는 거문고 등 현악기(絃樂器)의 줄을 고르는 자리를 표시하기 위해 거문고의 전면에 원형(圓形)으로 박은 크고 작은 13개의 조각인데, 특히 금(金)으로 박은 것을 금휘라 한다.

그윽한 생활

幽居

외진 곳에 그윽이 지내며 하는 일도 없고 幽居地僻轉無營
한번 병들어 삼 년 앓다보니 게으름뱅이 되었네 一病三年懶性成
나라 안에 사귀던 이들 모두 멀어져 海內交游俱自遠
산속 도깨비들 가장 깔보는구나 山中魑魅最相輕
창에 드리운 해 그림자로 하늘의 운행 알고 窓含日影知天運
앉아서 숲 속 둥지 접하니 물정 보인다 坐接林巢見物情
세상사 아득한 속에 늙음을 재촉하니 人事茫然催我老
막걸리야 너에게 기대 여생 보내련다 濁醪憑汝送餘生

푹푹 찌는 삼복더위에 낮잠 밀려와 伏熱沈沈午睡幷
잠시 무릎 펴고 난간 기대어 잠들었네 小時舒膝寢軒楹
하늘 흐려 거문고와 책 눅눅한데 天陰未少琴書潤
주변 고요해 궤석은 맑구나 境靜還饒几席淸
들 밖 거센 바람이 급히 비를 몰아오니 野外驚風驅雨急
성 서쪽 지는 햇살 구름 사이로 새어 나온다 城西殘日漏雲明
초연히 눈과 귀에 시끄러운 일 하나 없는데 翛然耳目渾無擾
연못에 개구리만 개굴개굴 우는구나 唯有池蛙閣閣鳴

무더위 노래

苦熱行

불같은 해와 타는 구름이 붉게 빛나니	火日燒雲光翕赩
까마귀 목말라 낮에 헐떡이며 날지 못하네	烏渴晝喘飛不得
축융[52]이 내뿜는 위세 금석도 녹이고	祝融呵威爛金石
강과 바다에 물 뜨거워 용의 등 익었네	江海水熱龍背赤
동주산인은 술 즐기는데	東州山人性耽酒
늙어 숨 가쁘니 미칠 것 같구나	年老氣促狂欲走
바람 치는 문에 만 리의 눈 휘날리는지[53]	風門颯颯萬里雪
자리에 엎드려 처마 끝을 흰 머리 돌려 바라본다	伏枕窮檐回白首
작년 더위는 비에 열기 가셨는데	去年之熱雨洗炎
금년 더위는 가뭄까지 겹쳤구나	今年之熱旱魃兼
북방의 찬 거북은 등 그을려 죽고	北方寒龜焦背死
홍로가 하늘 달구니 하늘도 검어지네[54]	洪鑪熏天天爲黔

52 축융(祝融) : 오행 중에 화(火)의 운을 맡은 신으로, 여름을 관장한다.

53 바람……휘날리는지 : 시원한 바람이 불어오기를 기대한다는 말이다. 풍문(風門)은 시원한 바람이 불어오는 곳을 말하는데, 두보(杜甫)의 시에 "궁전 북쪽의 쌓아둔 눈에 바람 부는 문이 서늘하게 열렸음을 상상하노라.〔想見陰宮雪, 風門颯沓開.〕"라는 내용이 있다. 《杜詩批解 卷17 熱》

54 홍로(洪鑪)가……검어지네 : 날씨가 더운 것을 과장법으로 표현한 것이다. 홍로는 큰 용광로라는 뜻으로, 만물을 생성하는 본원을 말한다. 《장자(莊子)》〈대종사(大宗

나는 늙고 울적한 데다 곤궁하여	我衰煩鬱處窮阨
삼월 봄날에 벌써 갈옷 꺼내 입었지	三月春時已絺綌
어느덧 한여름 되니 어찌할 수 없어	忽當朱夏無所爲
종일 멍하니 두 다리 내놓고 있노라	終日昏昏露兩脚

師)〉에 "지금 천지를 큰 용광로로 생각하고 조물주를 훌륭한 야금장이라고 생각한다면, 어디를 가든 안 될 것이 있겠는가."라고 하였다.

6월 4일에 비로소 비가 내리다

六月四日 始得雨

올해는 가뭄도 심하여	今年旱亦甚
여름이 반 지나서야 비 내리네	得雨夏過半
비록 늦었지만 올곡식 여물 테니	雖遲早穀成
이미 삼농의 탄식 풀렸네[55]	已釋三農歎
밤새 처마 울리며 내리더니	竟夜屋簷響
시냇물도 푸르게 불어났네	溪流綠滋漫
밭두둑 터서 먼 샘에서 물 대니	疏畦引遠泉
넘실대는 모습 거울 속을 보는 듯	浩瀁鏡中看
벼는 뿌리와 줄기가 젖어	嘉禾濯根莖
푸른빛이 어지러이 일렁인다	碧色相淩亂
온갖 사물이 하늘의 은택을 입어	百物俱天澤
나라도 백성도 다를 게 없으며	公私隴無畔
섬돌 앞 작은 풀도	階前徑寸草
푸릇푸릇 궤안 가까이 비추네	菉蕁近几案
가을걷이[56] 몇 달 남지 않았으니	西成只數月

55 이미……풀렸네 : 해갈이 되었다는 말이다. 삼농(三農)은 언덕과 습지(濕地)와 평지(平地)의 농사를 말한다. 《주례(周禮)》 〈천관(天官) 태재(太宰)〉에 "삼농에서 아홉 가지 곡식을 생산한다.〔三農生九穀〕"라고 하였는데, 정현(鄭玄)이 "삼농은 평지와 산과 택이다.〔三農, 平地山澤也.〕"라고 풀이하였다.

56 가을걷이 : 서성(西成)은 가을의 추수를 말한다. 《서경》 〈요전(堯典)〉에 "서성을

내 곳집 가을이면 그득하겠지	我庾秋爛熳
주 선왕이 옛적 중흥하였으니	周宣昔中興
그 성덕 〈운한〉에 실렸네[57]	盛德載雲漢
우리 임금께서 가난한 백성 불쌍히 여겨	吾王怛窮蔀
해마다 규찬을 쓰셨도다[58]	逐歲用圭瓚
하늘이 진한 향내에 감동하여	昊穹感馨香
재앙이 근심거리 되지 않았네[59]	災凶不爲患
알겠다 순과 우의 공적은	乃知舜禹功
인과 은혜로 도탄에 빠진 백성 구했구나[60]	仁恩濟塗炭

고루 다스린다.〔平秩西成〕"라고 하였다.

57 주(周)……실렸네 : 선왕(宣王)은 주나라 11대 임금으로, 오랜 가뭄이 들어 백성들이 모두 굶어죽게 되자, 온 정성을 기울여 한재(旱災)를 막으려고 노력하였다. 대부(大夫) 잉숙(仍叔)이 백성을 위해 몸과 마음을 다하는 선왕의 정성을 아름답게 여겨 부른 노래가 《시경》에 수록된 〈운한(雲漢)〉이라는 작품이다.

58 우리……쓰셨도다 : 임금이 가난으로 고생하는 백성들을 위해 하늘에 제사하였다는 말이다. 규찬(圭瓚)은 술을 뜨는 국자로 옥찬(玉瓚)이라고도 한다. 규옥(圭玉)으로 자루를 만들고 황금(黃金)으로 술을 뜨는 그릇을 만드는데, 청금(靑金)으로 밖을 장식하고 그 안을 붉게 칠하였다.

59 하늘이……않았네 : 임금이 하늘에 정성껏 제사하므로, 하늘이 감동하여 비를 내려주고, 그로 인해 큰 재앙에 이르지 않았다는 말이다. 형향(馨香)은 진한 향기로, 지극한 다스림의 효과가 널리 퍼지는 것을 비유한 말이다. 《서경》 〈군진(君陳)〉에 "지극한 다스림은 아름다운 향기와 같아서 신명을 감동시키게 마련이다. 기장과 같은 제물이 향기로운 것이 아니요, 밝은 덕이 바로 향기로운 것이다.〔至治馨香, 感于神明, 黍稷非馨, 明德惟馨.〕"라고 하였다.

60 순(舜)과……구했구나 : 순 임금과 우(禹) 임금의 선정(善政)은 인(仁)과 은(恩)을 바탕으로 백성들의 어려움을 도와준 것이라는 말이다.

늙고 병든 몸 타향에 나그네 되었으니	老病客殊方
이 한 목숨이야 무슨 걱정이랴만	一命焉足算
배고픔과 추위에 이미 서로 의지했기에	饑寒旣相須
걱정과 기쁨을 마을 사람들과 함께하네	憂喜共里閈
말술로 답답한 마음 씻어내고	斗酒洗幽鬱
긴 노래로 얽매인 신세 달래본다	長歌慰羈絆
아득하다 이 우주 안에	悠哉宇宙內
우리의 도는 어찌 쓸쓸하기만 한가	吾道何蕭散

무더위

苦熱

찌는 더위에 남쪽 마루에 누웠으니　執熱臥南軒
낮은 길고 사람은 짜증나네　晝長人氣煩
높은 구름 산봉우리에 걸려 있고　高雲依岫定
붉은 햇볕 온통 강을 비추네　赤日照江渾
깨끗한 얼음 병의 차가움 그립고　冷憶氷壺澈
흥건히 내린 옥 이슬의 청량함 떠오르네　淸思玉露繁
심한 더위에 늙은이 병 더하니　隆炎乘老疾
저녁 되어도 정신 혼미하다　旣夕轉昏昏

2

해가 느릿느릿 하늘 지나가니　日馭懶行天
희화가 붉은 채찍 던졌구나[61]　羲和拋赤鞭
쇠를 녹일 듯한 더위에 갈수록 몸 상하니　銷金傷積毀
옥가루 먹는 참된 비결 사모하네[62]　餐玉慕眞詮
헐떡이는 숲 까마귀처럼 목이 마르고　渴比林烏喘

61 해가……던졌구나 : 무더위에 시달리다보니 해가 더디게 가는 것 같다고 읊은 것이다. 희화(羲和)는 해를 몰고 다닌다는 신화 속의 인물이다.《楚辭 離騷 王逸 注》

62 옥가루……사모하네 : 신선이 되어 무더위를 피하고 싶다는 말이다. 찬옥(餐玉)은 선술(仙術)을 얻은 사람이 옥을 부수어 가루를 만들어 복용하는 것을 말하고, 진전(眞詮)은 진결(眞訣)과 같은 말로, 신선이 되는 참된 비방(秘方)을 말한다.

잠자는 달 토끼의 청량한 환경 부럽구나	淸憐月兎眠
황혼에 반딧불 보이지만	黃昏見螢火
감히 책을 비춰 읽지 못하네	不敢映書編

한 서방[63]의 장구에 수창하다

酬韓郎長句

그대 보지 못했나 서주로 귀양 온 동주옹	君不見東州老翁西州謫
늙은 나이에 훌훌 어디로 가려는가	垂白飄然欲奚適
변방 나그네 신세 실낱같은 목숨	塞外羈棲命如線
병들고 근심 가득하니 감히 아까워하랴	疾病幽憂敢自惜
어려서부터 벗들 많았지만	結髮以後朋故多
때를 틈타 돌 던지지 않는 이 드물었네[64]	鮮有乘時不下石
누구인가 산악처럼 심지 확고한 사람	誰哉山岳心轉確
젊은 한 서방 그 아름다움 짝할 이 없네	年少韓郎美無敵
한 서방의 이 의리 지금 세상에 드무니	韓郎此義今世希
빙호처럼 엄숙하여 쇠한 풍속 진작하네[65]	凜若氷壺動衰俗

63 한 서방 : 한오상(韓五相, 1606～1672)으로, 본관은 청주(淸州), 자는 세익(世翊)이다. 허목(許穆)의 기록에 "군의 초취는 고 재상 이성구의 딸로, 정축년(1637, 인조15) 강화도가 함락되자 절개를 지켜 죽었다.〔君初娶故相李聖求女, 丁丑江都敗, 守節死之.〕"라고 하였다.《記言 別集 卷23 贈注書韓君墓碣銘》 따라서 한오상은 이민구의 조카사위가 된다.

64 때를……드물었네 : 어려움에 처했을 때 도움을 주기는커녕 더 크게 훼방하는 사람이 많았다는 의미이다. 하석(下石)은 돌을 떨어뜨린다는 말로, 한유(韓愈)의 〈유자후묘지명(柳子厚墓誌銘)〉에 "어느 날 갑자기 털끝만큼이라도 작은 이해에 관련이 되면, 언제 보았느냐는 듯 눈길을 돌리고, 함정에 빠졌어도 손 한 번 내밀어 구해 주려고 하기는커녕 오히려 뒤로 밀치면서 돌멩이를 던지기까지 한다.〔一旦臨小利害, 僅如毛髮比, 反眼若不相識, 落陷穽, 不一引手救, 反擠之, 又下石焉.〕"라고 하였다.

지난해 백문 길에서 나와 이별할 때　去歲別我白門道
풍진 속에 손을 잡고 서로 눈물 흘렸지　握手風塵淚交滴
북쪽 철옹성에 몇 번이나 편지 부쳤던가　幾度寄書鐵甕北
만 겹 관하로 막혀 있는 줄을 알지 못했네　未覺關河萬重隔
살펴보니 골육들이 생사 염려하지만　卽看骨肉念生死
조카사위처럼 곤궁함 염려해 주는 이 적구나　少似姻親軫窮阨
또한 긴 시편으로 답답한 마음 풀어 주어　又蒙長句披愊臆
위태한 넋 환기하여 오랜 나그네 소생시키네　喚起危魂蘇久客
간절하고 괴로운 말 편지에 가득하고　丁寧苦語滿懷牋
착착 와 닿는 진정한 말 속마음 꿰뚫었네　鑿鑿情辭破肝鬲
뛰어난 기상 봄날 바다와 산이 푸르른 듯　逸氣春搖海嶽靑
기이한 빛 밤에 강과 호수 비춰 희구나　奇光夜照江湖白
밝은 창 아래 안석에 기대 소리 높여 읊조리니　晴窓隱几遣高吟
도깨비 처량한 울음이 서글픔 더하누나　魑魅悽悽助慘慼
늙은이 난리 만나 쉬 슬퍼지니　老夫遭亂易哀傷
애써 깊은 탄식 참아도 속은 벌써 절박하네　强撥深嗟已中迫
슬픈 곡조를 차마 용문동으로 연주하랴[66]　九寡忍奏龍門桐

65 빙호(氷壺)처럼……진작하네 : 한오상의 고결한 인품이 사람들의 마음을 감동시켜서 쇠퇴한 풍속을 진작시킨다는 말이다. 빙호는 빙호추월(氷壺秋月)의 준말이다. 주희(朱熹)의 스승인 연평(延平) 이통(李侗)의 인품을 형용한 말로, 얼음으로 만든 호리병에 맑은 가을달이 비친 것과 같이 티 없이 고결한 마음을 뜻한다. 《朱子大全 卷87 祭延平李先生文》

66 슬픈……연주하랴 : 구과(九寡)는 아홉 아들을 둔 홀어미 또는 아홉 번이나 상부(喪夫)한 과부라는 뜻인데, 전의되어 구슬픈 거문고 소리라는 의미로 사용된다. 용문동

세 번의 월형 형산옥이 빌미 되었네[67] 三刖恐祟荊山璧
전란의 기운이 아득히 우주에 가득하여 兵革茫茫宇宙隘
서로 그리며 만나지 못하니 슬프구나 相望空悲莫相覿
한 서방이여 한 서방이여 진실로 마음 간절하니 韓郞韓郞良意勤
외롭게 사는 사람 적적함을 위로해 주었네 甚荷離居慰孤寂
바라건대 그대는 매달 한 편씩 글을 지어 願君每月作一篇
정성껏 서쪽 오는 역마에 자주 부쳐주게나 珍重數付西來驛

(龍門桐)은 좋은 오동나무를 가리킨다. 한(漢)나라 매승(枚乘)의 〈칠발(七發)〉에 "용문의 오동나무는 높이가 백 척이고 가지가 없으며, 뿌리는 반은 죽고 반은 살아 있는데, 금지에게 베어 거문고를 만들게 하였다.〔龍門之桐, 高百尺而無枝, 其根半死半生, 使琴摯斫斲以爲琴.〕"라고 하였다. 《文選 枚乘 七發》

67 세 번의……되었네 : 이른바 변화읍벽(卞和泣璧), 백벽삼헌(白璧三獻)의 고사로, 참된 가치를 인정받지 못하고 오히려 해를 당하는 것을 뜻한다. 춘추 시대 초(楚)나라 변화(卞和)가 형산(荊山)에서 박옥(璞玉)을 얻어 여왕(厲王)에게 바쳤다가 왼쪽 발을 잘리고, 무왕(武王)에게 바쳤다가 다시 오른쪽 발을 잘린 뒤, 세 번째로 문왕(文王)에게 바쳐 진가(眞價)를 인정받았던 고사가 전한다. 《韓非子 和氏》

인간
人間

이 사람 오십 평생 너무도 초라한데	人間五十已蕭條
늘그막 생애 날마다 적막하다	老境生涯日寂寥
문자로 궁하게 하는 귀신 보낼 수 없는데[68]	文字未堪窮鬼送
〈이소〉로 어찌 끊어진 혼을 부르리오[69]	離騷豈合斷魂招
서산에서 말 먹일 때 호가소리 애절했고	西山牧馬胡笳咽
북해에서 양 돌볼 때 한나라 부절 낡았지[70]	北海看羊漢節凋
세상사와 변방 걱정에 백발로 회고하니	世事邊虞回白首
성명한 조정 위해 눈물 흘리며 아파하네	自傷流涕聖明朝

68 문자로……없는데 : 궁귀(窮鬼)는 사람을 곤궁하게 하는 귀신이라는 뜻이다. 당(唐)나라 한유(韓愈)가 〈송궁문(送窮文)〉에서 지궁(智窮), 학궁(學窮), 문궁(文窮), 명궁(命窮), 교궁(交窮)의 다섯 궁귀(窮鬼)를 내쫓으려다가 포기하고 그들을 상좌(上座)에 앉혔다는 말이 있다. 《古文眞寶 後集 送窮文》

69 이소(離騷)로……부르리오 : 〈초혼(招魂)〉은 《초사》의 편명인데, 전국 시대 초(楚)나라의 충신(忠臣)인 굴원(屈原)이 소인(小人)들의 참소로 인하여 조정으로부터 쫓겨난 뒤에 지은 글이다. 또는 굴원의 제자 송옥(宋玉)이 지었다고도 한다.

70 북해(北海)에서……낡았지 : 한나라 소무(蘇武)가 무제(武帝) 때에 중랑장(中郎將)으로 흉노(匈奴)에게 사신 갔다가 19년 동안 억류되었는데, 끝까지 한절을 몸에 지니고 있어서 절모(節旄)가 모두 너덜너덜해졌다고 있다. 《漢書 卷54 蘇建傳 蘇武》

강 진사 만사

康進士挽詞

그의 두 아들이 내게 배웠다.

병들어 외로운 성에 누웠으니 하늘 끝인데	臥病孤城天一涯
하물며 생사 갈려 흘리는 두 줄기 눈물 견디랴	況堪存歿淚雙垂
타향에서 새로운 지우의 즐거움 잃으니	殊方又失新知樂
동갑이라 도리어 늘그막 슬픔을 더하네	同甲還催暮境悲
못가의 형용 오직 나만 남았으니[71]	澤畔形容唯我在
양양의 친구들 몇 명이나 남았나[72]	襄陽耆舊幾人遺
아침 내내 적막한 사립문 안에서	終朝寂莫柴門內
두 아들이 글자 묻던 때를 떠올리네	轉憶諸郞問字時

71 못가의……남았으니 : 유배 온 자신의 처지를 굴원(屈原)에 비유하여 읊은 것인데, 특히 강 진사는 벼슬하지 않고 초야에서 살다가 죽었고, 자신은 벼슬하다가 유배와서 새로 알게 된 강 진사를 잃고 혼자 남았기에 이렇게 말한 것이다. 택반(澤畔)과 형용(形容)은 "굴원이 쫓겨나 강가에서 노닐고 못가를 거닐면서 시를 읊조리매, 안색이 초췌하고 형용에 생기가 없었다.〔屈原旣放, 游於江潭, 行吟澤畔, 顏色憔悴, 形容枯槁.〕"라고 한 굴원의 〈어부사(漁父辭)〉에서 인용한 것이다.

72 양양(襄陽)의……남았나 : 강 진사가 벼슬에 나가지 않고 죽었으므로, 그런 사람이 몇이나 남았느냐고 물은 것이다. 양양기구(襄陽耆舊)는 양양의 덕망 높은 늙은이들이란 뜻인데, 특히 후한(後漢) 때의 방덕공(龐德公)을 이른다. 그는 평생 벼슬길에 나가지 않았다. 두보(杜甫)의 〈견흥(遣興)〉에 "옛날에 방덕공은 일찍이 주부에 들어가지 않았어라. 양양의 기구들 사이에 처사의 절개가 유독 높았구려.〔昔者龐德公, 未曾入州府. 襄陽耆舊間, 處士節獨苦.〕"라고 하였다.

유월 그믐에

夏晦

오랜 비에 돌아갈 희망도 사라지고　久雨沈歸望
초가집에서 더위 먹은 지 오래라네　茅檐病暍長
한 해가 저무는 줄도 알지만　亦知行歲暮
서늘한 가을 다가오니 기쁘구나　且喜近秋涼
시원한 삼베옷 벽에 걸어두고　掛壁麻衣冷
빛나는 대자리 침상에서 치우노라　移床竹簟光
다시 한 달 지나기를 기다려　更須經一月
동이 열어 새 술 맛봐야지　開瓮試新觴

2

꾀꼬리 울음 그쳐 원림 변하고　鶯罷園林改
매미 울어 계절 알리누나　蟬號節序傳
번다한 시름에 온종일 시달리고　繁愁彌永日
줄곧 누워 더운 여름 지냈네　一臥過炎天
언덕 버들은 바람에 조금 시들고　岸柳風微隕
연못 연잎에 이슬이 동글게 맺혀가네　池荷露向圓
위태한 시절이라 갈수록 노쇠해져도　時危轉衰病
흐르는 세월 감히 아까워하지 않노라　不敢惜流年

초가을 비

初秋雨

칠월 음기가 변새의 기운과 접하고 七月邊陰接塞氛
아득한 들판에 농부들 어우러졌네 蒼茫野色雜耕耘
천손[73]은 날마다 강 가운데 비 뿌리고 天孫日日河心雨
신녀는 아침마다 골짝 어귀에 구름 일으키네[74] 神女朝朝峽口雲
성 밖 푸른 산을 성 안에서 보고 城外青山城內見
집 동쪽 흐르는 물소리 집 서쪽에도 들리네 屋東流水屋西聞
이른 새벽 줄곧 새 가을 생각하니 淸晨一味新秋思
가을 매미에게 내맡긴 게 이미 얼마인가 付與涼蟬已幾分

73 천손(天孫) : 천제(天帝)의 손녀라는 뜻으로, 직녀성(織女星)의 별칭이다.

74 신녀(神女)는……일으키네 : 전국 시대 초나라 시인 송옥(宋玉)의 〈고당부(高唐賦)〉에 초 양왕(楚襄王)이 일찍이 고당(高唐)에 유람할 때, 꿈에 한 부인이 찾아와 "첩은 무산(巫山)의 신녀인데, 그대가 고당에 왔다는 소식을 듣고 침석에 모시고자 왔습니다."라고 하였다. 왕이 그의 소원대로 시침(侍寢)하도록 하였더니, 돌아가면서 "첩은 무산의 남쪽 고구(高丘)의 정상에 있는데, 아침에는 구름이 되고 저녁에는 비가 되어, 아침저녁으로 양대(陽臺)의 아래에 있겠습니다."라고 하였다는 고사가 전한다. 《文選 卷19 高唐賦》 여기서는 비를 읊고 있으므로, 이 고사를 인용하여 구름이 생기는 것을 표현한 것이다.

김지가 붉은 오얏을 보내온 것에 사례하다

謝金芝送朱李

숲 열매 동글동글 한껏 붉은데	林果團圓滿意紅
정성스레 멀리 늙은이에게 보내왔네	殷勤遠惠及衰翁
하늘 한쪽 제철 물건 지금 이러하니	天隅節物今如許
고향 산 이슬 속의 그 모습 그립고야	正憶鄉山白露中

김원이 메조를 보내오다

金瑗致黃粱

가을날 매미 울고 이슬 기운 향기로운데	秋日蟬鳴露氣芳
타향의 풍미 메조에서 보노라	異鄕風味見黃粱
번화했던 오십 년 인생사가	繁華五十年中事
모두 새벽밥 지을 때의 한 꿈과 같네[75]	摠似晨炊一夢長

75 번화했던……같네 : 김원(金瑗)이 황량(黃粱)을 보내 주었으므로, 황량지몽(黃粱之夢)의 고사를 이끌어 자신의 인생이 한바탕 꿈이었다고 읊은 것이다. 당(唐)나라 심기제(沈旣濟)의 〈침중기(枕中記)〉에 "노생(盧生)이 한단(邯鄲)의 여관에서 도인(道人) 여옹(呂翁)을 만났다. 노생이 자기의 곤궁한 신세를 한탄하자, 여옹이 그에게 목침을 주고 잠을 자게 하였는데, 노생은 꿈속에서 온갖 부귀영화를 다 누렸다. 꿈을 깨고 나니, 여관 집주인이 짓던 누런 기장밥이 채 익지도 않았다."라는 내용이 나온다.

가을 아침 일찍 일어나니 바람은 서늘하고 이슬은 맑았으며 우거진 숲 깊은 그늘 속에 가을 매미가 여기저기서 울어 경치와 흥취가 어우러지니 멋들어지게 짓다

秋朝早起 風露凄清 茂林深樾 涼蟬流唱 境與興會 斐然有作

찬 매미 울음 담 안에 가득하여 가을 소리이고	涼蟬滿院已秋聲
이슬 기운 싸늘하게 잎새에 맺히네	露氣凄凄葉上生
높은 창으로 햇살 들어 머리 빗기 좋고	高牖日穿梳頂好
작은 창으로 바람 불어 책 읽기 제격일세	小窓風至展書淸
뜨락에 오동잎 떨어져 슬프지만	縱悲庭宇梧桐落
밭두둑에 기장 익어가니 좋을시고	正喜田疇黍稷成
소반에 파리 사라지고 게 담기리니	盤底無蠅還有蟹
들사람 이제부터 다 마음에 맞는구나	野夫從此愜幽情

소나기

驟雨

한낮에 구름 모이니	亭午族雲合
붉은 해도 뜨거운 햇살 감춘다	赫日韜畏景
휙휙 불어오는 서북풍	飄颻西北風
시원스레 불어 높은 집 식혀 주네	洒然高堂冷
후두둑 후두둑 빗소리 나더니	滂沱雨聲集
불꽃 더위 어느덧 싹 물러갔네	炎暑肅已屛
답답한 먼지 말끔히 씻어 내고	滌蕩氛坱煩
산란하던 금서가 조용해졌네	散亂琴書靜
먼저 몰려온 세력 중간에 누그러지더니	先驅勢中緩
뒤에 달려오는 기세 더욱 맹렬하다	後驟氣逾猛
비록 다투는 적 없어도	雖無敵與鬪
마치 더 거세지려는 뜻 있는 듯	似有志求逞
우레 소리가 남은 노여움 도와	雷霆助餘怒
우르릉 우르릉 그윽한 구멍도 흔들리누나	隱隱撼幽穽
금세 물이 차올라	乘凌在須臾
보고 듣던 세상 금방 바뀌었네	耳目改俄頃
동산에는 푸른 윤기 흐르니	碧潤園林色
뽕나무와 삼대 그림자 삼삼하여라	蕭森桑麻影
사람 마음에 괴로움과 즐거움 다 있어	人情具苦樂
만난 상황 따라 문득 다른 경지 있으니	所遇忽異境

맑기는 차가운 수정을 보는 듯하고 淸看水玉寒
시원하기는 밝은 얼음 병을 마주한 듯하다 爽對氷壺冏
옷깃 헤치고 성긴 창 아래 누워 披襟寢疏櫺
시원한 밤 계속되기를 다시 기다린다 更待涼宵永

칠석날에 달을 바라보다

七夕望月

은하수에 두 별이 빛나는 밤	銀漢雙星夜
금빛 물결 일렁이는 칠월의 하늘[76]	金波七月天
맑은 빛을 사람마다 바라보나니	淸光人共望
신령한 만남 일찍이 전해지네[77]	靈會事曾傳
약을 찧어 어느 날에 완성할까[78]	擣藥成何日
뗏목 타고 돌아온 지 몇 해던가[79]	乘槎返幾年
흰 느릅나무 허공에 역력하고[80]	白楡虛歷歷
붉은 계수나무 점점 고와지누나	丹桂漸娟娟

76 금빛……하늘 : 달빛이 밝게 빛나는 하늘을 형용한 것이다.

77 신령한……전해지네 : 견우(牽牛)와 직녀(織女)가 칠월칠석에 은하에서 만난다는 전설을 말한 것이다.

78 약을……완성할까 : 달 속에 옥토끼가 있어 항상 불사약(不死藥)을 찧고 있다는 전설이 있다. 이백(李白)의 시에 "옥토끼는 가을이고 봄이고 불사약만 찧으니, 항아는 외로이 누구와 이웃할꼬.〔玉兎擣藥秋復春, 姮娥孤棲與誰隣.〕"라고 하였다.《李太白集 卷19 把酒問月》

79 뗏목……해던가 : 장건(張騫)이 한 무제(漢武帝)의 명을 받고 황하의 근원지를 밝히려고 뗏목을 타고 가다가, 하늘 궁전에 이르러 견우와 직녀를 만나고 왔다는 이야기가 전해지기 때문에 이렇게 읊은 것이다.《天中記 卷2》

80 흰……역력하고 : 별이 밝게 보이는 것을 읊은 것이다. 백유(白楡)는 흰 느릅나무로, 별을 가리킨다.《악부시집(樂府詩集)》 권37 〈농서행(隴西行)〉에 "하늘 위엔 무엇이 있는가, 가지런히 백유가 심어져 있네.〔天上何所有, 歷歷種白楡.〕"라고 하였다.

또 차운하다.[81] 운 자 운으로 옛 일을 서술하고 겸하여 자술하였다.[82] 채유후에게 부치는 작품을 함께 기록한다

又次 用雲韻敍舊兼自述 幷寄蔡之作

동쪽 성 노래와 피리소리 취한 때에 어지러운데	東城歌笛醉時紛
빈막에서 즐기며 몇 번이나 석양 보았던가	賓幕歡娛幾閱曛
높은 등불 차가운 밤 눈 속에 자주 돌아왔고	高燭屢回寒夜雪
깊은 술잔 들고 저문 봄 구름 함께 마주했지	深杯共對暮春雲
누가 이 날 상강에 던진 부 가엾게 여길까[83]	誰憐此日投湘賦
당년의 〈책심문〉 부끄럽지 않구나[84]	不愧當年責沈文

81 차운(次韻)하다 : 이민구의 《동주집(東州集)》 시집(詩集) 권2의 〈수채백창우사남귀임발견기지작육수(酬蔡伯昌遇赦南歸臨發見寄之作六首)〉의 운자에 맞춰 지은 것이다.

82 운(雲) 자……자술하였다 : 여기 수록된 여섯 수의 시는 이민구가 과거의 일을 회상하여 읊은 것인데, 언제 어떤 일을 말하는지 정확히 알 수 없다. 또 각 시마다 관련된 인물이 있으나, 누구를 염두에 둔 것인지 자세하지 않다.

83 누가……여길까 : 투상부(投湘賦)는 한(漢)나라 가의(賈誼)가 굴원(屈原)을 추모하며 지은 시를 가리킨다. 가의가 소인들의 참소를 받아 장사왕 태부로 좌천되어 가면서, 상수(湘水)를 지나다가 초(楚)의 굴원이 일찍이 상수에 빠져 죽은 것을 애석해 하며 부를 지어 상수에 던져 굴원을 조문하였다고 한다.《史記 卷84 屈原賈生列傳》 여기서는 이민구 자신이 지은 글들이 가의가 지은 부와 같지만, 누가 알아주겠냐는 말이다.

84 당년의……않구나 : 책심문(責沈文)은 현자(賢者)를 알아보지 못한 어리석음을 책망하며 지은 글을 말한다. 송(宋)의 호계종(胡繼宗)이 고사성어를 모아서 엮은《서언고사(書言故事)》에 "진영중(陳塋中)이 원풍(元豐) 연간에 예부 점검관(禮部點檢官)이

아직도 생각난다 섬강[85]에서 헤어질 때　猶憶蟾江分散地
숲 가득 울리는 풍우소리 이별 앞두고 들었지　滿林風雨別前聞

풍악에 가을 깊어 낙엽 흩날리고　楓嶽深秋落葉紛
높은 숲 겹겹 산에 저녁노을 피었지[86]　高林疊嶂靄生曛
시 읊으며 앉아 옷자락 비추는 달 기다리고　吟詩坐待衣前月
나막신 신고 발 아래 구름을 뚫고 갔네　游屐行穿脚底雲
만 리에서 서쪽 변방의 꿈 처량하고　萬里凄涼西塞夢
오 년 동안 〈북산문〉에 부끄러웠네[87]　五年慙愧北山文

되어 범순부(范醇夫)와 같은 집에 있었는데, 순부가 안자(顔子)처럼 불천불이(不遷不貳)한 사람으로 백순(伯淳)이 있다.' 하니, 진영중이 백순이 누구냐고 물었다. 이에 순부가 백순이 누구인지 정말 모르는가?'라고 묻자, 진영중이 사실 알지 못한다고 사과하였다. 그 뒤로부터 진영중은 항상 이것을 스스로 부끄럽게 여겨 책심문을 지었다." 하였다. 《논어》 〈술이(述而)〉에 섭공(葉公)이 자로(子路)에게 공자의 인물됨을 물은 고사(故事)가 있으므로, 이를 들어 성인을 알아보지 못한 섭공을 책하며 스스로를 경계한 글이다. 여기서는 이민구가 굴원(屈原)을 알았기 때문에 부끄럽지 않다고 한 것이다.

85 섬강(蟾江) : 강원도 횡성군(橫城郡)에서 발원하여 원주시(原州市)를 지나 한강으로 합류하는 강이다.

86 풍악(楓嶽)에……피었지 : 1631년(인조9) 이민구가 금강산을 유람한 일이 있으므로, 이 시는 당시의 일을 회상한 것으로 보인다.

87 오 년……부끄러웠네 : 〈북산문(北山文)〉은 남북조 시대 남제(南齊)의 공치규(孔稚珪)가 지은 〈북산이문(北山移文)〉을 가리킨다. 주옹(周顒)이 공치규와 함께 남경(南京)의 북산에 은거하였는데, 조정의 부름을 받고 변절하여 해염 현령(海鹽縣令)으로 부임하였다. 그 후 임기를 마치고 조정으로 돌아가는 길에 다시 그 북산을 들르려고 하자, 이때 북산에 은거하고 있던 공치규가 주옹의 변절을 비루하다고 여겨, 북산 신령(神靈)의 이름을 가탁하고 관청의 이문을 본떠 〈북산이문〉을 지어, 주옹이 다시는 북산

벽하담[88] 아래 달리던 물소리를 碧霞潭下奔流水
어찌하면 그대와 돌 베고 들을까 安得同君枕石聞

경포대 생황소리에 술 취해 한껏 춤추며 鏡浦笙歌醉舞紛
서쪽 고개에 지는 석양 함께 보았지 共看西嶺斂遙曛
술동이 앞의 호기는 창해를 능가하고 尊前逸氣凌滄海
자리의 멋진 사람은 호가 자운[89]이었지 座上佳人號紫雲
막빈으로 일찍이 글자 물은 일 다행으로 여겼는데 自幸幕賓曾問字
부백으로 조기에 문덕 닦으니 놀랐네[90] 俄驚府伯早脩文
지금은 생사 갈려 모두 쓸쓸하니[91] 秖今存歿俱蕭索
달 아래 새 노래를 차마 다시 들으랴 月下新詞忍再聞

얼음 얼고 서리 내린 역로에 사신 행차 분주한데 驛路氷霜使蓋紛
말 멈추고 노을 지는 뭇 봉우리 마주했지[92] 停驂正對萬峯曛

에 들어오지 못하게 하였다.《古文眞寶 後集 卷2》 여기서는 어떤 일을 두고 말한 것인지 자세하지 않다.

88 벽하담(碧霞潭) : 금강산 만폭동에 있는 못이다.

89 자운(紫雲) : 미상이다. 1631년(인조9) 이민구가 금강산을 유람할 때 경포대에 들른 적이 있는데, 당시에 만났던 인물로 추측된다.

90 막빈(幕賓)으로……놀랐네 : 목대흠(睦大欽, 1575~1638)의 일을 읊은 것으로 보인다. 그는 이괄의 난 때 이원익(李元翼)의 종사관(從事官)이 되어 공을 세운 바 있으며, 1633년(인조11) 강릉 부사가 되었다.《동주집(東州集)》 전집(前集) 권6에 목대흠과 경포대에서 노니는 장면을 묘사한 작품이 있다.

91 지금은……쓸쓸하니 : 목대흠이 1638년(인조16)에 별세하였으므로 이렇게 읊은 것이다.

관산에 떠도니 서쪽에서 오는 기운 일찍 알고　浮關早識西來氣
변방 나가니 북으로 가는 구름 길이 슬펐지[93]　出塞長悲北去雲
몇 년이나 외로운 거문고 보갑에 간직했던가　幾歲孤琴裝寶匣
잠깐 쌍검의 기운이 별자리에 움직였네[94]　暫時雙劍動星文
누가 저무는 하늘가에서 이리 정다울 수 있으랴　誰堪款款天涯夕
문밖에는 〈이구곡〉만 차례로 들리누나[95]　門外驪駒取次聞

다난한 여생 법망에 걸려　多難餘生網罟紛
삼 년 동안 저녁노을 시름하며 누웠네　三年愁臥暮簷曛

92 얼음……마주했지 : 병자호란 뒤에 청나라로 가는 사신 행렬이 많았고, 그들 가운데 이민구를 찾아와 주었던 사람들을 회상한 것인데, 그 대상은 정확히 알 수 없다.

93 변방……슬펐지 : 청나라로 사신 가는 사람을 보내며 서글펐다는 말이다. 1637년(인조15) 채유후가 서장관(書狀官)으로 심양에 간 일이 있는데, 당시의 일을 회상하여 읊은 것으로 추측된다.

94 잠깐……움직였네 : 쌍검(雙劍)은 용천(龍泉)과 태아(太阿)라는 두 보검을 말한다. 두 보검이 풍성(豐城) 땅에 묻혀 있으면서, 그 검광(劍光)이 견우성과 북두성 사이를 쏘므로, 장화(張華)가 예장(豫章)의 점성가(占星家) 뇌환(雷煥)에게 물어 보검의 빛임을 알고 찾아냈다고 한다. 《晉書 卷36 張華列傳》 여기서는 이민구 자신과 자신을 찾아왔던 사람을 두 보검에 비유한 것인데, 이민구를 찾아왔던 인물이 채유후인지는 미상이다.

95 문밖에는……들리누나 : 이별하던 때를 회상한 것이다. 이구(驪駒)는 《대대례(大戴禮)》에 나타나는 〈이구곡(驪駒曲)〉이라는 일시(逸詩)의 편명으로, 손님이 떠나려 하면서 이별의 정을 표시하는 노래이다. 손님이 "검정 망아지 문밖에 있고 마부 모두 대기하오. 검정 망아지 길 위에 있고 마부 멍에 올리었소.〔驪驅在門, 僕夫具存, 驪驅在路, 僕夫整駕.〕"라고 노래를 부르면, 주인은 〈객무용귀곡(客無庸歸曲)〉을 불렀다 한다. 《漢書 卷88 王式傳》

돌아가고픈 혼은 하늘가 물을 좇지 않는데　　歸魂不逐天邊水
이별한 눈은 해 아래 구름에 길이 걸렸네[96]　　離眼長懸日下雲
귀밑머리에 서리 앉으니 어찌 세월 멈추리오　　鬢上淸霜寧駐景
뜰 앞 하얀 이슬 벌써 아롱졌어라　　庭前白露已騰文
관산이라 가을바람 일찍 아나니　　關山早覺秋風動
찬 하늘 기러기가 나그네에게 듣게 하네　　來雁寒空遣客聞

늘그막에 떠도는 인생 꿈자리 어지러운데　　垂老流離夢想紛
쓸쓸한 오두막 노을 낀 성 가까이 있구나　　蕭條斗屋近城曛
어찌하면 변방의 천 줄기 눈물을　　那將絶塞千行淚
대궐의 한 조각 구름에 뿌릴 수 있을까　　爲洒脩門一片雲
전란 뒤 몸뚱이는 야박한 풍속에 의지하고　　亂後形骸依薄俗
병 뒤의 도야는 맑은 문장에 기대었네　　病餘陶冶賴淸文
중랑이 해배된 지 한 해가 차가는데　　中郎徙歲今方滿
초미금의 남은 소리 멀어 들을 수 없구나[97]　　焦尾遺音遠莫聞

백창이 해배되어 돌아갔으므로 이렇게 읊은 것이다.

96 이별한……걸렸네 : 임금을 그리워한다는 말이다. 일하(日下)는 도성을 의미한다.

97 중랑(中郎)이……없구나 : 채유후(蔡裕後)가 해배되어 돌아간 지 1년이 되어가는데, 소식을 들을 수 없다는 말이다. 중랑(中郎)은 후한(後漢)의 학자이자 서예가였던 채옹(蔡邕)을 가리킨다. 초미(焦尾)는 채옹이 만든 초미금(焦尾琴)을 가리킨다. 《후한서(後漢書)》 권60하(下)〈채옹열전(蔡邕列傳)〉에 "오(吳)나라 사람이 오동나무를 땔감으로 삼아 밥을 짓고 있는데, 채옹이 불타는 소리가 맹렬한 것을 듣고는 그것이 좋은 나무인 줄 알아, 그 나무를 얻어다가 켜서 거문고를 만들자, 과연 아름다운 소리가 났다. 그런데 거문고의 끝부분에 불탄 자리가 그대로 남아 있었으므로, 당시 사람들이 초미금이라고 불렀다."라고 하였다.

이사흥 만사

李士興挽詞

풍진 속에 백문[98] 앞에서 손 맞잡고	風塵握手白門前
이별한 후 세상살이 눈물 흘리며 지냈지	別後乾坤涙眼邊
편지는 남쪽 가는 기러기 만나지 못했고	書疏不逢南去雁
행장은 북쪽 돌아가는 채찍과 길이 막혔네	行裝永阻北歸鞭
함께 했던 세월 긴 밤에 잠기고	交壇日月沈長夜
주점 있던 산하 늘그막에 접하누나	酒肆山河接暮年
아득한 새 무덤에 곡도 하지 못하니	杳杳新阡迷哭處
부채에 쓴 시를 다시 볼 수 있으랴	可堪重閱扇頭篇

98 백문(白門) : 서문(西門)을 가리킨다. 오행에서 백색은 서방을 가리키기 때문에, 서문을 백문이라 한 것이다.

철옹성 칠가

鐵城七歌

객이여 객이여 동주객이여　有客有客東州客
객지에 매여 살며 백발로 늙어가네　客土羈棲但垂白
이웃집 아이들도 걸핏하면 괴롭히지만　隣家兒童動相困
산 귀신은 만나도 해치지 않는구나　山鬼相逢莫相厄
훌륭한 명성 세우지 못했으니 만사 끝났고　脩名不立萬事裂
천추의 마음 다 사라지니 세월 감히 아까우랴　意盡千秋敢自惜
아아 첫 번째 노래 그 노래 너무 괴로워　嗚呼一歌兮歌已苦
함께한 사람들 말없이 눈물만 비처럼 흘린다　四坐無言淚如雨

형님이여 형님이여 이별한 날 오래라　有兄有兄離日永
가을 반딧불 세 번 보았고 객지 셋방 차갑구나　三見秋螢旅舍冷
위태한 세상에 높은 지위를 어찌 쉬 오르랴　危塗盛位豈易乘
집안의 사사로운 걱정에 매번 애태우네　門戶私憂每耿耿
관산만 눈에 가득하여 돌아가지 못한 채　關山滿目歸不得
이 빠지고 머리 세어 각각 노경일세　齒髮蕭然各衰境
아아 두 번째 노래 그 노래 그리움 맺히는데　嗚呼二歌兮歌思結
나무에 얽힌 처량한 매미 울음 서글픔 더하네　繞樹涼蟬助幽咽

딸이여 딸이여 한양에 사나니　有女有女在漢陽
한번 병들어 십 년을 병상에서 지내지　一病十年身委床

상란 뒤에 목숨은 실낱같건만 自從喪亂命如縷
눈물도 다 마르고 마음은 남몰래 아프구나 眼枯血盡中暗傷
병장기가 도로에 깔려 양쪽 소식 아득한데 兵戈道路兩茫茫
게다가 이리저리 떠돌며 이별 길어질까 두렵다 復恐展轉相別長
아아 세 번째 노래 그 노래 진정 다급하니 嗚呼三歌兮歌正急
처마 너머에 쓸쓸히 빗소리 모인다 簷外蕭蕭雨聲集

손자여 손자여 대단히 총명하니 有孫有孫絶聰慧
형은 여덟 살 아우는 일곱 살 八歲者兄七歲弟
봉황과 기린처럼 세상에 드문 자질로 鳳凰麒麟世希有
일찍이 붓 적시면 좋은 작품 많았지 早見濡毫富淸製
너희들 어리니 어찌 내 슬픔 알랴 汝少豈知我懷悲
밝은 모습 마주하니 늙은이 눈물 비치누나 相對韶華映衰涕
아아 네 번째 노래 그 노랫소리 길어 嗚呼四歌兮歌聲長
밝은 해 올려 보니 환한 빛 감도네 仰視白日回精光

골짜기 깊고 휑해 곰과 표범 포효하고 溪壑谽谺熊豹嘷
변경의 나날 참혹하여 산목도 부르짖는 듯 邊日慘慘山木號
철옹 옛 성에 돌 기운 푸르고 鐵甕古城石氣靑
아스라한 하늘에 가을 구름 높구나 天宇莽蕩秋雲高
나 지금 가난하고 병든 몸으로 쑥대 문에 누워 我今貧病臥蓬戶
삼 년 겨울을 한 솜옷 의지해 잠잤네 三歲歲寒眠一袍
아아 다섯 번째 노래 그 노래 곡조 느려지니 嗚呼五歌兮歌調緩
음침한 골짜기 식은 재가 누굴 위해 따뜻해지랴 陰谷寒灰爲誰暖

집 앞도 집 뒤도 산으로 빙빙 둘렀으니	屋前屋後山四圍
진정 호랑이 굴과 서로 의지했구나	正與虎穴相因依
나 지금 이 놈 두려워 감히 나가지 못하니	我方畏此不敢出
시든 풀이 문을 막고 오솔길 좁아진다	衰草閉門蹊徑微
도깨비들 사람 홀리려 찬 나무에서 울고	魑魅欺人嘯寒木
그윽한 골짝에 날 저물자 늘 음침한 비 내린다	幽壑日暮長陰霏
아아 여섯 번째 노래 그 노래 조금 변하니	嗚呼六歌兮歌稍變
맑은 날에 싸라기눈 날리네	晴晝爲之飛霜霰

인생 오십에 살맛 적으니	人生五十生趣少
장부의 앞날 이미 스스로 아노라	丈夫前期已自料
기아와 추위에 전전하며 병에 시달리니	饑寒展轉疾病纏
늘그막에 아득히 남은 햇살 바라본다	晩歲蒼茫視餘照
조정으로 돌아가도 마음과 근력 쇠할 테고	縱使歸朝心力衰
아니면 매몰된 채 변방에서 지내겠지	不然埋沒依邊徼
아아 일곱 번째 노래 그 노래 마치려니	嗚呼七歌兮歌欲終
사방 벽에 은은히 우레와 바람소리 울린다	四壁隱隱鳴雷風

만나지 못하다. 두 수

不見二首

첫 수의 여덟 분은 술 동료이고, 둘째 수의 여섯 분은 시 동료이다.[99]

역사가 말머리 돌리기에	驛使回征駕
용문에 홀로 지내는 생활 말했네[100]	龍門話索居
이로 인해 숲 마을의 소식 전해 들었는데	仍傳林邑信
홀로 버들 마을의 편지가 막혔구나[101]	獨阻柳村書
경포로 이사한 뒤이며	鏡浦移家後

99 첫 수의……동료이다 : 여기 수록된 시는 각 구마다 원주(原註)에 있는 인물들과 관련하여 읊고 있는데, 각 인물의 자세한 행적을 알 수 없으므로, 각 구에서 읊고 있는 내용이 어떤 인물과 관련되는지는 자세히 알 수 없다.

100 역사(驛使)가……말했네 : 이민구가 역마(驛馬) 편에 친구들에게 소식을 전했다는 말이다. 역사는 급한 연락을 취하기 위해 역마로 보내는 심부름꾼을 말한다. 후위(後魏)의 육개(陸凱)가 강동(江東)의 매화 한 가지를 친구인 범엽(范曄)에게 보내면서 "매화가지 꺾다가 역마 탄 사자 만나, 농산에 있는 벗에게 부쳐 보내노라.〔折梅逢驛使, 寄與隴頭人.〕"라고 읊은 유명한 시가 전하고 있어서, 절친한 친구에게 보내는 소식이라는 뜻으로 사용된다.《山堂肆考 卷105 寄梅》 삭거(索居)는 벗들과 떨어져 홀로 지낸다는 이군삭거(離群索居)의 준말이다. 공자의 제자 자하(子夏)가 서하(西河)에 은둔해 있었는데, 아들이 죽자 너무 슬퍼한 나머지 실명(失明)하였다. 증자(曾子)가 문병을 오자, 자하는 죄도 없는 자신에게 불행이 찾아왔다고 한탄하였다. 이에 증자가 자하의 죄를 낱낱이 따지자, 자하가 그 말에 수긍하면서 "내가 지나쳤다, 내가 지나쳤다. 내가 벗들을 떠나 홀로 머물러 지낸 지가 너무 오래되었다.〔吾過矣, 吾過矣. 吾離羣而索居, 亦已久矣.〕"라고 하였다.《禮記 檀弓上》

101 홀로……막혔구나 : 유촌(柳村)은 원주(原註)에 있는 한형길(韓亨吉)의 호이므로, 한형길의 소식을 전해 듣지 못했다는 말이다.

강양군을 막 떠났다지　　江陽去郡初
전첨[102]은 아직도 나그네 신세인가　　典籤猶客寓
판사는 다시 어떠하오　　判事復何如

변삼근(卞三近)[103] 성지(誠之), 이진영(李晉英)[104] 강후(康侯), 한회일(韓會一)[105] 형보(亨甫), 한형길(韓亨吉)[106] 태이(泰而), 허보(許宝)[107] 유선(惟善), 김효건(金孝建)[108] 선술(善述), 이공익(李公益)[109] 사선(士先), 조경진(趙景禛)[110] 유지(綏之).

회상에 서늘한 가을 들고[111]　　淮上涼秋動
분서에 낙조가 밝겠지[112]　　汾西落照明

102 전첨(典籤) : 이조 종친부(宗親府)의 정4품 벼슬이다. 여기서는 여덟 명 가운데 한 사람을 가리키는 것인데, 누구인지 미상이다.

103 변삼근(卞三近) : 1579~1648. 본관은 밀양(密陽), 호는 오정(梧亭), 자는 성지(誠之)이다.

104 이진영(李晉英) : 1580~1643. 본관은 전주(全州), 자는 강후(康侯)이다.

105 한회일(韓會一) : 인조비(仁祖妃) 인열왕후(仁烈王后) 한씨(韓氏)의 오라비로, 자(字)는 형보(亨甫)이다. 한준겸(韓浚謙, 1557~1627)의 아들이다.

106 한형길(韓亨吉) : 1582~1644. 본관은 청주(淸州), 자는 태이(泰而), 호는 유촌(柳村)이다.

107 허보(許宝) : 1585~1659. 본관은 양천(陽川), 자는 유선(惟善), 호는 동강(東岡)이다.

108 김효건(金孝建) : 1584~1666. 본관은 안동(安東), 자는 선술(善述), 호는 경현옹(警絃翁)·경옹(警翁)이다.

109 이공익(李公益) : 1588~1649. 본관은 전주(全州)이다.

110 조경진(趙景禛) : 본관은 평양(平壤), 자는 유지(綏之), 호는 의루(倚樓)이다.

111 회상(淮上)에……들고 : 동회(東淮) 신익성(申翊聖)의 창연정(蒼然亭)에 가을이 깊어간다는 말이다.

구름 이어진 산기성[113]이며 雲連散騎省
땅 넓은 진강성이네 地闊晉康城
천 일 동안 호남에서 흥취 있었는데 千日湖南興
삼 년 동안 골짜기에 사는 마음일세 三年峽裏情
시절 위태로워 이별의 한 재촉하니 時危催別恨
머리 돌리며 눈물로 갓끈 적시노라 回首一霑纓

동양위(東陽尉) 신익성(申翊聖)[114] 군석(君奭), 금양위(錦陽尉) 박미(朴瀰)[115] 중연(仲淵), 백주(白洲) 이명한(李明漢)[116] 천장(天章), 현주(玄洲) 이소한(李昭漢)[117] 도장(道章), 기옹(畸翁) 정홍명(鄭弘溟)[118] 자용(子容), 택당(澤堂) 이식(李植)[119] 여고(汝固).

112 분서(汾西)에 낙조가 밝겠지 : 박미(朴瀰)를 읊은 것이다. 분서는 박미의 호이다.

113 산기성(散騎省) : 산기(散騎)는 산기상시(散騎常侍)의 준말로, 임금의 좌우에서 과실을 바로잡아 보좌하는 직책이다. 여기서는 사간원(司諫院)을 말한다.

114 신익성(申翊聖) : 1588~1644. 본관은 평산(平山), 자는 군석(君奭), 호는 낙전당(樂全堂)·동회거사(東淮居士), 시호는 문충(文忠)이다. 선조의 딸 정숙옹주(貞淑翁主)와 결혼하여 동양위에 봉해졌다.

115 박미(朴瀰) : 1592~1645. 본관은 반남(潘南), 자는 중연(仲淵), 호는 분서(汾西)이다. 1603년(선조36) 선조의 다섯째 딸 정안옹주(貞安翁主)와 혼인하여 금양위(錦陽尉)에 봉해졌다.

116 이명한(李明漢) : 1595~1645. 본관은 연안(延安), 자는 천장(天章), 호는 백주(白洲)이다. 월사(月沙) 이정귀(李廷龜)의 아들이다.

117 이소한(李昭漢) : 1598~1645. 본관은 연안(延安), 자는 도장(道章), 호는 현주(玄洲)이다. 이명한의 아우이다.

118 정홍명(鄭弘溟) : 1592~1650 : 본관은 연일(延日), 자는 자용(子容), 호는 기암(畸庵)·삼치(三癡), 시호는 문정(文貞)이다. 정철(鄭澈)의 아들이다.

119 이식(李植) : 1589~1647. 본관은 덕수(德水), 자는 여고(汝固), 호는 택당(澤堂)이다.

영변 후 이십 수

寧邊後二十首

변방 풍속에 나그네살이 어려운데 塞俗難爲客
변방 소리는 쉬 가을 되는구나 邊聲易作秋
늘그막에 거울 보자니 한스럽고 殘年臨鏡恨
지는 해에 고향 바라보며 시름하노라 落日望鄕愁
혼란한 세상 이 몸 의지할 곳 없어 世亂身無賴
노래 길게 불러도 뜻은 그치지 않네 歌長意未休
누가 나라 걱정하는 눈물을 誰將憂國淚
한번 운주루[120]에 뿌려 줄까 一灑運籌樓

2

변방 비가 가을 더위 몰아가고 塞雨驅秋暑
시내 바람이 저물녘 서늘함 끼고 불어온다 溪風挾晩涼
기운 차려 밥 많이 먹고 氣蘇頻匕箸
몸 건강해져 의상 자주 차려입네 身健屢衣裳
세상길에 변화 심한데 世路乘除劇
진흙길에 세월만 길었구나 泥塗甲子長
하늘가에서 늙어가는 눈 天涯垂老眼

120 운주루(運籌樓) : 영변도호부 성안에 있는 누대이다.《新增東國輿地勝覽 平安道 寧邊都護府》

고작 해를 보내는 빛만 보고 있네	只管送年光

3

밤낮으로 메조 익어가고	日夜黃粱熟
동산에 흰 이슬 맑구나	園林白露淸
농부들 항상 새벽에 일어나니	農家常曉起
변방에 추수가 이르구나	塞土早秋成
나그네로 살며 사람들 얼굴 보고	旅泊看人面
떠돌이로 지내며 세상 인정 겪노라	漂零閱世情
마음 끌리는 건 단지에 가득한 술 뿐	關心滿甖酒
분수 따라 맑은 아침에 앉아 있노라	隨分坐朝晴

4

옛 골짝에 가을 구름 짙어	古峽秋陰重
그윽한 창에 새벽빛 더디구나	幽窓曙色遲
타향 잠자리에서 놀라 깨어	殊方驚伏枕
온갖 걱정을 시로 읊조린다	百慮到吟詩
외로운 학은 어찌 그리 한이 많은가	獨鶴何多恨
쓸쓸한 귀뚜라미 소리 절로 서글프다	寒蛩但自悲
숲 바람이 귀밑털에 불어오니	林風吹鬢髮
쓸쓸한 늘그막의 그리움일세	蕭瑟暮年思

5

반딧불은 높은 숲 너머에서 반짝이고	螢火高林外

벌레 울어대는 팔월 초순	蟲聲八月初
떠돌이 신세로도 먹고 마시며	流離猶飮啄
근심 걱정에도 애써 시서 읽노라	憂患强詩書
일산은 노을로 장식한 잎이고	翠葆粧霞葉
맑은 물에 이슬 젖은 연꽃 있네	淸漣點露蕖
삼 년 세월에 돌아갈 마음 다 사라져	三年歸意盡
도리어 한가한 삶을 시로 짓고 싶어라	還欲賦閑居

6

되놈들 날뛴 후	胡虜憑陵後
천지가 참혹해진 뒤	乾坤慘黷餘
몸뚱이 남아 객지에서 밥 먹고 살지만	有身淹旅食
고향 편지 매단 기러기 없구나	無雁繫鄕書
해진 옷 사이로 추위가 뼈에 사무치고	破襖霜侵骨
맑은 날 창가에 백발이 빗에 비치누나	晴窓雪映梳
낙엽 지는 뜨락 나뭇가지 마주하니	庭柯對搖落
가을 경치 날로 쓸쓸해지네	秋色日蕭疏

7

오랜 타향살이 끝내 천명 편안히 여겨	久客終安命
굶주림과 추위에도 그 명 듣는다	饑寒聽所爲
잠자리에서 온몸에 소름 돋고	夜幬肌遍粟
가을날 거울 보자 귀밑머리 더 희끗해졌네	秋鑑鬢添絲
몸 보전할 계획은 멀어지고	契闊存身計

시대 구제할 기약 아득하다　蒼茫濟代期
험난한 세상 출처에 어두워　艱難迷出處
한 해 저무는데 슬픔만 남았어라　歲晚有餘悲

8

시름겨운 눈으로 바라보니 가을은 반 저물었고　愁眼三秋半
나그네 혼은 한 밤 가운데 정처없구나　羈魂一夜中
산 높아 구름이 성곽에서 피어나고　山高雲出郭
누대 저 멀리 달이 하늘에 떠 있네　樓逈月浮空
외딴 곳에서 오직 안석에 기댄 채　絶域唯憑几
노년의 세월 떠돌이 신세로다　衰年尙轉蓬
어찌하여 궁한 새의 한을 품고서　那將窮鳥恨
또 관산 넘는 기러기 소리 듣게 되나　又聽度關鴻

9

밝은 달이 중추에 둥그러지니　明月中秋滿
맑은 빛 이 밤에 많구나　淸光此夜多
어찌하면 옥도끼를 휘둘러서　豈應煩玉斧
길이 금빛 물결 맞이할 수 있을까[121]　長自遡金波

121 어찌하면……있을까 : 어떻게 하면 옥도끼로 달을 계속 수리하여 달빛을 영원히 볼 수 있겠느냐는 말이다. 옥부(玉斧)는 옥도끼인데, 당나라 문종 때에 정인본(鄭仁本)의 표제(表弟)가 숭산(嵩山)에 놀러 가서는 길을 잃고 헤매다가, 문득 숲 속에서 코 고는 소리가 들리기에 살펴보았더니, 어떤 사람이 보따리를 베고 깊이 잠이 들어 있었다. 그를 불러 물으니, 그가 "달은 칠보(七寶)로 합성된 것인데, 항상 8만 2천 호(戶)가

이슬 맞은 토끼는 은빛 대궐 따르고 露兎隨銀闕
얼음 두꺼비는 은하수 건너네[122] 氷蟾度絳河
영약 찧는다는 전설만 들었을 뿐 虛聞擣靈藥
나는 북처럼 빠른 세월 멈출 계책은 없구나[123] 無計駐飛梭

10

서쪽 고개 삼간 높이에 해 남았고 西嶺三竿日
동대[124]에는 백 장의 성이 둘렀어라 東臺百丈城
문 열어보니 가을 풍경 다 끝나가고 開軒秋色盡
지팡이 짚고 서니 땅거미 내린다 倚杖夕陰生
피리는 집으로 돌아가는 꿈 이끌건만 笛引還家夢
호가는 변방 나서는 소리 전하누나 笳傳出塞聲
뜰 앞에 떨어진 낙엽 있어 庭前有零葉

달을 수선한다. 나도 그중 한 사람이다."라고 하며 보따리를 풀어 보이는데, 그 안에는 도끼, 자귀 등의 물건이 들어 있었다고 한다. 《酉陽雜俎 卷1》

122 이슬……건너네 : 달에 토끼와 두꺼비가 있다는 전설이 있으므로 이렇게 읊은 것이다. 예(羿)의 처(妻) 항아(姮娥)가 불사약을 훔쳐 달로 달아나 두꺼비가 되었다는 전설과 옥토끼가 달 속에서 약초를 찧느라 절구질을 한다는 전설이 있다. 《後漢書 天文志上》《楚辭 天問 注》

123 영약(靈藥)……없구나 : 달 속에서 영약을 찧는다는 전설이 전해질 뿐, 가는 달을 멈춰서 빠른 세월을 그치게 하지는 못한다는 말이다. 비사(飛梭)는 나는 북이라는 뜻으로, 빠른 세월을 의미한다. 명나라 유기(劉基)의 시에 "인간의 세월은 나는 북처럼 빠르거니, 지하에 가서야 상종하는 날이 응당 많으리.〔人間日月如飛梭, 地下相從應始多.〕"라고 하였다. 《誠意伯文集 卷2 節婦吟》

124 동대(東臺) : 영변의 약산에 있는 봉우리이다.

바람과 이슬이 서늘하게 흩뿌린다 風露灑凄清

11

거센 바람 몰아치니 변방 기러기가 飄戾邊庭雁
남쪽으로 날아가 한양 지나겠지 南飛過漢關
고향에 편지 보내지 않지만 故鄕書不達
쫓겨 온 나그네 꿈마다 돌아가네 遷客夢俱還
푸른 물은 구름 너머로 흐르고 碧水雲羅外
맑은 서리는 달빛 사이로 내리네 淸霜月宇間
어이할까 옥 비파의 원망 섞인 곡조가 如何瑤瑟怨
귀밑털을 희끗희끗 아롱지게 하누나 暗遣鬢毛斑

12

저문 산에 숲 바람 세차고 山晩林風勁
텅 빈 들판에 물안개 걷히네 郊虛水霧褰
이슬 맞은 등나무 푸른 덩굴 나뒹굴고 露藤抛翠蔓
서리 맞은 과실수 붉은 과일 떨어졌다 霜果隕紅圓
몸은 늙어 시름과 병 늘었는데 身老饒愁病
살림 가난하여 취한 잠 줄었어라 家貧省醉眠
가을 깊어 적막해지니 秋深仍寂寞
국화 피는 때 저버릴까 두렵다오 恐負菊花天

13

세상 혼란하여 길게 한번 탄식하노니 世亂一長嗟

하늘 끝에서 돌아갈 희망 사라졌네　　天隅歸望賒
뭇 산봉우리 바위마다 서리 짙고　　霜濃群嶂石
큰 강 백사장에 달빛 가득하다　　月滿大江沙
수자리의 뿔피리소리 겨우 세 번 울리고　　戍角纔三弄
다듬이 소리 나는 이웃 고작 몇 집뿐일세　　隣砧只數家
변방 걱정과 겨울 날 걱정에　　邊虞與寒事
홀로 서 있으려니 귀밑머리 흩날린다　　獨立鬢絲斜

14

기자가 세운 삼한의 나라요　　箕子三韓國
단군 전설 전하는 만고대지만　　檀君萬古臺
관하에 시대는 이미 변하였고　　關河時已變
가는 세월에 병만 깊어간다　　歲月病相催
강물은 오히려 동쪽으로 돌고　　積水猶東滙
뭇 산은 북쪽에서 뻗어 왔네　　群山自北來
전쟁은 수많은 한을 남겨　　兵戈千種恨
늙어가며 슬픔만 남았어라　　老去獨餘哀

15

아득히 산은 바다에 이어졌고　　漠漠山連海
먼지와 모래가 길을 온통 덮었네　　塵沙混去途
수레와 말 한가한 날 없이　　輪蹄無暇日
사신들 유도를 향하누나[125]　　冠蓋向幽都
범과 표범의 가죽 어디로 들어가나　　虎豹皮何入

금과 비단 폐물을 부질없이 실어가네　金繒幣謾輸
조정에서 자주 부절 나오는데　漢朝頻出節
모두 선우에게 가는 사신일세[126]　摠爲使單于

16

외로운 잠자리에 번잡한 심사 쌓여　獨寢煩襟積
빈 뜰을 거니는 일 많아라　空庭散步多
잠긴 물고기는 가을 뒤에 고요하고　潛魚秋後靜
나는 새도 밤 깊으면 찾아드네　飛鳥夜深過
왕찬은 〈등루부〉 지었고[127]　王粲登樓賦
양홍은 〈적월가〉 노래했네[128]　梁鴻適越歌

125 수레와……향하누나 : 병자호란 뒤에 청나라로 가는 사신이 빈번함을 읊은 것이다. 유도(幽都)는 북경을 가리킨다.

126 조정에서……사신일세 : 조정에서 보내는 사신이 모두 청나라로 간다는 말이다. 한조(漢朝)는 본래 한나라 조정을 의미하는데, 여기서는 조정을 뜻한다. 선우(單于)는 오랑캐의 우두머리를 뜻하는데, 여기서는 청나라 황제를 가리킨다.

127 왕찬(王粲)은 등루부(登樓賦) 지었고 : 왕찬은 삼국 시대 위(魏)나라 산양(山陽) 사람으로, 자는 중선(仲宣)이다. 박식하고 문장이 뛰어나 건안칠자(建安七子) 중 하나로 꼽힌다. 한 헌제(漢獻帝) 때 난리를 피해 형주(荊州)의 유표(劉表)에게 15년 동안 의탁해 있다가, 조조(曹操) 밑으로 들어가 시중(侍中) 벼슬까지 지냈는데, 형주에 있을 때 성루(城樓)에 올라가 시사를 한탄하고 고향을 그리는 뜻으로 〈등루부〉를 지었다. 《文選 卷11 登樓賦》 여기서는 이민구가 자신을 왕찬에게 견준 것이다.

128 양홍(梁鴻)은 적월가(適越歌) 노래했네 : 양홍은 후한(後漢) 때 사람이다. 〈적월가〉는 월나라로 갈 때의 노래라는 말로, 〈오희가(五噫歌)〉를 가리키는 것으로 보인다. 〈오희가〉는 양홍이 은거하러 가는 길에 낙양(洛陽)을 지나면서 희(噫) 자를 다섯 번 써서 무궁한 비통함을 읊은 노래로서 "저 북망을 오름이여, 슬프다. 서울을 돌아봄이

오랜 세월 사직 걱정하니 彌年憂社稷
언제나 병장기 쓸어버릴까 何日掃干戈

17

나라에서는 금성탕지의 험한 요새에 비유하니[129] 國比金湯險
산은 옥새보다 깊네[130] 山逾玉塞深

여, 슬프다. 궁실이 드높음이여, 슬프다. 사람들의 수고로움이여, 슬프다. 아득한 미앙궁이여, 슬프다.〔陟彼北芒兮, 噫. 顧覽帝京兮, 噫. 宮室崔嵬兮, 噫. 人之劬勞兮, 噫. 遼遼未央兮, 噫.〕"라고 한 것이다.《後漢書 卷83 梁鴻列傳》 양홍의 열전에는 그가 제(齊)나라와 노(魯)나라 사이에 살다가 오(吳)나라로 갔다고 하였으므로, 월나라로 간 사실은 알 수 없다. 그러나《역대명현확론(歷代名賢確論)》 권49 〈양홍(梁鴻)〉에 "고아한 자취가 세속을 격동시킬 수 없으므로 북망산에 올라 노래를 지었으며, 노래를 지어서는 근심을 떨쳐버릴 수 없었으므로 월나라로 가서 멀리 숨은 것이다.〔高蹈不可以激俗, 故登邙以作歌, 作歌不可以遺患, 故適越以遐遯.〕"라고 하였다. 또한 〈낙양행송낙양위칠명부(洛陽行送洛陽韋七明府)〉에 "양홍의 부부가 공연히 월나라로 갔네.〔梁鴻夫妻虛適越〕"라고 하였다.《華陽集 卷中》 이러한 기록으로 볼 때, 〈적월가〉는 〈오희가〉를 가리키는 것으로 보인다.

129 나라에서는……비유하니 : 나라에서 철옹성을 튼튼한 요새로 인정한다는 말이다. 금탕(金湯)은 금성탕지(金城湯池)의 준말로, 난공불락의 요새지를 뜻한다. 참고로 전국 시대 위(魏)나라 무후(武侯)가 배를 타고 서하(西河)의 중류(中流)를 내려가다가, 오기(吳起)를 돌아보고 산천이 험고한 것이야말로 위나라의 보배라고 자랑하자, 오기가 "사람의 덕에 달려 있지, 산천의 험고함에 있는 것이 아닙니다. 만약 통치자가 덕을 닦지 않으면, 이 배 안에 있는 사람들 모두가 적국의 사람이 될 것입니다.〔在德不在險, 若君不修德, 舟中之人, 盡爲敵國也.〕"라고 한 고사가 전한다.《史記 卷65 吳起列傳》

130 산은 옥새(玉塞)보다 깊네 : 옥새는 중국 감숙성(甘肅省) 돈황(敦煌)에 있는 옥문관(玉門關)의 별칭이다. 여기서는 철옹성이 있는 관서지방(關西地方), 즉 평안도 지방의 산세가 옥새보다 깊어 요새(要塞)로서 충분하다는 뜻으로 쓰였다.

힘든 살림살이 험한 지리와 같으니　艱難猶地利
승패가 어찌 천심에 달렸을까[131]　勝敗豈天心
물은 변방 사막에 닿아 어둡고　水接邊沙暗
구름은 북방 기운에 이어져 음산하네　雲連朔氣陰
관하를 한번 멀리 바라보노라니　關河一長望
석양이 답답한 가슴을 비추네　西日照危襟

18

서북쪽에 뭇 산들 모였고　西北千山合
동남쪽에 두 하천 서렸네　東南二水蟠
맑은 구름은 바다로 떠가서 사라지고　晴雲浮海盡
지는 해는 강 건너 차갑구나　落日度江寒
사부로 부른들 부를 수 있을까　詞賦招何得
대궐문 바라볼 수도 없네　脩門望亦難
화려한 술잔 비어 가엾으니　自憐金錯罄
공연히 빈 술병만 마주했네　空對玉壺乾

131 힘든……달렸을까 : 철옹성이 금성탕지(金城湯池)에 비유될 만큼 튼튼한 요새지만, 백성들의 삶도 어려워서 나라를 지키는 일에 목숨을 바칠 마음가짐이 없다고 본 것이다. 그러므로 승패는 하늘에 달려있는 것이 아니라, 백성들의 힘든 생활을 안정시켜서 화합하게 만드는 데 있다고 본 것이다. 《맹자》 〈공손추 하(公孫丑下)〉에 "천시가 지리적 이로움만 못하고, 지리적 이로움이 인화만 못하다.〔天時不如地理, 地利不如人和.〕"라고 하였다.

19

가을 오솔길 산자락에 좁다랗고 秋徑林端細
찬 개울물 풀섶에 가늘구나 寒流草際微
빈 처마에 바람이 방으로 불어오고 虛簷風入室
대자리에 이슬 내려 옷 적시네 華簟露霑衣
세상일 자주 회고하지만 世事回頭數
친구들은 만날 일 드물다 朋知接眼稀
곤궁한 삶 날로 늙어가니 窮居日衰謝
인생행로 어그러진 일 많아라 行路轉多違

20

땅은 서쪽으로 멀리 떨어져 있고 地道西偏闊
하늘은 북극만큼이나 멀다네 天文北極遙
삼 년 동안 시골에 버려진 몸 三年投下國
한 번 누워 조정과 단절되었네 一臥阻中朝
장사에서 조상한 부는 있지만 賦有長沙弔
송옥이 부른 사는 없구나[132] 詞無宋玉招

132 장사(長沙)에서……없구나 : 장사조(長沙弔)는 한나라 때 가의(賈誼)가 조정에서 쫓겨나 장사왕(長沙王)의 태부(太傅)가 되어 나가다가, 상수(湘水)를 건널 적에 초(楚)나라의 충신 굴원(屈原)이 원통하게 죽은 것을 슬퍼하여 지은 〈조굴원부(弔屈原賦)〉를 가리킨다. 송옥초(宋玉招)는 송옥(宋玉)이 죄 없이 쫓겨난 굴원의 정신이 흐트러진 채 돌아오지 않는 것을 슬퍼하여, 상제(上帝)의 명과 무당의 말을 가탁하여 그 정신을 부른 〈초혼(招魂)〉을 가리킨다. 이민구가 철옹성에서 지은 〈철옹성부(鐵甕城賦)〉가 《동주집(東州集)》 문집(文集) 권5에 수록되어 있는데, 자신이 이 글을 지었기

고향에는 가을빛 다했을 터 故林秋色盡
돌아가고픈 마음만 바람 향해 몰아치네 歸意向風飆

때문에 여기서 이렇게 읊고 있는 것으로 보인다.

사일[133] 뒤의 제비

社後燕

옛 둥지 날로 황량해지는데　故壘日荒涼
날아 돌아갈 하늘 길 멀어라　歸飛天路長
앞에서 많은 세월 지냈건만　前期經歲月
새 깃[134]은 풍상을 겁내네　新羽怯風霜
떠나가면 어찌 머물던 동량 그릴까　去豈懷梁棟
머문 것도 모이 때문은 아니겠지　留非爲稻粱
어이하여 추사일 뒤에도　如何秋社後
객지에서 보게 되나　猶目客殊方

133 사일(社日) : 입춘(立春) 후 다섯 번째 무일(戊日)을 춘사(春社)라 하고, 입추(立秋) 후 다섯 번째 무일을 추사(秋社)라 한다. 제비는 춘사일에 왔다가 추사일에 떠난다고 하는데, 여기서는 추사일 뒤에도 제비가 남아 있으므로 읊은 것이다.

134 새 깃 : 봄에 부화하여 새로 자란 제비를 가리킨다.

늦가을

九秋

철옹성 골짝에 풍상이 밤낮으로 재촉해 내리더니	鐵峽風霜日夜催
양쪽 비탈 붉은 잎이 비단처럼 쌓였네	雙厓赤葉錦成堆
숲 성글어지니 새들도 뭇 산에 조용하고	林疏鳥雀群山靜
수위 낮아지니 어룡이 온 골짝에서 슬퍼하네	水落魚龍萬壑哀
칠요[135]는 하늘의 북극을 길이 도는데	七曜長環天北極
외로운 구름은 동대[136] 주변에 떠있네	孤雲偏傍邑東臺
국화 띄워 탁주 마시는 고향 모임 있을 텐데	黃花白酒鄕園會
가을 다하도록 소식 한 자 없구나	秋盡音書斷不來

135 칠요(七曜) : 일월(日月)과 수성(水星), 화성(火星), 목성(木星), 금성(金星), 토성(土星)을 말한다.

136 동대(東臺) : 영변의 약산(藥山)에 있는 봉우리이다.

산사람 모하가 표고와 석이버섯을 주었다

山人暮霞貽香蕈石耳

버섯 광주리 산사람이 보내 주니 　　芝筐包贈自山人
부드러운 밥 향긋한 국 그 맛이 어울린다 　　軟飯香羹氣味均
아마도 골짜기 입구에 가을비 내린 뒤에 　　遙想洞門秋雨過
뭇 봉우리 찬 낙엽 속에서 새로 따왔겠지 　　萬峯寒葉摘來新
천년 묵은 바위 영험한 기운 품었는데 　　千年石骨蘊靈奇
구름옷처럼 엉겨 붙어 이끼 빛 무성하네 　　結作雲衣蘚色滋
산승의 보내 주는 뜻에 매번 부끄러우니 　　每愧山僧相贈意
무슨 수로 센 귀밑머리 변화시킬까 　　何緣得化鬢邊絲

의서에 석이버섯이 백발을 검게 할 수 있다고 하였다.

구월 보름밤에 지난날 양진역에서 놀던 일을 추억하며 그 운자[137]를 써서 감상을 적다

九月望夜 憶養珍舊遊 用其韻紀感

옛 역참에 가을 하늘 맑은데	古驛秋宵霽
이별 노래에 달빛 차가웠지	離歌月宇寒
땅은 낮은 동쪽 끝에서 다하고	地窮東極庳
하늘은 북해로 들어가며 넓어지네	天入北溟寬
세상일 사라지기 쉬운데	世事銷沈易
우리 인생 만나기는 어렵구나	人生會合難
응당 기러기 소리는	秖應鴻雁響
여유롭게 강가로 내려앉으리	搖曳下江干

137 양진역(養珍驛)에서……운자 : 양진역은 강원도 고성군(高城郡) 외금강면에 있는 지역 이름이다.《新增東國輿地勝覽 卷45》 동주가 차운하고 있는 작품은 《동주집(東州集)》 전집(前集) 권6의 〈양진역에서 구월 보름 날 바다 위에 달이 올라 마치 낮처럼 밝고 하늘에는 티끌 하나 없었다. 이극보가 술을 가지고 따라와 이별하니 슬픈 노래가 격렬하게 일어나 소리가 숲에 진동하였다〔養珍驛九月望日海月如晝天無纖翳李克甫携酒追別悲歌激烈聲振林樾〕〉이다.

만호 이희선을 곡하다

哭李萬戶希善

매번 이상했지 곰과 표범 같던 자태	每怪熊豹姿
올해 갑자기 쇠약해지는 것이	今歲遽衰躓
만나면 혹 농으로 조롱하며	相視或嘲訕
늘그막이라 그렇다 했지	謂是老境事
어찌 생각이나 했으랴 몇 달 만에	豈意數月間
갑자기 운명할 줄을	忽爾死期至
평소 두 마리 소의 힘 가졌는데	平生兩牛力
적막하게 평소의 뜻 사라졌네	寂莫淪素志
당당한 칠 척의 몸이	堂堂七尺軀
널 속에 영원히 잠들었구나	一木永潛祕
항상 타향살이 한하더니	居常恨流寓
끝내 도랑에 버려졌어라	終作溝中棄
슬픈 일은 오래도록 춥고 주린 신세로	所悲久寒餓
아무것도 이룬 게 없다는 점이지	百事無稱遂
쓸쓸한 변방 땅	蕭條塞垣土
살아서나 죽어서나 모두 멀리 떨어지고 말았네	存歿俱遠寄
만고에 다 마른 해골 되었으니	萬古盡枯骨
덧없는 인생 본래 쉬 간다네	浮生本容易
내가 지금 관서의 성에 나그네 되어	吾方旅西城
외로이 이매와 짝하였으니	孑然伴魑魅

새로 사귄 사람도 오히려 그리는데 新知尙繾綣
하물며 그대는 오랜 친구임에랴 況伊舊親懿
노년에 또 그대 잃으니 晩途又失君
외롭고 곤궁한 신세 더욱 초췌해지네 孤窮益顦顇
생각해보니 예전 황주에 있을 때 憶昔黃州日
모래바람이 사냥하는 말 덮었지 風沙擁獵騎
긴 화살로 두 마리 호랑이 잡으니 長鈚殪雙虎
보는 사람들 놀라 가슴 뛰었었지 觀者爲病悸
지금도 피 뿌렸던 곳에는 到今灑血地
사나운 기운에 나는 새도 피한다지 猛氣飛鳥避
일만 장부 감당하는 그 용맹 그리워 想像萬夫勇
위태한 시기에 눈물만 떨구오 時危淚交墜

임백무에게 주다[138]

贈林柏茂

한 떨기 난초 늪 가운데 나서	崇蘭生中澤
그윽이 홀로 자라 캐는 이 없지	幽獨無人採
뿌리 내린 곳 이미 외지고 먼데	托根旣僻遠
기이한 향기만 부질없이 풍기누나	奇芬空自在
부드러운 줄기 잡풀에 섞여	柔莖委亂草
한 해 내내 묻혀 있는데	蕪沒彌年載
구원으로 옮겨 심으면	移來九畹上
가지와 잎이 달라짐을 날로 알게 되지[139]	日覺枝葉改
밭두둑 터서 근처 채마밭과 이어져	疏畦接近圃
푸른빛이 혜초 채초와 어우러지지	蔥翠雜蕙茝
시원한 바람이 따뜻한 기운 몰아오고	光風扇陽和
비와 이슬을 봄날에 서로 기다리네	雨露春相待
의복과 수레의 안에 올려지고	薦于服御內

138 임백무에게 주다 : 임백무의 인적사항은 미상이다. 이민구가 영변 적소에 있을 때 찾아와서 가르침을 받은 인물로 보인다. 이 시는 난초의 용사(用捨)를 비유로 들어, 임백무가 학문에 힘쓰기를 권면한 내용으로 되어 있다.

139 구원(九畹)으로……되지 : 난초를 좋은 곳으로 옮겨 심으면 가지와 잎이 튼튼해진다는 말로, 사람에게 환경이 중요함을 비유한 것이다. 구원은 굴원(屈原)의 〈이소(離騷)〉에 "이미 구원에 난초를 심고, 또 백 묘에 혜초를 심었네.〔旣滋蘭之九畹兮, 又樹蕙之百畝〕"라고 한 데서 나왔다. 33쪽 각주13 참조.

군자가 차고 다니게 되지[140]　君子所綴佩
마침내 국향의 자리 차지하니　終能擅國香
가치가 용뇌와 사향의 갑절이지[141]　價比龍麝倍
여기서 알 수 있지 꽃을 키우는 데도　是知榮茂際
심고 가꾸기를 그만둘 수 없음을　栽殖理難廢
임씨가 공부하러 오니　林氏事游學
골짜기 나와 탁 트인 곳에 오른 격이네　出谷登爽塏
현묘한 글을 알지 못하는 데서 벗어나니　玄文脫闇昧
마치 흰색이 채색을 받아들임과 같네[142]　若白宜受采
바라건대 난초의 쓰임과 버려짐 살펴서　庶觀蘭用舍
본업 바꿔 게을리 마시게나[143]　遷業期勿怠

140 군자가……되지 : 군자의 사랑을 받게 된다는 의미이다. 굴원의 〈이소(離騷)〉에 "강리와 벽지를 몸에 걸쳐 입고, 가을 난초를 꿰어서 허리에 찬다.〔扈江離與辟芷兮, 紉秋蘭以爲佩.〕"라고 하였다.

141 마침내……갑절이지 : 난초가 최고의 향기로 인정받아 용뇌(龍腦)나 사향(麝香)보다도 귀한 대접을 받게 된다는 말이다. 용사(龍麝)는 용뇌와 사향을 아울러 말한 것이다. 용뇌는 용뇌향목의 수간(樹幹)에서 추출하는 향이고, 사향은 사향노루 수컷의 배꼽과 불두덩을 싸고 있는 향낭을 쪼개서 말린 향료이다.

142 현묘한……같네 : 임백무의 자질이 뛰어나서 가르침을 잘 받아들인다는 말이다. 《예기》 〈예기(禮器)〉에 "단 것이 조리를 받아들이고, 흰 것이 채색을 받아들인다.〔甘受和, 白受采.〕"라고 하였다.

143 바라건대……마시게나 : 난초가 연못가 잡초 사이에 자랄 때는 아무도 채취하는 사람이 없지만, 구원(九畹)에 옮겨 심어 잘 가꾸면 국향(國香)이 되듯이, 임백무가 부지런히 학문에 매진하면 훌륭한 인재가 될 수 있다고 권면한 말이다.

참의 이경의[144]가 부쳐온 시에 답하다

答李參議景義寄贈

벗들 멀리 떨어져 자주 만나지 못하고	朋知落落眼中疏
세상은 전란이 쓸고 간 뒤라네	人事兵戈震蕩餘
변방에 유배객 한을 달래 줄 일 적은데	塞土少寬遷客恨
우편에 시랑의 편지 자주 전해 주네	郵程頻遞侍郎書
음성과 용모 연곡의 풍운 아래 있고	音容輦轂風雲下
병든 몸은 막 눈 내리는 관산에 있네[145]	疾病關山雨雪初
혹 궁도의 노쇠한 몸 생각한다면	倘念窮途衰朽骨
들보에 달빛 비출 때 외로운 이 꿈꾸리라[146]	屋樑寒月夢離居

144 이경의(李景義) : 1590~1640. 본관은 연안(延安), 자는 자방(子方), 호는 만사(晩沙)이다. 1638년에 호조 참의, 이듬해 이조 참의를 역임하였다. 《澤堂集 別集卷6 吏曹參判李公墓誌銘》

145 음성과……있네 : 이경의는 서울에 있고, 이민구는 유배지에서 겨울을 맞이하고 있다는 말이다. 연곡(輦轂)은 임금이 타는 수레로, 일반적으로 도성을 가리키는 말로 사용된다.

146 들보에……꿈꾸리라 : 이경의가 이민구를 그리워할 것이라는 말이다. 두보(杜甫)가 이백(李白)을 그리워하며 지은 〈몽이백(夢李白)〉에 "지는 달빛이 용마루에 가득하니, 그대 얼굴이 비치는가 의심하노라.〔落月滿屋樑, 猶疑照顔色.〕"라고 하였다. 이거(離居)는 이군삭거(離群索居)의 준말로, 무리와 헤어져 외롭게 지낸다는 뜻이다. 여기서는 이민구를 가리킨다. 88쪽 각주100 참조.

참판 김대덕[147]의 부음을 듣다
聞金參判大德訃

매월 인편 통해 편지 받았는데	每月因人拜素書
가을 들어 소식 뜸해 놀랐어라	忽驚音信入秋疏
유명 달라져 함께 병든 처지 아파하지 못하니	幽明不復憐同病
천지에 누가 외로운 이 염려하랴[148]	天地將誰念索居
예전부터 새 시 받아 상자에 넘쳐나니	舊接新詩猶溢篋
홀로 남긴 글 펼쳐보며 옷깃 적시누나	獨披遺墨久霑裾
풍상 겪는 늘그막에 벗들 다 돌아가니	風霜暮境親知盡
오늘 새벽별이 몇 개나 남았는가	今日晨星幾箇餘

147 김대덕(金大德) : 1577~1639. 본관은 광산(光山), 자는 득지(得之), 호는 소봉(蘇峯)이다. 1637년(인조15)에 형조 참판(刑曹參判)이 되었다. 《白軒集 卷48 刑曹參判金公墓誌銘》

148 유명(幽明)……염려하랴 : 김대덕이 별세하여 이민구를 염려해줄 사람이 없어졌다는 말이다. 삭거(索居)는 이군삭거(離群索居)의 준말로, 여기서는 이민구를 가리킨다. 88쪽 각주100 참조.

추운 날

寒日

들 빛 검푸르게 저물고 野色蒼然暮
궁음에 문득 만물이 폐장하네[149] 窮陰忽閉藏
어지러운 구름은 날리는 솜처럼 희고 亂雲飄絮白
찬 해는 거둔 솜처럼 누렇다 寒日斂綿黃
나그네는 짧은 누더기 질리고 客厭鶉衣短
사람들은 긴 백발 싫어하네 人嫌鶴髮長
시골 막걸리 너에게 의지해 村醪憑汝在
내 분수 따라 마른 속 푸노라 隨分緩枯腸

149 궁음에……폐장(閉藏)하네 : 겨울로 접어들어 만물이 숨어든다는 말이다. 사시(四時)의 순환에 따라 만물이 생장수장(生長收藏)하므로 이렇게 읊은 것이다.

밤
夜

바람 불어 그윽한 휘장 흔드는데	虛吹驚幽幔
외로운 마음에 밤 깊도록 앉았노라	孤懷坐夜深
등불 꽃은 추워도 떨어지지 않고	燈花寒不落
향불 연기는 조용히 더 가라앉네	香穗靜逾沈
지나는 기러기 고향 소식 전하려는가	過雁疑鄕信
우는 까마귀 나그네 마음 일깨운다	啼烏警客心
시름겹고 적적한 마음 묻는 이 없어	無人問愁寂
맑은 눈물만 옷깃 가득 흘리누나	淸淚滿衣襟

겨울날

冬日

이웃 닭 시끄럽게 울어 오경이 끝나니 隣鷄亂叫五更終
문틈으로 희미하게 새벽빛 들어오네 隙戶微明曙色通
백발이 갓을 찔러 백설처럼 얽혔고 華髮衝冠縈雪白
쇠한 얼굴은 술기운에 붉어지네 衰顔帶酒上潮紅
종일토록 북방 기운이 하늘에 이어져 어둡고[150] 三時朔氣連天暗
만 리 변경 관새 끝까지 닿았네 萬里邊庭接塞窮
산골짜기에서 적막하게 문 걸어 닫은 채 寂寂閉門山壑裏
꺼진 화로 곁에 앉아 허공에 글자 끼적인다[151] 土爐灰冷坐書空

황사에 서쪽 바라보니 어둑하고 雲沙西望浩冥濛
변방의 겨울날 밤낮으로 바람 매섭다 邊朔窮冬晝夜風
당시 조정에서 가의를 경시했지만 當日朝廷輕賈誼
훗날 문장에는 양웅을 중시했네[152] 異時詞賦重揚雄

150 종일토록……어둡고 : 하루 종일 겨울 분위기가 느껴진다는 말이다. 삼시(三時)는 봄, 여름, 가을을 가리키기도 하는데, 여기서는 아침과 점심과 저녁을 의미한다.

151 꺼진……끼적인다 : 진(晉)나라의 은호(殷浩)가 제명(除名)되어 평민으로 전락한 뒤에, 하루 종일 공중에다 뭔가 글씨를 쓰고 있었는데, 사람들이 몰래 엿보니, 바로 돌돌괴사(咄咄怪事)라는 네 글자였다는 고사가 있다.《世說新語 黜免》이 고사를 원용하여 유배지의 적막한 생활을 읊은 것이다.

152 당시……중시했네 : 훌륭한 자질을 지니고도 시대에 따라 대우가 다름을 말한

전란 후에 눈물로 여생 보내고	餘生涕淚兵戈後
객지에서 이 몸은 오랜 나그네 되었네	久客形骸逆旅中
누가 북두 사이에서 자색 기운 찾는가	誰向斗間尋紫氣
상자 안의 용검이 무지개 되려 하네[153]	匣藏龍劍欲成虹

것이다. 가의(賈誼)와 양웅(揚雄)은 모두 훌륭한 문장가이다. 그러나 가의는 관제 정비를 위한 많은 의견들을 상주하다가, 주발(周勃)과 관영(灌嬰) 등 당시 고관들의 시기를 받아 장사왕(長沙王)의 태부(太傅)로 좌천되었고, 양웅은 사부(詞賦)가 뛰어나다고 해서 성제(成帝)에 의해 발탁되었으나, 정치에 뜻을 두지 않고 평생을 곤궁하게 살면서 저술에 힘을 쏟았다.

153 누가……하네 : 이민구 자신을 상자 속에 보관된 채 알아주는 이가 없는 보검에 비유하여, 자신의 불우함을 읊은 것이다. 용검(龍劍)은 용천(龍泉)과 태아(太阿)를 말한다. 82쪽 각주94 참조.

밤에 앉아서

夜坐

점점 삼경이 다하고	稍稍三更盡
쓸쓸히 한 해가 가는구나	悽悽一歲窮
덧없는 인생 산수[154] 북에 있고	浮生汕水北
고향 집은 한강 동쪽에 있지	故業漢川東
성긴 창에 드나드는 연기 희고	疏牖通煙白
꺼져가는 화로에 불씨 붉구나	殘爐點火紅
사냥 가는 말 따라가지도 못하는데	未能隨獵騎
눈보라 속에 멋진 활만 끼고 있네	風雪挾雕弓

154 산수(汕水) : 물 이름인데 정확히 어디인지는 알 수 없고, 조선을 가리키는 말로 사용되었다. 사마천(司馬遷)의 《사기(史記)》에서 조선의 명칭에 대해 설명하였는데, 그 색은(索隱)에 "조의 음은 조이며 선의 음은 선인데, 산수가 있기 때문에 이름한 것이다.〔案朝音潮, 鮮音仙, 以有汕水, 故名也.〕"라고 하였다. 《史記 卷115 朝鮮列傳 第55》

변방 관문
塞門

철옹산 높아 변방 해 잠기니	鐵甕山高邊日沈
변방 관문은 세밑에 언제나 어둑어둑	塞門歲暮常陰陰
성 까마귀 한밤에 우니 금곡의 애원 같고	城烏半夜琴中怨
관산 달 아래 보낸 삼 년 젓대 속의 마음이네[155]	關月三年笛裏心
대지에 이어진 풍운에 뭇 산들 어둡고	接地風雲千嶂暗
하늘로 떠오르는 물결 이니 두 강 깊구나[156]	浮天波浪二江深
쓸쓸한 만 리 밖에서 고향 돌아가는 꿈	蕭條萬里還鄕夢
응당 기러기 짝이 되어 상림에 이르리라[157]	應伴霜鴻到上林

155 관산(關山)……마음이네 : 변방에서 군악 소리를 들으면서 서글픈 마음이 있음을 읊은 것이다. 두보(杜甫)의 시에 "삼 년 피리 소리 속에 관산에 비친 달빛이요, 만국의 군대 앞에 초목을 휩쓰는 바람이라.〔三年笛裏關山月, 萬國兵前草木風.〕"라고 하였다. 《杜少陵詩集 卷6 洗兵馬行》

156 대지에……깊구나 : 두보(杜甫)의 "강 사이 물결 하늘 높이 일고, 변방의 풍운 땅에 깔려 음산하네.〔江間波浪兼天湧, 塞上風雲接地陰.〕"라는 시구를 차용하여, 유배지의 적막함을 읊은 것이다. 《杜少陵詩集 卷17 秋興八首》

157 쓸쓸한……이르리라 : 한 무제(漢武帝) 때 소무(蘇武)가 흉노(匈奴)에 사신으로 가서 19년 동안 억류되었다가 돌아온 고사가 있다. 69쪽 각주70 참조. 여기서는 이 고사를 인용하여 고향으로 돌아가고픈 마음과 임금을 그리는 마음을 읊은 것이다.

길주 목사 최유해[158]가 청해의 백사 사당에 들러 지은 시[159]의 운자에 맞춰 짓다

次崔吉州過靑海白沙祠韻

사당의 소나무 삼나무 몇 해나 묵었는가	遺廟松杉歲幾經
지나던 사람 말 멈추고 영령 참배하네	行人駐馬拜英靈
봄가을로 북쪽 땅에 향불 전해 오고	春秋北土傳香火
밤낮으로 동쪽 바다에 달과 별이 잠기네	日夜東溟浸月星
옛 정신은 푸른 하늘에 의지했고	終古精神依碧落
지난날 훈업은 단청에 비추도다	向時勳業照丹靑
새 시에 현인 그리는 눈물 뿌리지만	新篇一灑懷賢淚
고개 돌려보니 구름 낀 산이 푸르게 막아섰네	回首雲山隔翠屛

158 최유해(崔有海) : 1588~1641. 본관은 해주(海州), 자는 대용(大容), 호는 묵수당(默守堂)이다. 1638년 길주 목사에 임명되었다. 《宋子大全 卷176 承旨崔公墓碣銘》

159 청해(靑海)의……시 : 청해는 함경남도(咸鏡南道) 북청(北靑)을 가리킨다. 백사사(白沙祠)는 백사(白沙) 이항복(李恒福, 1556~1618)을 배향한 노덕서원(老德書院)을 가리킨다. 이민구가 차운한 최유해의 작품은 〈북청에 들러 백사 선생을 그리며 감회가 있었다〔過北靑懷白沙先生有感〕〉라는 시이다. 《嘿守堂集 卷2》

사나운 호랑이 노래

猛虎行

맹호가 발톱과 어금니 믿고서 猛虎憑爪牙
서둘러 배를 채우려고 急欲盈其腹
산 속 동굴에 머물지 않고 不居山中穴
성 안 골짝에 사네 乃處城內谷
저물녘 길거리에 나타나니 初昏據衢路
사람 고기 노린 것이지 所擇在人肉
한갓 백보의 위엄 지녔으니 徒存百步威
숨겨진 예리한 칼날 염려하랴[160] 肯虞利刃伏
사냥꾼이 눈 위의 발자국 따라가고 獵師迹微雪
힘센 몰이꾼들이 앞 다퉈 쫓으니 角壯事競逐
비록 배와 창자 찢기더라도 雖看腸肚裂
용맹함은 온 숲에 진동하겠지[161] 餘勇振林麓
세찬 불길에 연기는 높이 서리고 烈火蟠高煙
긴 포위망에 무수한 창들 춤추니 長圍舞叢矟

160 한갓……염려하랴 : 호랑이가 자신의 용맹만을 믿어서, 사람들이 자신을 잡으려고 날카로운 무기로 공격하리라는 것을 염려하지 않는다는 말이다. 백보위(百步威)는 한유(韓愈)의 〈맹호행(猛虎行)〉에 "눈에는 백보의 위엄이 있네.〔眼有百步威〕"라고 하였는데, 백보 밖에서도 느껴지는 위엄을 말한다.

161 비록……진동하겠지 : 사냥꾼과 몰이꾼이 호랑이 사냥에 나섰다가 호랑이에게 공격당해 다치더라도, 그들의 용맹한 명성은 세상에 전해질 것이라는 말이다.

고작 한번 포효하고　咆哮只一聲
피 뿌려 초목 물들이네　灑血染草木
마을 사람 전부 모여 구경하는데　聚觀傾里閭
아이종은 겁에 질려 달아난다　積怖走童僕
생각건대 산모퉁이 등지고 버텨 섰을 때는　想當負嵎時
뭇 짐승들 머뭇거리며 두려워했겠지만　百獸俱躑躅
잠깐사이 형세 잃으면　須臾失形勢
가죽 벗겨지는 치욕 피할 수 있으랴　敢辭寢皮辱
마땅히 생각해야지 칠 일 동안 안개 속에서　應思七日霧
배고픔 견디며 자족할 것을[162]　忍飢亦自足
시를 지어 분명한 경계 붙이니　作詩寓明誡
바라건대 이를 본받아 욕심 막으시라　願以防人慾

162 마땅히……것을 : 호랑이가 자신의 능력만을 믿고 날뛰다가 사람들에게 잡히는 것처럼, 사람도 자신의 능력을 과신하다가 실패할 수 있으므로, 어려움을 견디면서 수양해야 한다는 말이다. 《열녀전(列女傳)》 〈도답자처(陶答子妻)〉에 "남산의 표범이 안개비 내리는 칠 일 동안 사냥하러 내려가지 않는 것은 그 털을 윤택하게 하고 문채를 이루고자 하기 때문이다.〔南山有玄豹, 霧雨七日而不下食者, 欲以澤其毛而成文章也.〕" 라고 하였다.

세모에 회옹[163]의 편지를 받다

歲暮得淮翁書

봉한 편지 홀로 사는 곳에 이르니[164]	緘封尺素抵離居
몇 자 소식 천금보다 귀하구나	數字千金却不如
몸 늙었으니 행여 다른 날 만날 수 있을까	身老倘逢他日面
섣달 저무니 내년 편지 거듭 기다리오	臘殘重待隔年書
천지 사이 병든 몸 변방에 쫓겨난 뒤이고	乾坤疾病投荒後
산골짝 맑은 풍류를 일 그만두고 즐기네	丘壑風流謝事初
봄 오면 상담에 난초 피리니	春到湘潭蘭芷發
사부로 삼려대부 위로하려는가[165]	肯將詞賦弔三閭

163 회옹(淮翁) : 신익성(申翊聖, 1588~1644)으로, 본관은 평산(平山), 자는 군석(君奭), 호는 낙전당(樂全堂)·동회거사(東淮居士)이다.

164 봉한……이르니 : 신익성의 편지가 도착했다는 말이다. 이거(離居)는 이군삭거(離群索居)의 준말이다. 88쪽 각주100 참조.

165 봄……위로하려는가 : 봄에도 자신을 위로하는 편지를 보내 주겠느냐는 말이다. 상담(湘潭)은 초(楚)나라 충신 굴원(屈原)이 찬축되어 거닐다가 빠져 죽은 곳이다. 삼려(三閭)는 삼려대부(三閭大夫) 굴원을 가리키는데, 여기서는 영변에 유배 온 이민구 자신을 가리키는 말로 사용되었다.

외손 신필화[166]에게 주다

贈外孫申弼華

예전에 내가 한양 떠날 때	昔我去京國
너와 한길 가에서 헤어졌지	別汝衢路傍
나는 막 머리털 희끗희끗해지고	我始髮滄浪
네 키는 고작 네 척이 넘었지	汝纔四尺强
삼 년 동안 내가 떠돌아	三年我流播
너와 멀리 떨어졌구나[167]	隔汝參與商
너를 생각하면 눈에 삼삼하니	想汝森在眼
내 마음 먹먹하기만 하다	令我意茫茫
나는 산 넘어가는 해와 같고	我如下山日
너는 초승달빛 같으니	汝若初月光
둥그러지는 달 같은 너 어여쁜데	憐汝月就盈
바삐 지는 해 같은 내 신세 한탄스럽다	歎我日奔忙
나는 이미 정수리 가득 백발이니	我已滿頂白

166 신필화(申弼華) : 1626~1680. 본관은 평산(平山), 자는 계명(啓明), 자호(自號)는 춘주산인(春洲散人)이다. 신익성(申益聖)의 손자이며, 이민구의 사위 신변(申昪)의 아들이다.《南溪集 續集 卷21 楊根郡守申侯墓碣銘》

167 삼 년……떨어졌구나 : 이민구가 유배 온 뒤로 외손주와 멀리 떨어져 지냈다는 말이다. 삼여상(參與商)은 삼성(參星)과 상성(商星)을 가리킨다. 삼성은 동쪽 하늘에 있고 상성은 서쪽 하늘에 있어서, 각각 뜨고 지는 시각이 다른 관계로 영원히 서로 만날 수 없는 데에서 유래하여, 서로 멀리 떨어져 있는 것을 비유하는 말로 사용된다.《春秋左氏傳 昭公元年》

너도 문에 닿을 만큼 자랐겠지	汝當及戶長
네가 내게 부쳐준 글을 보고	覽汝寄我篇
내가 네게 돌려보낼 뜻 생각한다	念我回汝膓
네가 편지에 쓴 말 감격스러우니	感汝紙上辭
내가 가슴에 품은 뜻과 같구나	似我心中藏
네가 장성하면 오랜 뒤에 절로 알겠지	汝壯久自知
내가 늙어서 쉬 서글퍼하는 이유를	我衰易悲傷
아득하게 너와 떨어져 지내니	綿邈汝離居
어찌 내가 눈물로 옷 적심을 보랴	豈見我霑裳
네가 이제 어느덧 성인 되었으니	汝今旣成人
내가 어찌 건강할 수 있으랴	我安得平康
늙은이 때문에 너는 애태우지 마라	老朽汝勿嗟
분수대로 나는 상도를 따르련다	處分我順常
내가 돌아갈 날 언제일까	我歸幾何時
너는 병들어 눕지 말아라	汝毋病委床
끝없이 아득한 내 마음을	悠悠我所懷
너는 자세히 헤아려 알거라	汝其細思量
나는 집안에 다른 바람 없고	我無門戶望
네 학업이 창성하기만 바라노라	覬汝業隆昌
시서가 곧 너의 추환이니	詩書汝芻豢
두고두고 익혀 네 양식으로 삼아라[168]	積習爲我粻

168 시서(詩書)가……삼아라 : 학문에 힘쓰라는 당부이다. 추환(芻豢)의 추는 초식(草食) 가축이고 환은 잡식(雜食) 가축으로, 모두 육류(肉類)를 뜻한다. 《맹자》 〈고자

네 조부[169]는 문장에 뛰어나　　汝祖富文章
나와 함께 비견되었지　　竝我齊頡頏
우리 두 집안의 학문 저버린다면　　負我兩家學
네 부모에게 부끄럽지 않겠느냐　　不媿汝爺孃
나의 지극한 바람을 다 말하여　　竭我至情願
너에게 권면하니 너는 잊지 말거라　　勖汝汝毋忘

상(告子上)〉에 "사람들이 마음속으로 똑같이 옳다고 여기는 것은 무엇인가. 그것은 이와 의이다. 성인은 사람들이 마음속으로 똑같이 옳다고 여기는 것을 나보다 먼저 알았다. 그러므로 의리가 우리의 마음을 즐겁게 하는 것은 마치 고기 음식이 우리의 입을 즐겁게 하는 것과 같다고 할 것이다.〔心之所同然者, 何也. 謂理也義也. 聖人先得我心之所同然耳, 故理義之悅我心, 猶芻豢之悅我口.〕"라고 하였다.

169 네 조부(祖父) : 신필화(申弼華)가 신변(申昪)의 아들이므로, 조부는 곧 신익성(申翊聖)을 가리킨다.

매서운 추위 노래

苦寒行

금년 기후 어긋남이 많아	今年氣候錯相干
동지 뒤에야 비로소 추워졌네	冬至至後天始寒
하룻밤 사이에 땅덩이 얼어붙어	一夜坤關凍齟齬
잠들었던 용 일어나려다 그대로 움츠리네	龍蟄欲起仍屈蟠
남산의 대나무 잣나무 천 년을 지났으나	南山竹柏含千霜
단단한 얼음과 폭설에 말라 쓰러지네	氷苛雪暴枯且僵
야인은 털옷 준비 못해	野人不能具毛褐
무릎 안고 웅크린 채 한밤 노랫소리 서글프다	擁膝中宵歌慨慷
아아 살가죽 남았어도 뼈 이미 부러지니	嗚呼皮肉雖存骨已折
봄날 밝은 해가 돌아오기를 바라노라	願見陽春回白日
어제는 대지에 흰색이라곤 없더니	昨日大地無寸白
오늘 폭설 내려 석 자나 쌓였구나	今日大雪埋三尺
산과 골짝 음산하여 용과 호랑이 죽고	山壑陰森龍虎死
변방 구름 모질어 높이 나는 기러기 떨어지네	邊雲慘愴高鴻落
바람 세차 강물이 천 리 끝까지 얼었으니	風急江源凍千里
소식 오지 않아 늘 막막하다	消息不來常漠漠
새벽 부엌에 연기 피지 않고 우물에 물 없는데	晨廚無煙井無水
얼음 얼어 이웃집 두레박줄 끊어졌네	氷斷隣家轆轤索
아아 나 지금 쓰러져 누워 날 밝길 기다리니	嗚呼我方僵臥待天明
긴긴 밤 이 고통 어떻게 달랠까	長夜坎壈何由平

선달 그믐밤에

除夜

지리한 변방에서 자꾸 늙어가는 몸	支離塞外老相催
하루만 지나면 또 새해로세	又見新年隔日回
자면서도 남은 밤 가는 게 걱정이고	睡裏正愁殘夜過
깨어서는 새벽 오는 게 두렵구나	醒時却恐五更來
산천 만 리에 온통 얼음과 서리 덮였지만	關河萬里氷霜盡
천지에 봄날 찾아와 비와 이슬에 열리겠지	天地三春雨露開
즐거운 흥취 살아갈수록 줄어드니	懽趣正隨生事減
어찌 신년 축하주를 자주 접하랴[170]	豈宜頻接頌椒杯

앉아서 시간 따져보니 덧없이 흘러	坐算更籌忽忽過
잡아도 멈추지 않으니 어이할까	相留不住奈將何
고향 생각 종소리 따라 벌써 끊어지고	鄕心已逐鍾聲斷
나그네 눈물 물시계에 더해져 수위 높아지네	客淚還添漏水多
늙은이라 세월 자꾸 흐르는 게 두렵고	老畏流年頻荏苒
가난하여 덧없는 세상 불우함에 상심하네	貧傷浮世轉蹉跎

170 즐거운……접하랴 : 늙어가는 처지라 새해를 맞이하는 것이 전혀 기쁘지 않다는 말이다. 송초배(頌椒杯)는 신년을 축하하는 술을 의미한다. 옛날에 신년(新年) 초하루가 되면, 초주(椒酒)를 가장(家長)에게 올려 헌수(獻壽)하던 풍속이 있었는데, 진(晉)나라 유진(劉臻)의 처(妻) 진씨(陳氏)가 글을 잘하여, 일찍이 신년 초하룻날 〈초화송(椒花頌)〉을 지었다고 한다.

살아가며 내게 가장 필요한 일 있으니 人生最有關身事
술동이 앞에서 취해 노래함을 저버리지 말아야지 莫負尊前倚醉歌

시집 제4권

詩시

경진년(1640, 인조18) 설날에 많은 눈이 내리다
庚辰元朝 大雪

서설이 밤새 온 세상에 하얗게 쌓여	瑞雪通宵積素均
문 여니 흰 집이 작은 성문 같아라	開門白屋小城闉
닭 울음 원근에 울려 마을마다 새벽이고	鷄聲遠近千村曙
등불 높고 낮게 빛나 집집마다 봄일세	燈火高低萬戶春
시험삼아 술잔 드니 안색 새롭고	試點酒鎗新氣色
애써 시 쓰니 정신 맑구나	强排詩律尙精神
뉘 알랴 적막한 질화로 가에	誰知寂寞寒爐畔
늙어 빠진 채 금화산[1] 꿈꾸는 사람 있는 줄을	潦倒金華夢裏人

1 금화산(金華山) : 금화(金華)는 신선의 석실(石室)이 있다는 산 이름이다.

안세기에게 주다

贈安世奇

북쪽 산에 꽃나무 적고	北山少榮木
남쪽 산에 좋은 수목 많나니	南山多嘉樹
북쪽은 서리와 눈 쌓이고	維北積霜雪
남쪽은 비와 이슬 많아서지	維南饒雨露
비와 이슬이 길러 주어	雨露之所養
가지와 잎이 날로 구름처럼 펼쳐지니	枝葉日雲布
훌륭한 목수가 그 옆에서 엿보며	良師睨其旁
우러러 동량 될 재목이라 감탄하네	仰歎梁棟具
살피건대 저 뿌리와 줄기가 병듦은	顧彼根幹病
실상 서리와 눈 때문이지	實以霜雪故
뼈와 살을 에는 추위에 아랑곳하지 않고	凌寒憯膚骨
죽어서는 개미 모여들어도 달게 여기네	死甘螻蟻聚
사물의 성질은 치우친 게 없나니	物性無偏頗
차고 기울은 환경에 달려 있다네	虧盈在所遇
같은 재목이 그 귀취 끝내 다르지만	同材遂異歸
하늘의 뜻이야 어찌 호오가 다르랴	天意何愛惡
안세기는 변방 출신이니	安生塞土產
추운 곳에 자라는 나무와 같은 격이지	不殊處陰沍
홀연 내 집 문을 두드리니	居然叩我門
지극한 도를 깊이 흠모해서라네	至道乃深慕

너를 위해 힘써 북돋아라	爲爾勉封殖
문원은 밭 일굼과 비슷하니	文苑挼義圃
예악이 봄의 화기처럼 길러 주고	禮樂囿春和
시서가 단비처럼 혜택을 주면	詩書惠膏澍
큰 줄기가 좋은 땅에서 솟아나서	隆柯擢厚地
울창하게 하늘 찌르는 기세가 있게 된다네	鬱有昂霄趣
너에게 권하여 자포자기 삼가게 하니	勸汝愼自棄
영화와 초췌함이 어찌 일정하겠는가	榮顇豈恒數
큰 집이 완성되는 데 이르러야	及見大廈成
그 부여된 성을 온전히 한 줄 알리라	方知全厥賦

강흥록 형제에게 주다

贈康興祿兄弟

철옹성 서쪽 성곽 가까이 살아가니 鐵甕城西居近郭
성곽 안이나 밖이나 산만 적막하네 郭內郭外山寂歷
문 닫고 한번 누우면 금세 열흘 지나고 閉戶一臥動經旬
가끔 만나는 이라야 모두 낯선 사람 뿐 往往所遇皆生客
문득 찾아와 똑똑 문 두드리니 뉘 집 자식인가 忽來剝剝誰氏子
밝은 두 구슬이 푸른 물을 비추네[2] 炯若雙珠照碧水
너희 만나 터놓고 말하니 늙고 게으름 사라져 對爾披豁破衰懶
지팡이 없이도 나를 일어나게 하네 令我不攝藜杖起
애써 선생께 나가 많은 의문 토로했지만 强就函丈討群疑
외진 곳이라 밝은 스승 없다 괴롭게 말하네 苦道處僻無明師
김매고 북돋아 농사지으면 가을에 곡식 익겠지만 功成穮蔉秋向熟
어찌 콩과 조가 너희의 주림을 채워주랴 豈有菽粟充汝飢
천리마는 재빨리 달려 뱃대끈 벗어나고 天驥神行脫鞦韅
수리는 하늘에 닿을 생각 버리지 않지 鵰鶚未輟摩霄想
후배들의 앞날 대단히 두려우니[3] 後生前途絶可畏

2 밝은……비추네 : 강흥록(康興祿) 형제의 자질이 뛰어남을 읊은 것이다. 쌍주(雙珠)는 두 구슬이라는 말로, 뛰어난 형제를 가리킨다. 후한(後漢) 공융(孔融)이 위단(韋端)의 두 아들을 칭찬하여 "뜻밖에 두 진주가 근래에 늙은 조개에서 나왔구려.〔不意雙珠, 近出老蚌.〕"라고 하였다. 《天中記 卷17》

3 후배들의……두려우니 : 강흥록 형제의 앞날이 대단히 기대된다는 말이다. 《논어》

하루라도 내가 어른인 게 매우 부끄럽다	甚愧一日吾差長
어제 보내온 종이 겨우 두 폭이었지만	昨投蠻牋僅兩幅
구름처럼 깨끗하고 매끄러워 옥보다 뛰어났네	雲光淨滑堅於玉
날더러 못에 임해 글씨 쓰게 하니[4]	要我臨池寓墨蹟
광부가 냄새 쫓는 줄을 누가 믿으랴[5]	誰信狂夫臭堪逐
팔 힘 약해 과법[6]에 부족한 줄 아나니	自知腕弱欠戈法
허허 이 일을 진실로 흉내나 낼 수 있을까	咄咄此事眞相逼
재주 없어 큰 기대 저버리니 대단히 부끄러워	多慙魯莽負深望
다만 경계의 말로 높은 식견을 일깨우려 하네	但揭規箴警高識
남아가 책을 받고 이미 유관 썼으니	男兒受書已儒冠
힘써 작가를 따름에 무엇이 어려우랴	力追作者何獨難

〈자한(子罕)〉에 "후생을 두렵게 여겨야 할 것이니, 앞으로 후생들이 지금의 나보다 못하리라는 것을 어찌 알겠는가.〔後生可畏, 焉知來者之不如今也.〕"라고 하였다.

4 날더러……하니 : 강홍록 형제가 종이를 주고 글씨를 써달라고 요청했다는 말이다. 임지(臨池)는 연못가에 간다는 말인데, 서법을 익히거나 글씨를 쓰는 것을 의미한다. 후한(後漢) 때 초성(草聖)으로 일컬어졌던 장지(張芝)가 글씨를 익힐 적에, 자기 집안에 있는 모든 의백(衣帛)에다 글씨를 쓴 다음에 다시 빨곤 했으므로, 그를 일러 "못가에서 글씨를 연습하여 못물이 다 검어졌다.〔臨池學書, 池水盡黑.〕"라고 했던 고사가 있다. 《晉書 卷80 王羲之列傳》

5 광부(狂夫)가……믿으랴 : 취감축(臭堪逐)은 축취(逐臭)를 변용한 말로, 괴벽(怪癖)한 기호(嗜好)를 따른다는 말이다. 옛날 몸에서 대단한 악취가 나는 사람이 있어 친척, 형제, 아내, 친지 등 그 누구도 그와 함께 거처할 수 없게 되자, 스스로 고민 끝에 홀로 바닷가에 가서 살았는데, 그 바닷가에 사는 한 사람이 유독 그 냄새를 좋아하여 밤낮으로 그를 따라다녀서, 그의 곁을 떠나지 못했다는 고사가 있다. 《呂氏春秋 卷14 偶合》 여기서는 이민구가 과법(戈法)을 좋아하기 때문에 이렇게 말한 것이다.

6 과법(戈法) : 우향(右向)으로 비스듬히 갈고리처럼 끝맺는 서법의 하나이다.

문 앞에 흐르는 두 강을 보지 못했나	不見門前二江流
넘실넘실 밤낮으로 흘러 멈추지 않는구나	滔滔晝夜無停瀾
근원이 마르지 않으면 진실로 기대할 수 있으니	泉源不息固有待
천 리든 백 리든 끝내 바다로 돌아가지	千里百里終歸海
아아 강씨 형제여 부지런히 힘써 게을리 말아라	噫乎康生勤勿怠
흘러가는 두 강이 눈에 들어오는구나	二江之流眼中在

이천장[7]이 모래무지 두 마리를 보내 주면서 술안주로 삼으라고 하다

李天章遠遺鯊魚二尾 以佐酒云

새해에도 먼 적소에서 늙어가는데	新年遠謫轉衰遲
보내 준 소식 덕에 이별한 마음 위로되네	正荷音書慰別離
한 기러기가 어찌 상원에 날랴마는[8]	一雁豈堪飛上苑
두 물고기가 다행히 하늘 끝에 이르렀네[9]	雙魚猶幸到天涯
오래 긴 칼 두드릴 줄 어찌 생각이나 했으랴[10]	久彈長鋏初何意

7 이천장(李天章) : 이명한(李明漢, 1595~1645)으로, 본관은 연안(延安), 자는 천장, 호는 백주(白洲)이다.

8 한……날랴마는 : 임금에게 자신의 소식을 전할 수 없다는 말이다. 상원(上苑)은 상림원(上林苑)의 준말로, 진(秦)나라 때 세워졌고, 한 무제(漢武帝)가 증축하였다. 한나라 소무(蘇武)가 흉노(匈奴)에 사신으로 갔는데, 흉노의 선우(單于)가 그를 굴복시키려고 회유와 협박을 가해도 소용이 없자, 북해(北海)의 황량한 변방에 그를 안치하고 양을 치게 하였다. 그 뒤 소제(昭帝)가 흉노와 화친을 맺고서 소무를 돌려보내 줄 것을 요청하자, 흉노 측에서는 소무가 이미 죽었다고 속였다. 이에 한나라 사신이 "우리 천자가 상림원에서 기러기를 쏘아 잡았는데, 기러기 발목에 묶인 편지에 '소무 등이 어느 늪 속에 있다.'라고 기록되어 있었다.〔天子射上林中得雁, 足有係帛書, 言武等在某澤中.〕"라고 다그쳐서, 소무가 19년 만에 귀국하였다. 《漢書 卷54 蘇建傳 蘇武》

9 두……이르렀네 : 쌍어(雙魚)는 두 마리 물고기라는 말로, 진(晉)나라 육기(陸機)의 〈음마장성굴행(飮馬長城窟行)〉에 "손님이 멀리서 와서 나에게 잉어 두 마리 주네. 아이 불러 삶게 했더니 그 속에 편지 있네.〔客從遠方來, 遺我雙鯉魚, 呼兒烹鯉魚, 中有尺素書.〕"라고 한 데서 유래하여 본래 편지를 의미하기도 하는데, 여기서는 이명한이 편지와 함께 보내 준 물고기를 직접 가리킨 말이다.

10 오래……했으랴 : 오랫동안 고기반찬을 먹지 못하게 되리라고는 생각도 못했다는

홀로 깊은 술잔 잡고 슬퍼하였네	獨把深杯但自悲
시름겨운 눈으로 만날 날 알지 못해	愁眼未知瞻對日
두 고을 봄밤에 꿈에서도 서로 그리워하네	兩鄉春夜夢相思

말이다. 장협(長鋏)은 장검의 칼자루인데, 전국 시대 제(齊)나라 풍환(馮驩)이 맹상군(孟嘗君)의 식객(食客)으로 있으면서 밥상에 고기반찬이 없자 장검의 칼자루를 두드리면서 "장검이여 돌아가자, 밥에 고기가 없구나.〔長鋏歸來乎, 食無魚.〕"라고 노래했다는 고사가 있다. 《史記 卷75 孟嘗君列傳》

윤 정월 초하루

閏正月初一日

오늘 문 여니 몸 가벼워	今日開門身乍輕
맘껏 거닐다 남쪽 기둥 기대앉기 좋아라	逍遙自在愛南楹
더는 흰머리 뽑지 않으니 진실로 일 없고	新抛鏡鑷眞無事
자주 술 마시니 더욱 정겹구나	屢接壺觴轉有情
객지의 세월 바삐 흘러가는데	客裏光陰催荏苒
변방의 날씨 청명한 날 적구나	邊隅氣候少清明
노니는 사람아 봄철 간다고 애석해 마라	游人莫惜韶年度
다시 꽃다운 봄 구십 일 남았구나[11]	更得芳春九十嬴

11 봄철……남았구나 : 윤 정월 초하루에 이 시를 썼으므로, 이미 1월은 다 지나갔지만, 다시 윤달이 있어서 봄철 90일이 그대로 남았다는 말이다.

거문고 연주를 듣다
聞琴

줄은 팽팽하고 오동은 속 비어 절로 서글픈데	絃緊桐虛黯自悲
맑고 애절한 소리 한밤에 울리누나	泠泠切切夜分時
뉘 알랴 초나라 나그네 가슴속 한이	誰知楚客胸中恨
봄누에 뱃속 실에 다 들어 있는 줄을[12]	盡入春蠶腹裏絲

12 초나라……줄을 : 거문고 연주 속에 초객(楚客)의 한이 다 담겨 있다는 말이다. 초객은 굴원(屈原) 또는 타향살이 하는 사람을 말하는데, 여기서는 이민구 자신을 의미한다. 거문고 줄을 명주실로 만들기 때문에 이렇게 읊은 것이다.

봄날 처마

春簷

봄 처마 깊은 꿈에 새벽 온 줄도 몰랐는데	春簷幽夢曉難分
골짝의 새소리 다양하게 그쳤다 들렸다 하네	谷鳥參差靜復聞
집안 소식이 꽃소식 따라 오겠는가	家信肯隨花信到
고향 생각을 가만히 풀 마음에 부치노라	鄉心暗寄草心熏
물고기는 삼강 물에서 날마다 헤엄치고	纖鱗日動三江水
버들개지는 산허리 구름 속에 날리겠지[13]	晴絮風飄半嶺雲
아득한 관산에서 남쪽 바라보며	杳杳關山南望眼
먼지 가득한 천지를 못 견뎌 하노라	不堪天地有塵氛

13 물고기는……날리겠지 : 이민구가 고향의 봄날 풍경을 상상하여 읊은 것이다. 삼강(三江)은 여러 가지 설이 있는데, 여기서는 한강을 가리키는 것으로 보인다. 한강을 세 구역으로 나누어 한남동에서 노량진 일대까지를 한강, 마포 일대를 용산강, 양화진 일대를 서강이라 하였다.

세자[14]께서 돌아오신다는 소식을 듣다
聞東朝返駕

북으로 멀리 용사에 가시더니[15]	北上龍沙遠
동으로 새로 학가가 돌아오네[16]	東還鶴駕新
아직도 만 줄기 눈물 남아	猶餘萬行淚
거듭 사 년 된 수건에 뿌리노라[17]	重洒四年巾
눈 부비며 앞길 바라보나니	拭眼瞻前路
애간장 녹은 혼이 수레 뒤를 따르네	銷魂逐後塵
아마도 궁궐 안에는	想應雙闕內
기쁜 기운이 봄날 가득하겠지	喜氣擁三春

14 세자 : 동조(東朝)는 세자를 뜻하는데, 여기서는 소현세자(昭顯世子, 1612~1645)를 말한다. 1636년(인조14) 병자호란이 발생하고 청나라에 항복한 뒤, 소현세자는 아우 봉림대군과 함께 청나라에 인질로 끌려가 9년 동안 심양(瀋陽)에서 생활하였다.《인조실록》 18년 2월 18일 기사에 소현세자가 13일에 출발했다는 기록이 있다.

15 북으로……가시더니 : 소현세자가 심양으로 끌려간 것을 말한다. 용사(龍沙)는 중국 서북쪽 변방인 백룡퇴(白龍堆)와 사막(沙漠)을 합칭한 말이다. 이백(李白)의 시에 "장군은 호죽을 나누고, 전사는 용사에 누웠네〔將軍分虎竹, 戰士臥龍沙.〕"라고 하였다.《李太白文集 卷4 塞下曲》

16 동으로……돌아오네 : 소현세자가 귀국한다는 말이다. 학가(鶴駕)는 세자를 가리킨다. 주 영왕(周靈王)의 태자 진(晉)이 도술을 닦아 신선이 된 뒤에, 백학(白鶴)을 타고 구씨산(緱氏山)에 내려왔다는 전설에서 유래하였다.《列仙傳 卷上 王子喬》

17 아직도……뿌리노라 : 소현세자가 1637년(인조15)에 심양으로 끌려갔다가 1640년에 돌아오는 상황이므로 이렇게 읊은 것이다.

일찍 일어나다

早起

집 주위에 온통 봄 나무라	繞屋俱春木
문 여니 벌써 새벽 새들 지저귄다	開門已曙禽
아련히 먼 생각 떠올라	悠然生遠想
잠시 그윽한 마음 상쾌하구나	暫爲愜幽襟
맑은 바람은 산의 싱그러움 머금었고	淑氣含山潤
맑은 햇살은 물속 깊이 비추네	晴光帶水深
초가집 처마에 아침 해 떠오르니	茅簷升旭日
홀로 앉아 시원한 그늘 즐기노라	獨坐翫淸陰

감회를 써 보내 오여완[18]과 이별하다

書懷 寄別吳汝完

떠도는 무능한 사람 서쪽 성에 사나니[19]	飄零樗散寄西城
객지의 위태한 혼 꿈에서도 자주 놀라네	客土危魂夢屢驚
단칸방 생애 장중울과 같고[20]	一室生涯張仲蔚
백 년의 심사 정강성과 다름없네[21]	百年心事鄭康成
갇힌 산 초목 사이에서 시인이 바라보니	囚山草木騷人望
역로의 먼지 속을 사자가 가는구나	驛路塵埃使者行

18 오여완(吳汝完) : 오준(吳竣, 1587～1666)으로, 본관은 동복(同福), 호는 죽남(竹南), 자는 여완이다. 《藥山漫稿 卷18 高祖輔國崇祿大夫……世子左賓客府君墓誌銘》 《인조실록》 18년 1월 4일 기사에 오준을 좌부빈객(左副賓客)으로 임명하는 기록이 있고, 윤1월 10일 기사에 오준이 원손(元孫)을 모시고 심양(瀋陽)에 갔다는 기록이 있으며, 8월 4일 기사에 오준 등이 돌아왔다는 기록이 있으므로, 오준이 심양에 왕래하는 사이에 이민구와 소식을 주고받은 것으로 보인다.

19 떠도는……사나니 : 관서의 영변 적소에서 생활하는 자신을 읊은 것이다. 저산(樗散)은 저력산목(樗櫟散木)의 약칭으로, 가죽나무와 상수리나무는 재목이 될 수 없는 쓸모없는 나무라는 뜻인데, 전하여 재능이 부족한 사람을 비유한다. 《莊子 逍遙遊》

20 단칸방……같고 : 적소에서 생활하는 자신의 빈한한 처지를 읊은 것이다. 장중울(張仲蔚)은 후한(後漢)의 은자(隱者)이다. 어려서부터 같은 고을의 위경경(魏景卿)과 함께 몸을 숨기고 벼슬하지 않았는데, 박학다식하여 천문(天文)에 정통하고 시부(詩賦)에 능했다. 늘 빈한하게 사는 그의 집에 사람의 키를 넘을 정도로 쑥대가 자랐으므로, 중울봉호(仲蔚蓬蒿)라는 성어가 나왔다. 《高士傳 張仲蔚》

21 백 년의……다름없네 : 강성(康成)은 정현(鄭玄, 127～200)의 자(字)이다. 그는 시종 재야(在野)에 머물며 훈고학(訓詁學)과 경학(經學) 등에 깊은 조예가 있었다. 여기서는 오준을 정현에 비유하여 읊은 것이다.

늘그막에 변방 근심과 이별의 한까지 겹쳐　　暮境邊虞兼別恨
그대 생각하니 눈물만 줄줄 흐르오　　憶君唯有淚縱橫

2월 보름 한식에 "집 없이 한식 맞이하니 눈물이 금물결처럼 흐르네"[22]라는 구를 읊으니 망연히 나의 실제 모습 같았다. 술을 가져오게 하고 받아쓰게 하여 문득 열 수의 절구를 지었다

二月望日寒食 詠無家對寒食 有淚如金波 惘然實際 呼酒命筆 輒成十絶

무 無

푸른 풀이 평평한 들판 뒤덮고	碧草平郊合
푸른 산이 외진 변방 둘렀네	青山絶塞紆
고향에 친지들 적어도	親知故國少
돌아가고픈 꿈 이 봄에 없으랴	歸夢一春無

가 家

한식이라 봄날 저무는데	令節韶華晩
황량한 들판에 비와 이슬만 많구나	荒原雨露多
산속에 세 척의 무덤 있을 텐데	山中三尺土
골짜기 안에 몇 집이나 남았을까	峽內幾人家

대 對

서글픈 이월	惻惻仲春間

22 집……흐르네 : 두보(杜甫)의 〈일백오일야대월(一百五日夜對月)〉의 일부이다. 《杜少陵詩集 卷4》

아아 백년도 안 되는 인생	嗟嗟百歲內
잠 깨우는 이 아무도 없는데	無人警獨眠
서글피 달만 마주하고 있노라	有月悲相對

한寒

밤새 빈 침상 썰렁해	徹夜虛幬冷
봄 지내려니 해진 솜이불 차갑구나	經春破絮寒
외로운 삶에 시름과 질병까지 더하니	孤居轉愁疾
만사를 긴 탄식에 붙이노라	萬事付長嘆

식食

예전엔 배불러도 더 먹었는데	昔飽每加餐
지금은 배고파도 먹지 못하네	今饑亦未食
근심 걱정 마음속에 가득하여	憂悰中鬱紆
나를 계속 괴롭게만 하는구나	惱我長無極

유有

붉게 살져가는 비 뒤의 복숭아	紅肥雨後桃
푸르게 흔들리는 바람 앞의 버들	翠窣風前柳
봄이야 거듭 왔지만	春事又重來
인생은 다시 오지 않지	人生不再有

누淚

예전엔 달 보며 슬픔 달랬는데	見月昔娛悲

지금은 시름만 더하누나 如今益愁思
저 보름달 빛으로 將他滿輪光
옷깃 가득 눈물 흘리는 나를 비추네 照我盈衿淚

여 如

구름 걷히고 안석에 기댄 뒤에 雲消憑几後
먼 하늘 바라보려 막 주렴 걷었네 天逈捲簾初
지난날 소 덕석 덮고 울던 울음 他日牛衣泣
오늘 밤 도리어 그때만도 못하네[23] 今宵却不如

금 金

상란으로 돌아갈 길 잃었는데 喪亂迷歸路
풍진은 아직도 끝없이 남아 있네 風塵浩至今
한 가닥 남은 목숨 가련하지만 雖憐餘一縷
천금보다 중하지는 않다네 不敢重千金

파 波

어찌하면 만 줄기 눈물을 寧將萬行淚
저 물결 위에 뿌릴까 付與百川波

23 지난날……못하네 : 우의(牛衣)는 추위를 막기 위해 소에게 덮어주는 거적을 말한다. 한(漢)나라 왕장(王章)이 벼슬하기 전에 집이 몹시 가난하여 덮을 만한 이불도 없었는데, 큰 병이 들자 우의를 덮고 누운 채, 죽음을 앞두고 눈물을 흘리며 처자(妻子)와 결별을 고했던 고사가 있다.《漢書 卷76 王章傳》 여기서는 처자식도 없이 적소(謫所)에서 늙고 병들어가는 자신의 처지가 왕장만도 못하다고 읊은 것이다.

동쪽 바다에 이른 뒤에	及到東溟裏
남은 시름 다시 얼마일까	餘愁更幾何

술을 싣고 가는 노래. 김원[24]에게 주다

載酒行 贈金瑗

한나라 양웅은 기이한 글자 알아	漢世揚雄識奇字
학자들 술 싣고 와서 배우면 호사자라 하였지[25]	學者載酒稱好事
내가 늙고 적막하기는 그와 썩 비슷한데	我老寂莫頗似之
기이한 글자 알지 못하니 부끄럽구나	顧未識字以爲愧
김원은 옛것을 좋아하여 때로 술을 싣고 와	瑗也慕古時載酒
음종 두드리려 하니 과연 무슨 마음인가[26]	欲叩瘖鍾果何意
성현은 세상 떠났지만 남긴 책 있으니	聖賢旣沒有遺書
해와 별이 길이 천지를 비추는 것과 같네	日星千秋照天地
사람의 수준 각각 다르지만[27]	窺墻入室各其人

24 김원(金瑗) : 1568～? 본관은 연안(延安), 자(字)는 백옥(伯玉)이다.

25 한(漢)나라……하였지 : 기자(奇字)는 문자(文字)의 육체(六體) 가운데 하나이다. 《한서(漢書)》 〈예문지(藝文志)〉에 "육체(六體)는 고문(古文), 기자(奇字), 전서(篆書), 예서(隸書), 무전(繆篆), 충서(蟲書)이다." 하였다. 한대(漢代)의 문장가 양웅(揚雄)은 본디 고문, 기자 등을 많이 알았으므로, 유분(劉棻) 등이 항상 그에게 가서 기자를 물어 배웠다. 원래 가난한 데다 술을 좋아했으므로, 가끔 호사자(好事者)들이 술과 안주를 싣고 그를 찾아가 수업을 청하곤 하였다. 《漢書 卷87 揚雄傳》

26 음종(瘖鍾)……마음인가 : 김원이 찾아와 이민구에게 배우려 해도 가르쳐 줄 것이 없다는 말이다. 음종은 두들겨도 소리가 나지 않는 종을 말한다.

27 사람의……다르지만 : 규장입실(窺墻入室)은 담장에서 엿보는 것과 방에 들어가는 것으로, 사람의 수준이 다름을 의미한다. 숙손무숙(叔孫武叔)이 자공(子貢)이 공자(孔子)보다 더 뛰어나다고 하자, 이 말을 전해들은 자공이 말하기를 "대궐의 담장에 비유하자면, 나의 담장은 어깨에 미치므로 집 안의 좋은 것들을 들여다볼 수 있지만,

그 물결에 여력 쏟아야 신비한 경지 볼 수 있지	餘力波瀾覿神祕
아아 우리 무리여 좋은 시절 아껴라	嗟哉吾黨惜良辰
적은 흙이 산 이루니 중도에 포기 말아야지[28]	覆蕢成山戒中棄
나는야 늙고 게을러 스승 자질 부족하지만	野夫衰懶乏師資
여린 싹이 좋은 이삭 맺기만을 바라노라	但覬纖苗吐嘉穗
요즘 저술[29]과 질병 때문에	近因草玄兼臥病
문 닫고 지내니 세월 빠른 줄도 몰랐네	閉門不覺流景駛
실버들 안개 속에 흔들리니 삼월이 저물고	柳絲搖煙三月暮
어지러이 꽃잎 떨어지니 봄날 아름답다	茫茫落花春嫵媚
동쪽 언덕에서 꿩 사냥하면 꿩은 알록달록하고	東皐射雉雉子斑
뛰노는 물고기도 미끼로 낚을 수 있겠지	撥剌江魚掛新餌
흥이 나서 〈재주행〉을 휘갈겨 쓰노니	興來揮洒載酒行
푸른 하늘 바라보며 한바탕 취해 보세	瞪目靑霄放一醉

부자의 담장은 몇 길이나 되어서 문 안으로 들어가지 않으면, 종묘의 아름다움과 백관의 성대함을 볼 수 없다.〔譬之宮牆, 賜之牆也及肩, 窺見室家之好. 夫子之牆數仞, 不得其門而入, 不見宗廟之美百官之富.〕"라고 하였다. 《論語 子張》

28 적은……말아야지 : 학문을 하면서 중도에 포기하지 말라는 뜻이다. 《논어》〈자한(子罕)〉에 "비유하면 산을 만드는데, 한 삼태기를 이루지 못하고 중지하는 것도 내가 중지하는 것이며, 비유하면 평지에 비록 한 삼태기를 부었으나 나아감도 내가 가는 것과 같으니라.〔譬如爲山, 未成一簣, 止, 吾止也, 譬如平地, 雖覆一簣, 進, 吾往也.〕"라는 말이 있다. 또 《서경》〈여오(旅獒)〉에서는 "아홉 길 높이의 산을 쌓는데 한 삼태기의 흙을 못 채워 완성이 되지 못한다.〔爲山九仞, 功虧一簣.〕"라고 하였다.

29 저술(著述) : 초현(草玄)은 《태현경(太玄經)》을 초한다는 말인데, 여기서는 저술한다는 뜻으로 쓰였다. 《태현경》은 한(漢)나라 양웅(揚雄)이 《주역》에 견주어 지은 책이다. 《漢書 卷87 揚雄傳》

봄노래. 이진형에게 주다

陽春詞 贈李震馨

따뜻한 봄날 양기 펼쳐지니	春和布陽氣
초목들 모두 꽃을 피우네	草木俱華滋
내 비록 타향에서 지내도	我居雖異域
유유자적하며 즐거워하노라	自適還自怡
어찌 고향 떠난 감회 없으랴만	豈無越鄕感
애오라지 이 계절 기뻐하노라	聊復悅天時
오래된 집은 여덟아홉 서까래로	古屋八九椽
높지도 않고 낮지도 않구나	不高亦不卑
남쪽 연못은 터럭 비출 만큼 맑은데	南池鑑毛髮
잡목이 물가를 덮었어라	雜樹被其涯
어울릴 사람 없다 마라	勿云寡儔侶
친구들 멀리 떨어져 있어도	舊好皆遠離
골짝에 노래하는 새 있고	而有谷鳥吟
조석으로 거문고와 시 짝하네	朝夕偶琴詩
늘그막에 상란 만났으니	衰遲遘喪亂
고향을 그리지도 못하네	故國未敢思
엄자산 이미 바라보이니[30]	崦嵫旣在望

30 엄자산(崦嵫山) 이미 바라보이니 : 죽을 날이 가깝다는 말이다. 엄자(崦嵫)는 옛날에 해가 들어가는 곳으로 생각했던 산의 이름인데, 만년(晩年) 또는 노년(老年)의

어찌 자잘한 것들을 따지랴　況計毫與釐
이런 마음으로 세상 근심 씻어 내고　以此淨世慮
아득히 희이에 섞이려네[31]　蒼茫混希夷
말술이 내 본성에 맞나니　斗酒諧素性
뜬 개미 술동이에 꿈틀대네[32]　浮蟻動瓦瓷
아침이고 저녁이고 취해 지내나니　頹然錯昏曉
만물이 다 평화롭다　萬物盡熙熙
깨면 근심걱정 생겨도　醒當觸憂端
취하면 제멋대로 탄식하네　醉或妄嗟咨
긴 소리로 통곡하고 싶지만　欲爲曼聲哭
간장과 비장 상할까 두려워라　正恐傷肝脾
젓가락으로 술그릇 두드리며　犀箸擊玉甌
소리 높여 노래하여 서글픔 달래노라　高詠散中悲
사뿐사뿐 단아하게 걷는 이씨 아들아　躧躧李氏子
배워서 장차 무엇 하려는가　媚學將底爲
그대 책상의 책 덮고　掩爾在床書
나의 봄노래 들어보게　聽我陽春詞

비유로 쓰인다.

31 아득히 희이(希夷)에 섞이려네 : 자연의 조화에 따라 살아가겠다는 말이다. 희이는 현묘한 우주의 이치를 가리킨다. 《도덕경(道德經)》 제14장에 "보아도 보이지 않으니 이라 하고, 들어도 들리지 않으니 희라 한다.〔視之不見, 名曰夷. 聽之不聞, 名曰希.〕"라고 하였다.

32 뜬……꿈틀대네 : 술을 형용한 말이다. 부의(浮蟻)는 뜬 개미라는 뜻인데, 술 위에 뜬 거품을 가리킨다.

봄날 저물어 가니	陽春行晼晩
가는 세월 내 뜻대로 어찌 못하지	逝景非我私
쓸쓸한 상조의 노래 집안 가득 울리니	商音激屋梁
알아주는 이 끝내 누구일까	達者竟是誰

한 쌍의 오리

雙鳧

연못 위 고요한 한 쌍의 오리	池上雙鳧靜
너무도 편안하고 한가롭구나	安閑得自饒
비췻빛 물가에 오래 서서	立多依翠渚
푸른 하늘에 관심 없구나	意不在青霄
다리 짧아 달리기 늘 느려도	脛短趨常緩
깃털 가벼워 미끄러지듯 쉬 떠다니네	毛輕刷易漂
알겠다 한나라 태사가	應知漢太史
봄날에 돌아오는 때 엿보는 줄을[33]	春日候歸朝

33 알겠다……줄을 : 한나라 태사 사마천(司馬遷)이 소무(蘇武)와 이릉(李陵)이 돌아올 날을 기다렸다는 말로 보인다. 소무는 흉노(匈奴)에게 사신 갔다가 억류되었고, 이릉은 흉노와 싸우다가 항복했는데, 뒤에 소무가 정절을 지키다가 결국 소제(昭帝) 때 홀로 고국으로 돌아오게 된다. 이 때 소무가 이릉에게 준 시에 "두 오리 함께 북으로 날아왔다가, 한 마리만 홀로 남으로 날아가네.〔雙鳧俱北飛, 一鳧獨南翔.〕"라는 내용이 있었다. 소무의 이 시에서 쌍부(雙鳧)는 소무와 이릉을 가리키므로, 이민구가 오리 한 쌍을 보면서 당시 상황을 상상하여 이렇게 읊은 것이다.《藝文類聚 卷29 人部 別上》

봄날 이강후[34]의 시골집을 생각하다

春日 懷李康侯村居

용문산의 경치 꿈속에 생생하니	龍門山色夢依依
산 아래 그윽한 집 사립문 닫혔겠지	山下幽居正掩扉
들 밖 안개 속 꽃들은 삼월에 만발했는데	野外煙花三月滿
하늘 끝에 소식은 한 해 내내 드물구나	天涯書信一年稀
굴원의 사부에는 애원이 많고[35]	屈平詞賦多哀怨
풍연의 행장에는 시비가 있네[36]	馮衍行藏有是非
병들고 쇠한 몸 난세까지 만났으니	疾病衰遲仍世亂
성 남쪽 술자리는 아마도 오래도록 어렵겠지	城南杯酒恐長違

34 이강후(李康侯) : 이진영(李晉英, 1580~1643)으로, 본관은 전주(全州), 자는 강후(康侯)이다.

35 굴원(屈原)의……많고 : 굴평(屈平)은 초(楚)나라의 충신 굴원의 이름이다. 굴원이 조정에서 쫓겨나 멱라수에서 자살하였는데, 여기서는 이민구 자신을 굴원에 비유하여 읊은 것이다.

36 풍연(馮衍)의……있네 : 풍연은 후한 초기의 사부가(辭賦家)로, 자는 경통(敬通)이며, 두릉(杜陵) 사람이다. 처음에 왕망(王莽) 치하에서 산동(山東)을 토벌하러 가는 염단(廉丹) 밑에서 벼슬하다가, 왕망을 버리고 한실(漢室)을 부흥하자는 간언이 받아들여지지 않자, 벼슬을 그만두었다. 뒤에 광무제(光武帝)를 섬겼는데, 광무제가 외척을 처벌할 때 풍연도 죄를 얻었다. 풀려난 뒤에는 고향에서 두문불출하였다.《後漢書 卷28 馮衍列傳》 여기서는 이진영을 풍연에 비유하여 읊은 것으로 보이는데, 그의 생애를 고증할 수 없어 정확한 의미는 알 수 없다. 다만 이진영이 이계(李烓)의 부친(父親)이므로, 그와 연관된 세상의 시비(是非)를 말하는 것으로 보인다.

봄비

春雨

처마에 내리는 비 아침 내내 그치지 않는데	簷雨終朝落未休
은낭[37]에 기대 편히 누우니 작은 집 그윽하다	隱囊高臥小軒幽
누런 진흙 들 언덕에 봄 농사 시작하고	黃泥野岸春農起
흰 물 흐르는 마을에 저녁 시장 파하네	白水村墟晚市收
여린 풀과 평평한 숲을 멀리 바라보며	細草平林俱遠望
연분홍빛과 연두색 온통 깊은 시름일세	淺紅輕碧摠深愁
곳곳에 핀 꽃들 봄날 감상할 만한데	芳華觸處韶年賞
다만 시인을 남몰래 눈물 흘리게 하네	只遣騷人淚暗流

37 은낭(隱囊) : 주머니 모양으로 된 몸을 기대는 도구로, 고침(靠枕)이라고도 한다.

금양위 박미[38]가 부쳐온 시에 차운하다

次錦陽寄詩韻

나라가 어려운 때를 만나	國以艱虞會
집안이 참화를 겪었네	家方慘禍鍾
떠돌이 신세로 만 리 멀리 쫓겨나니[39]	萍蓬仍萬里
변방 요새 또 천 겹일세	關塞且千重
늘그막에 대궐[40] 떠나	歲晩違青瑣
깊은 봄날 푸른 봉우리에 갇혔어라	春深鎖碧峯
친지들 오래 이별할 수 있으랴	親知堪久別
늙고 병들었지만 만나길 바라노라	衰病願相逢
편지가 삶은 잉어 속에서 자주 나오는데[41]	書翰頻烹鯉

38 박미(朴瀰) : 1592~1645. 본관은 반남(潘南), 자는 중연(仲淵), 호는 분서(汾西), 시호는 문정(文貞)이다. 1603년(선조36) 선조의 딸 정안옹주(貞安翁主)와 혼인하여 금양위(錦陽尉)가 되었다.

39 떠돌이……쫓겨나니 : 영변으로 유배된 것을 말한다. 평봉(萍蓬)은 부평초와 쑥대로, 여기저기 떠돌아다녀 거처가 일정하지 않은 것을 비유하는 말이다.

40 대궐 : 청쇄(青瑣)는 청쇄문(青瑣門)으로 한(漢)나라 대궐문의 이름인데, 여기서는 대궐을 의미한다.

41 편지가……나오는데 : 이민구에게 보내오는 편지가 많다는 말이다. 팽리(烹鯉)는 삶은 잉어라는 말로, 서신을 의미한다. 진(晉)나라 육기(陸機)의 〈음마장성굴행(飮馬長城窟行)〉에 "손님이 멀리서 와서 나에게 잉어 두 마리 주네. 아이 불러 삶게 했더니 그 속에 편지 있네.〔客從遠方來, 遺我雙鯉魚, 呼兒烹鯉魚, 中有尺素書.〕"라고 한 데서 유래하였다.

진흙탕 속에 아직도 숨은 용이라네 泥沙尙蟄龍
시 다 쓰고도 역참 심부름꾼 없어 詩成無驛使
애태우며 그저 봉하고만 있다오 耿耿只緘封

봄이 저물다. 다섯 수
春暮 五首

집도 없고 식솔도 없는 한가한 사람　無家無累一閑人
세상만사 쓸쓸히 몸에 걸치지 않네　萬事蕭條不掛身
난세에 어찌 지난날 생각하랴　時亂豈堪思往日
늘그막에 부질없이 남은 봄 아까워하노라　年衰空自惜餘春
섬돌의 꽃은 비 맞아 붉게 윤나고　階花帶雨紅初潤
연못 가 버들은 바람 머금어 푸르러지네　池柳含風綠漸均
내일 아침 소금과 쌀 떨어진다 해도　任說明朝鹽米罄
탁주만 넉넉하면 좋은 날 맞으리라　濁醪饒我對佳辰

삼월 저물어 가고 사월 서둘러 오는데　三月將闌四月催
끊임없이 흘러 간 냇물 다시 돌아오랴　川流袞袞肯重回
오르락내리락 바다제비는 왔다가 다시 가고　差池海燕來還去
들쭉날쭉 산꽃은 졌다가 또 피겠지　高下山花落又開
봉화가 하늘에 닿아 길 막혔고　烽火天連當路塞
소식 끊어진 먼 땅 높이 올라 고향 바라보네[42]　音書地絶望鄕臺
쓸쓸한 사부 평생의 한 담았으니　蕭條詞賦平生恨

42 소식……바라보네 : 고향에서 오는 소식이 없어서 높은 곳에 올라 바라만 본다는 말이다. 망향대(望鄕臺)는 고향을 바라보는 누대라는 뜻인데, 본래는 두보(杜甫)의 고향 성도(成都)에 있던 대(臺) 이름이다. 여기서는 실제 누대를 의미하는 것이 아니라, 고향을 바라보는 높은 곳을 의미한다.

감히 시대 슬퍼함이 아니라 스스로 슬퍼함이네 不敢哀時敢自哀

숲 언덕에 날씨 화창해지고 林皐天氣轉淸和
따스한 햇살 산들바람 속에 꾀꼬리 지저귀네 暖日輕風鶯正歌
가벼운 취기에 밀려오는 잠 한낮에 곤하고 睡壓微醺當午重
먼 꿈에 이끌리는 시름 봄 들어 많구나 愁牽遠夢入春多
연못에 비친 버들은 금빛 실가지 흔들고 臨池柳影搖金縷
밭 두른 개울물은 옥 방울 소리 흩누나[43] 繞圃泉聲散玉珂
산고사리 광주리에 가득하고 새 술 익으니 山蕨滿筐新釀熟
이웃 늙은이 마음 있어 한번 들르네 隣翁有意一相過

봄 저문 변방 고을에 성 가득 꽃 피어 春盡邊州花滿城
괜한 시름과 그윽한 뜻이 함께 이는구나 閑愁幽意故相幷
한 많은 인생 외로운 신하는 늙어가건만 人生有恨孤臣老
화창한 날씨에 만물 화려하다 天氣方和萬物榮
잎 뒤의 푸른 벌레는 새 날개 돋고 隔葉靑蟲新化羽
숲 맴도는 노란 새는 차츰 울어대네 繞林黃鳥漸流聲
봄빛 지나도록 돌아갈 날짜 늦어지니 年芳過眼歸期晩
산 너머 바람 먼지는 언제나 맑아질까 山外風塵幾日淸

객지에서 어느덧 늙고 병들어 客裏居然老病侵

43 밭……흩누나 : 밭 주변의 시냇물이 맑은 소리를 내며 흘러가고 있음을 읊은 것이다. 옥가(玉珂)는 현달한 관리나 귀인이 타는 말에 다는, 옥으로 만든 방울이다.

봄날 상심의 눈물을 꽃 만발한 숲에 뿌리노라 傷春淚灑百花林
산하에는 아직도 비린내 남아 山河尙帶腥膻氣
주즙들이 고각소리 전하누나[44] 舟楫仍傳鼓角音
약소국으로 몇 년이나 조공 바쳤던가 下國幾年通職貢
유민들 오늘날 관리를 부끄럽게 여기네 遺民今日愧冠簪
백발 서생 바람먼지 부는 즈음에 書生白髮風塵際
창해 동쪽에서 갖은 생각 드는구나 滄海東頭萬種心

44 산하에는……전하누나 : 병자호란이 종료되었지만 아직도 청나라와의 관계가 원만하지 못해, 사신이 오가고 긴장이 고조되어 있음을 말한 것이다. 주즙(舟楫)은 배와 노라는 뜻으로, 세상을 건지는 재상과 대신을 비유하는 말이다. 《서경》 〈열명 상(說命上)〉에 "큰 냇물을 건널 때는 너로써 배와 노를 삼겠다.〔若濟巨川, 用汝作舟楫.〕"라고 하였다. 여기서는 조정의 대신을 의미하는 말로 사용되었다.

3월 그믐을 4월 초하루로 잘못 알았다가 며칠 뒤에야 깨달았으니 인간 세상에 무심함을 알 수 있다

謬記春晦爲夏吉 數日方悟 卽茫然於人世可知矣

우습다 무척이나 어리석고 게을러	自笑乖慵甚
공연히 세월 빠른 줄만 알았네	空知甲子頻
날짜 많이 놓친 건 싫지 않지만	不嫌多失日
일찍 봄 보냈으니 한스럽다[45]	只恨早辭春
고요할 때는 꽃으로 달력 삼고	靜裏花爲曆
시름겨우면 취한 채 열흘도 보내네	愁中醉閱旬
멍하니 세상 걱정 잊으니	茫然遺世慮
덧없이 늙어가는 사람이네	漸覺老催人

45 일찍……한스럽다 : 3월 그믐을 4월 1일로 착각하였으므로, 봄을 하루 먼저 보낸 결과가 된다. 그러므로 이렇게 읊은 것이다.

삼백초를 먹다
喫葴菜

내 늙은 몸으로 변방 나그네 되어	吾老旅邊塞
오래도록 근심과 질병에 시달렸지	久患憂病嬰
게다가 봄과 여름 교차할 때	況當春夏交
폐가 마르고 열까지 오르네	肺渴乘熱成
어린 아이는 시중들다 지쳤으니	小兒疲供給
힘겹게 찬 샘에서 맑은 물 길어 오지	苦汲寒井清
이곳에 나물 많아	玆土富蔬蔌
채취할 때 약초꾼 따라가지	采掇仗園丁
새벽녘 뒷산 골짝으로 들어갔다가	平朝入後谷
정오쯤 사립문에 돌아와	向午返柴荊
어깨 끈 푸니 마당 가득	弛肩已滿地
갖은 나물 여기저기 어지럽다	群品亂縱橫
고사리가 어찌 맛 없으랴만	蕨薇豈不佳
그래도 삼백초가 제일이지	最秀葴爲名
우뚝 솟은 수많은 봉우리[46]에서	嶄嶄萬玉簪
붉고 푸르게 처음 줄기 돋아나네	紫碧始抽莖
그 기운이 매끄럽고 부드러우며	其氣滑且柔

46 봉우리 : 옥잠(玉簪)은 벽옥잠(碧玉簪)의 약칭으로, 본래는 벽옥으로 만든 비녀를 말하는데, 흔히 파랗게 빼어난 산봉우리를 비유한다.

껍질이 연하고도 얇네	皮膜脆而輕
서늘하게 바람과 이슬 맞은 뒤에	凄凄風露餘
산뜻하여 달콤하고 향기롭지	灑然甘香幷
연달아 십여 뿌리 씹노라니	連咀十數根
입안 가득 맑은 즙이 솟는다	溢齒涼液生
마른 목이 개운할 뿐 아니라	匪惟滌煩喉
묵은 숙취도 가시는구나	自覺祛宿酲
생김새는 푸른 죽순 같고	形參翠竹筍
맛은 영지보다 낫구나	味勝芝房英
본래 고기 음식 바라지도 않나니	本無肉食願
이 맛좋은 나물국이면 만족일세	此足侈藜羹
날 저문 봉래전[47]에	日晏蓬萊殿
맛난 반찬 한가득 차려지지	綺饌方丈盈
자잘한 산야의 이 나물	區區山野物
눈길 받는 영광 있으려나	或霑顧眄榮
산과 물로 이미 막혔으니	關河旣伊阻
고개 돌리며 작은 정성 생기네	回首有微情
미나리 바친 일 진실로 우스우니	獻芹固可笑
야인은 깊은 정성 부끄럽구나[48]	野人媿深誠

47 봉래전(蓬萊殿) : 봉래(蓬萊)는 발해 동쪽의 신선이 산다는 섬에 있는 산으로, 봉래궁(蓬萊宮), 봉래전이라 하여 궁궐을 칭하기도 한다. 《列子 湯問》

48 미나리……부끄럽구나 : 삼백초를 임금께 올리려고 하는 자신의 정성이 부끄럽다는 말이다. 헌근(獻芹)은 미나리를 올린다는 말로, 옛날 시골 사람이 혼자만 미나리 맛을 즐길 수 없어 윗사람에게 바쳤다가 핀잔 받은 고사가 있다. 《列子 楊朱》

소회를 읊은 이십 운

寫懷 二十韻

세상이 태평한 때는 늘 적어 世路治常少
이내 삶도 난리와 함께 했네 吾生亂與俱
앞날은 계획 정할 수 없으니 前期迷定計
어디에서 이 한 몸 살아갈까 幾處養微軀
식량도 남에게 얻으니 菽粟從人有
춥고 배고픔 어찌 면하랴 飢寒豈我無
처량하게 고향 떠나 凄涼違故里
묻혀 지내는 곳 위태한 길에 가깝네 汨沒近危途
사람들은 유배객 경시하고 物態輕遷客
인정은 부패한 선비라며 박대하네 凡情薄腐儒
엉겁결에 지난날 떠올려 보니 蒼黃懷曩昔
금세 백발노인 되었어라 衰白信須臾
융갈이 미쳐 날뛰니 戎羯猖狂甚
천지의 기색이 예와 다르구나[49] 乾坤氣色殊
시대 구제할 꾀야 많아도 濟時多策略
유배 명령 받은 몸 근심만 한가득 竄命獨憂虞
수레 아래 풍운이 가렸고[50] 輦下風雲隔

49 융갈(戎羯)이……다르구나 : 오랑캐인 청(淸)나라가 중국을 차지하여 세상이 달라졌다는 말이다.

관산 모퉁이에 해와 달 막혔네　　關隅日月徂
모래 먼지 속에 오가는 사절　　塵沙交使節
끊임없이 유도로 달려가네[51]　　絡繹赴幽都
왕실 창고의 금과 비단 텅 비고　　內府金繒竭
변방 백성들 골수까지 바짝 마르네　　邊氓骨髓枯
요상한 기운이 옥촉에 얽히고[52]　　妖氛纏玉燭
뜨거운 불이 큰 화로에 활활 타네　　烈火熾洪爐
여러 공들의 죽음에 눈물 흘리고　　涕淚群公隕
지사들 떠나보내니 애가 탄다[53]　　心肝志士輸
하늘이 재앙 내림을 뉘우치는 줄 아나니　　已知天悔禍
오랑캐 망하는 때만을 기다리노라[54]　　只待歲亡胡
온갖 재앙 응당 다 사라지리니　　百六災應盡
피폐한 백성들 소생하겠지　　瘡痍喘欲蘇

50 수레……가렸고 : 연하(輦下)는 임금의 수레 아래라는 말로, 서울을 가리킨다. 서울에 풍운이 가렸다는 것은 소인배들이 조정에 넘쳐난다는 말이다.

51 모래……달려가네 : 청(淸)나라로 가는 사신 행렬이 빈번함을 읊은 것이다. 유도(幽都)는 연경(燕京)을 가리킨다.

52 요상한……얽히고 : 세상이 혼란함을 말한다. 옥촉(玉燭)은 사시(四時)의 기운이 화창한 것을 말하는데, 《이아(爾雅)》 〈석천(釋天)〉에 "사시의 기운이 화창한 것을 일러 옥촉이라 한다."라고 하였다.

53 지사들……탄다 : 병자호란 당시 척화를 주장했던 인사들이 볼모로 끌려간 것을 마음 아프게 생각한다는 말이다.

54 하늘이……기다리노라 : 하늘이 재앙을 내려 명(明)나라가 망하고 조선은 병자호란을 겪었지만, 하늘도 이를 후회하여 끝내는 청(淸)나라를 망하게 할 것이라는 말이다.

쇠창으로 적적을 묻어버리고 　金戈埋赤翟
은한으로 황도를 씻어 내야지[55] 　銀漢洗黃圖
나라는 어진 인재 구하느라 급급한데 　國以求賢急
이내 몸은 도깨비 막으며[56] 쓸쓸하네 　身方禦魅孤
타향에서 떨어져 지내며 　他鄉淹契闊
없는 살림 황무지에 부쳤네 　薄產付荒蕪
아들 죽었어도 손자 남았고[57] 　凋喪猶孫子
곤궁해도 밥 먹노라 　羈窮且飯盂
전원으로 돌아가 늙은 농부 의지하면 　歸田依老圃
그럭저럭 늘그막 즐거우리 　亦足暮年娛

55 쇠창으로……내야지 : 무력으로 오랑캐를 몰아내고, 은하수를 기울여 중국의 치욕을 씻어내겠다는 말이다. 적적(赤翟)은 적적(赤狄)과 같은 말로, 고대 중국의 소수민족인데, 여기서는 청(淸)나라를 가리키는 말로 사용되었다. 황도(黃圖)는 중국을 가리킨다.

56 도깨비 막으며 : 어매(禦魅)는 도깨비를 막는다는 말로, 유배를 의미한다. 《춘추좌씨전》 문공(文公) 18년 기사에 "순이 요 임금의 신하가 된 뒤에 사방의 문에서 현자들을 빈례로 맞이하고, 혼돈, 궁기, 도올, 도찬 등 흉악한 네 사람을 사방의 먼 변방으로 내쳐, 사람을 해치는 괴물을 막게 했다.〔舜臣堯, 賓于四門, 流四凶族渾敦窮奇檮杌饕餮, 投諸四裔, 以禦螭魅.〕"라고 하였다.

57 아들……남았고 : 조상(凋喪)은 죽음을 의미하는데, 여기서는 이민구의 두 아들이 병자호란 당시 사망한 사실을 가리키므로, 직접 아들의 죽음으로 풀이하였다.

철옹산 신선 노래

鐵甕仙人歌

철옹산이 하늘까지 높이 솟아	鐵甕之山高入天
신선이 아스라이 그 꼭대기에 사누나	神仙縹緲居其顚
구름 방 안개 누각에 달빛이 문에 비치고	雲房霧閣月當戶
옥청과 자부가 길이 빙빙 도네[58]	玉淸紫府長周旋
맑은 용모 얼음과 눈처럼 깨끗하고	汋約容顏淨氷雪
바람과 비를 조절하여 풍년 만드네	風雨上下調豐年
관서의 백성들 봄가을로 비니	西民禱賽春復秋
가무와 음악으로 온 자리 시끌시끌	歌舞鼓樂喧四筵
내 꿈이 너무도 실제 같아	我夢彷彿覩景光
방에서 멍하니 숙연해지네	闈闥怳惚來肅然
꾀꼬리 울음과 방울 소리 귀에 들리고	鶯舌鈴音落幽耳
무지개인양 번개인양 가벼운 연기 흩날린다	虹流電逝飄輕煙
변방 도깨비와 오래도록 어울렸는데	塞垣魑魅久與曹
《진고》[59]에서 전하는 영진[60]까지 접했음에랴	眞誥況接靈眞傳

58 구름……도네 : 철옹산 정상에서 생활하는 신선의 거처를 상상적으로 묘사한 내용이다. 옥청(玉淸)은 상청(上淸), 태청(太淸)과 함께 도교(道敎)에서 말하는 삼청선계(三淸仙界)의 하나이고, 자부(紫府)는 도교에서 전해지는 천상(天上)의 선부(仙府)를 말한다.

59 진고(眞誥) : 양(梁)나라 도홍경(陶弘景)이 지은 책으로, 신선들이 주고받은 비결을 기록하였다.

아아 영진이 어찌 빈말하랴	嗟乎靈眞豈相謾
드넓은 회포 기름불처럼 타지 않네	曠懷不受膏火煎
동쪽 산에 생학[61] 오기를 기다려	直待東峯笙鶴至
길이 탁한 세상 초월해 하늘에 조회하리라	永超濁穢朝上玄

60 영진(靈眞) : 진리를 닦아 득도의 경지에 이르는 도가(道家)의 말이다.

61 생학(笙鶴) : 신선이 학을 타고 생황을 연주하는 것으로, 일반적으로 선학(仙鶴)을 뜻한다.

봄밤의 노래

春夜吟

봄밤이 비록 매우 짧아도	春夜雖苦短
촛불 끄지 않고	不廢燈燭光
몸은 비록 나그네 신세지만	身雖處羈旅
술을 끊지 않노라	而不廢壺觴
말년에 일상 그럭저럭 괜찮지만	末路事粗足
한스러운 건 마음 너무 상했어라	所恨中已傷
가족들 다 죽은 나머지에	百口萬死餘
두 손자는 석 자 남짓으로 어리지	兩孫三尺强
세상이 혼란해 어수선하니	世亂旣棼如
명대로 살지 감히 알랴	畢命敢商量
오직 한 치의 마음으로	唯有一寸心
너희들 성장하기를 날마다 바라노라	成立日在望
너희들 성장하기만 빌고 바라니	祝汝願汝長
내가 늙는 것이야 어찌 애석하랴	豈惜我歲忙
밭 갈면서 일찍 여물기를 바라고	耕田希早熟
나무 심으며 빨리 자라기를 바라지	種樹希易長
밤낮이 서로 바뀌어가니	晝夜遞相代
머리 세는 걸 어찌 면하랴	焉免鬢髮蒼
미친 노래 술기운에 기대 부르는데	狂歌仗酒力
취해 쓰는 글씨 어찌 이리 찬란한가	醉墨何煌煌

붓 던지고 아이더러 읽게 하니 擲筆遣兒讀
내 마음 더욱 처량하다 吾意轉悽涼

패강[62] 노래. 백희직에게 주다
浿江歌 贈白希稷

조나라 비파가 새 곡조 멈추고	趙瑟停新調
제나라 노래도 옛 가락 파했네	齊謳罷舊腔
자리에 있는 사람들 떠들지 말고	四坐且勿喧
나의 패강 노래 들어 보오	聽我歌浿江
패강이 처음 나오는 근원은	浿江初發源
실로 비류[63] 여울이지	實自沸流瀧
물방울이 깊은 샘에서 새어 나와	微涓泄幽泉
십 리를 졸졸 흘러가네	十里乃淙淙
굽이굽이 여러 번 꺾이다가	縈回屢曲折
평탄히 흘러 산골 징검다리를 넘어가지	平步超磵矼
수많은 실개천 받아들이고	呑納百川細
지세 낮은 곳으로 내려가네	地卑隨以降
기자의 들[64] 깊숙이 흘러드니	下就箕野深
재어 보면 열 길 장대만큼 깊지	測之十丈杠

62 패강(浿江) : 대동강의 옛 이름이다.

63 비류(沸流) : 지금의 동가강(佟佳江)이다. 《고려사(高麗史)》에서는 이를 평양의 동북쪽으로 추정하였고, 《동국여지승람(東國輿地勝覽)》에서는 평안도 성천(成川)으로 비정하였으나, 동가강의 상류라는 것이 통설이다.《韓國學基礎資料選集 古代篇 174쪽》

64 기자(箕子)의 들 : 평양을 가리킨다.

큰 파도는 바람과 우레 일으키고	洪波起風雷
큰 돌이 서로 부딪치네	巨石相擊撞
성을 둘러싸고 정자 그림자 잠기며	環城浸亭臺
푸른 빛 엉겨 난간과 창을 비추네	凝綠鑑軒窓
아득히 비구름 머금고	冥茫蓄雲雨
띠처럼 한 지역을 둘렀네	襟帶控一邦
서쪽 발해 바다로 흐르니	西通渤澥潮
바라봄에 마음 두렵구나	騁望心魂雙
바다도 처음엔 잔이나 넘칠 정도인데[65]	謂海始濫觴
혹자는 이 말이 허황하다 의심하네	或訝斯言哤
오직 흘러나와 그치지 않으면	惟其出未已
견줄 대상이 없을 만큼 커지나니	厥大無與雙
마치 사람이 학문의 기초 있으면	猶人學有基
솥을 필력으로 들 수 있는 것과 같네[66]	鼎用筆力扛
백희직이 내 집에 찾아오니	白也踵吾門
바탕 순박하고 기질 도탑구나	質淳而氣厖

65 바다도……정도인데 : 커다란 바다도 그 근원은 미미하다는 말이다. 남상(濫觴)은 잔에 넘친다는 말로, 일의 시작을 의미하는데 "강이 처음 민산에서 시작될 때, 그 근원은 잔에 넘칠 만큼이다.〔江始出於岷山, 其源可以濫觴.〕" 하였다. 《孔子家語 三恕》

66 마치……같네 : 작은 근원이 끊임없이 흘러 큰 바다를 이루듯이 사람이 학문의 기초를 닦으면 훌륭한 문장가가 될 수 있다는 비유적 표현이다. 한유(韓愈)가 〈병중증장십팔(病中贈張十八)〉에서 장적(張籍)의 시를 칭찬하면서 "용무늬 그려진 커다란 솥도 필력으로 들 수 있네.〔龍文百斛鼎, 筆力獨可扛.〕"라고 하였는데, 이 말을 변용하여 읊은 것이다.

책을 끼고 적막한 곳 두드리니	挾書叩空寂
골짜기 발소리에 위로되는 정도만이 아니었지[67]	不但慰谷跫
어찌 전원의 즐거움 없으랴	豈乏田園樂
막걸리도 마침 항아리에 익었어라	村酒時潑缸
제쳐두고 문묵을 일삼으며	棄置業文墨
담담하게 벽의 등잔불 지키시게	枯淡守壁釭
새벽녘 나설 때 둥지의 참새 날아 흩어지고	晨趨散棲雀
저물녘 돌아올 때 삽살개 짖는 소리 들리겠지	暝返聞吠狵
부지런히 노력하여 그만두지 말게나	俛焉勤勿墜
자네 위해 썩은 말뚝 찍어내게[68]	爲爾斸朽樁
군사들 펼쳐 말안장 단단히 매고	陳師嚴韅靷
깃발 갖춰 장병들 꾸며야지[69]	飾兵具旆幢
손빈의 다리 비록 힘이 없었지만	臏脚雖病孱
골똘한 생각으로 위나라 방연에게 보복했지[70]	積慮報魏龐

67 골짜기……아니었지 : 《장자(莊子)》 〈서무귀(徐无鬼)〉에 "텅 빈 골짜기에 숨어 사는 사람은 명아주와 콩잎이 족제비의 길마저 막고 있는 터라, 빈 골짜기에서 홀로 걷다가 쉬다가 하노라면, 다른 사람의 걸어오는 발자국 소리만 들어도 기뻐하는 것인데, 하물며 형제와 친척들의 기침 소리가 옆에서 들려온다면 어떻겠는가.〔夫逃虛空者, 藜藋柱乎鼪鼬之逕, 踉位其空, 聞人足音跫然而喜矣. 而況乎昆弟親戚之謦欬其側者乎.〕"라고 하였다. 여기서는 이 말을 원용하여 백희직이 자신을 찾아오니, 자신에게 위로가 되었을 뿐만 아니라, 문장을 배우려고 하는 백희직이 가상했다는 말이다.

68 부지런히……찍어내게 : 공부에 부지런히 힘써서 백희직의 단점을 제거하라는 당부이다.

69 군사들……꾸며야지 : 글 짓는 것을 군대에 비유하여 읊은 것이다.

70 손빈(孫臏)의……보복했지 : 전국 시대에 손빈이 동문수학했던 위(魏)나라 장수

공을 이루면 벼슬에 오를 수 있으니[71] 功成拾青紫
월나라 창으로 두드리는 것 같다네 若將越矛摐
강 따라 동쪽으로 바다에 이르듯이 循河東至海
자네 모습 장대해진 줄 알겠세 覺汝形膀肛

방연(龐涓)에게 무릎 뼈를 잘리는 혹형(酷刑)을 받은 뒤, 제(齊)나라의 군사(軍師)가 되어 수레 안에서 군대를 지휘하며 방연의 군사를 크게 격파한 고사가 있다. 《史記 卷65 孫子列傳》

71 공을……있으니 : 공을 세우면 높은 벼슬에 쉽게 오를 수 있다는 말이다. 습청자(拾青紫)는 자수(紫綬)와 청수(青綬)를 줍듯이 쉽게 벼슬에 오름을 의미한다. 《삼국지(三國志)》 권25 〈위서(魏書) 고당륭전(高堂隆傳)〉에 "선비가 경술에 밝지 못한 것이 흠이지, 만약 경술에 밝기만 하다면 존귀한 관직을 얻는 것은 마치 땅에 떨어진 지푸라기를 줍는 것처럼 쉬울 것이다.〔士病不明經術, 經術苟明, 其取青紫, 如俯拾地芥耳.〕"라는 말이 나온다. 한나라 때에는 공후(公侯)와 구경(九卿)이 각각 자수와 청수를 찼다고 한다.

오래 가물다가 입추에 비로소 비가 내리다

久旱 立秋日始雨

오늘 새벽 가을 기운 조짐 있었으니	今晨秋氣兆
금기와 화기가 서로 교차하는구나[72]	金火鬱相薄
욕수가 가뭄 귀신 몰아내려[73]	蓐收驅赤魃
강렬한 햇살이 얼룩 구름으로 변하네	驕陽變陰駁
초목들 다 북쪽으로 쏠리더니	草木盡北靡
거센 바람에 빗발 나부끼네	風力轉雨脚
온 골짜기 물 다 끌어다가	引竭百谷水
좁은 인간 세상에 내리붓네	下注人間窄
천둥소리 깊은 바위 골짜기에 울려대고	空雷殷巖幽
번갯불이 때때로 일어나네	電光時間作
물결이 무너뜨릴 듯 밀려들어	波濤壓崩甓
구멍마다 어지럽게 쏟아지네	萬穴俱亂射
오랜 가뭄과 열기 싹 몰아가니	滌盪久旱炎
어찌 타들어가는 식물만 씻어 주었으랴	豈惟洗燋灼

72 금기(金氣)와……교차하는구나 : 여름에서 가을로 접어든다는 말이다. 오행(五行)에서 금(金)은 가을을 뜻하고 화(火)는 여름을 뜻하는데, 여름에서 가을로 접어들면서 두 기운이 서로 접했다고 읊은 것이다.

73 욕수(蓐收)가……몰아내려 : 가을 기운이 극심했던 가뭄을 몰아내게 되었다는 말이다. 욕수는 고대 전설 속에 나오는 서방(西方)의 신(神) 이름으로, 가을을 주관한다. 금신(金神)이라고도 한다. 《禮記 月令》

단비가 비록 늦었지만　　甘澤雖不早
마른 초목들 살아나 푸르구나　　群槁蘇已碧
들판에 이어진 천 이랑의 밭　　連郊千頃田
어제 저녁에는 거북등처럼 갈라졌더니　　昨暮龜背坼
푸른 싹이 흰 물결에 춤춰　　青苗舞白浪
싱그러운 빛깔이 인근 성곽까지 일렁이니　　潤色搖近郭
아마도 마당 다져 추수할 때　　彷彿築場際
곡식 낟알이 낭자할 것 같은데　　糧粒資狼藉
바싹 마른 지 이미 여러 달이라　　乾枯旣數月
잘 자라기는 일찌감치 글렀네　　長養愆宿昔
반드시 서리 이슬이나 늦게 내려야　　必賴霜露遲
늦은 곡식 여물어 수확할 수 있으리　　稚稼具登穫
백성의 목숨 마땅히 끊을 수 없으니　　民命未宜絶
어진 하늘이 어찌 사납기만 하겠는가　　仁天肯爲虐
탕 임금 때도 비 내리지 않아　　湯年閟膏液
삼 년이나 기우제 지냈다네[74]　　三歲事圭璧

74 탕 임금……지냈다네 : 가뭄이 지속되어 3년이나 기우제를 지냈다는 말이다. 상(商)나라 탕왕(湯王) 때에 7년 동안 혹독한 가뭄이 들었는데, 태사(太史)가 점을 치고 하는 말이 "사람을 희생하여 비를 빌어야 한다."라고 하였다. 탕왕이 이에 자신이 희생이 되겠다고 자청하여 재계(齋戒)한 다음, 소거(素車)와 백마(白馬)를 타고 자신의 몸을 흰 띠풀로 싸서 희생의 모양을 갖추었다. 그리고 상림(桑林)의 들에 가서 세 발 달린 정(鼎)을 놓고 산천(山川)의 신에게 기도하면서 여섯 가지 일로 자책하니, 말이 끝나기도 전에 사해(四海)에서 구름이 일어나 수천 리의 땅에 큰비를 내렸다고 한다.《事文類聚 天道部 禱雨》 규벽(圭璧)은 흉년이 들었을 때 신(神)에게 예(禮)로 바치는 옥(玉)이다.《시경》〈운한(雲漢)〉에 "왕께서 말씀하기를 '아, 지금 사람에게 무슨 죄가 있습니까.

나라에서 정치 소홀히 하지 않는데	國家政無曠
무슨 이유로 재앙이 잦을까	何緣屢災謫
그래도 수확[75]이 매년 있으니	西成每有秋
여기에서 명막한 뜻을 볼 수 있네	此足見冥漠
떠돌이 신세로 세월 보내나니	流離經荏苒
타향살이 토착민에게 의지하지	客居依土著
변방 풍속 넉넉하여 물과 불 빌려 주고	塞俗通水火
이웃들이 짝지어 농사짓네	鄉隣偶耕鑿
그만두어라 죽과 밥 아니어도	棄置粥飯外
내가 구렁에 떨어짐은 면하리라	吾知免溝壑

하늘이 환란을 내리사 기근이 거듭 이르기에, 신에게 제사를 거행하지 않음이 없으며, 이 희생을 아끼지 아니하여 규벽을 이미 모두 올렸는데도, 어찌하여 내 말을 들어주지 아니하십니까.' 하였다.〔王曰於乎, 何辜今之人, 天降喪亂, 饑饉薦臻, 靡神不擧, 靡愛斯牲, 圭璧既卒, 寧莫我聽.〕"라고 하였다.

75 수확 : 서성(西成)은 가을의 추수를 말한다. 《서경》〈요전(堯典)〉에 "서성을 고루 다스린다.〔平秩西成〕"라고 하였다.

이윽고 또 가물다

既而又旱

어제 내린 비 부족했는데　昨日雨不足
오늘 다시 말끔히 개었구나　今日旋收霽
뜨거운 해가 가을 기운 빼앗아　亢陽奪秋令
큰 위세를 화제가 계속 부리네[76]　積威仍火帝
육룡의 수레[77] 배회하여　徘徊六龍馭
붉은 햇살이 먹구름으로 변했었네　赤光變陰曀
하늘은 본래 인애하니　天公本仁愛
어찌 은혜를 아끼랴만　豈欲嗇明惠
그 감응은 사람에게 달렸는데　感召乃由人
내리던 은택 갑자기 다시 닫혔네　資澤欻復閉
큰 강물도 여울물 마르는데　大江減湍瀨
하물며 작은 개울물이야 물으나 마나　況問溪澗細
비록 도랑에 물이 있어　縱有畎澮水
졸졸 흘러 풀 사이를 감돌지만　涓流縈草際

76 큰……부리네 : 여름의 불볕더위가 전혀 가시지 않았다는 말이다. 화제(火帝)는 오방(五方) 천제(天帝)의 하나인 적제(赤帝)로, 남방과 여름과 불을 담당한다고 한다.

77 육룡(六龍)의 수레 : 해를 의미한다. 천제(天帝) 제준(帝俊)의 아내인 희화(羲和)가 동해 밖 희화국(羲和國)에서 새벽마다 여섯 마리의 용이 끄는 수레에 태양을 싣고, 용을 몰아 허공을 달려 서쪽의 우연(虞淵)에까지 이르러 멈춘다고 한다. 《山海經 卷10 大荒南經》

머잖아 바싹 마르리니	乾枯只俄頃
물동이 가지고는 계속 이어 댈 수 없네	抱甕非可繼
누런 먼지가 밭에 뿌옇게 일어나	黃塵漲南畝
곡식들 먼지 속에 묻히네	嘉穀埋壅翳
가만히 농부의 말 들어보니	靜聽田父言
애써 지은 농사 모두 허사라네	農力虛樹藝
백발 되도록 보아왔지만	蓄眼到白首
어찌 일찍이 이렇게 심한 가뭄 보았으랴	曷嘗覯斯戾
생각해 보니 지난 을사년[78]에	憶昔乙巳年
큰 장마로 재해 겪었지	極潦曾表沴
집들이 떠내려가거나 침수되고	漂沈及廬屋
고래와 수달이 멀리까지 달렸었지	鼉獺騁迢遞
너무나 애통한 일 눈앞에 있으니	痛迫在目前
사람들 마음 문득 지난 그 해와 같네	凡情忽往歲
구렁에 굴러도 한번 죽기는 마찬가지	溝壑等一死
도리어 물고기 뱃속에 장사 지내는 편이 좋겠네	顧甘魚腹瘞
누가 춤추는 상양 보았을까[79]	孰睹舞商羊
누가 능히 흑려를 죽였는가[80]	疇能誅黑蜧

78 을사년(乙巳年) : 1605년(선조38)이다.

79 누가……보았을까 : 비가 내릴 조짐이 없다는 말이다. 상양(商羊)은 큰 비가 올 무렵이면 한쪽 다리를 구부리고 춤을 춘다는 전설의 새 이름이다. 《孔子家語 辯政》 한(漢)나라 왕충(王充)의 《논형(論衡)》 〈변동(變動)〉에 "상양은 비가 오기 전에 먼저 아는 새이다. 비가 오려고 하면 한쪽 발을 굽히고 일어나서 춤을 춘다.〔商羊者, 知雨之物也. 天且雨, 屈其一足起舞矣.〕"라고 하였다.

매우 어리석어 비록 자기 잇속만 챙겨도　　下愚雖自私
감히 배불리 먹을 계책만 생각할까　　敢懷飽飯計
고을 관리는 나라에 바칠 물건에만 급급하니　　縣官急供億
전세를 덜기란 진실로 어렵구나　　實難寬井稅
진실로 고향 생각 없으니　　固無土思牽
어디로 간들 피폐함 면할까　　何所免凋敝
힘써 부로 위해 노래하나니　　勉爲父老歌
높은 하늘은 눈물 뿌리는 이 마음 비춰 아시라　　高穹照揮涕

80 누가……죽였는가 : 비가 내릴 조짐이 없다는 말이다. 흑려(黑蜧)는 전설 속의 신령스러운 뱀이다. 《회남자(淮南子)》 〈제속훈(齊俗訓)〉에 "비를 오게 하는 것은 흑려가 제일이다.〔致雨不若黑蜧〕라는 말이 나오는데, 허신(許愼)의 주(注)에 "흑려는 신령한 뱀이다. 못 속에 잠겨서 구름과 비를 잘 일으킨다.〔黑蜧神蛇也, 潛於神淵, 能興雲雨.〕"라고 하였다. 참고로 진(晉)나라 장협(張協)의 〈잡시(雜詩)〉 중 열 번째 시에 "흑려가 깊은 못에서 뛰어나오고, 상양이 들판의 뜰에서 춤을 춘다.〔黑蜧躍重淵, 商羊舞野庭.〕"라는 표현이 나온다.

입추가 지나고 팔일 만에 다시 비가 내리다

立秋後八日 又雨

저녁 비가 산 감싸고 이내까지 끼어	晩雨沈山嵐氣兼
실처럼 그지없이 내려 띳집 처마 봉쇄하네	如絲不絶鎖茅檐
백곡이 가을 맞아 익는 데는 도움 되지 않지만[81]	虛關百穀迎秋熟
서늘한 기운으로 한낮 더위는 씻어 주네	實荷微涼滌午炎
오래 끊겼던 샘물 작은 시내로 흘러 나가고	舊斷泉源通細澗
새로 살아난 풀빛 성긴 발 사이로 비추누나	新蘇草色映疏簾
그대 보았나 오늘 영릉산의 돌이	君看此日零陵石
돌아가는 제비와 함께 날기 꺼리는 것을[82]	歸燕同飛定自嫌

81 백곡(百穀)이……않지만 : 앞의 시들과 연관하여 보면, 이미 심한 가뭄으로 곡식이 다 말라 죽었으므로, 비가 내려도 익을 곡식이 없다는 의미이다.

82 영릉산(零陵山)의……것을 : 비가 내린다는 말이다. 북위(北魏) 역도원(酈道元)의 《수경주(水經注)》 〈상수(湘水)〉에 "상주(湘州) 영릉산에 제비처럼 생긴 돌들이 있는데, 풍우가 몰아치면 크고 작은 돌들이 진짜로 제비 모자(母子)처럼 날아다니다가, 풍우가 그치면 다시 돌로 환원한다."라고 하였고, 《초학기(初學期)》 〈천부 하(天部下)〉에 "영릉산에 석연(石燕)이 있어 비바람을 만나면 날고 그치면 다시 돌이 된다."라고 하였다. 이민구가 이 시를 짓고 있는 것은 입추가 지나고 8일째 되는 날이다. 입추가 지나고 다섯 번째 무일(戊日)이 추사일(秋社日)인데, 이날 제비가 떠난다고 한다. 결국 비가 내리고 있으므로 영릉산의 돌이 제비로 변했을 것인데, 실제 제비들을 따라 남쪽으로 떠나려고 하지는 않을 것이라고 읊은 것이다.

유월 그믐에 가뭄을 근심하다. 열 수의 절구

夏晦悶旱 十絶句

유월에는 하늘이 많은 비를 내려	六月天時大雨行
해마다 장맛비로 크게 불어난 물 걱정했지	每愁霖潦浩縱橫
지금 보니 심한 가뭄으로 예년과 다르니	卽看亢旱乖常歲
〈하소정〉을 추구할 필요 없구나[83]	不用推求夏小正

설상과 우로는 다 하늘이 주는 혜택이라	雪霜雨露俱天澤
하나라도 아주 없으면 계절 기후 바뀌지	一者極無時乃易
상제께서 오래도록 강과 바다에 가두었으니	上帝久慳江海封
그 누가 하소연하여 빗장 열까[84]	孰能仰訴啓關鑰

예전에 뜰 앞에 작은 못 파서	舊鑿庭前一小塘
푸릇푸릇 수초가 물빛에 흔들렸지	青青水荇亂波光
지금은 바닥까지 먼지 생긴 지 오래라	如今地底生塵久
오직 쑥대와 명아주만 마음껏 자랐구나	唯有蓬藜盡意長

83 하소정(夏小正)을……없구나 : 〈하소정〉은 《대대례기(大戴禮記)》의 편명(篇名)으로, 매달의 물후(物候)를 적고 사시(四時)의 행사를 백성에게 지시하는 내용을 담고 있다. 여기서는 가뭄이 심하기 때문에 〈하소정〉의 내용이 쓸모없다는 말이다.

84 상제(上帝)께서……열까 : 상제가 용을 강과 바다에 가두었기 때문에 비가 내리지 않는다고 생각한 것이다. 그러므로 상제에게 하소연하여 용을 가둔 문의 빗장을 풀어서, 비가 내릴 수 있게 할 사람이 누구냐고 물은 것이다.

근심스레 집 동쪽 도랑가에 갔더니	悶到屋東溝水頭
실처럼 가는 물줄기 풀 사이를 흐른다	如絲不絶草中流
두꺼비 놀고 거머리 건너기 편하겠지만	蝦游蛭渡須方便
내일은 진흙탕이 너희들 근심거리 되겠지	明日沙泥爲爾愁
시끄럽게 울어대는 개구리 소리 괴로워	常苦蛙兒亂耳鳴
여름 물에 멋대로 자라는 게 싫었지	因嫌夏水謾生成
오늘 아침 고요한 못가의 정자는	今朝寂寂池亭畔
푹 잘만 하건만 술 끼고 깨어 있네	可耐昏眠挾酒醒
밭에 채소 싹은 김맨 듯 벌거벗고	畦頭菜甲赭如鋤
뜨락 붉은 꽃도 오그라져 피지 못하네	庭際紅花噤不舒
밭이랑 곳곳이 다 휑하니	隴畝東西俱濯濯
인정이 하물며 추수 뒤까지 생각이나 하겠는가	人情況及稻粱餘
젊어서 술 좋아했고 늙어서 더욱 즐겼지만	少愛杯觴老益耽
대그릇 밥 주어도 기꺼이 받아들었네	即供簞食性還堪
가을 되어도 죽조차 먹을 게 없으니	秋來粥飯渾無賴
눈앞의 술병이 절로 부끄럽구나[85]	近眼缾罍恐自慙

85 눈앞의……부끄럽구나 : 식량이 없는 가난한 신세를 읊은 것이다. 《시경》〈육아(蓼莪)〉의 "작은 병이 텅 빔이여, 큰 항아리의 수치로다. 빈궁한 인간의 삶이여, 죽느니만 못한 것이 오래되었도다.〔甁之罄矣, 維罍之恥, 鮮民之生, 不如死之久矣.〕"라는 말을 인용하였다.

쌀밥 새로 지어 은빛으로 윤기 나도	稻米新炊色映銀
언제나 입에 써서 성내기 일쑤였지	常因口苦易生嗔
올해는 거친 쌀도 마련하지 못하니	今年麤糲眞難具
그 덕에 계집아이는 고민 없는 사람 되었네	憑仗嬌兒莫惱人
관가에서 마음먹고 맑은 술독 가지고	官家着意具清罍
용추로 달려가 비 내려 달라 빌었네	走向龍湫乞水來
구름과 우레를 편의대로 할 수 있다면	倘有雲雷堪借便
연못 바닥에 뜨거운 먼지 일어나게 했겠는가	肯令淵底起炎埃
대지 덮는 먹구름 산마다 이어지더니	罩地陰雲山接連
금세 거두어 가고 푸른 하늘만 남았네	須臾捲去但青天
어쩌면 풍백이 교만하고 건방져서	豈容風伯中驕蹇
권한이 없는데도 권한을 부린 것인가[86]	可使無權使有權

86 어쩌면……것인가 : 비가 내릴 듯이 먹구름이 몰려들었다가 바람에 날려가자 바람을 원망한 것이다. 풍백(風伯)은 바람을 맡은 신이다.

경산의 승려 태일에게 주다

贈京山僧太日

내가 서울 떠나와서	自我別京華
훌쩍 사 년 세월 흘렀네	欻經四寒暑
가파른 세월 빠르게 흐르는데	崢嶸流景疾
적막하게 타향살이 보내네	寂莫送羈旅
눈에 띄는 사람 드물기만 하니	落落眼中人
궁벽한 시골에서 누구와 말할까	窮荒欲誰語
선사는 서울에서 와서	吾師上國來
흉금 열고 마주하니 어긋나는 게 없구나	披對無齟齬
하물며 들어보니 사는 곳이	況聞所居止
기쁘게도 예전 내가 노닐던 곳이라	忻然舊游處
우뚝한 바위 도봉산 북쪽	巉巖道峯北
빼어난 경치 아득히 그윽하지	靈境莽幽阻
방은 옛 등덩굴 의지해 있고	房依古藤住
오솔길은 대밭을 돌아갔지	逕轉脩林去
지금 책 읽는 등불 아래	至今讀書燈
생각에 잠겨 한참을 우두커니 있노라	沈思久延佇
우연한 만남 비록 초면이지만	邂逅雖新知
타향에서 짝해 어울리니 기쁘구나	他鄉喜伴侶
자주 들러 시름과 적적함 위로해 주니	頻過慰愁闃
경도되어 마음 다 터놓네	傾倒攄心緒

들판에 가을 들었는데 떠나겠다 말하고　　秋郊告我行
지팡이 짚고 벼 사이로 들어가네　　藜杖入禾黍
덧없는 인생 각각 떠돌아다니니　　浮生各漂萍
뒷날 다시 어디서 만나게 될까　　後會更何所
정은 세속에 이끌려도　　情隨俗累牽
도는 선가를 위해 기약하네　　道爲禪期許
시 지어 주니 또한 허망한 일이지만　　贈言亦諸妄
깊은 속내를 괴롭게도 막기 어려워라　　深衷苦難拒
먹구름이 뭇 봉우리 덮고　　雲霾群嶺陰
큰 강 물가에 해 저무누나　　日沒大江渚
그대가 다시 오겠다 약속하니　　約汝再相訪
찬 하늘 기러기 행렬 기다리리라　　寒空候雁序

병에서 일어나다

病起

병에서 일어나 머리 빗으니 백발 성기고 病起新梳白髮稀
물가 집에 가을 햇살이 조용히 반짝인다 水軒涼日靜暉暉
뜰 앞 푸른 풀은 추위 속에도 살아 있고 庭前碧草寒猶活
하늘 가 맑은 구름 가늘게 날리누나 天際晴雲細更飛
몸은 늦매미와 더불어 적적하고 身與晚蟬俱寂寂
정은 가을 제비 따라 함께 아련하다 情隨秋燕共依依
바람 불고 이슬 맺히는 우거진 숲 자락에서 流飃滴露高林畔
세상사 아득히 모든 계획 어긋났네 世事茫然百計違

가을날 차운하다

秋日次韻

가을하늘 하루에도 흐렸다 개었다 하고	秋天一日再陰晴
뿌연 안개와 찬 구름이 푸른 성 둘렀네	虛靄涼雲卷碧城
이경에 밝은 달빛 남았기에	留得二更明月色
못가 풀잎 바라보니 이슬 꽃 맺혔네	試看池葉露華生

김지가 복숭아를 보내 준 것에 감사하다

謝金芝惠桃

그윽한 사람이 복숭아 보내 주니	幽人肯餽園桃實
둥글고 붉은 가을 얼굴 한껏 싱그럽다[87]	秋頰圓紅滿意新
늙은이의 지나친 감개 이상타 마오	莫怪老翁偏感慨
생각해 보니 봄날 궁궐에서 훔쳤었지	憶曾偸取漢宮春

87 둥글고……싱그럽다 : 붉게 익은 복숭아의 싱싱한 모습을 형용한 것이다.

김선술의 운자에 맞춰 짓다
次金善述韻

텅 빈 계곡 그윽한 동산에 조수의 울음소리	空谷幽園鳥獸音
백년 인생 늘그막에 깊은 마음 가졌어라	百年衰謝抱深心
변방 성에 병들어 누우니 산에는 장기 많고	關城臥病山多瘴
객지에서 농사지으려니 비가 적구나	客土爲農歲少霖
누가 왕손이 푸른 풀에 상심함을 염려하랴	誰念王孫傷綠草
홀로 군자 그리며 먼 숲 꿈꾸네	獨懷君子夢遙林
어찌하면 이 몸의 결옥 풀어 버리고	如何解得身邊玦
들 밖 봉문을 필마로 찾아갈까[88]	野外蓬門匹馬尋

88 어찌하면……찾아갈까 : 해배되어 고향으로 돌아가기를 바란 것이다. 결(玦)은 고리가 완전히 이어지지 않은 옥으로, 《의례주소(儀禮注疏)》 권11 〈상복(喪服)〉에 "세 번 간했는데도 받아들여지지 않으면, 지경에 가서 처분을 기다리는데, 고리가 다 이어진 환을 받으면 조정으로 돌아오고, 고리가 끊어진 결을 받으면 조정 밖으로 나간다.〔三諫不從, 在境待放, 得環則還, 得玦則去.〕"라고 하였다.

김선술이 백낙천의 운자[89]를 써서 아들 낳은 일을 서술한 시에 맞춰 짓다

次金善述用樂天韻述生男

대대로 벼슬 이어져 높고 화려한 명성 계승하니	簪纓袞袞繼高華
늦게 아들 낳았다고 탄식하지 말게나	衰晚生兒莫自嗟
아버지는 비록 머리가 학 같지만[90]	郎罷縱看顚似鶴
규방에서 쪽머리 까마귀 같은 이를 마주했네[91]	閨闈方對髻如鴉
서리 가볍게 내려 늙은 대에서 새순이 솟고[92]	霜輕老竹抽新筍
이슬이 적셔 주니 난초가 어린 싹 틔웠네	露潤芳蘭吐嫩芽
게으르고 술 즐기며 꼬장꼬장하기까지 하니	懶慢耽觴兼骯髒
잘 가르쳐서 아비 닮게 하지 마시게나[93]	休將式穀效渠爺

89 백낙천(白樂天)의 운자 : 낙천은 백거이(白居易, 772~846)의 자이다. 호는 취음선생(醉吟先生)·향산거사(香山居士)라 하였다. 여기서 말하고 있는 백거이의 시는 《백씨장경집(白氏長慶集)》 권28에 수록된 〈나와 미지는 늙도록 아들이 없었으므로 탄식을 일으킨 것들이 시에 나타나 있다.……〔予與微之 老而無子 發於言歎 著在詩篇……〕〉이다.

90 아버지는……같지만 : 김선술이 만년에 아들을 낳았으므로, 그의 머리가 학의 깃털처럼 하얗게 세었다며 놀리는 표현이다. 낭파(郎罷)는 민(閩) 지역의 방언으로, 아버지를 가리키는 말이다.

91 규방(閨房)에서……마주했네 : 김선술의 부인이 젊어서, 쪽머리가 까마귀 깃털처럼 검다는 말이다.

92 서리……솟고 : 서리가 심하게 내린다면 늙은 대나무에서 새순이 나올 수 없다는 것을 비유로 들어, 김선술이 아직 덜 늙어서 아들을 낳았다며, 그를 놀린 말이다.

93 게으르고……마시게나 : 김선술의 성격을 나열하여, 늦게 얻은 아들이 김선술의 단점을 배우는 일이 없게 하라는 말로, 김선술을 놀리는 표현이다. 식곡(式穀)은 선(善)으로 인도한다는 말로, 《시경》 〈소완(小宛)〉에 "그대도 자식 잘 가르쳐서 착한 것을 닮게 하라.〔教誨爾子, 式穀似之.〕"라고 하였다.

잠에서 깨다

睡覺

숲속 사립문 적막하고 저물녘 바람 맑아	林扉寂歷晚風淸
안석에 기대 있다가 잠깐 잠들었네	隱几無營小睡成
물 줄자 교룡이 이 가을에 잠복하고	水落蛟龍秋偃蹇
산 깊어 승냥이와 범이 한밤에 날뛰네	山深豺虎夜縱橫
동호 부락에는 여전히 화살 전해지고[94]	東胡部落猶傳箭
북해 국경에는 군사대치 풀리지 않았네	北海封疆未解兵
돌아갈 꿈 묘연한 변방의 길	歸夢杳然關塞道
두 강에 찬 비 내리는 서쪽 성에 있노라	二江寒雨在西城

북해의 일은 사실을 기록한 것이다.

94 동호(東胡)……전해지고 : 국경이 안정적이지 못해서 급보가 오간다는 말이다. 동호는 중국의 소수 민족으로 흉노의 서쪽에 살고 있었다. 전전(傳箭)은 옛날에 전쟁을 할 때 화살을 쏘아서 호령(號令)을 전달했던 것을 말한다.

언덕을 바라보며

望厓

새벽에 일어나 서쪽 언덕 바라보니　　晨起望西厓
가을 빛깔이 눈 가득 들어온다　　秋色浩盈目
무성한 온 숲의 기운　　蔥蘢萬林氣
비췻빛 넘실넘실 손에 잡힐 듯　　縹翠藹可掬
연못가의 두 그루 진기한 나무　　臨池兩奇樹
곱게 빛나 정원은 푸른 옥빛이었지　　榮耀園碧玉
푸른 구름처럼 무성한 잎 펼쳐지고　　青雲布密葉
단비가 기름지게 씻겨 주었지　　甘雨流膏沐
가을바람이 어젯밤에 불어와　　商飆昨夜聲
서늘한 기운이 쓸쓸히 벌써 엄숙하다　　涼意淒已肅
흰 이슬이 변하는 계절 일깨우니　　白露戒時節
머지않아 누렇게 시들어 떨어지리　　黃落在信宿
나그네는 시드는 만물 서글픈데　　客子感徂物
지는 해는 괴롭게도 서둘러 가누나　　頹景苦相促
좋은 시절 머물지 않아　　韶年忽不駐
얼굴에 고운 윤기 사라졌네　　顏采收華渥
초목이야 성쇠가 있어　　草木有衰盛
구르는 바퀴마냥 돌고 돌지만　　循環如轉轂
인명은 천지조화에 맡겼으니　　人命寓大化
지나간 세월을 어찌 되돌릴까　　一往安可復

복식에 정해진 기한 없으니	服食無淹期
삼생을 다시 누가 알까[95]	三生復誰覺
그러므로 현달한 사람만이	故惟賢達士
실컷 마시며 속박에서 벗어나	沈飮謝羈束
언제고 죽을 몸뚱이로	不以有盡軀
저 가없는 욕심을 탐하지 않는다네	殉彼無涯欲
인생사 성패득실은 모두 허상이니	得失俱外幻
다 잊고 처지 따라 살아야지	忘懷任所觸

95 복식(服食)에……알까 : 양생술(養生術)을 얼마나 오랫동안 실천해야만 신선이 될 수 있는지 알 수 없으므로, 이른바 전세(前世), 현세(現世), 후세(後世)의 삼생(三生)을 알 수 있는 사람이 없다는 말이다. 복식은 단약(丹藥)을 복용하는 도가의 양생술 가운데 하나이다.

밤에 앉아 있다가
夜坐

풀잎에 이슬 내려 가을은 중반으로 접어들고	草露秋將半
숲에 비 내리며 밤 깊어간다	林霏夜向分
유성이 종종 은하 가로질러 떨어지고	飛星頻度漢
지는 달은 가늘게 구름에 가렸어라	落月細沈雲
반딧불은 찬 날씨 속에도 보이고	螢火寒猶見
귀뚜리 울음은 조용하다 다시 들린다	蛩吟靜復聞
하늘 높이 나는 외기러기도	高空有孤雁
외로운 신세 한하는 듯	亦似恨離群

밭을 가꾸며

治畦

가꾸는 밭 사방 한 발 남짓	治畦方丈內
나물 말고는 심지 못하고	種菜不種他
이것저것 몇 종류 심지만	雜下數品成
모종낼 것도 많지 않다	所蒔亦無多
형개[96]는 풍에 좋고	荊芥饒療風
자소[97]는 성질이 온화하지	紫蘇其性和
저 명아주나 비름은 버려두어라	舍彼藜莧輩
감히 북돋아 기르는 데 끼일손가	敢溷封植科
푸르고 푸르게 언덕 꽃과 이어지고	青青接岸芳
이슬 기운이 연기 낀 등라 뒤덮네	露氣蒙煙蘿
봄과 여름에 찬거리 삼으니	春夏資飯食
솥의 고기를 어찌 지나칠 뿐이랴	鼎肉奚但過
오늘 새벽 가을 안개 짙기에	今晨秋靄足
천천히 걸으며 고질병 달래는데	徐步散沈痾
고약한 잡초가 맛난 나물 덮어	惡草翳嘉蔬
언덕까지 수북하게 자랐어라	滋蔓被陵阿

96 형개(荊芥) : 일년생 초본식물로, 중풍을 다스리고 어혈을 풀어 주는 효과가 있다.

97 자소(紫蘇) : 계임(桂荏), 차조기라고도 하는 일년생 초본식물로, 잎과 줄기, 씨까지 모두 약재로 사용된다.

나물은 북돋고 잡초는 뒤엎으니　　培栽與傾覆
귀천이 진실로 다르구나　　貴賤誠等差
어찌 뿌리 뽑을 생각 잊으랴　　寧忘去根計
남쪽 언덕에도 뻗어가게 말아야지　　勿使緣南坡
아득히 사물의 이치 따져보니　　悠然算物理
여기서도 치우침을 볼 수 있네　　此又見偏頗
인정은 늘 자기 이익만 생각하지만　　人情每自私
죽이고 살릴 때 그 마음 무엇인가　　生殺意則那
정원이 이미 황량한데　　園場已荒落
서리와 눈이 또 얼마나 남았는가　　霜雪詎幾何
덕망 있는 사람은 기회 틈탐을 부끄러워하니　　長者愧乘時
어찌 서로 모질게 괴롭히랴　　安用苦相苛
밭두둑에 호미 팽개치고　　拋鋤置隴畔
만사를 긴 노래로 불러본다　　萬事一長歌

8월 7일 추분 전후로 서리가 계속 내려 만물이 다 시들다

八月初七日秋分前後 降霜不止 百物彫枯

팔월 초하루에	八月日初吉
찬 이슬이 벌써 차디차게 내렸지만	寒露已凄凄
어찌 생각이나 했을까 며칠 사이에	何意信宿間
된서리가 여린 풀 덮을 줄을	繁霜被柔荑
오늘 새벽이 추분이라	今晨秋始分
들판 이쪽저쪽 돌아보니	試望田東西
마치 눈처럼 엉겨 붙어	霑凝乃如雪
선명하게 밭두둑 온통 덮었네	漼然遍町畦
기세 등등 바람 끼고 차가워져	乘凌挾風冷
우수수 방안에도 뿌리네	淅瀝灑中閨
아침 햇살이 마을 비춰도	朝陽照村墟
마르지 않고 잎새 위에 남았네	未乾葉上棲
한 해 내내 비 없이 가물어	終歲旱無雨
절기 어긋나고 농사 망쳤지	節愆農事睽
푸르고 푸르던 것이 갑자기 시드니	青青遽萎絶
어찌 돌피에게 부끄럽지 않으랴	豈不慙稗稊
붉은 계수나무도 시들어 떨어지는데	丹桂坐銷歇
하물며 쑥과 명아주이겠는가	況顧蓬與藜
숙살하여 생성을 저버리니[98]	肅殺負生成
천리는 괴롭게도 일정하지 않구나	天理苦難齊

전란에 기아까지 겹치니	甲兵兼餓莩
구렁에 떠밀기나 마찬가지[99]	溝壑等推擠
하늘이 어찌 어질지 않으랴만	皇穹寧匪仁
큰 운수가 백성들 해치는구나	大運夷蒸黎
운명에 달관하여 상황 따라 살아가니	達命聽所遭
어찌 서글피 울어대랴	安用事悲啼

98 숙살하여 생성을 저버리니 : 서리가 너무 일찍 내려 만물을 다 시들게 만들어서, 만물을 생장시키는 하늘의 이치를 저버렸다는 말이다.

99 전란에……마찬가지 : 병자호란 이후 민생이 피폐한데, 때 이른 서리로 농사를 망치게 되었으므로, 백성들이 모두 죽게 되었다는 말이다.

가을비
秋雨

객지 잠자리에서 가을 꿈 놀라 깨니	客枕驚秋夢
이웃집 방앗소리 새벽 부엌에서 들린다	隣舂趁早廚
물안개로 풀숲 뿌옇고	水煙迷草莽
산에 비 내려 솔과 오동 숲 어둑어둑	山雨暗松梧
지업은 유 중루와 같건만	志業劉中壘
모습은 굴 대부와 같구나[100]	形容屈大夫
위태한 나라 걱정에	艱危宗國念
눈물 뿌리며 막다른 길에 섰노라	灑涕立窮途

100 지업(志業)은……같구나 : 중루(中壘)는 중루 교위(中壘校尉)를 지낸 유향(劉向, 기원전 77~기원전 6)을 가리킨다. 그는 중국 전한(前漢)의 학자이자 정치가로, 처음 이름은 갱생(更生), 자는 자정(子政)이다. 굴대부(屈大夫)는 초나라 삼려대부(三閭大夫) 굴원(屈原)을 가리킨다. 이민구가 유향(劉向)처럼 나라를 바로잡아보려는 뜻을 품었지만, 현재의 모습은 찬축되어 초췌했던 굴원과 같다고 읊은 것이다.

추석날 표제에게 율시 두 수를 받고 입으로 읊다. 네 수
仲秋日 得表弟二律 口占 四首

숲 바람과 물 기운이 또 차가워지니　林風水氣動新寒
객지의 위태한 혼 갈수록 편치 않다　逆旅危魂轉未安
도성에서 소식 보낸 아우 멀리 있고　日下音塵吾弟遠
하늘 끝 서리 속에 나그네 외로워라　天涯霜露客身單
연못가 푸른 풀에 부질없이 그윽한 꿈 꾸었는데　池塘靑草空幽夢
떨어지는 국화를 또 홀로 보누나　籬落黃花又獨看
천 리 떨어져 함께 하는 오늘 밤 달빛　千里共分今夜月
어이하면 비추어 눈물 자국 마르게 할까　何由得照淚痕乾

객지에서 솜옷으로 추운 나날 지내는데　客裏綈袍送一寒
관하의 소식 서울과 막혔어라　關河書信隔長安
연나라 떠난 기러기 행렬이 중간에 끊어지니　辭燕旅雁行中斷
월나라 그리는 갇힌 새 그림자 절로 외롭구나　戀越羈禽影自單
밝은 달은 예전 볼 때 그대로인데　明月只依他夜望
맑은 빛은 고향에서 보던 것과 다르구나　淸輝不似故鄕看
옛적 연지회[101] 그려보니　仍思昔日連枝會
술동이 텅텅 비도록 마셨었지　飮到金罍徹底乾

101 연지회(連枝會) : 형제들의 모임을 말한다. 연지(連枝)는 같은 뿌리에서 뻗어 나온 나뭇가지라는 뜻으로, 보통 형제간의 친밀한 관계를 비유할 때 쓰는 표현이다.

만사가 연래에 다 어그러지니	萬事年來一謬悠
고향이 눈에 선해도 어떻게 볼 수 있을까	家山在眼見何由
친지들 그립지만 한만 맺히고	縱思骨肉唯關恨
지난 삶 말하려니 온통 근심 일어나네	倘說平生摠惹愁
객사에서 마음 상해 달만 자꾸 바라보니	客舍傷神頻望月
타향살이 어느덧 네 번째 가을 보내누나	殊方寄食四經秋
그대는 합포에 떨어지는 잎을 보았는가	君看合浦飄零葉
언제 물결 따라 옛 물가로 돌아오던가	何日隨波返故洲
뜬 구름과 흐르는 물 모두 아득하여	雲浮水逝共悠悠
감히 종잡지 못하는데 감히 자유로우랴	未敢商量敢自由
가는 세월이 짧은 꿈같은 줄 아나니	已覺流年齊短夢
남은 세월을 깊은 시름에 부치랴	肯將餘景寄深愁
타향에서 막걸리 마신 지 천 일인데	他鄕白酒還千日
고향에는 국화꽃 또 한 가을 보내겠지	故國黃花又一秋
변방 기러기 따라 상원에 날지 못하니[102]	不逐塞鴻飛上苑
바다제비 따라 모래섬에 뜨리라	眞隨海燕泛中洲

102 변방……못하니 : 임금에게 자신의 소식을 전해서 유배에서 풀려날 수 없다는 말이다. 상원(上苑)은 상림원(上林園)을 가리킨다. 137쪽 각주8 참조.

강계 부사는 한 동네 사람인데 들러 서울 소식을 전해 주다
江界守乃同里人 過傳京信

궁벽한 시골 아침 내내 참새 그물 보이니[103]	窮巷終朝見雀羅
병든 나머지 심사가 더욱 어그러지네	病餘心事益蹉跎
서울에서 부친 편지를 받은 것은	京華忽寄雙魚到
변방에 처음으로 부사가 들러 준 덕분[104]	關塞初憑五馬過
고향 마을 인가가 물가에 적고	故里人家臨水少
묵정밭 벼가 서리 많이 맞았다네	荒田禾稼被霜多
가여워라 어린 것들[105] 주림과 추위에 고생하니	遙憐弱息饑寒苦
나그네의 쓰라린 마음 어떠하랴	羈旅傷情可若何

103 궁벽한……보이니 : 집에 찾아오는 사람이 없어서 쓸쓸한 상황을 읊은 것이다. 작라(雀羅)는 참새 잡는 그물을 뜻한다. 한나라 적공(翟公)이 정위(廷尉)로 있을 때에는 빈객이 서로 다투어 찾아오는 바람에 문전성시(門前成市)를 이루었다가, 파직된 뒤에는 한 사람도 찾아오지 않아 문 앞에 참새 잡는 그물을 칠 정도였다. 다시 복관(復官)되자 빈객들이 찾아오기 시작하였는데, 적공이 문에다 큰 글씨로 써서 내걸기를 "한번 죽고 한번 살매 우정을 알 수 있고, 한번 가난하고 한번 부유하매 친구의 태도를 알 수 있으며, 한번 귀하고 한번 천해지매 속마음이 다 보이도다.〔一死一生, 乃知交情, 一貧一富, 乃知交態, 一貴一賤, 交情乃見.〕"라고 했다는 고사가 있다.《史記 卷120 汲鄭列傳》

104 서울에서……덕분 : 강계 부사가 서울에서 부친 편지를 가지고 들러주었다는 말이다. 쌍어(雙魚)는 두 마리 물고기라는 말로, 편지를 의미한다. 158쪽 각주41 참조. 오마(五馬)는 한(漢)나라 때 태수(太守)가 다섯 필의 말이 끄는 수레를 타고 다녔던 데에서 유래하여 지방 수령을 뜻하는데, 여기서는 강계 부사를 가리킨다.

105 어린 것들 : 이민구의 두 손자를 가리킨 말로 보인다.

쓸모없는 사람
濩落

천지에 쓸모없는 이 일마다 잘못되어	濩落乾坤事事非
젊은 날 계획 노년에 어긋났네	早年心計暮年違
오래도록 책벌레 의지해 책에 파묻혔고[106]	長依老蠹埋黃卷
일찍이 높은 붕새 접해 조정에 있었는데[107]	曾接高鵬傍紫微
사방 벽의 매서운 한기가 야윈 몸에 스며들고	四壁寒威凌瘦骨
늦가을 서리가 찬 옷에 감도네	九秋霜氣繞寒衣
동쪽 숲 외로운 학을 어찌 깨울까	東林獨鶴何須警
나그네 꿈 한밤에 결코 돌아오지 않으리	客夢中宵斷不歸

106 오래도록……파묻혔고 : 독서를 많이 했다는 말이다. 황권(黃卷)은 책을 가리킨다. 옛날에 좀이 슬지 않도록 황벽(黃蘗) 나무의 즙을 짜서 서책에 발랐던 데에서 유래하였다.

107 일찍이……있었는데 : 이민구가 조정에서 관직 생활을 했다는 말이다. 고붕(高鵬)은 높이 나는 봉황으로, 임금을 의미한다. 자미(紫微)는 천제좌(天帝座)인 자미성(紫微星)으로, 대궐을 뜻한다.

가을 산
秋山

가을 산에 친구도 이웃도 없지만	秋山無伴復無隣
날 개고 하늘 높아 상쾌한 기운 새롭다	日霽天高爽氣新
흐르는 물은 개울 굽이에 머물지 않는데	流水不留南磵曲
석양은 여전히 작은 성문에 걸렸어라	夕陽猶在小城闉
쑥이 단경 따르니 나그네 같고[108]	蓬隨斷梗如行客
잎이 빈숲에 떨어지니 사람 있는 듯	葉落空林似有人
둥지의 새들아 짹짹거리지 마라	棲鳥莫須驚磔磔
저물녘 그윽한 뜻 서로 친하구나	晩來幽意正相親

108 쑥이……같고 : 가을날 쑥이 단경(斷梗)을 따라 날리는 것을 마치 나그네 같다고 읊은 것이다. 단경은 복숭아나무로 만든 인형인 도경(桃梗)을 뜻한다. 《전국책(戰國策)》 〈제책(齊策)〉에 "토우(土偶)가 도경에게 말하기를 '지금 그대는 동국(東國)의 도경으로 나무를 깎아서 사람 꼴을 만든 것이다. 그런데 비가 내려 치수(淄水)가 불어 그대를 떠내려 보내니, 그대는 표표히 떠서 장차 어디로 가려는가.' 하였다."라는 이야기가 나온다. 여기서 유래하여 정처 없이 떠도는 것을 단경비봉(斷梗飛蓬)이라 하는데, 송(宋)나라 육유(陸遊)의 〈척호전일일작(拆號前一日作)〉에 "가는 곳마다 떠도는 것이 생애이니, 나무막대와 쑥도 탄식하네.〔飄零隨處是生涯, 斷梗飛蓬但可嗟.〕"라고 하였고, 원호문(元好問)의 시에 "반생을 뿌리박을 데 없어서, 끊어진 장승처럼 떠도는도다.〔半生無根着, 飄轉如斷梗.〕"라고 하였다. 《元藝圃集 卷1 出京》

선성[109]이 시로써 술 빚는 방법을 구한 것에 차운하다
次宣城以詩索酒方

관청 술은 근심 풀려는 것 아니지만	官釀非關爲解憂
연회와 예를 주관할 때 거듭 따르지	賓筵主禮重相酬
새벽에 맑은 샘물을 구리병에 가만히 떠 오고	淸泉細注銅缾曉
가을날 붉은 벼가 맑은 이슬에 새로 여물지	紅稻新登玉露秋
천 번 찧고 백 번 이는 것이 묘법이며	千杵百淘唯妙法
푹 쪄서 서늘한 데 저장함이 좋은 꾀이지	爛蒸涼貯是良謀
모름지기 좋은 술은 삼 년 묵혀야 하니	須敎醽醁淹三歲
포도를 취하지 않아도 고을을 바꾸리[110]	不取蒲萄換一州

109 선성(宣城) : 지명이며 그곳의 지방관을 가리키는 말로 사용되었는데, 이 시에 이어 나오는 시와 관련하여 볼 때, 선천 부사(宣川府使) 이계(李烓, 1603~1642)를 가리키는 것으로 보인다. 그는 1641년(인조19) 말에 선천 부사로 있으면서, 명나라 상선과 밀무역하다가 청나라에 발각되어 의주에 구금, 청나라 장군 용골대(龍骨大)의 심문으로 처형을 받게 되자, 구명책으로 최명길(崔鳴吉), 이경여(李敬輿), 신익성(申翊聖), 이명한(李明漢) 등이 명나라와 밀통한다는 사실과, 또 우리나라의 음사(陰事) 12조를 고하였다.

110 모름지기……바꾸리 : 3년간 술을 묵혀두면 좋은 술이 된다는 말이다. 후한(後漢) 영제(靈帝) 때에 환자(宦者) 장양(張讓)이 중상시(中常侍)로 자리를 옮기고 열후(列侯)에 봉해졌다. 부풍(扶風) 사람 맹타(孟佗)가 일찍이 포도주(蒲萄酒) 1곡(斛)을 장양에게 바치니, 장양이 크게 기뻐하면서 곧바로 맹타를 양주 자사에 임명한 고사가 있다. 《後漢書 卷78 宦者列傳 張讓》

선성이 그의 할아버지가 일찍이 선성을 다스리며 학문을 일으키고 흉년을 구휼하여[111] 남긴 사랑이 있었기 때문에 시를 지어 감회를 기록하였다. 지금 큰 가뭄을 만났기에 그 운자에 맞춰 지어서 힘쓰게 하다

宣城以其王父公曾守宣城 以興學恤荒有遺愛 賦詩紀感 今値大無 次其韻勖之

가문에 전승된 문채 머문 난새에서 보니[112]　　承家文采見停鸞
세덕 읊은 새 시를 눈물 뿌리며 보노라　　世德新篇灑淚看
석실이 펼친 유학의 교화 멀리까지 경험했는데[113]　　石室已經儒化遠
동부는 흉년을 만났어라[114]　　銅符仍值歲功殘
백성들 돌보며 간절한 근심과 수고 많지만　　雖多撫字憂勞切

111 선성(宣城)이……구휼하여 : 선성은 선천 부사(宣川府使) 이계(李烓, 1603~1642)를 가리키고, 왕부(王父)는 이계의 조부(祖父) 이심(李愖, 1559~?)을 가리킨다. 이심은 1607년(선조40)에 선천 군수를 역임하였다.

112 가문에……보니 : 이계가 가문의 전통을 잘 계승한 훌륭한 자제라는 말이다. 정난(停鸞)은 훌륭한 자제의 모습을 표현한 말이다. 한유(韓愈)의 글에 "물러나 소부를 뵈니, 푸른 대나무와 푸른 오동나무에 난새와 고니가 우뚝이 멈추어 서 있는 듯하였으니, 능히 그 가업을 지킬 수 있는 분이었다.〔退見少傅, 翠竹碧梧, 鸞鵠停峙, 能守其業者也.〕"라고 하였다. 《古文眞寶 後集 卷4 殿中少監馬君墓銘》

113 석실(石室)이……경험했는데 : 이계의 조부 이심이 선성을 다스릴 때, 학문을 장려하며 선정(善政)을 베푼 사실을 읊은 것이다.

114 동부(銅符)는 흉년을 만났어라 : 선성에 흉년이 들었다는 말이다. 동부는 지방 수령이 차는 관인(官印)으로, 여기서는 선성을 다스리는 지방관 이계를 가리키는 말로 사용되었다.

어이할까 가렴주구의 법령 관대해짐이 적구나	奈少誅求法令寬
다만 어진 마음으로 정사에 미루어 나가야 하니	但使仁心推政術
유민들이 응당 그 온정의 물결 알리라	遺民應自識波瀾

지난해 중추의 운자를 사용하여 보내온 시에 차운하다
次用上年中秋韻見寄

중추의 하늘 가 달을　秋半天邊月
연래에 객지에서 보는구나　年來客裏看
귀밑머리는 흰 서리 기운 더해지고　鬢添霜氣白
눈에는 찬 눈물 넘쳐나네　眼溢淚波寒
관산이 조용해지기만 기다렸더니　直待關山靜
평온한 바다에 높이 임했어라　高臨海岱安
다만 쌍궐 그림자에 호응하여　只應雙闕影
길이 양쪽 계단 사이 간무 비추어라[115]　長照兩階干

115 다만……비추어라 : 나라가 평안하기를 희망한 것이다. 쌍궐(雙闕)은 대궐을 의미한다. 간(干)은 방패로, 여기서는 방패를 들고 추는 간무(干舞)를 가리킨다. 《서경》 〈대우모(大禹謨)〉에 "순 임금이 문덕을 널리 펴고, 방패와 새 깃을 들고 두 섬돌 사이에서 춤을 추니, 칠십 일 만에 묘족이 귀순해왔다.〔帝乃誕敷文德, 舞干羽于兩階, 七旬有苗格.〕"라고 하였다.

승지 조정호[116]가 편지를 부쳐 시를 구하다

趙承旨廷虎 寄書索詩

일찍이 승정원에 함께 근무하였다. 병자호란 직후에 함께 처벌되었다가 지금은 해배되어 다시 승정원으로 들어갔다.

망망한 우주 병란의 먼지에 휩싸여	茫茫宇宙混兵塵
곳곳 강담마다 쫓겨난 신하 볼 수 있네[117]	處處江潭見逐臣
썩은 풀이 어찌 우로의 은택 입으랴	腐草豈容沾雨露
높은 의표 이미 물속에 잠겨 없어졌네[118]	高標已自失沈淪
승정원에 있던 시절 삼생의 꿈이고[119]	銀臺刻漏三生夢
변방 풍상 속에 만 번 죽을 몸이네[120]	玉塞風霜萬死身

116 조정호(趙廷虎) : 1572~1647. 본관은 배천(白川), 자는 인보(仁甫), 호는 남계(南溪)이다. 《승정원일기》 인조 15년 6월 19일 기사에 조정호를 중도부처(中道付處)하는 기록이 보인다.

117 망망한……있네 : 병자호란 뒤에 처벌되어 유배된 신하들이 많다는 말이다. 강담(江潭)은 일반적으로 유배지를 의미하는 말로 사용된다. 초(楚)나라 굴원(屈原)의 〈어부사(漁父辭)〉에 "굴원이 이미 쫓겨나 강담에서 노닐고 못가를 거닐며 읊조렸다.〔屈原旣放, 游於江潭, 行吟澤畔.〕"라고 하였다.

118 썩은……없어졌네 : 임금의 은혜를 입어 유배에서 풀려나야 하는데, 그렇게 되지 못한 자신의 상실감을 읊은 것이다. 부초(腐草)는 썩은 풀로, 이민구 자신을 비유한 것이고, 우로(雨露)는 임금의 은혜를 가리키는데, 여기서는 해배 명령을 의미한다.

119 승정원(承政院)에……꿈이고 : 승정원에서 조정호와 함께 근무했던 시절이 모두 한바탕 꿈같다는 말이다. 삼생(三生)은 과거, 현재, 미래를 의미하는 불가(佛家)의 말이다.

120 변방……몸이네 : 유배지에 있는 이민구 자신의 현실을 읊은 것이다. 옥새(玉塞)는 한대(漢代)에 감숙성(甘肅省) 돈황(敦煌)에 있던 옥문관새(玉門關塞)의 약칭으로,

친구의 정의가 있다고 말하지 않으랴	不道故人交誼在
가슴 가득 서찰에서 친밀한 정 느끼노라	滿懷書札感情親

전하여 변방을 의미한다.

달

月

서리 내리는 가을 성에서 돌아가지 못한 채	霜露秋城尙未還
맑은 달 볼 때마다 얼굴 찌푸리네	每看淸月一摧顔
조각달 포구에 지면 연결 생각하고	危弦落浦思捐玦
보름달 하늘에 걸리면 사환 떠올리네[121]	圓魄懸空想賜環
어느 길로 뗏목 타고 은하에 올랐으며[122]	何路乘槎上河漢
뉘 집에서 관산 향해 피리 부는가	誰家吹笛向關山
이 밤 돌아가는 그림자 남아 있어	相留此夜刀頭影
삼경에 흐르는 나그네 눈물 씻고 있네[123]	洗盡三更客淚潸

121 조각달……떠올리네 : 상현(上弦)과 하현(下弦)의 달을 보면서는 유배에서 풀려나지 못할 것을 생각하고, 보름달을 볼 때면 해배를 상상한다는 말이다. 결(玦)은 고리가 완전히 이어지지 않은 옥이고, 환(環)은 고리가 완전히 이어진 옥이다. 《순자(荀子)》〈대략(大略)〉에 "사람을 끊을 때는 결로써 하고, 끊었던 사람을 돌이킬 때는 환으로써 한다.〔絶人以玦, 反絶以環.〕"라고 하였다.

122 어느……올랐으며 : 임금의 명령을 전할 사신을 기다리는 마음을 읊은 것이다. 한나라 장건(張騫)이 뗏목을 타고 은하에 올라가 견우(牽牛)와 직녀(織女)를 만난 이야기가 있으므로 이렇게 읊은 것이다. 《天中記 卷2》

123 이 밤……있네 : 고향으로 돌아가지 못한 채, 달빛 아래 눈물 흘리는 자신의 모습을 읊은 것이다. 도두(刀頭)는 칼의 머리라는 뜻인데, 칼머리에 고리〔環〕가 달려 있어서 돌아감〔還〕을 뜻하는 말로 사용된다. 여기서는 돌아가지 못하는 자신과 지는 둥근달을 모두 도두로 표현하였다.

이 병사[124]에게 사례하다

謝李兵使

막부에서 찬란하게 새로 부절 잡았는데[125]	幕府光輝杖節新
때때로 한 말 물로 궁한 물고기 적셔 주네[126]	時將斗水潤窮鱗
병 기울이니 향의가 항아리에 뜨고[127]	傾壺香蟻初浮甕
도마에 올린 고기는 수레바퀴를 물들였네[128]	登俎鮮禽始染輪
일찍이 유자의 일 특이하지 않음을 아는데	早許儒流非異業
하물며 선파의 종인을 찾았음에랴[129]	況尋仙派是宗人

124 이 병사(李兵使) : 평안도 병마절도사 이현달(李顯達)로 추측된다. 이 시는 1640년(인조18)에 지어졌는데, 이때를 전후해서 평안 병마사를 지낸 이씨는 이현달 밖에 없다. 그가 평안 병마사에 임명된 시기가 언제인지는 정확하지 않고, 다만 《승정원일기》 인조 19년 9월 3일 기사에 이현달의 장계를 입계(入啓)한다는 기록이 있다.

125 막부(幕府)에서……잡았는데 : 병마절도사가 새로 부임해 왔다는 말이다. 장절(杖節)은 병마절도사가 지닌 부절(符節)과 부월(斧鉞)을 의미한다.

126 때때로……주네 : 이현달이 이민구를 도와준다는 말이다. 궁린(窮鱗)은 물을 잃은 궁한 물고기라는 뜻으로, 곤경에 처한 것을 의미한다. 《장자(莊子)》 〈외물(外物)〉에, 수레바퀴에 패인 웅덩이 속에서 헐떡이는 물고기가 한 되나 한 말의 물이라도 우선 얻어, 목숨을 부지하려고 한다는 학철부어(涸轍鮒魚)의 이야기가 나온다.

127 병……뜨고 : 이현달이 보내 준 술을 형용한 것이다. 향의(香蟻)는 술을 의미한다. 술맛이 향기롭고 떠 있는 술지게미가 개미와 같으므로 붙여진 이름이다.

128 도마에……물들였네 : 이현달이 보내 준 고기가 싱싱하여, 소금에 찍어 먹을 수 있다는 말이다. 《사기(史記)》 권117 〈사마상여열전(司馬相如列傳)〉에 "소금 포구에 달려가서 고기를 잘라 수레를 물들인다.〔鶩於鹽浦, 割鮮染輪.〕"라고 하였는데, 집해(集解)에서 곽박(郭璞)의 말을 인용하여 "염은 적시는 것이니, 수레바퀴에 적신다는 것은 소금을 찍어 먹는 것이다.〔染, 擩也, 擩之於輪, 鹽而食之.〕"라고 하였다.

공의 마구간 말이 한가한 날 많은 줄 아나니　　知公櫪馬閑多日
강담 향해 흰 마름 물어 주려는가[130]　　肯向江潭問白蘋

129 일찍이……찾았음에랴 : 유가(儒家)의 일이 인(仁)을 행하는 것이므로, 어려운 처지의 사람을 도와주는 것은 당연한 일인데, 게다가 이현달과 이민구가 모두 전주 이씨로 종인(宗人) 관계라는 말이다.

130 공의……주려는가 : 이현달이 한번 방문해 주기를 바란다는 말이다. 백빈(白蘋)은 흰 마름으로, 여기서는 타향에서 지내는 이민구 자신을 의미한다.

약을 보내 준 사람에게 사례하다

謝人惠藥

질병이 연래에 뼛속까지 깊어지니	疾病年來抵骨深
늘그막에 자꾸 심해짐을 누가 안타까워하랴	誰憐遲暮轉侵尋
몸에 지닌 약물 귀한 것을 나누어	隨身藥物分仙品
성의 담아 봉해서 변방에 보내 왔네	着意題封到塞陰
나라 원로가 보낸 산정[131]은 마른 폐 적시고	國老山精澆渴肺
신단[132]의 영약 청심원이라 불리네	神丹靈劑號淸心
모르겠다 한번 죽음이 무에 그리 안타까워	不知一死終何惜
구차하게 미천한 몸 길러 지금까지 왔는가	苟養微軀得至今

131 산정(山精) : 약초 이름으로, 창출(蒼朮) 또는 백출(白朮)이라고 한다.

132 신단(神丹) : 신선이 된다는 영약(靈藥)이다.

〈취증〉에 차운하다

次韻醉贈

관서지방에 온 지 오래인데	自到關西久
만나는 사람마다 모두 나그네구나	相逢盡客行
누군들 술 마신 뒤에	何人杯酒後
돌아가지 못한 마음 말하지 않으랴	不道未歸情

차운하여 이일상[133] 군에게 부치다

次寄李君一相

변방 성에서 눈물 흘리며 편지 펼쳐 보니	邊城垂淚展來書
굳센 마음 철석보다 단단함 믿지 못하겠네	未信剛腸鐵不如
몇몇 친한 이들 풍우 겪은 뒤이고	幾個情親風雨後
외로운 신하의 목숨 눈서리 맞은 뒤이네[134]	孤臣性命雪霜餘
준마는 도로에 여전히 매여 있는데[135]	騏驎道路猶羈絆
기러기는 강호에 이미 살 곳 정했네[136]	鴻雁江湖已定居
다시 만난 추위에 잠 못 들어	更值一寒無夢寐
오래도록 얼굴도 못 보게 하는구나	長敎顔面眼中疏

133 이일상(李一相) : 1612~1666. 본관은 연안(延安), 자는 함경(咸卿), 호는 청호(青湖)이다. 이민구의 형 이성구(李聖求)의 사위이다.

134 몇몇……뒤이네 : 벗들과 친척들이 병자호란을 겪은 뒤이며, 이민구 자신은 유배지에서 고통스러운 삶을 살고 있다는 말이다.

135 준마(駿馬)는……있는데 : 이일상이 유배 중이라는 말이다. 기린(騏驎)은 준마로, 이일상을 비유하는 말이다.

136 기러기는……정했네 : 기러기가 겨울 보낼 장소를 이미 정했다는 말은 그런대로 마음의 안정을 찾았다는 뜻이다.

거듭 인 자 운에 맞춰 짓다
次疊隣韻

가을 다한 셋집에 이웃 왕래 없으니 秋盡僑居絶四隣
나그네 서글픈 마음 한층 더하네 旅情悽惻一回新
울타리 옆 우물 벽에 서리 엉겼고 籬邊古井霜凝甃
산 아래 외로운 성 문에 눈 쌓였네 山下孤城雪擁闉
앓고 나니 홀로 바닷가 지방관 그리워 病起獨懷臨海守
시 지어 강 건너는 사람에게 많이 주었네 詩成多附過江人
분명히 양쪽에서 서로 그리워하는 밤 分明兩地相思夜
침상 가의 푸른 등불만 스스로 가까울 뿐 床畔靑燈黯自親

신 서방[137]이 찾아와 만나니 기뻤다

喜申郎來會

철성에서 서울까지	鐵城去京師
길이 천백 리나 떨어졌지	道阻千百里
일찍이 유배 가는 사람 보면서	嘗觀謫戍行
서쪽 바라만 봐도 이가 시렸는데	西望已酸齒
내가 쫓겨 올 적에는	自余放逐來
먼 길이 가까운 길 같았네	涉遠如涉邇
때로는 돌아가는 꿈 꾸지만	時雖夜夢歸
가지 못하고 중로에 그쳤지	未及中路止
자네가 지금 나를 생각해 찾아오니	君今念我至
말은 병들고 마부도 일어나지 못하네	馬病僕不起
만남을 어찌 바라지 않았으랴만	相見豈非願
거리 멀어 힘들게 하였으니 부끄럽다	地遐愧跋履
관산을 이미 넘기 어려운데	關山旣難越
몇 곳에서 바람과 물 맞섰을까	幾處逆風水
게다가 가을에서 겨울로 접어드는 때라	況兼秋冬交
찬 서리가 옷을 파고들었겠지	天霜逼衣被
몸 돌보지 않고 만남을 중히 여겼으니	輕身重會面

137 신 서방 : 신랑(申郎)은 이민구의 사위이며 동양위(東陽尉) 신익성(申翊聖)의 아들인 신변(申昪, 1610~1664)을 가리킨다.

옛사람 중에도 누가 이런 의리 있었나	此義古誰似
오랜 병으로 침상에 쓰러져 있었는데	久痾廢在床
문으로 달려 나가니 걸음 가볍고	走門便步屣
조금만 먹어도 목이 막히더니	少食輒防喉
밥상 마주하자 밥 더 먹게 되네	對案飯加匕
촌 막걸리 맛도 없지만	村醪薄無過
마실수록 더욱 좋구나	屢觴覺轉美
날 추워 얼음과 눈 안고 있지만	氣寒抱氷雪
땀이 나서 살결 적시고	渫汗淪肌理
나직한 집 구덩이보다 작아도	矮屋小於穽
밝고 넓어 죄인에겐 충분하네	昭曠豁羈累
가시 울타리가 초가집을 높이 둘렀어도	棘籬聳茅楹
밝은 햇살이 처마에 비추네	熙陽耀簷晷
궁벽한 시골이 번화가로 변하고	窮荒變康莊
서울이 지척처럼 느껴지네	輦轂由尺咫
전원을 마치 직접 오르내리며	田園若登降
역력히 두루 살펴보는 것 같네[138]	歷歷周覽視
다정한 벗들과 술 나누던 이들	交懿若獻酬
하나하나 직접 만난 것 같네[139]	一一親汝爾

138 전원을……같네 : 신변이 전해 주는 말을 통해 전원의 사정을 직접 눈으로 보듯이 생생하게 알게 되었다는 말이다.

139 다정한……같네 : 여러 사람의 소식을 신변이 전해 주므로, 직접 마주한 것 같다는 말이다.

아이들과 헤어진 지 여러 해인데	兒女別多年
어여쁘게 잔치의 즐거움 주는 것 같네	婉孌供宴喜
근심스런 눈에 늙은이 눈물 가시고	愁眼霽衰涕
서글픈 속내 맑은 물에 씻어낸 듯하구나	悲腸濯淸泚
이제야 알겠다 만 번 죽을 몸	始悟萬死軀
살아남아 기다림 있었음을	餘生故有俟
즐거움이 처음부터 끝까지 한결같았으니	爲懽齊久速
열흘 동안 평소의 바람대로 흐뭇했는데	浹旬諧素企
하루아침에 헤어지니	解攜終一朝
입을 막고 오래 버려두리라[140]	塞兌甘長委

140 입을……버려두리라 : 사위 신변이 돌아간 뒤에는 침묵하고 살겠다는 뜻이다. 색태(塞兌)는 입을 막는다는 뜻으로, 《도덕경(道德經)》 제52장에 "입을 막고 문을 닫으면 종신토록 수고롭지 않게 된다.〔塞其兌閉其門, 終身不勤.〕"라고 하였다.

9월 그믐에

秋晦

그믐날 흐린 날씨 변방 저녁까지 이어지고 晦日成陰接塞昏
서리 바람 씽씽 불어 쑥 뿌리 잘라낼 듯 霜風索索翦蓬根
관산 저물녘에 누런 구름이 수루 둘렀고 關山晩繞黃雲戍
들 물이 비스듬히 흰 산뽕나무 마을에 닿았네 野水斜連白柘村
먼 마을 찬 등불 속에 굿하는 북소리 들리고 遙社寒燈聞賽鼓
성긴 울에 지는 잎을 사립문에서 보노라 疏籬落葉見柴門
외진 골짝에 찾는 이 없어도 싫지 않으니 不嫌窮谷無人問
도깨비가 아침 내내 나그네와 짝해 주네 魑魅終朝伴客魂

변방에 떠도는 신세 오래도록 돌아가지 못한 채 關外飄零久不歸
걸핏하면 흉년 가을 익히 보아왔네 慣看年事轉頭非
봉우리 높이 북쪽 기러기는 갈대 물고 지나가고 峯高朔雁銜蘆過
누대 멀리 성 까마귀 비스듬히 날아간다 樓逈城鴉側翅飛
푸른 물 서쪽으로 흘러 몸과 함께 멀어지고 碧水西流身共遠
고향 동산 남쪽으로 바라보니 계획 영영 어긋났네 故園南望計長違
누가 알랴 객지의 최정백이 誰知逆旅崔亭伯
가을 다한 풍상 속에 옷 받지 못하는 줄을[141] 秋盡風霜未授衣

141 누가……줄을 : 자신의 곤궁함을 최인(崔駰)에게 비유한 것이다. 정백(亭伯)은 후한(後漢) 최인의 자이다. 대장군(大將軍) 두헌(竇憲)에게 밉보여, 요동(遼東) 장잠현(長岑縣)으로 쫓겨났다.《後漢書 崔駰列傳》

두 생질 권적 권지[142]와 이별하다

別權氏二甥蹟趾

은심원[143]이 신안으로 유배되었을 때 처음에는 슬퍼하는 낯빛이 없었는데, 그의 생질이 돌아가겠다고 하자, 은심원이 조안원(曹顏遠)의 "부귀할 땐 타인도 모여들더니, 빈천해지니 친척과도 이별일세."라는 시[144]를 읊으며 주르륵 눈물을 흘렸다. 이제 내가 두 생질과 헤어지려니, 그 정경이 실로 이와 같기에 시에서 말하였다.

부귀할 땐 타인도 모여들더니	富貴他人合
빈천해지니 친척과도 이별일세	貧賤親戚離
은심원은 도량 넓은 선비이니	深源曠懷士
어찌 궁한 때와 현달한 때의 처신 몰랐으랴만	豈昧窮達施
평소 슬픔과 즐거움에 무디다가	平居混哀樂
그 상황 만나자 마음 쉬 슬퍼졌네	觸境心易悲

142 권적(權蹟) 권지(權趾) : 이민구의 생질(甥姪)이다. 이정귀(李廷龜, 1564~1635)가 쓴 이수광(李睟光)의 신도비명에 "딸은 승문원 정자 권경에게 시집갔다.…… 권경이 3남을 낳았으니, 권제와 권적과 권지이다.〔女適承文正字權儆, ……權儆生三男蹐蹟趾.〕"라고 하였다. 《月沙集 卷44 吏曹判書贈領議政謚文簡李公神道碑銘》

143 은심원(殷深源) : 동진(東晉)의 은호(殷浩)를 가리킨다. 간문제(簡文帝)의 요청을 받아들여 양주(揚州)와 예주(豫州)의 자사(刺史)가 되었다가, 후에 중군장군으로 북벌(北伐)에 나섰지만 연전연패하였고, 이 때문에 신안현(新安縣)으로 귀양 갔다.

144 조안원(曹顏遠)의……시 : 조안원은 서진(西晉)의 시인 조터(曹攄)이다. 인용된 구절은 조터의 〈감구시(感舊詩)〉에 보인다. 《文選 卷29》

내가 지금 이런 근심 만났으니	我今遘斯患
그 실제를 진실로 알겠노라	實際眞自知
사 년 동안 황량한 변방에 버려지니	四年委荒塞
골육들 가운데 따르는 이 누구였나	骨肉從者誰
두 생질이 먼 길 무릅쓰고 찾아오니	二甥冒脩程
마주하고서 그저 놀라 의심할 뿐이었지	披對驚以疑
씻은 듯 두 눈에 위로가 되었는데	洗然慰雙眼
어느새 돌아간다 하네	告歸終不遲
만남은 짧고 이별은 기니	會短而別長
함께 지낼 날을 어찌 기약하랴	合幷詎淹期
비록 열흘 동안 즐거웠지만	雖諧十日懽
생각해보니 하늘 양끝으로 헤어지겠지	念當間天涯
비유하자면 구학에 구르는 사람이	譬如溝壑人
잠시 배불렀다가 다시 오래 주리는 꼴일세	暫飽旋久飢
진실로 기대고픈 바람 많지만	諒多依倚願
세상일이 고르지 못하구나	世事故參差
덧없는 삶 새들과 달라	浮生異禽鳥
날아 모여 서로 따르지 못하네	翔集莫相隨
물결 따라 떠도는 부평초같은 인생	波濤任漂萍
만나고 헤어짐을 어찌 마음대로 하랴	聚散焉可爲
나는 조안원의 시에 서글퍼하고	我感顏遠詞
너희는 위양의 생각 간절하구나[145]	爾切渭陽思

145 나는……간절하구나 : 이민구는 조터의 〈감구시〉에 서글픈 생각이 들고, 두 생질

전송하며 헤어지려니 祖餞臨夬絶
간장과 비장을 뽑는 듯하여라 隱若抽肝脾
헤어짐은 예부터 한스러웠지만 分張古所恨
늘그막이라 더욱 마땅하지 않구나 衰老轉非宜
하물며 흐르는 세월 빨라 況乘流景疾
해가 자꾸 바뀜에랴 歲律屢推移
북풍이 기러기에게 몰아쳐 北風吹鴻雁
물가에 떨어졌도다 飄落河海濱
물은 차고 모래톱 좁으니 水寒洲陼微
함께 마시고 쫄 날 언제인가 飮啄同何時
개울 다리에 눈서리 한창이니 川梁霜雪嚴
갈 적에 조심조심 가거라 言邁愼驅馳
힘써 노력하여 몸 아끼거라 黽勉惜良寶
화란이 아직 사라지지 않았단다 禍亂方未夷
내일 아침 문 나선 뒤에 明朝門出後
이 절박하고 괴로운 말을 기억해다오 記此危苦辭

은 외숙(外叔)을 생각하는 마음이 간절하다는 말이다. 《시경》 〈위양(渭陽)〉에 "내가 외숙 전송하려고 위수 북쪽에 이르렀네.〔我送舅氏, 曰之渭陽.〕"라고 하였는데, 여기에서 유래하여, 위양은 외숙을 의미하게 되었다.

피리 소리를 듣다

聞笛

등불 깜박이고 서리 달 뜬 새벽	風燈霜月五更頭
변방 기러기와 이웃 닭 울음에 눈물 흐르네	塞雁隣鷄淚併流
관산 향해 이별 노래 불지 마오[146]	莫向關山吹折柳
이 곡조 사람을 시름겹게 한다오	由來此曲使人愁

146 관산(關山)……마오 : 절류(折柳)는 버들가지를 꺾는다는 말로, 이별을 뜻하는 말이다. 한(漢)나라 사람들이 전별할 때, 장안(長安) 동쪽에 있던 파교(灞橋)에 이르러 버들을 꺾어 주었던 데서 유래하였다. 악부곡(樂府曲) 가운데 〈절양류곡(折楊柳曲)〉이 있는데, 버들가지를 꺾으면서 이별하는 정을 노래한 것이다. 여기서는 피리로 이별 노래를 연주하지 말라고 읊은 것이다.

경진년(1640, 인조18) 시월 그믐에 일을 기록하다[147]

庚辰十月晦 紀事

조정에서 오랑캐와 화친하자	漢策和戎拙
오랑캐 글이 변방 관문 두드렸지	夷書款塞遙
나라의 안위 영상에게 달렸는데	安危關上相
다급한 경보가 명나라 조정에 알려졌지	警急徹中朝
쓸개는 당년에 다 터졌고	膽自當年破
혼마저 이날 다 녹아버리네	魂經此日銷
변방 병사는 늘 잠도 적어	邊兵常少睡
딱따기 소리 밤새 울리누나	擊柝每通宵

147 경진년……기록하다 : 이 시는 병자호란에 본의 아니게 청나라와 화친한 뒤에, 명나라와 밀통했던 상황을 말하고 있는 것으로 보인다. 그러나 배경을 정확히 고증할 수 없으므로, 의미를 확정하지 못하였다.

동짓날 밤 이정오[148]가 와서 기뻤다
長至夜 喜李靜吾至

삼경 등불 아래 이별한 마음 말하는데	三更燈火話離情
산 아래 초가집 눈 내린 뒤에 맑구나	山下茅簷雪後淸
병 앓은 사 년 동안 기쁜 마음 다 사라졌는데	疾病四年歡意盡
오늘밤 일양을 따라 살아나는구나[149]	今宵暗逐一陽生

148 이정오(李靜吾) : 이지정(李志定, 1588~1650)으로, 본관은 여주(驪州), 자는 정오, 호는 청선(聽蟬)이다. 1642년(인조20) 1월 성천 부사에 임명되었다가, 이계의 장인이라는 이유로, 그해 11월에 파직되었다.

149 병……살아나는구나 : 영변에 유배된 4년 동안 병을 앓으면서 기뻐할 일이 없었는데, 동짓날 이지정이 찾아와 주니, 11월에 생기는 일양(一陽)을 따라 사라졌던 기쁜 마음도 생겨난다는 말이다. 10월은 순음인 곤괘(坤卦)에 해당하고, 11월이 되면 양이 하나 생겨서 복괘(復卦)에 해당한다.

권씨 생질과 거듭 헤어지다[150]

重別權甥

병을 앓아 부축 받으며 돌아갔다.

먼 길에 너희들 나그네 되었고	途遠汝爲客
세월 깊어 나는 돌아가고 싶어라	年深吾欲歸
변방의 괴로운 나날 서로 어울려 지내면서	相隨邊地苦
고향 떠난 신세 각각 한탄하였지	各恨故鄕違
눈 쌓이고 강 얼음 단단하며	雪壅河氷壯
날 춥고 변방 햇빛 미미하다	天寒塞日微
이별의 근심이 질병에까지 이어지니	離憂關疾病
떨어지는 눈물 길손의 옷깃에 가득하네	淚落滿征衣

150 권씨(權氏)……헤어지다 : 권생(權甥)은 권적(權蹟)과 권지(權趾)를 가리킨다. 226쪽 각주142 참조. 앞에 〈별권씨이생적지(別權氏二甥蹟趾)〉라는 작품에서 이미 두 사람과 이별하는 소회를 읊었는데, 아마도 그들이 병을 앓아서 바로 떠나지 못했던 것으로 추측된다. 그러므로 다시 이 시를 지어서 전별한 것이다.

대한에 눈이 내리다

大寒日雪

세찬 바람 새벽녘에 거세지니	風威向曉轉乘凌
창가에 서리 엉기고 베 이불 차디차다	紙帳霜凝布被稜
초가집은 며칠 내린 눈에 차갑게 묻히고	白屋寒埋連夜雪
깊은 샘은 해묵은 얼음으로 얼어붙었네	窮泉凍合積年氷
두터운 땅 천 길 갈라진 것만 보일 뿐	徒看厚地千尋坼
그윽한 양의 기운이 오른 줄 믿지 못하겠네[151]	未信幽陽一氣升
탁주에 의지해 추위 떨치고서야	憑仗濁醪排凜冽
잠시 베개에 쓰러져 몽롱한 잠에 빠진다	暫時頹枕睡瞢騰

151 두터운……못하겠네 : 이 시는 대한(大寒)에 쓴 것이므로, 동지(冬至)가 한 달이나 지난 시점이다. 동지에 일양(一陽)이 생하였는데도 대한의 날씨가 너무나 추우므로, 동지에 하나의 양이 올라왔는지 확신하지 못하겠다는 말이다. 이것은 곧 당시의 험난한 시대 상황을 의미하는 말이기도 하다.

청음 김상헌이 소장을 올려 척화를 주장했다는 이유로 심양으로 압송되다[152]

金淸陰以上疏斥和 押赴瀋庭

천고의 삼강오상이 밝은 해처럼 걸렸는데	千古綱常白日懸
어찌 갓과 신발을 비린내로 물들일까[153]	肯令冠屨染腥羶
장홍에겐 부질없이 보관한 남은 피 있었고[154]	萇弘謾有藏餘血
소무에겐 응당 씹고 남은 깃발 없으리라[155]	蘇武應無齧後旃

152 청음(淸陰)……압송되다 : 청음은 김상헌(金尙憲, 1570~1652)으로, 본관은 안동(安東), 자는 숙도(叔度), 호는 청음이다. 여기서 말하고 있는 김상헌의 소장은《청음집(淸陰集)》권21에 수록된〈심양에 군사를 원조하지 말 것을 청하는 소장〔請勿助兵瀋陽疏〕〉을 가리키며, 1639년(인조17) 12월에 작성되었다. 이 글에서 그는 "예부터 죽지 않은 사람이 없으며, 또한 망하지 않은 나라가 없으니, 죽고 망하는 것은 차마 할 수 있어도 반역을 따르는 것은 차마 할 수 없습니다.〔自古無不死之人, 亦無不亡之國, 死亡可忍, 從逆不可爲也.〕"라고 하여, 청나라를 도울 수 없다고 주장하였다.《인조실록》18년 12월 8일 기사에 김상헌이 심양으로 출발하려고 한다는 기록이 있고, 12월 19일 기사에 의주에 도착했다는 내용이 보인다.

153 천고(千古)의……물들일까 : 유구한 강상(綱常)의 바름을 지킬 뿐, 문명국인 조선이 오랑캐인 청(淸)에게 굴복할 수 없다는 말이다. 관구(冠屨)는 갓과 신발로, 예의가 행해지는 조선을 의미하고, 성전(腥羶)은 고기의 비린내로, 청나라를 의미한다.

154 장홍(萇弘)에겐……있었고 : 김상헌을 장홍에 비유하여 읊은 것이다. 장홍은 춘추 시대 주 경왕(周敬王)의 대부(大夫)이다. 일찍이 진(晉)의 범씨(范氏), 중행씨(中行氏)의 난(難)에 간여했다가 진인(晉人)의 참소를 입어, 경왕에게 충간(忠諫)을 하였으나 받아들여지지 않자, 촉(蜀) 땅으로 들어가서 분개함을 견디지 못해 자결하였다. 촉 지방 사람들이 그 충성에 감격하여 그의 피를 잘 간직해 두었는데, 3년 뒤에 그의 피가 푸른 구슬로 변화했다는 고사가 있다.《國語 周語下》

열사의 충심 한나라 달을 따라가는데	烈士心肝隨漢月
길 가는 사람 눈물을 오랑캐 하늘에 뿌리네	行人涕淚洒胡天
시절 위태로워 평생의 한 끝이 없으니	時危不盡平生恨
푸른 바다 동쪽에서 노중련을 생각하네[156]	滄海東偏憶魯連

155 소무(蘇武)에겐……없으리라 : 김상헌을 소무에 비유하여 읊은 것이다. 한(漢)나라 소무가 무제(武帝) 때 흉노(匈奴)에 사신으로 갔다가 억류되었는데, 움집에 살면서 하늘에서 내리는 눈을 받아먹고, 깃발의 가죽을 뜯어 먹으며 연명한 사실이 있다. 《漢書 卷54 蘇建傳 蘇武》

156 시절……생각하네 : 위태로운 시대 상황 속에서 절의(節義)를 지키는 자세를 생각한다는 말이다. 노련(魯連)은 전국 시대 제(齊)나라의 고사(高士) 노중련(魯仲連)을 가리킨다. 그가 조(趙)나라에 가 있을 때 진(秦)나라 군대가 조나라의 서울인 한단(邯鄲)을 포위했는데, 이때 위(魏)나라가 장군 신원연(新垣衍)을 보내, 진나라 임금을 천자로 섬기면 포위를 풀 것이라고 하였다. 이에 노중련이 "진나라가 방자하게 천자를 참칭(僭稱)한다면, 나는 동해에 빠져 죽겠다."라고 하였다. 《史記 卷83 魯仲連列傳》

거울을 보며

臨鏡

아침에 거울 보며 놀라 의심하니	朝來臨鏡忽驚疑
흐르는 세월에 속을 줄 몰랐구나	不謂流光便見欺
평생 장부가 비단보다 고울 줄 믿지 마라	莫倚平生腸勝錦
이미 센 머리를 누가 불쌍타 하랴	誰憐宿昔鬢成絲
화려한 젊은 날 금세 지나니 잃은 듯하고	繁華過眼如相失
질병만 몸에 얽히니 기약한 듯하네	疾病纏身似有期
기쁜 일도 즐기던 마음도 다 사라졌으니	樂事賞心俱斷絶
젊은 시절을 어이 다시 그리랴	豈宜重憶少年時

선달 그믐밤에

除夜

늘그막에 잠 못 드는 병 앓아	衰年患渴睡
매번 긴긴 겨울밤 괴롭더니	每苦冬夜長
오늘은 이불 끼고 앉아	今日擁衾坐
서둘러 가는 오경 아까워하네	却惜五更忙
올 때는 누에가 뽕잎 먹듯 느린데	來如蠶食葉
갈 때는 제비가 들보 떠나듯 빠르구나	去若燕辭樑
하루하루 흘러 어느덧 한 해 다 가는데	推遷忽成歲
소식은 아득하여 언제나 올지 모르겠다	消息莽難量
흘러가는 계절이 빙빙 도니	流序遞回薄
삶과 죽음도 상도를 따르네	死生亦循常
인생살이 반백 년 지나	閱世過半百
폭삭 늙었으니 어이 슬퍼하랴	羸老曷悲傷
힘이 빠진 것은 싫어할 것 없지만	不嫌筋力㣿
먹고 마시기도 여의치 않구나	但覺飮噉妨
한스럽기는 젊은 날에	所恨少壯時
즐거운 일 실로 적었어라	爲樂實寡方
좋은 시절 친한 벗들	良辰命親友
서로의 경계가 너무 순조로운 데 있었지[157]	相戒在太康

157 좋은……있었지 : 젊은 시절 순탄한 삶에서 혹시 모를 불행을 경계했다는 말이다.

눈과 서리가 일찍 내리니	霜雪早淪降
영락한 신세 산으로 돌아왔지[158]	零落歸山岡
우울하게 홀로 지금껏 지내며	鬱鬱獨至今
병든 몸으로 타향에 누웠어라	抱病臥殊鄉
즐거운 나날 별안간 다 지나니	歡娛瞥眼盡
잔 채워 술만 마시노라	有酒湛凝觴
서글프다 늘그막에	惻愴遲暮境
유협들 노는 곳에 미끄러졌네	蹉跎游俠場
보이는 것마다 옛 모습 아니라서	觸物改舊觀
근심스런 얼굴로 애달파 하노라	慼顏感哀腸
처마 밑 닭들이 시끄럽게 울자	簷鷄稍亂叫
동트며 찬란히 서광 펼쳐지네	啓明爛舒光
아아 경진년이여	嗟乎庚辰歲
한번 가서 영영 아득히 멀어지누나	一逝永茫茫

158 눈과……돌아왔지 : 이민구가 병자호란 뒤에 유배객이 된 것을 말한다. 상설(霜雪)은 어려운 환경을 의미하는 말로 사용되었다.

동주집

시집 제5권

詩시

신사년(1641, 인조19) 정월 초하루
辛巳元日

깊은 근심에 홀로 누웠더니 한 해 장차 다하고	幽憂獨臥歲將窮
외로운 꿈 막 깨니 밤도 마침 끝났구나	孤夢初醒夜適終
창문으로 천 줄기 밝은 빛 스며들고	囱紙稍通千道白
화로 재에는 한 덩이 붉은 불씨 남았어라	爐灰猶擁一堆紅
십 년의 절반이나 풍상 겪으며	十年已半風霜後
동해 서쪽 천지 가운데 지내노라[1]	東海之西天地中
밭 갈고 우물 파며 떠돌이 호적에 더하려니[2]	耕鑿欲添流戶籍
호장도 주인장에게 신세지네[3]	壺漿兼荷主人翁

1 십 년의……지내노라 : 이민구가 1637년(인조15) 영변으로 유배되었으므로, 1641년까지 5년 동안 유배지에서 지내고 있다는 말이다.

2 밭……더하려니 : 오랫동안 유배객으로 있게 되니, 농사지으며 살아가는 일반 백성이나 다를 바 없게 되었다는 말이다. 경착(耕鑿)은 밭 갈고 우물 판다는 말로, 〈격양가(擊壤歌)〉에서 유래하여 태평성대를 의미하는 말로 사용되나, 여기서는 단순히 자급자족의 의미이다. 유호(流戶)는 일정한 주거가 없이 떠돌아다니는 백성들을 가리킨다.

3 호장(壺漿)도 주인장에게 신세지네 : 주민들의 도움에 고마움을 표시한 것이다. 호장은 병에 담긴 장이나 미음 따위의 음료를 말하기도 하고, 술을 의미하기도 한다.

사일에 많은 눈이 내리다
社日大雪

몇 그루 달빛 비친 배꽃	幾樹梨花月
눈 그친 뒤에 보게 된다	長從雪後看
금년에 춘사일 일찍 들어	今年春社早
새로 온 제비 남은 한파 겪는구나[4]	新燕帶餘寒

2

잎처럼 붙어 고운 가지 무겁고	葉綴瓊枝重
꽃같이 맺혀 옥빛 나무 새롭다	花籠玉樹新
향기로운 꽃에 뒤지지 않으니	芳華未可少
한 해 봄을 곱게 꾸몄어라	粧點一年春

4 금년에……겪는구나 : 사일(社日)은 입춘(立春)과 입추(立秋) 뒤의 다섯 번째 무일(戊日)을 가리킨다. 춘사일(春社日)에는 제비가 날아오고, 추사일(秋社日)에는 제비가 떠나는데, 1641년(인조19)에 춘사일이 일찍 들어 눈까지 내렸으므로, 새로 날아오는 제비가 그 추위를 겪게 되었다고 읊은 것이다.

신사년(1641, 인조19) 봄

辛巳春

변방 기후 한양[5]과 달라	邊隅氣候異關中
평소 보고 듣던 것과 같지 않네	耳目平居自不同
봄이 절반 지나도 울타리에 눈 남고	籬帶尙餘春半雪
밤 깊어도 나뭇가지에 바람 자지 않네	樹頭常繞夜闌風
주살로 잡은 꿩은 붉은 깃 꺾였고	弋來野雉摧翎紫
작살에 찔린 고기 붉게 등 찢겼네	叉去江魚裂背紅
취중에는 문득 고향의 흥취 있어	醉裏忽如鄕國興
막걸리도 맑은 술도 채우는 대로 비우노라	小糟醽醁映杯空

5 한양(漢陽) : 관중(關中)은 본래 진(秦)나라 도성인 함양(咸陽) 일대의 분지를 가리키는데, 여기서는 한양을 가리키는 말로 사용되었다.

봄 제비

春燕

빈집에 홀로 누워 보니 봄은 돌아왔는데	虛堂獨臥見春歸
외진 골목에 이끼 자라고 사립문 닫았네	窮巷蒼苔正掩扉
작년에 왔던 제비 한 쌍만	唯有一雙前歲燕
진흙 물고 예전처럼 처맛가에 나는구나	銜泥依舊傍簷飛

신상 계획

身計

이 한 몸 귀양살이 어느덧 오 년	一命投荒抵五年
타향의 신상 계획도 변함없네	異鄕身計亦依然
아침밥은 매번 장요미[6]로 올리고	朝炊每薦長腰米
밤에 그물질로 축항편[7]도 잡노라	夜網兼收縮項編
집 둘레 새벽 샘물로 약초밭 가꾸고	繞屋晨泉資藥圃
성 근처에 봄 불 놓아 새밭 일구노라	近城春火課畬田
상머리 단지에서 새 향기 피어나니	床頭杜甕新香發
누룩 베고 자겠다던 평소 다짐 저버리지 않았네	不負平生枕麴眠

6 장요미(長腰米) : 몸통이 좁으면서 긴 쌀로, 질이 좋은 쌀을 가리킨다.

7 축항편(縮項編) : 머리가 편평(扁平)하고 목이 오그라든 형상의 물고기로, 방어(魴魚) 종류이다. 두보(杜甫)의 시에 "지금 노인들 새로운 시어 하나 없이, 그냥 사두에서 축항편만 낚누나.〔卽今耆舊無新語, 漫釣槎頭縮項編.〕"라는 구절이 있다. 《杜少陵詩集 卷17 解悶》

연못가에서
池上

종일 근심 없는데 시름 있는 듯이	終日無愁似有愁
그윽한 작은 집을 쓸쓸히 나서지 않다가	蕭然不下小堂幽
아침에 불어오는 산들 봄바람 좋아	朝來偶愛春風軟
부용이나 볼까하여 물가에 왔어라	看種芙蓉到水頭

숲속 집

林居

숲속 집 그윽한 삶 날 밝아도	林居幽事破昏冥
갈 곳 하나 없어 가만히 앉았노라	無處經行坐自寧
작은 마루 가까이 꽃 피어 벌이 방에 들어오고	花近小軒蜂入室
거친 오솔길에 풀 자라 사슴이 마당 지난다	草連荒徑鹿過庭
봄 날씨는 쌀쌀했다 따뜻했다 하고	春來氣候兼寒煖
늙은이는 취했다 깼다 하노라	老去形容寄醉醒
동쪽 마을 유 좌수[8]에게 알리노니	爲報東村劉座首
얼른 만나 술이나 함께 하세	急宜相就共深缾

8 유 좌수(劉座首) : 미상이다. 다만 《동주집(東州集)》 시집(詩集) 권1 에 〈유동립 옹이 술을 들고 방문하다〔劉翁東立携酒見訪〕〉라는 작품이 있는데, 여기서 말하는 유 좌수와 유동립이 동일인이 아닐까 추측된다.

곡우에 비로소 비가 내리다

穀雨日始雨

문 여니 봄바람[9] 조이 부는데	拓戶條風好
처마 밑 거닐려니 곡우가 훼방하네	巡簷穀雨妨
차 달여 마시니 앓던 폐 생기 돌고	煎茶蘇病肺
술 걸러 들이켜 시름겨운 마음 달래노라	漉酒浣愁腸
갓 자란 싹에 오솔길 푸르러지고	徑綠抽纔嫩
막 피어난 꽃에 숲 붉어지네	林紅吐乍芳
지금 봄 이르니	卽今春事早
둥지의 제비야 서둘지 마라	巢燕莫須忙

9 봄바람 : 조풍(條風)은 팔풍(八風)의 하나로, 봄에 부는 동북풍을 말한다. 입춘 후 45일 동안 분다고 한다. 팔풍은 입춘의 조풍, 춘분(春分)의 명서풍(明庶風), 입하(立夏)의 청명풍(淸明風), 하지(夏至)의 경풍(景風), 입추(立秋)의 양풍(涼風), 추분(秋分)의 창합풍(閶闔風), 입동(立冬)의 부주풍(不周風), 동지(冬至)의 광막풍(廣莫風)이다. 《易緯通卦驗》

밤에 앉아 있다가

夜坐

지붕에 닿을 듯 봄 하늘 낮고	接屋春霄庳
문 여니 밤공기 맑구나	開門夜氣淸
물시계 소리 잦아들어[10] 등불 어두운데	漏殘燈暈晦
구름 옅어져 달빛 나오네	雲淡月華生
만물은 천기 속에 고요하고	萬物天機靜
외로운 심사는 세상일에 관심 없어라	孤懷俗累輕
놋 사발에 생수 떠 두었더니	銅甌貯活水
별빛 하나 밝게 담겼구나	涵得一星明

10 물시계 소리 잦아들어 : 누잔(漏殘)은 물시계의 물이 떨어져간다는 말로, 밤이 깊었음을 의미한다.

단비

好雨

밭에 보리 누렇게 익고 벼 자라려는데	隴麥初齊稻欲生
주룩주룩 밤비가 새벽까지 내리네	霏霏夜雨達天明
성 모퉁이 비탈길에 봄 진흙 미끄럽더니	城隅昃徑春泥滑
물가 언덕에서 밭 가노라니 저물녘에 갠다	瀼岸耕田待晩晴

역사서를 읽고

讀史

남아가 때를 만남에 따라 절로 경중 있으니	男子乘時自重輕
문무의 공렬 각각 영웅호걸이네	文功武烈各豪英
복숭아 나눠주어 제의 세 용사 죽게 했고[11]	分桃枉殺齊三士
면체를 부질없이 노나라 두 유생이 간직했네[12]	綿蕝空藏魯兩生

11 복숭아……했고 : 춘추 시대 제(齊)나라의 공손접(公孫接)과 전개강(田開疆)과 고야자(古冶子)는 모두 용맹한 사람으로 경공(景公)을 섬겼는데, 군신(君臣)의 예를 지키지 않았다. 이에 안영(晏嬰)이 꾀를 내어 그들에게 복숭아 두 개를 주고, 각자의 공(功)을 따져서 우수한 사람이 먹게 하였다. 공손접과 전개강이 먼저 자신들의 공을 자랑하였으나, 고야자의 공에 미치지 못하자 "나의 용기가 그대만 못하고, 나의 공이 그대만 못한데도 복숭아를 양보하지 않았으니, 이는 탐욕을 부린 것이다. 이러고도 죽지 않는다면 용기가 없는 것이다.〔吾勇不子若, 功不子逮, 取桃不讓, 是貪也. 然而不死, 無勇也.〕"라고 하고는 자살하였다. 그러자 고야자도 "두 사람이 죽었는데 나만 홀로 산다면 어질지 못하고, 말로 사람을 부끄럽게 하고서 그 명성을 자랑한다면 의롭지 못한 것이다.〔二子死之, 冶獨生之, 不仁, 恥人以言, 而夸其聲, 不義.〕"라고 하고 자결한 고사가 있다. 《晏子春秋 卷2》

12 면체(綿蕝)를……간직했네 : 면체는 띠풀을 묶어 세운 것을 이르는 말로, 한(漢)나라 초기에 숙손통(叔孫通)이 조정(朝廷)의 의례(儀禮)를 제정하기 위해 노(魯)나라의 유생(儒生) 30여 명을 불러 들여서, 그들과 함께 야외(野外)에서 띠풀을 묶어 세워 존비(尊卑)의 차례를 표시해 놓고 예(禮)를 강론한 일이 있다. 노양생(魯兩生)은 노나라의 두 선비란 뜻으로, 숙손통이 노나라 선비들을 부르러 갔을 때, 두 선비가 "예악(禮樂)은 덕을 100년쯤 쌓아야 일어나는 것인데, 급작스레 예악을 일으키려는 당신의 행위에 찬동할 수 없다."라고 하며 부름에 응하지 않았으므로, 그 두 사람을 가리키는 말이다. 《史記 卷99 叔孫通列傳》

난세의 간웅은 무력에 많이 의지했고[13] 亂世奸雄多騁力
궁도의 성철은 외로이 명분에 묻혔다 窮途聖哲獨埋名
백년 인생 성공과 실패 다 부질없으니 百年得失都無賴
한 조각 뜬 구름이 허공에 떠간다 一片浮雲過太淸

13 난세의……의지했고 : 후한 말기에 허소(許劭)가 조조(曹操)의 상(相)을 보고 "치세의 유능한 신하요, 난세의 간사한 영웅이다.〔治世之能臣, 亂世之奸雄.〕"라고 말한 일이 있다.《資治通鑑 卷58 漢紀50 孝靈皇帝中》

3월 그믐

春晦

산성에 봄 다 지나 나그네 마음 괴로우니	山城春盡旅魂傷
변방에서 돌아가고픈 마음 정말 막막하다	絶塞歸心正渺茫
향기로운 풀은 정이 있어 거리마다 무성하고	芳草有情迷巷陌
떨어진 꽃은 제멋대로 연못에 가득하네	落花隨意滿池塘
새로 따른 술은 가득 차지 않아 싫은데	新斟杯勺還嫌淺
예전 지은 옷은 모두가 헐렁하구나	舊製衣裳總覺長
한번 미끄러져 천명을 안 뒤로	一自蹉跎知命後
계절 바삐 가니 더욱 놀라워라	轉驚時序爲人忙

흰머리
白髮

희끗희끗하다가 잠깐 사이에 백발 되어	從斑到白只須臾
성성하게 자라니 눈보다도 희구나	養得星星雪不如
누가 알랴 요동의 새로 변한 학이	誰識遼東新化鶴
진새에서 돌아가지 못한 까마귀와 같았음을[14]	曾同秦塞未歸烏

14 요동의……같았음을 : 이민구가 처음 영변(寧邊)으로 귀양 올 때는 까마귀처럼 머리카락이 검었는데, 몇 년 사이에 학처럼 희어졌다는 말이다. 요동 사람 정령위(丁令威)가 선도(仙道)를 배워 터득한 뒤, 천 년 만에 학으로 변해 고향 땅에 돌아와서 화표주에 앉았다는 전설과, 전국 시대 연(燕)나라 태자 단(丹)이 진(秦)나라에 볼모로 가 있을 때에, 진왕(秦王)이 그를 예우하지 않으므로, 본국으로 돌아가게 해 달라고 요청하자, 진왕이 "까마귀의 머리가 희어지고 말의 머리에 뿔이 나면 보내 주겠다.〔烏頭白馬生角, 乃可許耳.〕"라고 했던 고사를 차용하여 읊은 것이다. 《搜神後記 卷1》《史記 卷86 刺客列傳 論贊》

물고기와 술을 보내 주며 부쳐온 시에 맞춰 짓다

次寄魚酒之韻

맑은 날 쓸쓸한데 태연히 앉아 있다가	晴日蕭然坐自如
문 열고 홀연 경정[15]의 편지 받았네	開門忽枉敬亭書
울타리 안의 풍경은 사람이 돌아간 뒤이며	柴籬物色人歸後
마을에 쑥과 명아주 자라고 참새 나는 때라네	村巷蓬藜雀散初
일찍이 흉년으로 술 빚지 못했는데	曾爲年荒稀社甕
요즈음 봄날 가물어 푸성귀도 드물구나	近因春旱少園蔬
풍류를 강주의 술에 의지하게 되었는데	風流政荷江州釀
맛 좋은 병혈어도 겸했어라[16]	滋味還兼丙穴魚

15 경정(敬亭) : 미상이다.

16 풍류를……겸했어라 : 경정이 보내 준 물고기와 술에 고마운 마음을 표현한 것이다. 강주양(江州釀)은 강주의 술이라는 말로, 강주 자사(江州刺史) 왕홍(王弘)이 중양일(重陽日)에 도잠에게 심부름꾼을 보내 술을 전해 준 고사가 있으므로, 이를 인용하여 경정이 보내 준 술을 나타낸 것이다. 《宋書 卷93 隱逸列傳 陶潛》 병혈어(丙穴魚)는 맛좋은 물고기를 말한다. 병혈(丙穴)은 지금의 섬서성(陝西省) 약양현(略陽縣) 동남쪽에 있는 곳으로, 《문선(文選)》 〈촉도부(蜀都賦)〉에 "좋은 물고기는 병혈에서 나오고, 좋은 나무는 포곡에서 나온다.〔嘉魚出於丙穴, 良木攢於褒谷.〕"라고 하였다.

이가 빠지다

落齒

생각해보니 어려서 이를 갈고부터	憶昔韶齡毁齒初
고기 뜯고 생선가시 씹으며 많은 나날[17] 지냈네	刺肥茹鯁閱居諸
들떠서 벌써 내 것 아닌 듯하더니	浮危已似非關我
흔들려 빠지니 그냥 둘 수밖에	搖落終須但任渠
오래도록 신선술[18] 배워 그만두지 않았는데	舊學湌霞功不廢
밀 씹는 데 매우 소홀했음을 새로 알았네[19]	新知嚼蠟計全疏
남은 삶 술에 의지해야 하는데	餘年政賴杯中物
지금 노래나마 예전처럼 되려는가[20]	歌嘯于今亦自如

17 많은 나날 : 거저(居諸)는 일거월저(日居月諸)의 준말로, 세월이 흘러가는 것을 말한다. 《시경》 〈일월(日月)〉에 "해와 달이 하토를 굽어본다.〔日居月諸, 照臨下土.〕"라고 하였다.

18 신선술(神仙術) : 찬하(湌霞)는 노을을 먹어 선도(仙道)를 수련하는 방법으로, 신선을 가리킨다. 《한서(漢書)》 권57 〈사마상여전(司馬相如傳)〉에 "밤이슬을 마시고 아침놀을 먹는다.〔呼吸沆瀣兮餐朝霞〕"라고 하였다.

19 밀……알았네 : 작랍(嚼蠟)은 밀을 씹는다는 말로, 무미(無味)한 것을 의미한다. 꿀에 비해 밀은 아무런 맛도 없기 때문에 이런 의미가 되었다. 그러나 여기서는 전체적인 내용으로 볼 때, 무미한 것을 의미하기 보다는, 이를 관리하고 보호하는 데 소홀했다는 뜻이다. 밀은 충치를 치료하는 보형물을 고정하는 데도 사용되었고, 충치 치료에도 이용되었다.

20 남은……되려는가 : 여생을 술로 보내야 하는데, 이가 빠져서 시를 읊조릴 때는 발음이 샐 것이라고 염려한 것이다.

배우는 사람 이희면에게 주다
贈學者李希勉

변방 풍습 무예를 중시하니	邊封習氣重兜鍪
진사의 집안 명성 견줄 이 드물다	進士家聲亦罕儔
유협의 소굴에서 아름다운 자질 참으로 뛰어나고	俠窟英華眞卓犖
군사 지역에서 글 솜씨 필시 훌륭하리라	戎壇詞藻必殊尤
명마는 내달릴 길을 스스로 알고	名駒自得飛騰路
지사는 마침내 뛰어오를 때를 만나지	志士終當踊躍秋
스승으로 도움 못돼 부끄럽지만	慙愧師資無所助
힘써 갈고닦아 천구 되기를 기대하노라[21]	强將磨礪待天球

21 천구(天球) 되기를 기대하노라 : 이희면이 천구와 같은 훌륭한 인재로 성장하기를 바란다는 말이다. 천구는 옛날 옹주(雍州)에서 공물(貢物)로 바쳤던 구슬로서, 하늘과 같은 색깔을 지녔다고 한다. 《서경》 〈고명(顧命)〉에 주(周)나라 성왕(成王)이 죽을 때, 생전에 간직하고 있던 보옥과 기물을 진열해 놓았는데 "옥을 오중으로 하며 보물을 진열하니, 적도와 대훈과 홍벽과 완염은 서서에 있고, 대옥과 이옥과 천구와 하도는 동서에 있다.〔越玉五重, 陳寶, 赤刀大訓弘璧琬琰, 在西序, 大玉夷玉天球河圖, 在東序.〕"라고 하였다.

실의에 빠지다
落拓

실의에 빠진 하늘 끝 늙은이	落拓天邊老
관산만 날마다 아득히 바라보네	關山日渺然
사람 만나면 돌아가고픈 꿈 말하고	逢人說歸夢
나그네 되어 흐르는 세월 한하노라	作客恨流年
산골 물 강으로 재빨리 내달리고	峽水通河疾
높은 봉우리 변방까지 이어졌지	雲峯接塞懸
타향에 봄풀 시들어가니[22]	他鄉春草歇
온갖 꽃들 앞에서 눈물 다 뿌리네	淚盡百花前

22 타향에 봄풀 시들어가니 : 타향에서 세월만 보내면서 고향으로 돌아가지 못하는 서글픈 마음을 읊은 것이다. 두보(杜甫)의 시에 "몇 해나 봄풀이 시들었는가. 이제 노년도 다해 가누나.〔幾年春草歇, 今日暮途窮.〕"라는 말이 있다. 《杜少陵詩集 卷3 投贈哥舒開府二十韻》

고기잡이 노래. 강흥경에게 주다
打魚行 贈康興慶

올해는 가뭄으로 강줄기가 띠처럼 가늘고	今年天旱江如帶
수심도 깊지 않아 고기 크지 않네	水渟不深魚不大
강생이 우연히 강가 어량에 나갔다가	康生偶出濠梁上
대어 잡으려고 뭇 시내 모이는 곳 찾았네	得雋須尋衆川會
먼저 물줄기에 주거 만들고서[23]	先將澤國作邾莒
시냇물 돌아보니 봇도랑 같네	顧視溪流等溝澮
나무 잘라 말뚝 치고 돌로 밧줄 끌어	截木爲楗石曳紘
여러 사람이 잡고 물살 막았네	百夫持叉擁湍瀨
벼릿줄 당겨 그물 오므려 점점 좁히니	提綱蹙網勢漸逼
다랑어와 방어 하 많아 헤아릴 수 없네	山鮪河魴計無奈
큰 고기는 몸 날려 뛰었다 다시 떨어지고	巨鱗騰身跳更落
한 자 안 되는 놈은 다 빠져나가네	長未及尺皆透外
지느러미 잘리니 어찌 살아나기를 바라랴[24]	折鬐寧存雷雨望

23 먼저……만들고서 : 물고기를 잡기 위한 사전 작업을 설명하는 부분인데, 아마도 가뭄으로 물이 줄어든 시냇물 사이사이에 생긴 모래섬을 거점으로 해서, 물을 막아 그물을 치기 위한 준비를 했다는 말로 이해된다. 주거(邾莒)는 춘추 시대의 두 나라 이름으로 아주 작은 나라였다.

24 지느러미……바라랴 : 지느러미 잘린 물고기가 살아남아 풀려날 수 없다는 말이니, 유배 온 자신이 용서받아 사면될 가망성이 없음을 함축하고 있다. 《주역》〈해괘(解卦) 상전(象傳)〉에 "뇌우가 일어나는 것이 해이니, 군자가 이를 본받아 허물과 죄를 관대히 용서한다.〔雷雨作解, 君子以, 赦過宥罪.〕"라고 하였다.

아가미 뚫려 금세 칼질 당하지　穿鰓遽迫刀碪害
그대 보았나 사물마다 마땅한 곳 있으니　君看萬物各有所
잠시 맑은 물결 잃으면 낭패 당하지　暫失淸波受狼狽
촌 늙은이 오랜 나그네로 〈괴후가〉만 부르니[25]　野老久客歌蒯緱
솥의 탕도 쟁반의 회도 다 먹을 수 없었지　鼎味盤腥俱莫賴
아침에 십여 마리 보내오니　朝來荷饋十餘頭
눈에 가득한 싱싱한 물고기 크기도 하다　飫眼紅鮮恐已泰
밥하는 계집종 급히 불러 쌀밥 짓게 하고　催呼爨婢炊雪飯
부엌 하인 시켜 생선회 치게 하네　兼勑廚奴斫霜鱠
이상도 하지 늙고 병든 사람 밥 많이 먹게 되니　自怪衰病匙箸健
굶주린 사람 배불리 먹는 데는 이게 최고라네　飢人一飽斯其最
아마도 그대는 연못에서 맘껏 즐거워하며　想君臨淵恣懽樂
그물 치느라 물과 돌에 부딪쳤겠지　施罛水石相訇磕
잠깐의 멋진 일 참으로 쉬 사라지니　瞥眼勝事眞易朽
맑은 호수 돌아보니 안개와 노을 깨끗하여라　回首澄湖淨煙靄

25 촌 늙은이……부르니 : 이민구가 좋은 음식을 먹지 못하고 지내는 자기 신세를 읊은 것이다. 괴후(蒯緱)는 칼자루를 노끈으로 감은 것이다. 풍환(馮驩)이 맹상군(孟嘗君)의 식객(食客)이 되었을 때, 밥상에 고기반찬이 없자, 장검의 칼자루를 두드리면서 "장검이여 돌아가자, 밥상에 고기가 없구나.〔長鋏歸來乎, 食無魚.〕"라고 했던 고사를 인용한 것이다. 《史記 卷75 孟嘗君列傳》

번민

悶

늙은이는 빠른 세월 괴롭고 한스러운데	衰容苦恨歲時侵
변방에 외떨어져 살아가니 도심도 손상된다	絕域離居損道心
봉화는 매번 수자리에 의해 시작되고	烽火每依邊戍落
풍운은 늘 변방 성에 짙게 드리우지	風雲長傍塞垣陰
산은 먼 태백산[26] 정상에서 나뉘어졌고	山分太白峯頭遠
물은 깊은 안릉[27] 바다 어귀까지 이르네	水到安陵海口深
유배객은 자주 멀리 바라봄 마땅하지 않으니	遷客不宜頻極目
강남에 예부터 단풍 숲 있다네	江南自古有楓林

26 태백산 : 태백(太白)은 백두산이나 묘향산을 지칭하는데, 여기서는 영변에 가까운 묘향산을 가리키는 것으로 보인다.

27 안릉(安陵) : 평안도 안주(安州)의 옛 이름이다.

즉흥적으로 읊다

卽事

버들잎 막 진해지고 뽕잎 드문데	楊葉初稠桑葉稀
새밭의 아낙네 들밥 내왔다 돌아간다	東菑婦子餉田歸
부들 뿌리 물가에 드러나고 못에 물고기 뛰고	蒲根露渚池魚躍
보리 이삭 마을 곳곳에 이어지고 들에 꿩 난다	麥秀連村野雉飛
온갖 사물 자라나 모두 편안한데	萬物生成俱自得
이 한 몸 갈림길에서 홀로 오래 어긋났네	一身岐路獨長違
몇 이랑 땅 있어 목숨 부지할 만하고	非無數畝堪安命
다시 텅 빈 발 있어 기심도 없앨 수 있네	更有空簾可息機

비름을 먹다

食莧

뜨거운 여름 한 해도 절반 지나가니	朱夏歲將半
푸성귀도 다 억세구나	蔬蔌俱已剛
아침저녁으로 텅 빈 상만 마주하니	朝晡對空案
그릇 채울 반찬 없네	無以充圓方
비름은 나물 중에서도 천하지만	莧也菜之奴
또한 반찬을 만들 만하지	亦備飣餖行
흔한 사물은 쉬 번성하니	物賤生易繁
채소밭 둘레에 푸르게 섞였어라	繞圃雜青蒼
맑은 새벽에 이슬 젖은 줄기 따서	清晨摘露莖
된장으로 연한 싹 버무렸네	鹽豉調柔芳
버젓이 여러 먹거리 사이에 끼어	居然間諸品
젓가락에 푸르고 선명한 빛 비추네	照筯碧鮮光
줄기 연해서 늙은이도 먹을 만하고	體弱資老饕
성질 매끄러워 병자도 맛보기 알맞네	性滑宜病嘗
맛이 있든 없든 배부르기는 마찬가지	美惡均一飽
천천히 걸으며 먼 곳 바라보네	徐步視茫茫
먹고 사는 것 진실로 누가 되나니	口腹固爲累
군자는 거기에 빠지는 것을 경계한다네	君子戒其荒
하물며 나는 쫓겨난 신세로	况我遭放逐
오 년 동안 식량만 축내고 있지	五年糜稻粱

구렁에 버려지지나 않기를 바랄 뿐　所覬免溝壑
고기 먹는 것은 마음에 부끄럽다　肉食愧中腸
아 명아주와 콩잎에 섞어 먹으려고　嗟爾混藜藿
캐서 거두니 무엇을 망설일까　採掇理何妨
부잣집은 반찬 가득하여　豪門盛盤饌
돼지도 잡고 양도 잡지　割彘兼宰羊
고기가 부엌에서 썩으니　腥膻腐下廚
이런 채소는 길가에 버려지네　此物棄路傍
쓰임과 버려짐이 때에 따라 다르니　用舍各隨時
어찌 오래도록 한탄하고 슬퍼하랴　胡乃久歎傷

가뭄 속의 더위

旱熱

여름이라 사람도 더위에 시달리는데　　暑月人氣燥
끔찍하게도 가뭄까지 만났네　　兇遭旱魃纏
옷 풀어 헤치고 자리에 쓰러지니　　披衣偃枕席
뜨거운 열기가 밤낮으로 달달 볶네　　膏火日夜煎
찬 샘물이 오래도록 맑은 소리 내며 솟아[28]　　寒泉舊漱玉
이 닦으면 얼음과 눈처럼 시원하더니　　滌齒氷雪鮮
더운 물결이 탕처럼 끓어　　炎波沸如湯
바짝 마르기 직전이네　　枯涸在目前
헤엄치던 물고기는 지느러미 말라붙었고　　游魚鬐鬣焦
풀과 나무에서는 연기가 피려 하네　　草木欲生煙
나는 한가한 사람이라 바깥일 없어서　　我閑無外事
편한 대로 지내는데도　　動靜隨所便
오히려 삼복더위 만나　　尙當三伏際
무더위에 계속 시달리네　　執熱浩沈綿
생각해 보니 호미 멘 농부들　　言念荷鋤夫
등짝 구워져 김매던 밭에서 죽을 지경이겠지　　炙背死耘田
하늘이 백성들에게 야박하여　　皇穹薄下民

28 찬……솟아 : 수옥(漱玉)은 샘물이 솟아나며 돌에 부딪칠 때, 옥이 부딪히듯 맑은 소리가 난다는 말이다.

재앙이 해마다 이어지네　降災荐連年
썩어 문드러지게 하는 혹독함도 마다 않지만　不辭糜爛酷
어떻게 백 전의 수확을 보겠는가[29]　何以瞻百廛
큰 화로와 구렁에서　洪爐與溝壑
목숨 다하리니 먼저나 나중이나 마찬가지　畢命等後先
누리와 마디충마저 사납게 기승부리는데　蝗螟助虐戾
뜨거운 불꽃만 붉게 빛나네　烈焰徒赫然
안타깝다 밭두둑의 보리　惜哉壟上麥
참담하게 한해 농사 망쳤네　慘慘歲功捐
바라노니 선갈의 인정 들리고　願聞扇暍仁
〈운한편〉 베풀어졌으면[30]　兼陳雲漢篇
살랑살랑 만 리의 바람 불어와　颯颯萬里風
휙휙 남쪽 두렁에 뿌렸으면　飄飖洒南阡
단비 내려 벼 적셔 주고　甘霖濯嘉禾
마른 식물들 무성하게 우거졌으면　群槁鬱芊芊
그러면 어찌 다만 오두막 안의 사람만　豈惟蓬室內

29 어떻게……보겠는가 : 가뭄 때문에 수확을 기대할 수 없다는 말이다. 《시경》 〈벌단(伐檀)〉에 "심지 않고 수확하지 않으면, 어떻게 삼백 전의 벼를 수확하랴.〔不稼不穡, 胡取禾三百廛兮.〕"라고 하였다.

30 바라노니……베풀어졌으면 : 선정(善政)이 베풀어져서 가뭄으로 고생하는 백성들이 구제되기를 바란 것이다. 선갈(扇暍)은 주 무왕(周武王)이 더위 먹은 사람에게 부채질하여 시원하게 해 주었다는 고사에서 온 말이다. 《淮南子 人間訓》 〈운한(雲漢)〉은 주 선왕(周宣王)이 가뭄이 들자 맑은 날의 밝은 은하수를 바라보며, 비가 오기를 빌었다는 내용의 시이다. 《詩經 雲漢》 여기서부터 군고울천천(群槁鬱芊芊)까지는 실제 상황을 읊은 것이 아니라, 이민구의 바람을 읊은 것이다.

부른 배 내놓고 잘 수 있을 뿐이랴　得遂坦腹眠
떠도는 백성들 모두 생업에 몰두하여　流逋各沒業
성덕을 주 선왕에 비겨 노래하리[31]　盛德歌周宣
깊은 마음 바로 여기에 있어　深衷正在此
멍하니 아득한 하늘만 바라본다　悵望冥茫天

31 그러면……노래하리 : 이민구의 바람이 이루어져서 비가 내리게 된다면, 자신만 집안에서 편히 잠잘 수 있을 뿐만 아니라, 백성들도 임금의 성덕(盛德)을 주 선왕(周宣王)에게 비겨 노래하게 되리라고 말한 것이다. 탄복(坦腹)은 뱃살을 드러낸다는 말로, 진(晉)나라 태부(太傅) 치감(郗鑑)이 명문가인 왕도(王導)의 집안에서 사윗감을 고르려고, 자신의 문생(門生)을 왕도의 집에 보냈는데, 다른 신랑감들은 모두 잘 보이려고 몸가짐을 단정히 하고 있었으나, 왕희지(王羲之)만은 동상(東床)에서 배를 드러내 놓고 태연히 누워 있었으므로, 오히려 그를 사위로 정했다는 고사가 있다. 《世說新語 雅量》

5월 그믐에 큰 비가 내리다. 열 수의 절구

五月晦日大雨 十絶句

이날은 소서였다.

뜨거운 해가 오월[32] 그믐까지 기승부리더니	驕陽直到蕤賓晦
큰 비가 소서 따라 왔네	大雨方隨小暑來
하늘의 뜻은 암암리에 정해져 있는데	天意冥冥元自定
사람들은 급급하게 재촉하네	人情屑屑枉相催

시냇물 치달리고 우물물 흐려지며	溪水奔崩井水渾
처마에 날리고 지붕에 뿌리니 동이도 엎을 기세	翻簷注屋勢傾盆
섬돌 앞 개미는 새 집으로 이사하고	階前螻蟻移新穴
문 밖 모래톱은 옛 흔적 되찾았네	門外沙洲復舊痕

논벼 삐죽삐죽 반은 말랐는데	水稻如針半欲枯
피까지 섞여 자라니 김매기 어려웠지	雜生稂稗硬難鋤
살펴보니 푸릇푸릇 물결 따라 자라니	卽看綠翠隨波長
하루에 한 치도 넘겠구나	一日應過一寸餘

32 오월 : 유빈(蕤賓)은 5월을 가리키는 말이다. 율려(律呂)로 절기를 살피는 것을 후기십이율(候氣十二律)이라고 하는데, 황종(黃鍾)은 11월, 대려(大呂)는 12월, 태주(太蔟)는 1월, 협종(夾鍾)은 2월, 고선(姑洗)은 3월, 중려(仲呂)는 4월, 유빈은 5월, 임종(林鍾)은 6월, 이칙(夷則)은 7월, 남려(南呂)는 8월, 무역(無射)은 9월, 응종(應鍾)은 10월에 해당된다.

천둥 치고 바람 불어 뒤엉켜 싸우는 듯 雷驅風劫鬱交爭
바닷물과 강물 뒤집어져 지축 놀란 듯 海覆河翻地軸驚
온 마을[33]이 거센 물결에 휩쓸리려는데 萬井欲隨高浪轉
양쪽 언덕이 수문 기우는 것을 막아 주네 雙崖正護水門傾

결승정 앞의 얕은 여울 決勝亭前淺水灘
나무와 돌 쌓아 세찬 물결 막았지 安排木石捍風湍
무너져 내린 언덕의 토사 물 따라 내려가니 崩厓坼岸隨流下
곧장 강호에 닿아 푸른 물결에 말아 삼키겠네 直接江湖卷碧瀾

높은 숲 서쪽으로 휩쓸려 푸르게 누웠는데 長林西靡偃青蒼
거목은 굳세게 버티누나 巨木枝梧稍倔彊
백기의 군대 소리 지붕 기와 흔들고 白起軍聲震屋瓦
유천의 거센 물살 모래자루 터뜨리네[34] 濰川水勢決沙囊

33 온 마을 : 만정(萬井)은 고대에 사방 1리(里)의 땅을 1정(井)이라 했던 데서 유래한 것으로, 천가만호(千家萬戶)의 번화한 저자를 뜻한다. 여기서는 이민구가 거처하는 마을의 의미로 풀이하였다.

34 백기(白起)의……터뜨리네 : 비가 많이 내린 모습을 비유적으로 읊은 것이다. 백기는 전국 시대 진(秦)나라의 장수이다. 장평(長平)에서 조(趙)나라 조괄(趙括)의 군대를 대파한 뒤에, 항복한 군졸 40여만 명을 그곳에 산 채로 파묻었다.《史記 卷43 趙世家》 유천(濰川)은 물 이름으로, 유수(濰水)라고도 한다. 항우(項羽)가 제(齊)를 구원하려고 장수 용저(龍且)를 보내, 제, 초(楚)의 군사와 한(漢)의 군사가 유수에서 대치하였다. 한신(韓信)이 밤에 사람을 시켜 1만여 개의 모래주머니를 만들어 강물을 막았다가, 적군이 반쯤 건너올 때 거짓 패한 척하고 달아나자, 용저가 추격하였다. 그러자 한신은 막았던 모래주머니를 터서 싸움에 크게 이겼으며, 용저를 죽이고 제왕을

집 뒤 달리는 냇물이 작은 못 무너뜨리고	屋後奔川潰小池
연못가에 쌓은 돌 버텨내지 못하네	池隅疊石勢難支
흔들흔들 오리는 물결 따라 떠내려가고	飄飆梟鴨乘流去
뒤집힌 연잎은 물 따라 갈라지네	顚倒菱荷逐水披

산 샘물이 오두막 서쪽으로 흘러나오니	山泉暗泄小堂西
아이들 서로 부르며 진흙 위를 달리네	童稚相呼走踏泥
가래질로 물길 만들어야 하니	鍬鍤只須通水道
울타리 동쪽에 앞 시내 있다네	棘籬東畔是前溪

거친 묵정밭 십 묘가 언덕에 기댔으니	荒菑十畝枕丘園
노비가 호미 들고 일찍 문을 나섰다가	奴子持鋤早出門
시냇물 불어 돌아오지 못해	川路水生歸不得
오늘 밤 양서촌에서 묵는다네	今宵寄宿瀼西村

작년에 먹거리 없어 시루에 먼지 피었지만	去年無食甑生塵
올해는 풍년들어 곳간 더 지어야겠네	今歲秋登擬築囷
이미 사람 보내 시장 다녀오게 하였으니	已遣傍人尋小市
쌀값이 저물녘에 새로 정해질 줄 아노라	應知米價晚來新

사로잡았던 고사가 있다. 《漢書 卷34 韓信傳》

흥을 풀다

遣興

향기로운 쌀로 지은 부드러운 밥에 아욱국	香秔軟飯露葵羹
조금 양 차면 여유로워 배부르기 바라지 않네	小飽婆娑不願盈
산 주위 숲새는 새끼 데리고 날아가고	山近林鳥將子過
처마 밑 둥지 제비는 새끼 다 키웠구나	簷低巢燕養雛成
빈 집에 비 개어 섬돌 깨끗하고	虛堂雨霽階除淨
성긴 창에 바람 불어 잠자리 상쾌하다	疏牖風來枕席淸
늘그막에 집 떠나 변방에 누운 채	垂老離家臥邊塞
곤궁한 삶 살아가니 덧없는 인생 웃어본다	一瓢棲息笑浮生

심양에 있는 최 빈객[35]에게 부치다
寄崔賓客瀋陽

늙고 병든 불행한 사람 이별에 마음 아픈데	衰病蹉跎別意傷
소식도 세상일도 둘 다 까마득하구나	音書世故兩茫茫
행인은 서하의 관사에 머물고	行人尙滯西河館
사절은 북해의 양떼를 살피네[36]	使節仍看北海羊
땅에 깔린 전란의 먼지 저 멀리까지 가득하고	接地煙塵隨望遠
궁도의 세월 시름과 함께 길구나	窮途歲月倂愁長
유배객과 국경 나간 사람도 돌아갈 날 아득하니	投荒出塞俱綿邈
외떨어진 신세 애가 끊어지네[37]	只是離居可斷腸

35 최 빈객(崔賓客) : 최혜길(崔惠吉, 1591~1662)로, 본관은 전주(全州), 자는 자적(子迪), 호는 유하(柳下)이다. 1641년(인조19) 우부빈객(右副賓客)으로 심양에 갔다.《仁祖實錄 19年 5月 15日》 빈객(賓客)은 조선 시대에 세자의 교육을 담당하던 세자시강원 소속의 정2품 관직이다.

36 행인은……살피네 : 최혜길이 세자와 함께 심양에 머물고 있는 상황을 비유적으로 읊은 것이다. 서하관(西河館)은 춘추 시대 노(魯)나라 대부 계손의여(季孫意如)가 진(晉)나라에 잡혀가 억류되었던 곳인데, 여기서는 심양의 세자 관소를 가리킨다.《春秋左氏傳 昭公13年》 사절(使節)은 흉노에 사신으로 갔다가 억류되어, 북해(北海)의 황량한 변방에서 양을 쳤던 한나라 소무(蘇武)를 가리키는데, 여기서는 최혜길을 소무에 비유한 것이다.《漢書 卷54 蘇建傳 蘇武》

37 유배객과……끊어지네 : 이민구는 유배객으로, 최혜길은 국경을 나가 심양에 머무는 신세로, 언제 돌아갈지 모르는 상황에 놓여있으니, 외롭게 지내는 생활이 괴롭다는 말이다. 이거(離居)는 이군삭거(離群索居)의 준말이다.

장마

霖雨

여름날 더운 먼지에 한낮 무기력에 빠져	朱夏炎霾鎖晝慵
열흘 지나도록 지팡이 짚고 나서지 못했는데	經旬無計攝遊笻
먹구름이 성황묘 위에 흩어지지 않고	雲陰不散城隍廟
비 기운이 약사봉을 오래 덮더니	雨氣長埋藥士峯
큰 못에 파도 일어 초망 잠기고[38]	大澤風濤沈楚望
중원의 진흙이 요봉을 더럽히네[39]	中原泥土汚堯封
그윽한 삶 장마에 시름하는 시 있어	幽居政有愁霖作
관하에 부치려 해도 길에 인적 끊겼네	欲寄關河路絶蹤

38 큰……잠기고 : 장마로 물이 불어 땅이 잠긴다는 말이다. 초망(楚望)은 초(楚)나라 산천이라는 말인데, 여기서는 조선을 가리키는 말로 사용되었다. 《춘추좌씨전》 애공(哀公) 6년 기사에 "삼대에 제후가 제사 지낼 범위를 정하여 명하였으니, 자기가 영유하는 경내의 산천을 벗어나서 제사 지낼 수 없다. 양자강, 한수, 수수, 장수는 초나라가 제사 지낼 산천이다.〔三代命祀, 祭不越望, 江漢睢漳, 楚之望也.〕"라고 하였다.

39 중원(中原)의……더럽히네 : 요봉(堯封)은 요 임금 때 순(舜)에게 명해서 천하를 순시하여 12주를 만들고, 12개의 큰 산에 봉토(封土)를 쌓아 제사 지내게 했다는 데서 온 말이다. 본래는 중원과 함께 중국의 강역(疆域)을 가리키는 말인데, 여기서는 조선을 가리킨다. 이 구는 장마로 인해 길이 진흙탕으로 변한다는 것인데, 나아가 청나라에 의해 조선이 유린되었던 것을 말한 것이다.

이증에게 주다

贈李增

이름을 요(饒)로 고쳤다.

우리 집 본래 서울인데	我家本京洛
어쩌다가 천 리 길 넘어왔나	胡爲越千里
어지러이 상란 만나	紛然遭喪亂
고향에 살지 못하게 되었네[40]	不得依桑梓
여기는 고향도 아닌데	此邦非故鄕
어느덧 오 년이나 지냈네[41]	忽將半一紀
사는 곳 외져 어울릴 사람도 적고	居窮寡伴侶
몸에 지닌 거라곤 지팡이와 안석 뿐	近身唯杖几
이증이 책 들고 찾아오니	李生挾書至
나를 세 번 감탄하게 하네	令我三歎起
얼굴 마주하자 외로운 눈물 그치고	覿面破孤涕
흉금 터놓으니 잠깐 사이 기뻐졌네	披襟陶暫喜
매우 부족하여 부끄럽지만	顧慙鹵莽甚

40 어지러이……되었네 : 병자호란을 겪고 나서 유배객이 되어 고향을 떠났다는 말이다. 상재(桑梓)는 고향을 뜻한다. 《시경》 〈소반(小弁)〉에 "뽕나무나 재나무도 공경해야 한다.〔惟桑與梓, 必恭敬止.〕"라고 하였다.

41 여기는……지냈네 : 적소인 영변에서 보낸 시간이 오래라는 말이다. 일기(一紀)는 12년이므로, 반일기(半一紀)는 정확히 말하자면 6년이다. 그러나 이민구가 영변에 유배된 것은 1637년(인조15)이고, 이 시를 짓는 시점은 1641년으로, 영변에서 5년째 생활하고 있는 것이다. 이러한 사실에 근거하여 오 년으로 풀이하였다.

호련처럼 좋은 자질만은 알아본다네[42] 但賞瑚璉美
불구름이 뜨거운 그늘 만들더니 火雲構炎陰
오랜 비에 성시 잠겼어라 積雨沈城市
앞 길에 열 자나 되게 진흙 쌓여 前街十尺泥
푹푹 빠지고 바람과 물 뒤섞였네 汩沒混風水
아침에 배우러 나오는데 朝來詣函丈
푸른 이끼가 흰 신에 피었구나 碧蘚生素履
그대의 애쓰는 뜻에 감동하여 感汝勤苦志
깊은 마음으로 정밀한 이치 말해 주네 深心喩精理
지극한 도도 숨기지 않을 텐데 至道且無隱
문장은 하물며 작은 재주임에랴 文章況小技
시골에서 날마다 할 일 없어 村閭日少事
낮잠 즐기며 시간만 보내니 晝寢動移晷
어찌 이증에게 부끄럽지 않으랴 豈不媿李生
아아 오두막집의 선비여 嗟哉蓬門士

42 매우……알아본다네 : 이민구가 스스로 생각하기에 자신은 부족한 사람이지만, 이증의 훌륭한 자질만은 알아본다는 말이다. 호련(瑚璉)은 종묘(宗廟)에서 서직(黍稷)을 담는 화려한 그릇인데, 뛰어난 인재를 비유한다. 자공(子貢)이 공자에게 "저는 어떻습니까."라고 묻자, 공자는 "너는 그릇이다."라고 하였다. 그러자 자공이 "어떤 그릇입니까."라고 다시 묻자 "호련이다." 하였다.《論語 公冶長》

지겨운 비

苦雨

작년은 내내 가물더니	去年終歲旱
올해는 비가 끝도 없네	今年雨無極
하늘에 음과 양이 있는데	昊穹具陰陽
어이해 넘침과 부족함이 있는가	何緣有豐嗇
어둑어둑 열흘 동안	冥冥一旬間
밤인지 낮인지 분간 못했네	莫辨兩儀色
캄캄한 철옹산 서쪽	黯慘鐵峯西
구름이 늘 시커멓게 피어나네	雲氣常潑墨
해와 달이 밝은 빛 감추니	日月韜大明
영원히 사라질까 걱정일세	直愁永淪蝕
진창이 성곽을 가득 메워	泥濘塡城郭
마을길[43]이 온통 막혔네	廬井紛擁塞
골짜기마다 물결 쏟아지니	萬谷射波濤
양쪽 벼랑 무너질까 두려워라	雙崖恐顚踣
거세게 치달아 둑 때리며 흘러가	奔崩拍岸逝
남쪽에 모이고 동쪽 나루 시커멓다	南會東津黑

43 마을길 : 여정(廬井)은 옛날의 정전제를 가리킨다. 여덟 집이 한 우물을 같이 사용하였기 때문에, 같은 우물을 사용하는 여덟 집을 여정이라 일컬었다. 여기서는 마을을 오가는 길의 의미로 풀이하였다.

청천강 어귀까지 달려가면　及赴晴川口
하늘에 닿을 듯 아득히 헤아릴 수 없네　浮天渺不測
큰 들판을 평평하게 덮으니　平沈鉅野覆
지축도 기울겠네　地軸爲之戾
슬프다 몇 만 집이　哀哉幾萬家
떠내려가고 농사도 망쳤구나　漂沒傷稼穡
상제께서 백성들 불쌍히 여겨　上帝閔黔黎
내려다보며 깊이 슬퍼하겠지만　下顧宜深惻
내리는 재앙 끝없으니　降災莽無端
인자도 어찌하지 못하네　仁者難爲力
하물며 나는 낙교 떠나[44]　況我違樂郊
떠돌이로 외딴 변방에 묶인 몸임에랴　流離限絶域
누가 식량 없이 살 수 있으랴　誰能去稻粱
힘껏 기장 심었어라　勉爾藝黍稷
어찌 밭 갈고 김매기 뒤지고서　豈敢後耕耘
많은 수확 바랄까　實覬收千億
무너진 모래 덮인 밭의 싹 씻기나니　頹沙滌壟苗
도리어 병해충 걸릴까 염려하네　反思罹蟊賊
주리면 주린 대로 배부르면 배부른 대로 살지만　雖甘徇饑飽
문득 밥 먹기 잊고 싶어라　忽欲忘飯食

44 낙교(樂郊) 떠나 : 고향을 떠났다는 말이다. 낙교는 낙지(樂地)와 같은 말로, 《시경》 〈석서(碩鼠)〉에 "장차 너를 버리고 떠나서, 저 즐거운 땅으로 가련다.〔逝將去女, 適彼樂郊.〕"라는 내용이 보인다.

담장 안에 쑥과 명아주 무성하고	環堵蔽蓬藜
문 나서니 여기저기 가시덤불일세	出門遍荊棘
대궐문 두드려 하소연하려니	願言款閶闔
어이하면 기러기 날개 빌릴까	焉假飛鴻翼

백희설에게 주다

贈白希契

자네 형제 모두 다섯인데	汝家兄弟凡五人
내가 셋[45] 만나보니 모두 빼어났지	吾見其三俱秀美
아아 어딘들 재목이 자라지 않으랴	嗟乎何地不生材
변방에도 엄연히 좋은 재목[46] 있으니	塞土居然梃枏梓
때 맞춰 북돋고 비와 이슬 내리면	培栽雨露當及時
줄기가 울창하게 자라 하늘에 닿지	枝幹鬱有昂霄姿
바람에 나부낌과 해를 낌[47]은 끝내 스스로 이루니	飆風夾日終自致
힘써 우뚝 자라서 더디게 하지 말아라	勉爾擢秀無遲遲
나는 늙고 게으른데다 총기도 떨어져	我衰懶慢神氣低
옛날 배운 건 아련하고 새로 배운 건 모르겠다	故業蒼茫新學迷
뜰 홰나무 시들어 문예 다투는 날[48] 다가오건만	庭槐初黃戰藝忙

45 셋 : 이민구의 《동주집(東州集)》을 검토해 보면, 먼저 시집(詩集) 권4의 〈패강 노래. 백희직에게 주다〔浿江歌贈白希稷〕〉에서 백희직, 그리고 이 시에 나타난 백희설(白希契), 다음 시에 보이는 백희익(白希益)을 찾을 수 있다. 이 세 사람이 형제인 것으로 보인다.

46 좋은 재목 : 정남재(梃枏梓)는 모두 나무 이름으로, 재질이 좋기로 유명하다. 여기서는 백희설 형제들의 뛰어난 자질을 비유적으로 읊은 것이다.

47 해를 낌 : 협일(夾日)은 태양을 양쪽 가에서 끼고 있는 것으로, 임금을 보좌하는 공을 말한다.

48 문예 다투는 날 : 이 시에 이어지는 다음 시의 내용으로 볼 때, 감시(監試)가 실시되는 날을 말한다.

부끄럽게도 한 마디 일깨워 줄 말도 없구나	愧乏一語堪提撕
길 평탄하고 말 건장하며 채찍도 좋으니	途夷馬健卓策良
가고 가서 멀리 치달릴 걸 의심하지 마라	去去勿疑驅馳長
가을 하늘 깨끗하고 서리 내릴 날 다가오니	秋旻澄霽霜候近
기러기 행렬 높이 나는 것을 보리라[49]	試看雁序高翺翔

49 기러기……보리라 : 아래에 이어지는 작품을 감안할 때, 백희설 형제가 감시(監試)에서 합격하기를 기대한다는 의미로 풀이된다.

감시에 응시하러 본현으로 가는 백희익을 전송하다

送白希益赴監試本縣

과연 장원을 차지하였다.

가을 풍광 홰나무 시들 날 다가오니	秋來物色近槐黃
감시가 비단 옷 입는 마을에서 열리네	場屋仍開衣繡鄕
모두들 그대 집에 형제 많다 하는데	共說君家兄弟衆
몇이나 금표향 차지할까[50]	幾人爭賭錦標香
용문의 물결 시험장에 이어져	龍門波浪接詞場
합격 소식 전해지니 길 가득 영광이네	彩榜傳呼滿路光
아마도 이금의 기쁜 소식[51] 곧 있으리니	想得泥金聞喜近
한 집의 볼거리 셋째 아들에게 있네	一家看賞第三郎

50 몇이나 금표향(錦標香) 차지할까 : 백희익의 형제들 가운데, 감시(監試)에 합격하는 사람이 몇 명이나 되겠느냐는 말이다. 금표(錦標)는 비단으로 장식한 표인데, 옛날 과거 시험에 수석으로 급제한 사람이 가졌던, 즉 우승표(優勝標)와 같은 것이다.

51 이금(泥金)의 기쁜 소식 : 과거에 급제함을 말한다. 이금은 아교를 섞은 금분(金粉)으로, 당(唐)나라 때 새로 급제한 사람은 가서(家書)에다 이금첩(泥金帖)을 첨부해서 등과(登科)의 기쁜 소식을 전하였다.

7월 12일 밤에
七月十二夜

초가을 날씨 아직도 뜨거워	初秋尙炎熱
무기력하게 긴긴 날 누워 지냈어라	意倦臥日長
띳집 처마에 차츰 어둠 내리자	茅簷稍曛黑
문 열고 찬 공기 맞이하노라	開戶延浮涼
맑은 하늘에 더운 공기 가시고	澄霄氛氣除
대화성이 서쪽으로 내려가네[52]	大火頹西光
지나는 구름이 달빛 토해내고	行雲吐流月
별들이 찬란히 서로 바라보네	列宿燦相望
빈 뜰에 벌레들 떼 지어 나니	庭虛蟲羽繁
움직임과 고요함 밤과 낮 따라 다르구나	動靜隨陰陽
맑은 밤 새롭게 개니	淸宵得新霽
만물이 모두 울고 나는구나	群品俱鳴翔
각양각색 천성 지녔으니	紛然各天性
기후에 응하는 건 진실로 당연한 이치이지	應候固其常
귀뚜라미 소리 가장 작은데	蟋蟀最細微
내 침상을 의지하려 하네[53]	亦欲依我床

52 대화성(大火星)이 서쪽으로 내려가네 : 대화(大火)는 28수 가운데 하나인 심성(心星)의 별칭이다. 《시경》 〈칠월(七月)〉에 "7월에 심성이 서쪽으로 내려가거든, 9월에 옷을 만들어 주느니라.〔七月流火, 九月授衣.〕"라고 하였는데, 7월에는 대화성이 초저녁에 나타나는 위치가 서쪽으로 이동하여 더 낮아지므로 이렇게 읊은 것이다.

생각해 보니 저 창검 짊어진 사람들　念彼負戈士
옷자락 나부끼며 변방으로 가지　飄颻去邊疆
하물며 삼복더위 교차하는 때라　況當三伏交
땀 훑으면 물 붓듯 쏟아지겠지　揮汗踰翻漿
목숨을 싸움터에 맡기니　委命格鬪場
비록 죽은들 누가 슬퍼하랴　縱死誰見傷
북쪽 숲에 맑은 이슬 떨어져　北林隕淸露
까치가 놀라 우니 때는 한밤중　鵲驚時夜央
아득히 온갖 생각 다 모여들어　蒼茫百慮集
늙은이 노래 격앙되네　白首歌激昻

53 귀뚜라미……하네 : 가을로 접어들어 귀뚜라미가 민가로 다가옴을 말한 것이다. 《시경》〈칠월(七月)〉에 "칠월에는 들판에 있고, 팔월에는 처마 밑에 있고, 구월에는 문에 있고, 시월에는 실솔이 나의 침상 아래 들어온다.〔七月在野, 八月在宇, 九月在戶, 十月蟋蟀, 入我牀下.〕"라고 하였다.

장응운에게 주다

贈張應雲

장응운은 도 배우기를 거문고 익히듯 하여　張生學道猶學琴
음을 알지는 못해도 능히 즐길 줄 알지　未必賞音能喜音
즐기기를 그치지 않아 십 년이나 타니　喜之不輟十年彈
문득 손가락 밑에 음양이 고르게 되었네　忽覺指底諧陽陰
그대는 변방에서 태어나 그곳 풍속 익혔으니　生生塞門習塞俗
어찌 경계해 주는 스승과 벗이 있었으랴　焉有友師相規箴
늘 사냥 말 따르며 옷자락 짧게 하고　常隨獵騎短後衣
전사들의 즐비한 긴 창을 익숙히 보았겠지　慣閱鬪士長戟林
그런데도 기꺼이 고개 숙여 책[54] 탐독하니　乃肯屈首耽油素
본성의 이르는 바에 전념한 것이지　獨性所至專其心
지난해 달려와 병란을 피하여　去歲奔波走避兵
굶주림 견디며 책 끼고 깊은 곳에 숨었으니　忍饑挾冊竄幽深
무엇이 다르랴 임회가 갓난아이 업고　何殊林回負赤子
홀연히 버리고 가서 천금 경시한 일과[55]　撇然棄去輕千金
내가 영변[56]에 나그네로 막 도착했을 때　我客延州纔稅駕

54 책 : 유소(油素)는 본래 서화(書畵)에 주로 사용하는 매끄러운 흰 비단을 가리키는데, 여기서는 서책을 의미하는 말로 사용되었다.

55 지난해……일과 : 장응운이 병자호란 당시 피란하면서 책을 가지고 간 것을 임회(林回)의 고사에 비유하여 칭찬한 것이다. 임회는 천금의 값어치가 있는 구슬을 버리고 갓난아이를 업고 도망친 사람이다. 《莊子 山木》

곧바로 자네가 방문했었지	便卽見爾來追尋
내 방에 들어와 책을 보더니	入我之室觀我書
물로 더위 씻어내듯 흉금 열었지	如水濯熱當披襟
지난날 현묘한 글 익숙히 보지 않았다면	向非彷彿覩玄文
음악 듣고 기뻐하듯 어찌 부러워했으랴	聞樂竊抃奚攸歆
시골 몇 마지기 밭이 잡초에 덮이도록	蕪沒鄕園數畝田
나그네 집에 묻혀 지냈더니 가을비 내리네	沈埋旅舍新秋霖
반딧불 비치는 창에 책 읽는 소리 역력하여	螢囱歷歷讀書聲
원근의 맑은 밤 다듬이질 소리와 어우러지네	遠近細和淸夜砧
그대 보았나 강해에 많은 물 모이니	君看江海積浪多
받아들일 때 어찌 하찮은 물인들 버리랴[57]	納流豈嘗遺蹄涔
애달프다 스스로 보배를 버리지 마라	咄哉毋爲自喪寶
관서의 공물은 오직 구림 뿐이지[58]	西土厥貢惟球琳

56 영변 : 연주(延州)는 평안북도 영변을 가리킨다.

57 강해(江海)에……버리랴 : 강과 바다에 많은 물이 모이는데, 그 강과 바다가 물줄기를 받아들일 때 아주 작은 물도 버리지 않고 모두 수용한다는 말로, 나라에서 인재를 등용할 때 버리는 인재가 없음을 비유적으로 말한 것이다. 제잠(蹄涔)은 소 발자국에 고인 물이라는 뜻으로, 매우 적은 양의 물을 비유하는 말이다.

58 스스로……뿐이지 : 장응운에게 열심히 공부할 것을 당부한 말이다. 구림(球琳)은 찬란한 옥을 가리키는데, 여기서는 훌륭한 인재를 의미한다.

7월 보름이자 처서에 비가 내리다
七月望日處暑雨

초가을에 늦더위 보내려고	首秋餞餘暑
서늘한 공기가 바람 타고 왔구나	涼氣颯以至
보름달은 볼 수 없지만	雖無滿輪月
비바람이 불볕더위 씻어 주네	風雨滌炎熾
시원하게 한바탕 상쾌해지니	灑然乘一快
내 잠을 깨우기에 충분하도다	亦足醒我睡
짙은 어둠이 천지에 가득 차고	重陰塞兩儀
탁류가 대지에 넘실대네	濁流包大地
산골 물은 오래도록 바퀴 적실 정도였는데	山泉舊濡軌
골짝 훑으며 콸콸 쏟아져 내리네	漱壑注滂濞
게다가 막힌 고향 길 바라보니	況望鄉路阻
산하가 까마득히 무너졌네	關河渺橫潰
지척까지 여울물 되었으니	咫尺欿灘渡
무슨 수로 날개를 얻을까	何由有羽翅
농부들 애걸하며 호소하니	農家訴嗸嗸
논에는 이삭이 쓰러졌구나	田畝臥滯穗
가뭄과 홍수가 끊임없이 계속되니	旱澇荐相仍
참담하구나 하늘의 뜻이여	慘惔高穹意
슬픈 노래에 눈물 흘러	悲歌激危涕
그치려 해도 벌써 두 줄기로 떨어지네	欲止已雙墜

순찰사 심연[59]이 들르다

沈巡察演相過

하늘 끝에서 만나 영고를 느끼니 天涯相視感榮枯
어려서 사귄 우리 늙은이 되었네 童稚交遊抵老夫
얼굴에 먼지 쓰고 햇살도 따가운데 拂面塵埃兼畏景
몸은 변방에서 곤궁한 처지로군[60] 近身關塞卽窮途
몰골은 세상풍파 겪어 마음속 기약 다 사라졌는데 形容閱世心期盡
재주는 때를 만나 뜻한 일 이루었네 材力乘時志業輪
갈림길에서 이별하며 할 말 없으니 岐路別離無可道
그대에게 줄 건 구슬 같은 눈물뿐이네 贈君唯有淚成珠

59 심연(沈演) : 1587~1646. 본관은 청송(青松), 자는 윤보(潤甫), 호는 규봉(圭峰)이다. 1641년(인조19) 9월 8일 순찰사에 임명되어 서쪽 한선(漢船)을 방비하였다. 《仁祖實錄 19年 9月 8日》

60 얼굴에……처지로군 : 심연은 먼지가 풀풀 날리고 햇살이 따갑게 내리쬐는 길을 무릅쓰고 찾아왔고, 이민구는 변방 유배지에서 곤궁하게 지내고 있다는 말이다.

새벽에 일어나 농사 이야기를 듣다

晨起聞農談

맑은 가을 이슬 내려 서늘한데	淸秋露氣洒涼天
촌 노인과 텃밭 가에서 농사일 이야기하네	野老農談小圃邊
며칠 모진 바람에 곡식 다 쓰러졌으니	數日惡風吹穀盡
뭘 먹으며 금년 지낼까	將何粥飯過今年

이창언에게 주다

贈李昌言

이 세상 살아가며	人生天地內
만남과 헤어짐 우연 아니지	合散非偶然
관서 지역은 도성과 떨어져	西州距京輦
길이 아득히 천 리나 되는데	道路渺且千
아아 나와 이군은	嗟我與李君
무슨 인연으로 만나게 되었나	會面何由緣
갑자기 세상 법망에 걸려	忽爾遭世網
나부끼듯 먼 곳으로 쫓겨왔네	飄飖遠徂遷
여러 식구들 다 죽었으니	百口盡零落
이 한 목숨 기꺼이 버릴 수 있네	一命甘棄捐
어찌 정다운 벗과 친척 없으랴만	豈無故親懿
산천에 막혀 멀리 떨어졌지	契闊限山川
그대 만나 나그네 신세 달래 주니	逢君慰旅泊
병 많아도 오랜 병석에서 벗어났다네	多病豁沈綿
농촌 이야기 주고받고	綢繆農里言
시서도 토론하였지	討論詩書篇
어울려 깊은 시름 풀다 보니	提携破幽悁
어느덧 오 년 세월 지났어라	荏苒經五年
초면이던 사람이 구면 되었으니	新知成舊識
외진 변방 생활 다시 한하지 않노라	不復恨窮邊

긴 바람이 외로운 기러기에 불어	長風吹孤雁
쓸쓸하게 구름 너머로 날아가네	慘惔凌雲煙
해후한 강과 바다의 새들	邂逅江海禽
그림자 돌아보며 서로 가련해하네	顧影還相憐
산하가 아득히 우거지니	關河莽紆鬱
떠도는 나그네 어찌 돌아갈까	游子何當旋
가을하늘에 대화성 사라지고[61]	秋旻大火沒
맑은 이슬이 날로 흥건히 내리네	淸露日漣漣
늙고 게을러 낮에도 누워 있기 일쑤인데	衰慵晝多臥
어진 그대 덕에 일어났네[62]	起余賴吾賢
거친 밥이 참으로 보잘것없지만	麤糲誠至薄
길이 함께 먹고 자길 바라노라	永願同飽眠

61 대화성 사라지고 : 가을이 깊어가는 것을 의미한다. 대화(大火)는 28수(宿) 중의 하나인 심성(心星)으로, 음력 5월을 상징하는데, 음력 7월이 되면 심성이 서쪽으로 내려간다. 282쪽 각주52 참조.

62 어진……일어났네 : 이창언이 글을 배우러 오기 때문에 일어나게 되었다는 말인데, 일어난다는 것은 단순히 누워있는 상태에서 일어나 앉는 행위적 측면뿐만 아니라, 경각심을 준다는 의미를 내포한다. 공자가 《시경》을 가지고 자하(子夏)와 문답하면서 자하를 칭찬하여 "나를 일깨운 자는 상이로다. 비로소 더불어 시를 말할 만하구나.〔起予者商也, 始可與言詩已矣.〕"라고 하였다. 《論語 八佾》

양지호에게 주다

贈梁之濠

나는야 조용하고 한산함 즐기나니 我性耽靜散
만나는 건 배우러 오는 사람뿐이지 相見唯學者
양지호가 운산[63]에서 찾아오니 之濠雲山來
기가 갈무리된 한혈마 같았네[64] 氣禁汗血馬
문장에 겉치레 지양하여 於文謝浮慕
마음 끌리는 대로 하고 밖에서 구하지 않네 中好非外假
마음 가다듬고 전분[65] 연구하며 銳意窮典墳
유하와 나란하기를 깊이 기약하였지[66] 深期列游夏
때때로 귀성 청하여 有時請歸省

63 운산(雲山) : 평안북도 운산으로 영변 북쪽에 위치하고 있다.

64 기(氣)가 ……같았네 : 양지호(梁之濠)의 기상이 훌륭했다는 말이다 한혈마(汗血馬)는 피와 같은 땀을 흘린다는 대완(大宛)의 준마(駿馬)이다. 《한서(漢書)》 권14 효무5(孝武五)에 "4년 봄 1월에 이사 장군 이광리가 대완왕의 머리를 베고 한혈마를 잡았다.〔四年春正月, 貳師將軍李廣利, 斬大宛王首, 獲汗血馬.〕"라고 하였다.

65 전분(典墳) : 삼분오전(三墳五典)의 약칭으로, 삼분은 복희(伏羲), 신농(神農), 황제(黃帝)의 글이고, 오전은 소호(少昊), 전욱(顓頊), 고신(高辛), 요(堯), 순(舜)의 글을 말한다. 여기서는 고대의 글이나 서적을 통칭한 것이다.

66 유하(游夏)와……기약하였지 : 양지호가 문학에 뛰어난 사람이 되리라 목표를 설정하고 열심히 공부하였다는 말이다. 유하는 공자의 제자인 자유(子游)와 자하(子夏)의 병칭인데, 모두 문학에 뛰어났다. 공자가 "문학에는 자유와 자하가 있다.〔文學, 子游子夏.〕"라고 하였다.《論語 先進》

열흘이나 한 달씩 문하를 비우네　　旬月曠門下
공부 성취하려면 무엇보다 꾸준해야 하니　　功成戒作輟
어긋난 태도 자못 괴이했지[67]　　頗怪愆趣捨
그가 고통스럽게 말하기를 떠도는 백성 많은데　　苦云流逋多
고을 작고 이서들도 적습니다　　邑小吏胥寡
가는 곳마다 파견된 관리[68] 만나니　　經過接使蓋
분주함이 선비에게도 미칩니다　　奔走及儒雅
관청에서 공역 정해주니　　公家限程役
추우나 더우나 땀 흘리며 얼굴 붉어집니다　　寒暑俱汗赭
시서가 마음과 눈에 아른대지만　　詩書在心目
길에서 다리 지치도록 일합니다　　道路疲脚踝
아아 관서의 백성들이여　　嗟哉西土人
누군들 전야에서 편안히 살아갈까　　誰得安田野
부지런히 일하고 남은 힘 있어도　　勤勞感餘力
지극한 마음 털어놓기 부끄러워하지　　至情媿輸寫
장인과 상인이 제각각 하는 일 다르지만　　工商各異業
그릇의 쓰임은 도야하는 데 달렸지　　器用資陶冶
영월은 채찍질할 수 없으니[69]　　甯越不可鞭

67 공부……괴이했지 : 양지호의 공부하는 태도를 지적한 것이다. 작철(作輟)은 공부를 하다가 말다가 하는 것을 말하고, 취사(趣捨)는 해야 할 일과 하지 말아야 할 일을 말한다.

68 파견된 관리 : 사개(使蓋)는 사신의 수레를 말하는데, 여기서는 중앙정부에서 파견된 관리를 가리킨다.

69 영월(甯越)은……없으니 : 시키지 않아도 부지런히 공부함을 말한 것이다. 영월

은 중모(中牟)의 비천한 사람이다. 농사일이 괴로워 친구에게 어떻게 하면 이 고통에서 벗어날 수 있겠느냐고 묻자, 친구가 "공부만한 것이 없다. 30년을 공부하면 현달할 수 있다.〔莫如學, 學三十歲則可以達矣.〕"라고 하였다. 그러자 영월이 "청컨대 10년 동안 남들이 쉴 때 나는 쉬지 않으며, 남들이 누워 잘 때 나는 자지 않으며 공부할 것이다.〔請以十歲, 人將休, 吾將不敢休, 人將臥, 吾將不敢臥.〕"라고 하였다. 결국 15년 뒤에 주 위공(周威公)이 그를 스승으로 삼았다고 한다.《呂氏春秋 卷24 博志》

8월 14일에 향산에 눈이 내리다

小中秋香山雪

팔월 향산에 눈 내리니	八月香山雪
해마다 객사 차갑구나	頻年客舍寒
전원에는 가을빛 다 사라지고	園場秋色盡
전답에는 한 해 농사 끝장났네	田畝歲功殫
바위는 뭇 절벽의 흰빛 안았고	石擁群崖白
단풍은 만 골짝의 붉음 꺾였네	楓摧萬壑丹
고향에서는 오늘	故鄕當此日
맑은 이슬이 난초 떨기 씻어 주겠지	淸露灑叢蘭

추분에 서리가 내리다

秋分日降霜

들판에 찬비 많이 내려	郊野厭冷雨
곡식 낟알 떨어지네	禾穀困離披
농사 늦어질까 두려워	穡事恐晼晩
권농관[70] 이미 탄식하네	田畯已嗟咨
어찌하여 하늘은	奈何旻穹意
서리를 일찍 내리게 하였나	降霜亦不遲
추분에 거센 위세 부리니	秋分下嚴威
두 해가 기약한 듯[71]	兩歲若素期
절기는 진실로 차례가 있는데	節氣固有序
마땅함을 잃은 것이 아니겠는가	無乃爽所宜
맑은 새벽 사방 바라보니	淸晨延四望
온통 찬 눈곱 엉겨 붙었네[72]	極目凝寒眵

70 권농관(勸農官) : 전준(田畯)은 농사일을 독려하는 관리이다.

71 추분(秋分)에……기약한 듯 : 지난해에도 추분에 서리가 내렸는데, 올해도 추분에 서리가 내려 마치 약속이라도 한 것 같다는 말이다. 《동주집(東州集)》 시집(詩集) 권4에 〈8월 7일 추분 전후로 서리가 계속 내려 만물이 다 시들다〔八月初七日 秋分前後降霜不止 百物彫枯〕〉라는 시가 있으므로, 1640년(인조18) 추분에도 서리가 내렸음을 알 수 있다.

72 온통……붙었네 : 시야에 들어오는 모든 지역에 서리가 내렸다는 말이다. 치(眵)는 본래 눈곱을 의미하는데, 여기서는 서리를 말한다.

만물이 숙살 당하니　　群物被肅殺
좋은 것도 나쁜 것도 다 쇠했어라[73]　　美惡俱淪夷
아침햇살이 초목을 비춰도　　旭日晞草木
마른 잎들 모두 축 처졌네　　枯葉盡低垂
가을 작물은 게다가 어리고 여리니　　時稼況稚弱
어찌 꿋꿋하게 버텨내랴　　焉得强支持
굶주린 데다 노역에 시달리니　　饑荒兼力役
백성들 목숨 실낱처럼 위태롭다　　民命僅如絲
나는 솥에 먼지 필까 걱정이니　　我患釜生塵
구렁에 버려진들 어찌 슬퍼하랴[74]　　溝壑奚足悲
다만 나라 안에　　但懼封域內
살아남는 백성 없을까 두렵구나　　黎首靡孑遺
상제께서는 본래 총명하여　　上帝本聰明
온갖 징후[75] 서로 따르는데　　庶徵各相隨
나라 위태로워 군사들 또 움직이니　　邦危兵又動
어찌 재앙을 부르지 않으랴　　豈無召癘疵
사람들은 조물주[76] 탓하지만　　人方咎眞宰

73 만물이……쇠했어라 : 서리가 내려서 곡식이든 잡초든 가릴 것 없이 모두 시들었다는 말이다.

74 나는……슬퍼하랴 : 먹을 것이 없어서 솥에서 먼지가 피어날 지경이니, 죽어서 구렁에 버려져도 서글플 것이 없다는 말이다.

75 온갖 징후 : 서징(庶徵)은 비가 내리고〔雨〕 볕들고〔暘〕 덥고〔燠〕 춥고〔寒〕 바람 부는〔風〕 등의 좋고 나쁜 자연 현상을 관찰하여 징험한다는 뜻으로, 홍범구주(洪範九疇) 중 여덟 번째 항목이다. 《書經 洪範》

조물주가 어찌 주관했으랴	眞宰安肯尸
탄식하며 부로에게 이르노니	歎息謂父老
하늘을 속일 수 있다고 말하지 말라	勿言天可欺

76 조물주(造物主) : 진재(眞宰)는 우주 만물의 주재자(主宰者)를 말한다. 《장자(莊子)》 〈제물론(齊物論)〉에 "진재가 있는 것도 같은데, 그 조짐을 얻지 못했다.〔若有眞宰, 而特不得其眹.〕"라고 하였다.

화운하여 심양으로 가는 이 이사[77]에게 부치다

和寄李貳師瀋行

요동에 된서리 내려 초목 시드는데　　遼左繁霜草木衰
사신 행렬 서글피 어디로 가는가　　行人冠蓋悵何之
상산의 우익 풍운 속에 멀리 가니[78]　　商山羽翼風雲遠
북해의 숫양 세월 더디구나[79]　　北海羝羊歲月遲
늘그막 변방의 유배 생활 한스럽고[80]　　玉玦暮年游塞恨

77 이 이사(李貳師) : 이사는 조선 시대 세자시강원(世子侍講院)의 종일품(從一品) 문관으로, 왕세자에게 경전(經典)과 사서(史書)를 강의하고 도의를 가르치는 일을 맡았다. 정식 칭호는 세자이사(世子貳師)로 의정부(議政府)의 좌・우찬성(左右贊成)이 겸임하였다. 여기서 이 이사는 이경석(李景奭)을 말한다. 이경석은 1641년(인조19) 6월 12일에 이사로 임명되었으며, 8월에 심양(瀋陽)으로 갔다. 《仁祖實錄 19年 6月 12日》

78 상산(商山)의……가니 : 이경석이 세자 이사로 심양에 간다는 말이다. 상산우익(商山羽翼)은 상산사호(商山四皓)가 한 고조(漢高祖)의 태자(太子)를 도왔던 일을 말한다. 한 고조가 적실(嫡室)인 여후(呂后)의 아들 혜제(惠帝)를 밀어내고, 첩실(妾室)인 척 부인(戚夫人)의 아들로 후계자를 삼으려 하였다. 여후가 장량(張良)의 계략대로 상산사호를 불러들여 태자를 시위(侍衛)하게 하자, 고조가 뜻을 바꾸고 초가(楚歌)를 부르기를 "큰 고니가 높이 날이여, 단번에 천 리를 가도다. 날개가 이미 자람이여, 사해를 가로지르도다.〔鴻鵠高飛, 一擧千里. 羽翼以就, 橫絶四海.〕"라고 하고, 마음을 돌렸다고 한다. 《漢書 卷40 張良傳》

79 북해(北海)의……더디구나 : 세자가 심양에서 오랫동안 돌아오지 못하고 있다는 말이다. 저양(羝羊)은 숫양이다. 한(漢)나라 소무(蘇武)가 흉노에 사신으로 갔다가 억류되었는데, 흉노의 선우가 "숫양이 새끼를 낳아야 본국으로 돌려보내겠다."라고 했던 고사가 있다. 《漢書 卷54 蘇建傳 蘇武》

가을날 먼지 속에 고향 떠나는 마음 슬프구나 塵沙秋日越鄕悲
이 마음을 삼강 뒤까지 기다릴까[81] 此情可待三江後
성 밖 먼 길 떠나면 곧 이별인 것을 城外長程是別離

80 늘그막……한스럽고 : 이민구 자신이 해배되지 못한 채, 변방 적소에서 생활하는 것이 한스럽다는 말이다. 옥결(玉玦)은 한쪽이 트인 옥고리로, 조정에서 쫓겨난 신하가 임금의 부름을 받지 못하는 것을 의미한다. 《순자(荀子)》 〈대략(大略)〉에 "사람을 끊을 때는 결로써 하고, 끊었던 사람을 돌이킬 때는 환으로써 한다.〔絶人以玦, 反絶以環.〕" 라고 하였다.

81 이……기다릴까 : 삼강(三江)을 건널 때까지 기다리지 않아도 슬픈 마음이 생긴다는 말이다. 삼강은 지명인데, 어디를 가리키는 것인지 정확하지 않다. 다만, 이 시는 심양으로 가는 이경석(李景奭)에게 준 시이므로, 이러한 사실과 관련 지어 볼 때, 압록강이 유력하다. 압록강이 의주 부근에서 세 갈래로 흐르므로 삼강이라 불렀다. 또 압록강을 건너 구련성(九連城)으로 가는 길에도 삼강이라는 지명이 있는데, 연행록에 자주 등장하는 곳이다. 여기서는 압록강으로 이해하고 풀이하였다.

가을. 다섯 수의 절구
秋事 五絶句

빗속에 가을 벼 결실이 튼실치 못해	雨裏秋禾結不牢
익으며 떨어져 볏짚만 가득하네	熟來零落滿蓬蒿
노비가 저자에 나가 수확 늦어지는데	奴丁出市田收晩
멋대로 부는 서풍이 한 밤에 거세구나	任過西風一夜高
봄 가물고 여름 홍수에 서리까지 일찍 내리니	春枯夏澇早霜兼
기름진 이슬이 어찌 만물을 적셨으랴	膏露何曾百物霑
가을 토란과 겨울 순무도 다 황폐해졌으니	秋芋冬菁蕪穢盡
해 마치도록 수정염 싫어할 수 없으리	終年不厭水晶鹽
소나기 지나가자 탁한 물 불어나니	劇雨經時注濁河
시내의 수중생물 모두 물결 따라 움직이네	溪中水物摠隨波
알겠다 게에 벼까라기 일찍 생겨[82]	應知蟹甲輸芒早
그물 치는 어민 그다지 보지 못했네	不見漁丁擧網多

82 게에……생겨 : 단성식(段成式)의 《유양잡조(酉陽雜組)》 〈인개(鱗介)〉에 "게는 8월에 뱃속에 까끄라기가 있으니, 이것은 틀림없는 벼 까끄라기이다. 길이는 1촌쯤 되는데, 이것을 동쪽의 해신에게 바친다. 이것을 바치기 전에는 게를 먹을 수 없다.〔蟹, 八月腹中有芒, 芒眞稻芒也, 長寸許, 向東輸與海神, 未輸不可食.〕"라고 하였다. 여기서는 게에 까끄라기가 예년보다 일찍 생겨 게를 먹을 수 없다는 말이다.

늘 긴 밤 괴로워 이불 끼고 내다보는데	常苦更長擁褐視
밤새 찬비 내려 더욱 쓸쓸하다	通宵冷雨益凄然
아침에 문밖 말소리 들어보니	朝來隔戶聞人語
오늘 추위 솜이 찢어질 듯하다네[83]	今日寒威欲折綿

새 옷 받지 못한 채 갑자기 추워졌는데[84]	新衣未授一寒忙
묵은 솜옷은 온기 없어 입어도 썰렁하네	故絮無溫挾更涼
그나마 입어야 해 마칠 수 있으니	尙倚纏綿堪卒歲
아침에 마음먹고 가을볕 쬐어야지	朝來着意曬秋陽

83 오늘……듯하다네 : 절면(折綿)은 몹시 차가운 기후를 형용한 말이다. 진(晉)나라 완적(阮籍)의 〈대인선생전(大人先生傳)〉에 "양기의 온화함은 미약하고 음기는 다하여, 바다는 꽁꽁 얼어 흐르지 못하고 솜옷이 찢어진다.〔陽和微弱陰氣竭, 海凍不流綿絮折.〕"라고 하였다.

84 새 옷……추워졌는데 : 옛날에 9월이 되면 미리 동의(冬衣)를 만들어서 주었는데, 9월이 되기 전에 갑자기 추워졌다는 말이다. 282쪽 각주52 참조.

술 마시며 문답하다

把酒問答

자네가 변방으로 쫓겨나 늙고 병들었는데　汝竄窮荒老病交
굶어 죽은 시체가 서쪽 교외에 널린 때를 만났네　正逢流莩遍西郊
어찌 아침저녁 끼니 외에　如何粥飯朝晡外
손에 든 술잔을 내려놓지 못하는가　到手深杯未肯抛

사람들 먹고 살려고 몸도 마음도 애쓰지만　人將飮啄役神形
나는야 생애를 술에 맡겼어라　我把生涯寄醉醒
비록 궁도에서 돌아온 완적 있지만　縱有窮途回阮籍
어찌 유령 묻을 빈 땅 없을까[85]　寧無隙地瘞劉伶

85 비록……없을까 : 비록 가난하기는 하지만 술을 먹지 않을 수 없다는 말이다. 삼국시대 위(魏)나라 완적(阮籍)이 혼자 수레를 타고 나갔다가, 길이 막힌 곳에 이르면 문득 통곡하고 돌아왔는데, 보통 빈궁함에 따른 슬픔을 비유할 때 쓰는 말이다. 《晉書 卷49 阮籍列傳》 유령(劉伶)은 진(晉)나라 때 죽림칠현(竹林七賢)의 한 사람으로, 자는 백륜(伯倫)이다. 유령은 남달리 술을 좋아하여, 늘 녹거(鹿車)를 타고 한 호로병의 술을 가지고 다녔는데, 한 사람에게 삽을 메고 따라다니게 하여, 자기가 죽으면 그 자리에 묻어 달라고 하였다. 《晉書 卷49 劉伶列傳》

밤
夜

세모의 초가집에 눈서리 차갑고　茅檐歲暮雪霜淸
벽 비추는 푸른 등불만이 깜박이네　照壁靑燈翳復明
한밤에 몇 사람이나 북극성 바라보는가　中夜幾人瞻北極
오 년 동안 외로운 꿈 서성에 있네[86]　五年孤夢在西城
처량한 피리소리 겨우 세 곡조 불었는데　哀笳窅窅纔三弄
여윈 말 쓸쓸히 한 번 울어대네　瘦馬蕭蕭强一鳴
앉아서 종이창에 새벽빛 스며들길 기다리는데　坐待紙囱通曙色
찬 부엌에서는 벌써 얼음 떼는 소리 나는구나　寒廚已有嘶氷聲

골짝 안 셋집 살이 외떨어져 조용한데　僑居峽內靜離群
방안 차가운 화로 밤에 절로 타는구나　一室寒爐夜自焚
닭 울음은 먼 골목 달빛 아래 들리고　鷄唱乍分遙巷月
기러기 소리는 작은 성의 구름을 겨우 지나네　雁聲纔過小城雲
시는 오랜 병 때문에 번민 털기 어렵지만　詩因久病難排悶
술은 번다한 시름 기꺼이 풀어 주네　酒爲繁愁肯解紛
경정[87]이 가을 들어 지은 작품 보지 못했으니　不見敬亭秋後作
사람에게 돌이켜 글 강론함 생각하게 하네　令人回首想論文

86 한밤에……있네 : 임금을 그리워하며 5년 동안 영변 적소에 있었다는 말이다. 북극(北極)은 북극성을 말하는데, 임금을 상징하는 말이다.

87 경정(敬亭) : 《동주집(東州集)》에 여러 차례 등장하지만, 누구인지 미상이다.

날이 저물다

日暮

오늘 또 날이 저무니	今日又云暮
사람들 모두 등불 켠다	人衆俱上燈
부엌 연기 갠 눈빛과 어울리고	廚煙籠霽雪
처마 달빛이 맑은 얼음에 아른대네	簷月動淸氷
얼어붙은 참새는 깊숙이 나무에 의지하고	凍雀深依樹
추운 고기는 차츰 그물로 내려가네	寒魚稍下罾
천시가 만물을 재촉하니	天時催萬物
깊은 시름 갈수록 견디기 어렵구나	愁絶轉難勝

큰 눈을 노래하다

大雪行

그대 보지 못했나 한의 동도에 큰 눈 내려　君不見漢世東都雪三尺
성 가운데 천 년 묵은 잣나무 얼어 죽었지　城中凍殺千年柏
서생은 문 닫고 누워 일어나지 않고　書生閉戶僵不起
불씨 식은 빈 부엌에 인적 끊겼지[88]　火冷虛廚絶人跡
하물며 나는 변방으로 나와 힘든 나날 보내는데　況我出塞經艱難
여기는 밤이나 낮이나 바람 차갑네　邊土晝夜常風寒
세모의 찌푸린 하늘 북방 사막까지 이어지니　歲暮窮陰連朔漠
땅 덮은 검은 구름 어찌나 많은지　玄雲覆地何漫漫
서걱서걱 처음에는 갈대 소리 들리더니　淅瀝初聞蘆葦響
새카맣게 쏟아져 갑자기 들판 바라볼 수 없네　蒼茫遽失郊原賞
작은 성의 양쪽 절벽은 예전에 깎은 쇠 같은데　小城雙崖舊削鐵
서쪽 바라보니 문득 요대가 떠오르네[89]　西望忽有瑤臺想

88 한(漢)의……끊겼지 : 후한(後漢) 원안(袁安)의 일을 말한 것으로 보인다. 후한 때 한 길이나 되는 폭설이 쏟아지자, 낙양 영(洛陽令)이 순행을 하였는데, 모두 나와 걸식을 하는데도 원안의 문 앞에만 발자국이 나지 않았으므로 이상히 여겨 물어 보았더니, 원안이 쓰러져 누워 있다가 대답하기를 "대설(大雪)에 사람들 모두가 굶주리고 있으니, 남을 찾아가는 것은 온당치 못하다."라고 하였다는 고사가 있다. 《後漢書 卷75 袁安列傳》

89 작은……떠오르네 : 성 주변의 바위 절벽이 녹슨 쇠와 같은 색깔이었는데, 하얗게 눈으로 덮여 신선 세계처럼 보인다는 말이다. 요대(瑤臺)는 옥으로 장식한 누대로, 신선이 거처하는 곳을 가리킨다.

이리저리 눈 스치며 멋대로 나부끼니	縱橫過眼恣飄瞥
떨어지는 하얀 솜꽃 나타났다 사라지네[90]	落絮狂花現復滅
분분히 날리는 기세 저물면서 점점 거세져	紛紜漸與晩勢催
깊은 곳부터 쌓여 메우는구나	委積先從深處窒
뜰 모퉁이 거석은 웅크린 호랑이 모양인데[91]	庭隅踞石狀虎伏
금세 우뚝해져 지붕보다도 높네	俄頃突兀高於屋
결승정 앞 다리 높이 열 길이나 되는데	決勝亭前橋十丈
종일 어지러이 쌓여 내인지 땅인지 구분 안 되네	終日澒洞迷川陸
이 때 치우의 기세가 더욱 거세져[92]	是時蚩尤氣轉驕
사나운 위력 모질어지고 거센 바람까지 부누나	獰威慘澹兼兇飆
은빛 바다 아득히 펼쳐진 하늘 길	銀海迢迢玉京路
인간 세상 꿈 끊어지니 누가 서로 부르리오	下界夢斷誰相招
농부는 애써 조세 기한에 달려가는데	野夫努力赴租期
소는 얼음 덮인 잔도에 넘어지네	牛頓趺墜氷棧危
남쪽 이웃 오두막집 기둥 약해	南隣蝸室茅棟弱

90 떨어지는……사라지네 : 버들개지 같은 눈꽃이 날린다는 말이다. 광화(狂花)는 때를 어기고 멋대로 피는 꽃이라는 말인데, 여기서는 눈을 의미한다. 진(晉)나라 갈홍(葛洪)의 《포박자(抱朴子)》 〈순본(循本)〉에 "마치 광화가 서리를 무릅쓰고 꽃망울을 터뜨렸다가, 하루아침도 못 되어 시들어버리는 것과 같다.〔猶狂華干霜以吐曜, 不崇朝而零瘁矣.〕"라는 표현이 있다.

91 뜰……모양인데 : 걸터앉는 돌에 눈이 쌓인 모습을 형용한 것이다. 호랑이 모양을 본떠서 굳혀 만든 염호(鹽虎)라는 것이 실제로 있기 때문에, 쌓인 눈을 호랑이 형상에 비유하여 표현한다.

92 이 때……거세져 : 많은 눈이 내리는 모습을 말한 것이다. 치우(蚩尤)는 황제와 싸운 동이족장으로, 안개를 뿜어낼 수 있었다고 한다.

노부부 압사하니 마을 사람들 슬퍼하네　　翁媼壓死鄕井悲
지난겨울에도 이와 같더니　　去歲之冬亦如此
일 년 내내 가물다가 홍수 났었지　　沴祲經年仍大水
봄에는 냉이와 보리 없고 여름에는 벼 없으니　　春無薺麥夏無禾
재해가 지금까지 이어져 백성들 해치네　　災害至今傷赤子
아아 춥고 배고파 차라리 죽겠다니　　嗚呼流莩甘凍餓
우러러보는 저 하늘 그 뜻은 무엇인가　　仰視皇天意何奈
슬픈 노래 술 끼고 불러도 곡조 이루지 못하지만　　哀謳挾酒不成曲
서글픈 마음에 동이 치니 동이 깨지겠네　　慷慨擊尊尊當破

박시민

朴時敏

산밭 이랑은 오래 팽개쳐 황폐한데	山田壟畝久抛荒
장정들 부역[93]하느라 길 위에 분주하네	丁壯差科走道傍
오직 박시민이 찾아와 글 물으며	唯有朴生來問字
삼 년 동안 나와 함께 글 읽었네	三年伴我讀書床

93 부역 : 차과(差科)는 차역(差役)과 과세(科稅)의 준말이다.

갠 날

晴日

초가 비치는 맑은 햇살 아침 서리 녹이는데	茅簷晴日解朝霜
아침 술 석 잔에 한참 졸다가	卯酒三杯引睡長
등 따뜻해 스르르 잠들었더니	炙背蕭然成小夢
어느새 산 너머로 해 넘어가네	不知山外已斜陽

한탄스러워라

可歎

한탄스럽다 변방 늙은이	可歎邊庭老
미끄러져 인생 계획 망쳤네	蹉跎身計非
시골집은 병란 뒤에 다 없어지고	田廬兵後盡
이와 머리는 앓고 나서 얼마 남지 않았네	齒髮病來稀
머물면 얼마나 머물 것이며	住亦幾時住
돌아간들 어디로 돌아갈까	歸當何處歸
백년 인생 타고난 운명대로 따를 뿐	百年從賦命
만사에 옷깃 적시지 말아야지	萬事莫沾衣

밤에
夜

오랜 나그네 많은 걱정에 괴로운데 久客苦多慮
어이해 밤마다 떠오르나 如何當夜生
서리 앉은 처마에 지는 달빛 희고 霜簷殘月白
눈 덮인 집에 새벽 등불 밝구나 雪屋曙燈淸
변방 기러기 더 멀리 날아가고 塞雁遠逾去
마을 닭은 추위 속에도 우는구나 村鷄寒亦鳴
서울까지 천 리 길 長安一千里
잠 못 든 채 돌아가는 길만 그리고 있노라 不寐數歸程

역사에서 크게 풍년 든 기록을 읽다

讀史大有年

성현의 세상 멀어져 왕의 은택 사라지니	聖賢邈矣王澤竭
봉황도 기린도 오래도록 씨가 말랐네	鳳凰麒麟久無種
이따금 사람들은 기이한 볼거리 자랑하지만	往往末俗夸異觀
주초[94] 영지가 과연 무슨 소용이랴	朱草靈芝果何用
시골 늙은이 세상에 하나도 바랄 게 없지만	野老於世百不希
태사가 풍년이라고 쓰는 걸 보았으면	願見太史書有年
요즘 주린 채 누워 구학 바라보며	邇來饑臥視溝壑
물 마시고 나물 씹으니 마음 멍멍하네	飲水咬菜心茫然
해마다 들판이 씻은 듯 붉으니	連歲郊原赭如濯
종일 집집마다 흐느끼는 곡소리만 들리네	終日但聞千家哭
네 곡소리 비록 슬퍼도 다시 얼마나 가겠느냐	爾哭雖悲復幾時
또 남산 골짝에 가서 상수리라도 줍겠지	且去拾橡南山谷
아 밭에 벼와 보리 독에 쌀이 넉넉한들	嗚呼田餘禾麥盎餘米
나는 홀로 주리다가 죽어도 족하다네[95]	吾獨受餓死亦足

94 주초(朱草) : 태평시대에 나타난다는 풀이다. 《갈관자(鶡冠子)》 〈도만(度萬)〉에 "오직 성인만이 그 음을 바르게 하고, 그 소리를 조화롭게 할 수 있다. 그러므로 그 덕이 위로 하늘에 미치고 아래로 태령에 미치고 중간의 모든 생령에 미치나니, 기름진 이슬이 내리고 백단(白丹)이 피고 예천(醴泉)이 솟고 주초가 자란다."라고 하였다.

95 밭에……족하다네 : 다른 사람들은 기근에 시달려 죽은 가족들을 위해 슬프게 곡하다가 상수리라도 주워서 연명하겠지만, 이민구 자신은 먹을 식량이 많다 하더라도 함께 먹을 가족이 남지 않았으므로, 주리다 죽어도 만족하겠다고 읊은 것이다.

성 위에서
城上

성 위의 높은 누각에 푸른 기운 가지런하고 城上高樓縹氣齊
울리는 저녁 뿔피리소리 가을 북소리와 어우러지네 嗚嗚暮角雜秋鼙
하늘에는 눈비가 용사[96] 북쪽까지 이어지고 天連雨雪龍沙北
땅은 산천이 마적산[97] 서쪽에서 끊겼어라 地絶山川馬跡西
도성의 뜬 구름 몸 밖에 떨어져 있고 輦下浮雲身外隔
봉우리 앞 지는 해 눈 가운데 낮구나 峯前落日眼中低
옥갑 속 거문고의 원망을 누가 알랴[98] 誰知玉匣瑤琴怨
외로운 까마귀 홀로 짝해 밤마다 우노라 獨伴羈烏夜夜啼

96 용사(龍沙) : 중국 서북쪽 변방인 백룡퇴(白龍堆)와 사막(沙漠)을 합칭한 말로, 일반적으로 변방을 뜻한다. 이백(李白)의 시에 "장군은 호죽을 나누고, 전사는 용사에 누웠네〔將軍分虎竹, 戰士臥龍沙.〕"라고 하였다. 《李太白文集 卷4 塞下曲》

97 마적산(馬跡山) : 마적(馬跡)은 마적산을 가리키는 것으로 보이는데, 그 위치는 정확히 고증할 수 없다. 《연암집(燕巖集)》 권6 별집(別集) 〈서이방익사(書李邦翼事)〉에 "태호의 서북쪽에 있는 산은 14개인데, 그중에 마적산이 가장 크다.〔湖之西北爲山十有四, 馬跡最大.〕"라고 하였다.

98 옥갑(玉匣)……알랴 : 좋은 거문고가 연주되지 못하고 갑 속에 있는 것처럼, 이민구 자신이 세상에 쓰이지 못하고 유배되어 있는 것을 비유적으로 읊은 것이다.

세밑의 노래
歲暮行

세월은 촌각이 쌓이고 쌓여 가는 것인데	歲月得之如積寸
밤과 낮이 잘도 서로 잇는구나[99]	晝夜相乘亦至健
타향에서 어느덧 육 년째 맞이하는데[100]	殊方轉眄且六年
그저 시간 보낼 뿐 한하지 않노라	只堪消磨未堪恨
게다가 섣달이라 그믐밤 다가오니	況當窮冬近除夕
손꼽아 세어보니 새 봄 멀지 않다	屈指新春都不隔
가는 해는 아득히 흘러가고 오는 해는 급한데	逝者茫然來者促
막막하게 천지 사이에 나는 나그네여라	倀倀乾坤我爲客
몸뚱이 둔해진 줄을 이미 아노니	筋骸駑緩已自知
지는 해 굽어보며 앞날 아파하노라	俯視落日傷前期
장수하든 요절하든 아침저녁의 일이니[101]	彭殤脩短卽朝暮

99 밤과……잇는구나 : 밤과 낮의 운행이 성실히 이어짐을 말한 것이다. 《주역》〈건괘(乾卦) 상사(象辭)〉에 "하늘의 운행이 강건하니, 군자가 이것을 본받아 스스로 힘써 쉬지 않는다.〔天行健, 君子以, 自强不息.〕"라고 하였다.

100 타향(他鄕)에서……맞이하는데 : 이민구는 1637년(인조15) 영변에 유배되었으므로, 1641년 현재까지 영변에서 5년 동안 생활하였다. 이 시를 세모에 짓고 있기 때문에 이렇게 읊은 것이다.

101 장수하든……일이니 : 장수하는 사람이나 요절하는 사람이나 인생은 순간적인 것이라는 말이다. 팽(彭)은 팽조(彭祖)로, 800살을 산 사람이고, 상(殤)은 성년이 못 되어서 죽은 아이를 가리킨다. 《장자(莊子)》〈제물론(齊物論)〉에 "요절한 소년보다 더 장수한 이가 없고, 팽조가 요절했다고 할 수도 있다.〔莫壽乎殤子, 而彭祖爲夭.〕"라는

묻히고 억눌린들 어찌 슬퍼하랴	埋沒抑塞將奚悲
세상에서 형역될 날 얼마일까	寰中形役詎幾許
황량한 시골에서 기식하며 세월 보내노라	寄食荒村閱寒暑
산 깊어 얼음과 눈이 늘 끝없이 이어지고	山深氷雪常漠漠
도깨비가 저녁에 사람 말 흉내 내네	魑魅黃昏效人語
이웃집 늙은 말 막 새끼 낳았는데	隣家老馬始生駒
뛰어서 곧장 하늘 길 오르려 하네	騰踏直欲凌天衢
내와 뭍 험난하고 길은 어두워	川陸崎嶇路幽昧
기린도 비틀비틀 진창길 따라가네	麒麟蹩躠隨泥塗
골육들 영락하여 소식도 없는데	骨肉零丁消息遲
동으로 고향 바라보며 어찌 그리 생각 많은지	東望故國何多思
시끌시끌 역졸들은 땀 흘리며 달리고	喧喧驛隷走揮汗
사신 행차 이어지니 거마도 지치누나	冠蓋織轍輪蹄疲
듣자니 오랑캐 뜰에 한절 머물렀다는데[102]	曾聞虜庭淹漢節
오랑캐 병사가 관문의 달을 엿본다 하네	復道胡兵候關月
아아 입 있어도 말하지 못하니	嗚呼有舌不得出
통곡하는 한밤에 오정이 달아오른다	慟哭三更五情熱

말이 나온다.

102 듣자니……머물렀다는데 : 소현세자와 봉림대군이 심양에 머물고 있는 것을 소무(蘇武)의 고사를 인용하여 읊은 것이다. 소무가 흉노에 억류되어 19년 만에 귀국한 고사가 있다.《漢書 卷54 蘇建傳 蘇武》

선달 그믐밤에

除夜

천시와 인사가 날로 변해 가니	天時人事日推遷
변방에서 보낸 시간 모두 아득하네	絶塞流光共渺然
유배 떠나며 이미 거원의 해를 알았는데[103]	謫去已知蘧瑗歲
돌아갈 생각하며 또 공융의 나이 지나가네[104]	思歸又過孔融年
풍진이 눈에 가득하여 도성 길 막혔고[105]	風塵滿目青門阻
빙설에 묻힌 몸 백발이 선명하네	氷雪埋身白髮鮮
홀로 새벽 등불 마주한 채 말 없으니	獨對曙燈無一語
긴 눈썹의 스님이 밤에 참선하는 듯하다	厖眉釋子夜參禪

103 유배……알았는데 : 거원(蘧瑗)은 춘추 시대 위(衛)나라의 대부 거백옥(蘧伯玉)으로, 나이 50세 때에 49년 동안의 잘못을 깨달았다는 고사가 있다.《淮南子 原道訓》 이민구가 유배될 때 나이가 49세였으므로 이렇게 읊은 것이다.

104 돌아갈……지나가네 : 이민구가 52세의 선달 그믐밤을 보내고 있기 때문에 이렇게 읊은 것이다. 공융(孔融)은 공자의 20대 손으로, 후한(後漢) 말기 건안칠자(建安七子)의 한 사람이다. 성헌(盛憲)이 손책(孫策)의 위협을 받자, 공융이 승상 조조(曹操)에게 편지를 보내면서 "세월이 머물지 않아 시절이 유수처럼 흐르니, 50의 나이가 어느새 이르렀습니다. 공은 이제 막 그 나이에 꽉 찼고, 나는 또 두 해를 더 지났습니다.〔歲月不居, 時節如流, 五十之年, 忽焉已至. 公爲始滿, 融又過二.〕"라고 하였다.《文選注 卷41 論盛孝章書》 이 글을 〈공융비세서(孔融悲歲序)〉라고도 한다.

105 풍진(風塵)이……막혔고 : 병자호란 뒤에 세상이 혼란하여, 자신이 유배에서 풀려나 도성으로 돌아갈 가망이 없다는 말이다. 청문(青門)은 한(漢)나라 장안성(長安城)의 동남문인데, 여기서는 우리나라의 도성문을 가리키는 말로 사용되었다.

동주집

시집 제6권

詩시

임오년(1642, 인조20) 정월 초하루
壬午元日

그늘진 우물은 아직도 얼음 깨야 하고	陰井尙敲氷
가느다란 시내는 겨우 얼음 풀렸네	細泉纔解凍
처마에 비친 햇살이 찬 침상에 다가오고	簷光近寒榻
새소리가 깊은 꿈 깨우누나	鳥語碎幽夢
새해 태양이 외진 시골 두루 비추고	歲陽遍窮蔀
아침 햇살이 높은 기둥 비추네	朝曦射高棟
떡국 먹으라며 서둘러 나를 깨우는데	湯餠催我起
사람들 웃고 즐기는 소리 떠들썩하다	笑樂從人哄
술 시켜 마시니 조급증 누그러지고	呼觴減煩促
거니노라니[1] 시름과 고통 덜리네	行藥蠲愁痛
천지 사이 이런저런 일 응접하기 지치고	乾坤疲應接
일월 속에 맞이하고 보내기 피곤하다	日月老賓送

1 거니노라니 : 행약(行藥)은 약을 복용하고 약 기운을 잘 퍼지게 하기 위해 걷는 것을 가리킨다.

몸은 모든 일의 길이 되니 身爲萬物蹊
흥 일어나 삼모의 골짜기로 들어가네[2] 興入三茅洞
본성 함양하여 얼음과 숯을 묻고[3] 繕性埋氷炭
늙은 몸 지탱해 연홍 일삼네[4] 扶衰事鉛汞
피리 잡고 여럿이 부는 것을 보았는데 將竽閱衆吹
비파 안고 외로운 연주 즐겼구나[5] 抱瑟耽孤弄
그대들은 옥으로 보배 삼기를 귀하게 여기지만 汝貴玉爲琛

2 몸은……들어가네 : 사람에 의해서 많은 일들이 발생하므로, 자취를 감춰 세상에 얽매이지 않으려는 의지를 말한 것이다. 삼모(三茅)는 도가(道家)의 전설에 나오는 세 신선으로, 즉 모영(茅盈), 모고(茅固), 모충(茅衷) 3형제를 가리킨다. 전설에 의하면 그들은 한 경제(漢景帝) 때 사람으로, 형제가 서로 전후하여 구곡산(句曲山)에 들어가 은거하다가 득도하여 신선이 되었는데, 태상노군(太上老君)이 그들 형제에게 각각 사명진군(司命眞君), 정록진군(定籙眞君), 보명진군(保命眞君)의 호를 내려 주었으므로, 삼모군이라 칭하게 되었다고 한다.

3 본성……묻고 : 본성을 잘 길러서 마음속에 복잡하게 일어나는 갈등과 번뇌를 잠재운다는 말이다. 빙탄(氷炭)은《장자(莊子)》〈인간세(人間世)〉에 "기쁨과 두려움 등의 감정이 가슴속에서 싸우는데, 이는 원래 인간의 오장 속에 얼음과 숯이 한데 엉겨 있기 때문이다.〔喜懼戰于胸中, 固已結氷炭于五臟矣.〕"라고 하였는 바, 정신적인 갈등과 번뇌에 시달리는 것을 비유하는 말이다.

4 늙은……일삼네 : 양생(養生)을 위해 단약을 만든다는 말이다. 연홍(鉛汞)은 도가에서 단약(丹藥)을 만드는 재료인 흑연(黑鉛)과 수은(水銀)을 가리킨다.

5 피리……즐겼구나 : 세상 물정에 어두웠다는 말이다. 제(齊)나라 임금이 우(竽)라는 악기로 연주하는 음악을 좋아했는데, 어떤 사람이 자신의 능숙한 비파 연주 솜씨라면 제나라에서 벼슬자리를 얻을 수 있겠다고 여겨, 비파를 안고 가서 대궐 앞에서 3년을 기다렸으나, 뜻을 이루지 못하고 "임금은 우라는 악기를 좋아하는데, 비파 연주 솜씨가 아무리 뛰어난들 무슨 소용이 있으랴."라는 비웃음만 샀다는 우화가 있다.《唐宋八大家文鈔 卷5 答陳生書》

나는 쇠로 독 만들기를 기꺼이 하노라[6] 吾甘鐵作甕

6 그대들은……하노라 : 세상 사람들은 부귀와 영화를 귀하게 여기지만, 이민구 자신은 유배객 신세라는 말이다. 적소(謫所)가 영변 철옹성이기 때문에 철작옹(鐵作甕)이라고 읊은 것이다.

1월 7일[7] 입춘에

人日立春

봄날 인일에 입춘 돌아오니	韶年人日立春來
평소 백주[8] 마시던 일 떠오르네	正憶常時柏酒杯
채승 꽂은 새로운 기색 전해 주고[9]	彩勝花傳新氣色
푸른 실 같은 나물은 묵은 뿌리에서 돋네	青絲菜發舊根荄
화려함 쉬 사그라지고 즐거움도 다하니	繁華易歇歡娛盡
늙고 병든 속에 세월만 빨리 가는구나	衰病相乘歲月催
한번 관서에 누운 뒤로 절후에 놀라니	一臥西州驚節序
산에 가득한 빙설에 홀로 서글퍼 하노라	滿山氷雪獨含哀

7 1월 7일 : 인일(人日)은 음력 1월 7일을 말한다. 이날은 가절(佳節)이라 하여, 옛 풍속에 일곱 가지 나물을 넣고 끓인 국을 먹고, 채색 천 또는 금박(金箔)으로 사람의 모양을 만들어 병풍에 붙이거나 머리에 꽂으며, 높은 곳에 올라가 술을 마셨으며, 잠을 자지 않고 밤을 지새웠다. 《荊楚歲時記》

8 백주(柏酒) : 설날에 어른에게 세배를 드리며, 사기(邪氣)를 쫓기 위해 가족들이 돌려가며 마시던 술로, 백엽주(柏葉酒)라고도 한다.

9 채승(彩勝)……주고 : 부인들의 머리 장식에서 봄기운이 느껴진다는 말이다. 채승은 부인의 머리에 장식하는 조화(造花)인데, 옛날에 주로 입춘일(立春日)이면 이것을 머리에 꽂았다. 번승(幡勝)이라고도 한다.

허유선[10]의 편지를 받다

見許惟善書

생사 함께 하는 다정한 벗 정대춘[11]	生死情親井大春
해마다 편지가 하늘 끝에 당도하네	每年書札到天垠
궁한 시름으로 보내는 말년에 새 얼굴 만나지만	窮愁末路遭新面
영원한 우정 옛 사람에게서 보노라	交誼千秋見古人
변방에 매인 삶 도리어 고각 소리 듣는데	關塞羈棲還鼓角
서울에서 나그네 신세로 풍진 겪는구나[12]	京華旅食亦風塵
귀양살이가 머리 세게 하진 않나니	未應淪謫堪凋鬢
모두 외떨어진 생활에 마음 상하는 줄 아노라[13]	揔爲離居解損神

10 허유선(許惟善) : 허보(許宲, 1585~1659)로, 본관은 양천(陽川), 자는 유선, 호는 동강(東岡)이다. 《東州集 文集 卷10 處士東岡許公墓碣銘 幷序》

11 생사(生死)……정대춘 : 허보를 정대춘에 비유하여 자신의 다정한 벗이라고 표현한 것이다. 대춘(大春)은 후한(後漢)의 은사(隱士) 정단(井丹)의 자로, 오경(五經)에 정통(精通)하였으며, 성품이 매우 청백하고 개결하여 귀척(貴戚)이나 대신(大臣)에게 조금도 굴하지 않았던 인물이다.

12 변방에……겪는구나 : 이민구 자신은 변방 유배지에 있지만, 그래도 고각 소리라도 듣는데, 허보는 고향을 떠나 서울에서 지내면서 많은 어려움을 겪고 있다는 말이다. 허보의 편지 내용과 관련하여 읊은 것이므로, 자세한 내용을 알 수 없다.

13 귀양살이가……아노라 : 유배 생활 때문에 머리가 세는 것이 아니라, 벗을 만나지 못하는 마음에 이민구 자신과 허보가 모두 마음 아파한다는 말이다. 이거(離居)는 이군삭거(離群索居)의 준말이다. 자하(子夏)가 "내가 벗을 떠나 쓸쓸히 홀로 지낸 지가 오래이다.〔吾離群而索居, 亦已久矣.〕"라고 한 데서 유래하였다. 《禮記 檀弓》

설가산[14] 노래

雪假山行

변방 성에 봄눈 비할 데 없이 두텁게 내려 邊城春雪厚無比
새하얀 은빛으로 쌓여 평지처럼 덮었네 積素皚皚蓋平地
힘들여 섬돌과 마당 쓸어서 掃除階庭費人力
아이들 장난처럼 언덕 쌓아 만들었네 堆作丘陵任兒戲
담 모퉁이에 자리 잡아 고작 한 발 떨어졌는데[15] 墻隅結根只函丈
삼태기로 퍼 날라 몇 척 높이로 쌓았네 數尺功成由覆蕢
어젯밤 서풍에 현포 찢겨져[16] 昨夜西風懸圃裂
멀리까지 날아와 엄숙하게 자리 잡았네 遠勢飛來儼位置
옥 봉우리 한 줄기 동쪽으로 솟아 瑤岑一支岌東向
치달려 남쪽으로 뻗으니 오른팔 당긴 듯 騰擲南奔引右臂
현명[17]이 다져만든 아름다운 용의 굴이며 玄冥蹙踏璇虯窟

14 설가산(雪假山) : 눈을 쌓아 만든 모형의 산이다.

15 담……떨어졌는데 : 담장에서 한 발쯤 떨어진 곳에 눈을 쌓아 설가산을 만들었다는 말이다. 함장(函丈)은 본래 선생(先生)이나 장자(長者)가 앉는 자리를 뜻하는 말로, 함연(函筵)이라고도 한다. 제자는 스승의 자리와 한 발〔一丈〕의 거리를 둔 것에서 유래하였는데, 여기서는 설가산과 담장 사이의 거리를 의미한다.

16 어젯밤……찢겨져 : 설가산을 신선세계의 일부가 떨어져 나온 것으로 표현한 것이다. 현포(懸圃)는 위로 천계(天界)와 통한다고 일컬어지는 곤륜산(崑崙山) 정상의 신선 거처를 말한다. 그 위에는 금대(金臺), 옥루(玉樓)와 기화요초(琪花瑤草)가 만발해 있다고 하는데, 보통 선경(仙境)의 뜻으로 쓰이며, 현포(縣圃)라고도 한다.

17 현명(玄冥) : 겨울 귀신 이름이다. 《예기》〈월령(月令)〉에 "겨울을 주관하는 상제

벼랑과 계곡 들쭉날쭉한 바위 골짜기로다	崖谷出沒巖洞窾
천상의 뭇 신선들 흰 무지개 치마 입고	天上群仙白霓裳
날아 내리려다 찬바람에 놀라니	翺翔欲下驚寒吹
맑고 높은 신선세계 꽃 날리는 산에	淸高眞界散花臺
흰 학과 푸른 난새는 끝내 오지 못했네[18]	皓鶴靑鸞遂不至
누가 알랴 먼 변방 한 이랑 사이에	誰知曠絶一畝間
문득 이 산이 눈 가득 어리는 줄을	忽有玆山藹盈眦
아침 햇살이 먼저 옥순봉을 녹이니	朝陽先鑠玉荀峯
환영인 듯 변하는 것도 잠깐의 일이네	變幻直是須臾事
물거품 일었다 사라지듯 아득히 정하기 어려우니	浮漚起滅窅難定
태구의 사당 없어지자 솥이 사수에 빠졌지[19]	太丘社亡鼎淪泗
아득히 생겼다 사라지는 곳에	茫茫成毁底處所
상전벽해의 변화 본래 쉬 이뤄지지	滄海桑田本容易
생각해보니 예전 중향성에 동유할 때[20]	憶昔東游衆香城

(上帝)는 전욱(顓頊)이요, 그 귀신은 현명(玄冥)이다."라고 하였다.

18 맑고……못했네 : 현포가 떨어져 나와 설가산이 되었는데, 신선들은 찬바람에 놀라 끝내 오지 못했다는 말이다.

19 물거품……빠졌지 : 영고성쇠(榮枯盛衰)의 덧없음을 읊은 것이다. 우(禹) 임금이 중국 본토의 홍수를 빠지게 한 뒤에, 철(鐵)을 모아들여 구주(九州)의 지리와 물산 등을 기록한 솥 아홉 개를 만들었으니, 이것이 구정(九鼎)이다. 그 솥이 하(夏), 은(殷)을 거쳐 주(周)나라에 이르기까지 나라를 전하는 상징이 되었는데, 주나라가 멸망할 때에 진 시황(秦始皇)이 군민(軍民) 5만 명을 동원하여 진나라 서울 함양(咸陽)으로 끌어가는 도중에, 사수(泗水)에서 솥 하나가 떨어졌다고 한다. 《사기(史記)》 권28 〈봉선서(封禪書)〉 제6에 "송의 태구사가 없어지자, 솥이 사수의 팽성 아래에 빠졌다.〔宋太丘社亡, 而鼎沒于泗水彭城下.〕"라고 하였다.

달빛과 구름사다리 그윽한 뜻에 맞았는데　　銀闕雲梯稱幽意
기이한 경관 순식간에 잊힌 듯하니　　奇觀瞥眼遽如失
고개 돌리면 참으로 공허하여[21] 모두 꿈이로다　　回首眞空俱夢寐
구구한 외물[22]이야 논할 겨를 없으니　　區區色相未暇論
아아 내 삶도 잠시 붙어사는 것일 뿐　　歎息吾生亦暫寄

20 생각해보니……때 : 1631년(인조9) 이민구가 금강산을 유람했을 때를 말한다. 중향성(衆香城)은 금강산 정양사 근처의 봉우리들이다.

21 참으로 공허하여 : 진공(眞空)은 불교 용어로, 만물의 실상(實相)은 불변의 실체가 없이 공(空)하다는 의미이다.

22 외물 : 색상(色相)은 본래 불교 용어로, 겉으로 드러난 만물의 모습을 말한다.

잠에서 깨어

睡起

희미하게 창으로 햇살 들어오고	微微囪暈透
차츰차츰 아궁이 불빛 밝아오네	稍稍竈光通
게으른 탓에 늦도록 누워 있고	久臥從吾懶
어쩔 도리 없어 조용히 지내노라	端居任道窮
샘물 길어 생수 맛보고	汲泉嘗活水
문 열어 온화한 바람 느끼네	開戶試和風
서쪽 언덕에 농사 지어	農事西疇上
생애를 수확에 의지하네	生涯仗歲功

심양에 볼모로 가는 조카 석규[23]를 전송하다

送猶子碩揆質瀋陽

평화로운 때 높은 지위에 있으면	時平居大位
자손들이 그 성공을 힘입어	子孫蒙其成
쌀밥에 살진 고기 물리게 먹으며	持粱厭肥肉
좋은 집에서 편안히 지내는데	息偃在華楹
어쩌다가 혼란한 세상 만나	奈何遭世亂
어린 네가 편히 살지 못한단 말이냐	弱植不獲寧
심양이란 곳은	瀋陽底處所
참담하게 풍진 일고 비린내 풍기지	黯慘風塵腥
네 나이 겨우 열여섯인데	汝纔二八齡
비로소 한양성 나와	始出長安城
자그마한 여섯 척의 몸으로	藐然六尺軀
바람 맞으며 먼 길 가는구나	飄颻事徂征
백성들 예전에 포로 신세로	黎民昔俘鹵

23 심양에……석규(碩揆) : 석규는 이민구의 형 이성구(李聖求)의 넷째 아들이다. 1641년(인조19) 이성구가 영의정이 되었는데, 당시 조선은 구경(九卿)의 아들을 청나라에 볼모로 보내기로 약속한 상황이었으므로, 이성구도 아들을 볼모로 보내야만 했다. 당시 둘째 아들 동규(同揆)는 막 속환(贖還)되었기 때문에 차마 다시 보낼 수가 없었고, 셋째 아들 당규(堂揆)는 평소 병이 많았다. 이에 석규가 자청하여 자신이 가겠다고 나섰는데, 당시 그의 나이 15세였으며, 1642년에 심양으로 갔다가 이듬해 가을에 돌아왔다.《樊巖集 卷50 贈吏曹參判行戶曹佐郎李公墓碣銘》

오랑캐 땅에 몰려 들어갔지	被驅入殊庭
아비와 아들 통곡하니	父子各慟哭
해와 달도 빛을 감췄지	日月爲窈冥
이는 진실로 서슬 퍼런 칼날에 몰린 것이니	斯誠迫白刃
꿩과 토낀들 달아나랴	雉兎或逃生
네가 떠나니 어찌 슬프지 않으랴	爾行豈不悲
자진해서 길 나섰네[24]	黽勉赴期程
창과 방패가 천지에 가득한데	干戈浩滿地
마치 영예로운 길 가듯 가는구나	就之若趨榮
불쌍하게도 형세에 내몰리니	悶爲形勢牽
나의 분노 끓어오르네	使我感憤盈
쌀쌀한 봄날 반쯤 얼음 녹아	春寒半解凍
여기저기 온통 진창이네	泥濘正縱橫
끼니 잘 챙겨 먹어서	努力加飯食
몸 아프지 말거라	勿受憂患攖
형님께서 중임 맡으셨으니[25]	伯氏任棟梁
아끼는 널 보냄은 정이 부족해서가 아니라	割愛非寡情
나라 위태로워 진실로 망할까 두려우니	邦危實懼亡
집안과 나라는 경중이 다르단다	家國殊重輕
이런 말로 널 위로하지만	持此慰汝意

24 자진해서 길 나섰네 : 이석규가 형제들을 대신해서 자신이 가겠다고 나섰기 때문에 이렇게 말한 것이다.

25 형님께서 중임 맡으셨으니 : 이성구가 영의정이 된 것을 말한다.

쓰러질 듯 몸도 마음도 놀라네	塌焉心骨驚
눈물 훔치며 가는 길 바라보니	收淚視往路
하늘은 아득히 높기도 하여라	天宇莽崢嶸
산천이 끝없이 넓으니	山川曠無極
한스러운 마음 어이 달랠까	恨恨那由平

늙음을 서글퍼하는 이생을 위로하다

解李生悼老

어제 아기가 막 태어났는데	昨日兒始生
올해 사람이 더 늙어가네	今年人益老
아침과 저녁이 서로 대신하며	朝暮遞相代
오고 가니 길을 오가는 것과 같네	來往猶在道
천지의 큰 운행 그침이 없어서	大運無停機
봄에 피었다가 어느덧 가을에 시들지	春敷已秋槁
보지 못했나 도리의 그늘이	不見桃李陰
화려하다가 쓸어낸 듯 사라짐을	繁華遽如掃
다만 만가 소리 들을 뿐[26]	徒聞薤露晞
누가 동해 마르는 것을 보았던가[27]	孰睹桑瀛燥

26 다만……뿐 : 사람은 누구나 죽는다는 말이다. 해로(薤露)는 부추 위에 맺힌 이슬처럼 덧없이 지는 인생을 슬퍼하는 노래로, 초상 때 부르던 만가를 가리킨다. 전횡(田橫)이 한 고조(漢高祖)에게 반기를 들다 패망하여 죽자, 그의 무리가 지은 만가 2장 중 1장에 "부추 위에 맺힌 이슬 어이 쉽게 마르나. 이슬은 말라도 내일이면 다시 내리지만, 사람은 죽어 한번 가면 언제나 돌아오나.〔薤上朝露何易晞, 露晞明朝更復落, 人死一去何時歸.〕"라고 하였다. 《古今注 音樂》

27 누가……보았던가 : 신선처럼 장수한 사람이 없다는 말이다. 선녀 마고(麻姑)가 신선 왕방평(王方平)을 만나서 "저번에 우리가 만난 이래로 동해가 세 번이나 뽕밭으로 변한 것을 이미 보았는데, 저번에 봉래에 가서 보니 물이 또 과거에 보았을 때에 비해서 약 반절로 줄어들었으니, 어쩌면 다시 땅으로 변하려 하는 것인지도 모르겠다.〔接待以來, 已見東海三爲桑田, 向到蓬萊, 水又淺於往昔會時略半也, 豈將復還爲陵陸乎.〕"라고 하였다. 왕방평이 "성인들이 모두 바다 속에서 다시 먼지가 날릴 것이라고 말하였다.〔聖

만고에 법칙은 하나인데	萬古一軌轍
누가 장수한 것이며 누가 요절한 것인가	何者爲壽夭
조물주의 힘임을 알고 나니	是知造化力
은혜와 원망이 다 부질없구나	恩怨俱草草
이미 가는 것을 잡지 못했는데	旣去未可操
바야흐로 오는 것을 어찌 보존하랴	方來安足保
죽고 사는 걸 자주 보았으니	閱眼存歿屢
어찌 그 마음 좋을까	焉得好懷抱
같은 길 가는데 어찌 귀추가 달라지랴	同途豈異歸
그대에게 권하노니 번뇌를 푸시게나	勸君釋煩惱
항아리에 가득한 술을 가지고서	毋將滿尊酒
저 천 무더기의 보배를 부러워 마세나	羨彼千堆寶
취해 잠든 잠깐 사이에	醉睡霎倏間
백겁 세월이 수미산에 거꾸러지네[28]	百劫須彌倒

人皆言海中行復揚塵也〕"라고 했다는 고사가 전한다.《神仙傳 卷3 王遠》

28 취해……거꾸러지네 : 술을 마시고 잠든 사이에는 세상 근심을 다 잊고 지낼 수 있으며, 백겁의 긴 세월도 수미산(須彌山) 앞에서는 순간에 불과하다는 말로, 인생의 덧없음을 말한 것이다. 수미(須彌)는 수미산을 가리킨다. 수미산은 불교(佛敎)에서 세계의 한가운데에 높이 솟아 있다고 하는 산으로, 꼭대기에는 제석천(帝釋天)이 살고 있고, 중턱에는 사천왕(四天王)이 살고 있다고 하는데, 높이는 물 위로 8만 유순(由旬)이고 물 아래로 8만 유순이며, 가로의 길이도 그와 같다고 한다.

사일[29]에 비가 내리다

社日雨

사일에 짙은 구름이 길게 깔리더니	社日濃雲拂地長
봄 성에 비 내려 향기나려 하네	春城雨氣欲生香
아침에 둥지 찾는 제비 있을 터[30]	朝來定有尋巢燕
쌀쌀해도 작은 집 닫지 않노라	不爲輕寒閉小堂

29 사일(社日) : 토지신(土地神)에게 제사하는 날이다. 대개 입춘과 입추 후 다섯 번째 무일(戊日)에 제사를 지낸다. 춘사일(春社日)에는 제비가 날아오고, 추사일(秋社日)에는 제비가 떠난다고 한다.

30 아침에……터 : 제비가 춘사일에 오기 때문에 이렇게 읊은 것이다.

봄을 슬퍼하다
傷春

온 세상 덮은 먼지 밤낮으로 자욱하여	八表煙塵晝夜霾
사신 그림자가 은하수 모퉁이에 끊어졌네[31]	星槎影斷絳河隈
전구가 자주 진 시황의 변방에 들어가고	氈裘屢入秦皇塞
기병이 오래도록 한 무제의 누대에 머무네[32]	甲騎長臨漢武臺
하늘 밖 편지 전하려니 기러기 이미 떠났고	天外音書鴻已去
바다 가운데 소식 기다렸건만 제비가 그냥 왔어라	海中消息燕空來
오직 꽃과 버들에 새해의 빛깔 남아	唯餘花柳新年色
나란히 타향에서 차례로 피어나리	併向殊方次第催

31 온 세상……끊어졌네 : 전란 뒤의 혼란이 가라앉지 않은 상황에서, 찾아오는 사람도 없다는 말이다. 연진(煙塵)은 전장에 이는 연기와 먼지를 가리킨다. 성사(星槎)는 은하수와 바다를 왕래하는 배라는 전설이 있는데, 일반적으로 사신이 타는 배라고 하여 사신을 의미한다.

32 전구(氈裘)가……머무네 : 청나라의 기세가 맹위를 떨치는 시대 상황을 읊은 것이다. 전구는 북방 오랑캐들이 입던 털과 가죽으로 만든 옷인데, 여기서는 우리나라에서 청나라로 가는 사신들이 청나라 복식을 하고 간다는 말로 생각된다.

봄

春事

집이 동산에 가까워 소나무가 울타리 되고	住近丘園松作藩
봄 내내 쑥대문 열지 않네	方春不省啓蓬門
따뜻한 바람 날마다 불어 꽃소식 전하고	和風日日吹花信
가랑비 때때로 내려 풀뿌리를 씻어 주네	細雨時時濯草根
물결 고요하니 물새들 얕은 물가 엿보고	波定水禽窺淺渚
땅 외져 산 참새가 그윽한 처마로 날아든다	地偏山雀到幽軒
근심 잊기를 술에 의탁하지 마라	忘憂莫託杯中物
집 두른 푸른 빛깔 온통 원추리네[33]	繞舍青青摠是萱

33 근심……원추리네 : 술에 의지하지 않고 원추리만 먹어도 근심을 잊을 수 있다는 말이다. 훤(萱)은 원추리로서, 망우초(忘憂草)라고 부르기도 한다. 《본초강목(本草綱目)》 〈훤초(萱草)〉에 "새 속잎을 따서 나물을 만들어 먹으면, 풍기가 일어나 취한 것같이 되어 모든 근심을 잊는다. 그래서 망우초라고 한다." 하였다.

산성에서
山城

아스라이 구름 노을 너머	縹緲雲霞外
외로운 성 성가퀴 쓸쓸하네	孤城睥睨寒
덧없는 인생 법망에 걸려	浮生嬰網罟
일마다 괴롭구나	萬事負艱難
북쪽 바라보니 푸른 산이 겹쳤고	北望青山衆
서쪽 쳐다보니 파란 바다 넓어라	西臨碧海寬
춘심은 고향 그리는데	春心迷故國
안개비가 긴 산에 뿌옇게 내리누나	煙雨暗長巒

꿈에서 깨다

夢罷

적막한 셋집 푸른 산에 가깝고	僑居寂歷近青山
외진 곳이라 사립문 일찍 닫아 두네	地僻柴門早上關
이별의 한 가만히 방초 따라 길고	離恨暗隨芳草長
나그네 혼 덧없이 낙화 마주하여 한가롭다	羈魂空對落花閑
시절 위태로워 세상일에 놀란 뒤인데	時危世事驚心後
몸 늙어 세월은 금세 지나누나	身老光陰瞥眼間
모두가 서로 그리면서 보지 못하니	摠爲相思獨不見
한 동이 봄 술에 용만을 꿈꾸었네[34]	一甌春酒夢龍灣

34 한 동이……꿈꾸었네 : 꿈속에서 용만(龍灣)에 있는 누군가를 만난다는 말로 이해되는데, 누구인지는 알 수 없다. 용만은 평안북도 의주(義州)의 옛 이름이다.

지난 일을 생각하는 노래. 임륜에게 주다
憶昔行 贈林崙

생각해 보니 지난 병자년과 정축년에	憶昔丙丁歲
액운이 양구를 만났었지[35]	厄運遘陽九
군사들이 하늘을 덮으니	甲兵冠天來
여러 진들 무너져 지키지 못했네	列鎭蕩莫守
관서지역은 실로 나라의 관문이라	關西實門戶
적의 칼날이 닭과 개에게도 미쳤지	鋒鏑及鷄狗
나는 당시 도성 떠나	我時去京輦
수륙으로 달리느라 지쳤었지	水陸疲奔走
만나는 사람들 반은 살고 반은 죽어	所遇半生死
시신을 밟고 다녔지	骨骸相踐蹂
비록 오랜 친지 많지만	雖多舊親知
영락하였으니 아직 남아 있기나 한지	零落猶在否
어지러운 이리와 호랑이 소굴 되었으니	縱橫豺虎窟
참담한 심정으로 흰 머리 돌리노라	慘憺回白首
자네 아버지께서 문득 방문하니	爾翁忽投訪

35 생각해……만났었지 : 참혹한 병자호란이 발생했었다는 말이다. 양구(陽九)는 음양도(陰陽道)에서 수리(數理)에 입각하여 추출해 낸 말로, 4,500년 되는 1원(元) 중에 양액(陽厄)이 다섯 번, 음액(陰厄)이 네 번 발생한다고 하는데, 1백 6년 되는 해에 양액이 발생하기 때문에, 그런 이름이 붙여졌다고 한다. 일반적으로 엄청난 재액(災厄)을 말할 때 쓰는 용어이다. 《漢書 律歷志 上》

안쓰럽게도 막 어머니를 장사한 때였지　欒然新葬母
고통스럽게 흘리는 두 줄기 눈물　艱難雙涕淚
저마다 풍우를 겪은 뒤였네　各經風雨後
얼굴 마주하니 놀랍고 의아하여　對面怳驚疑
오랫동안 슬피 탄식하네　悲嗟爲之久
곤궁한 처지에서 만났으니　窮途展良覿
이 의리 없어질 수 없네　此義堪不朽
그대가 지금 책 들고 오니　汝今抱書至
가업 계승할 이 스스로 있네　克家乃自有
먼 변방이라 유술이 부족하여　遐荒寡儒術
아름다운 자질로도 마침내 거칠어지지　美質終魯莽
부지런히 오곡 가꾸고　孜孜藝嘉穀
힘들어도 잡초 없애게[36]　辛苦除稂莠
우물 파고 산 만드는 일[37]　掘井與成山
옛사람이 응당 잘 이끌어 주었지　古人應善誘
초가집에 봄 햇빛이 길어지니　茅檐春晷永
읽고 외우기를 유시까지 하여라　講誦須盡酉

36 부지런히……없애게 : 농사짓는 것에 비유하여 학문에 힘쓸 것을 당부한 말이다.

37 우물……일 : 끝까지 최선의 노력을 다해야 한다는 말이다. 굴정(掘井)은 우물을 판다는 말로, 《맹자》 〈진심 상(盡心上)〉에 "함이 있는 자는 비유하면 우물을 파는 것과 같으니, 우물을 아홉 길이나 팠더라도 샘물에 미치지 못하면, 오히려 우물을 버림이 되는 것이다.〔有爲者辟若掘井, 掘井九軔而不及泉, 猶爲棄井也.〕"라고 하였다. 성산(成山)은 산을 만든다는 말로, 《서경》 〈여오(旅獒)〉에 "아홉 길 산을 만들 적에, 그 공이 한 삼태기 부족한 데서 이지러진다.〔爲山九仞, 功虧一簣.〕"라고 하였다.

등 그을리며 일하는 농부들 보지 못했나	不見炙背甿
농사일에 삭신이 쑤시지	筋力倦服畝
이윤 추구하는 상인들 보지 못했나	不見逐利徒
짐 나르느라 길에서 기진맥진하지	道路敝擔負
감히 맡은 일 버리지 못하나니	未敢墜職業
후하기도 하고 박하기도 한 분수를 받아들이네	受分隨薄厚
하물며 책은	況於黃卷上
성현이 좌우에 있는 것과 같음에랴	賢聖臨左右
힘써 입신양명의 바람에 부응하여	勉副立揚願
먼지 구덩이에 섞이지 말게나	毋爲混塵垢

따뜻한 봄

春暖

따스한 봄이 사람 일으키니 春暖令人起
늙은 나도 지팡이 짚었어라 吾衰亦杖藜
풀은 고향 생각 나게 하고 草將歸思發
꽃은 마음을 심란하게 만드네 花遣施情迷
예전 옷은 구멍 뚫려 바꿔야겠는데 舊衲穿垂換
새로 빚은 술 익어 마실 만하구나 新醪嫩可携
누구에게 그윽한 일 말할까 憑誰話幽事
산새들만 처마 가까이서 우는구나 山鳥近簷啼

곤륜산 옥의 노래. 정후기에게 주다

崑玉篇 贈鄭厚己

옥이 곤륜산에서 나니	王之産崑崙
땅의 신령이 맑고 깨끗하게 간직했던 것이네	坤靈蘊淸淑
지역은 멀고 길은 어두우며	地遐路幽昧
얼음으로 막히고 황하의 근원 흐리네[38]	氷塞河源濁
지극한 보배를 누가 알아보랴	至寶誰能識
천 년 긴 세월 진기한 박옥에 감춰졌지	千年閟奇璞
기꺼이 기와 조각의 무리와 섞이니	甘將瓦礫曹
어찌 진창에 더럽혀지는 치욕 면할까[39]	寧免泥塗辱
훌륭한 옥공이 문득 발견하고	良工忽相遇
탄식하며 휘둥그레진 눈빛으로 응시하네	歎息潛駭矚
가지고 중국으로 들어와	携來入中國
세밀하게 갈고 쪼니	細意加礱琢

38 지역은……흐리네 : 곤륜산이 멀고 험함을 읊은 것이다. 하원(河源)은 황하의 근원이라는 말이다. 한(漢)나라 사신이 서역의 우전국(于寘國)에서 하원을 찾아내었는데, 그 산 이름을 곤륜(崑崙)이라고 하였다는 기사가 《사기(史記)》 〈대완열전(大宛列傳)〉에 보인다. 또 《이아(爾雅)》 〈석수(釋水)〉에도 황하의 근원이 곤륜에서 나왔다는 기록이 있다. 여기서는 곤륜산과 황하의 근원이 연관되기 때문에 함께 언급한 것이다.

39 기꺼이……면할까 : 곤륜산의 옥이 대단히 좋지만, 알아보는 사람이 없어서 기와 조각과 같은 취급을 당하므로, 진흙탕 속에 버려져 더럽혀지는 치욕을 면하지 못한다는 말이다. 와력(瓦礫)은 부서진 기와 조각과 벽돌 조각을 말하는데, 가치 없는 물건을 비유하는 말로 쓰인다.

상서로운 빛이 캄캄한 밤에 빛나고　祥光發玄夜
특이한 기운이 솟는 듯 붙는 듯[40]　異氣騰還屬
값어치가 열다섯 성보다 귀하니[41]　價重十五城
황금을 숭산 만큼 쌓아야 하네　黃金比嵩嶽
맑고 밝은 자질 지녀　庶以淸冏質
왕의 옷에 장식되지　得充王者服
지난번 화씨의 감식안 아니었다면　向微和氏賞
텅 빈 산골짜기에 묻혔으리[42]　堙沒空山谷
정후기가 변방에서 태어나　鄭生起邊朔
우뚝하게 두각 드러냈네　嶄嶄露頭角
거처가 이미 외지고 머니　所居既僻遠
좁은 식견에 국한되기 쉽지　井觀亦易局
수북하게 모래 속에 덮이니　蓊鬱翳群沙
그 문채가 날로 사라지네　文采日以梏
내가 그 타고난 자질 아껴서　而我惜天資

40 특이한……붙는 듯 : 옥에서 느껴지는 기운이 밖으로 솟아나는 것 같기도 하고, 심오하게 온축된 것 같기도 한 모습을 말한 것이다.

41 값어치가……귀하니 : 조(趙)나라가 화씨벽(和氏璧)을 가지게 되었는데, 진(秦)나라에서 성 열다섯 개와 교환하자고 제안한 일이 있다. 《史記 卷81 廉頗藺相如列傳》

42 지난번……묻혔으리 : 곤륜산의 옥이 아무리 좋아도 알아보는 사람이 없었다면, 산골짜기에 묻힐 수밖에 없었다는 말이다. 화씨(和氏)는 초나라 사람 변화(卞和)로, 형산(荊山)에서 박옥(璞玉)을 발견하여 여왕(厲王)과 무왕(武王)에게 바쳤으나, 옥을 감정하는 사람이 알아보지 못하고 돌이라 하므로, 두 발이 잘리고 말았다. 그 후 문왕(文王)이 즉위한 뒤에, 옥공(玉工)을 시켜 박옥을 다듬게 하니, 직경이 한 자나 되고 티 한 점 없는 큰 옥이 나왔다 한다. 이것을 화씨벽(和氏璧)이라 한다. 《韓非子 和氏》

남은 빛을 이웃집 촛불에서 빌렸네[43] 餘輝借隣燭
갈고 닦은 지 이 년 되어가니 磨厲向二年
광택이 벌써 눈에 넘치누나 色澤已溢目
호련이 진실로 아름다운 그릇이지만 瑚璉誠美器
태만함과 소홀함을 항상 경계해야지[44] 怠忽戒信宿
모쪼록 한번 눈꺼풀 떼어 내서 須令一刮眼
세 번 발 잘리지 마라[45] 勿受三刖足
성취는 사람의 노력에 달려 있는 법 成就在人功
곤륜산의 옥을 보지 못했는가 不見崑崙玉

43 내가……빌렸네 : 서한(西漢) 광형(匡衡)의 고사를 인용하여, 정후기에게 공부하게 했다고 읊은 것이다. 광형은 집이 가난하여 등촉(燈燭)을 마련할 수 없었으므로, 벽을 뚫고 옆집의 불빛을 끌어와 글을 읽었다고 한다. 《西京雜記 卷2》

44 호련(瑚璉)이……경계해야지 : 정후기가 훌륭한 자질을 지닌 사람이지만, 게으름을 피우거나 공부를 소홀히 하는 일이 없도록 항상 경계해야 한다는 말이다. 호련(瑚璉)은 모두 종묘(宗廟)에서 서직(黍稷)을 담는 그릇으로, 훌륭한 자질의 인재를 비유한다. 자공(子貢)이 공자에게 "저는 어떻습니까."라고 묻자, 공자는 "너는 그릇이다."라고 하였다. 그러자 자공이 "어떤 그릇입니까."라고 다시 묻자 "호련이다." 하였다. 《論語 公冶長》 신숙(信宿)은 본래 이틀을 묵는다는 의미인데, 여기서는 늘 태만함을 경계해야 한다는 취지이기 때문에, 항상으로 풀이하였다.

45 모쪼록……마라 : 부지런히 공부에 전념하여 가치를 인정받으라고 정후기에게 당부한 것이다. 괄안(刮眼)은 눈꺼풀을 떼어낸다는 말인데, 옛날 인도(印度)의 양의(良醫)가 금비(金篦)로 맹인(盲人)의 눈꺼풀을 떼어 내어 광명을 되찾게 해 주었다는 고사가 있다. 《涅槃經 卷8》 월족(刖足)은 발꿈치를 자르는 형벌이다. 변화(卞和)가 박옥(璞玉)을 바쳤으나, 옥인(玉人)이 잘못 감정하여 두 차례에 걸쳐 발꿈치를 잘리는 형벌을 당한 일이 있다. 343쪽 각주42 참조. 여기서는 곤륜산의 옥을 비유로 들어, 정후기에게 학문에 전념할 것을 당부하고 있으므로, 변화의 고사를 인용하여 이렇게 읊은 것이다.

옥술잔 노래. 성천 이 사군[46]에게 사례하다

玉杯歌 謝成川李使君

관서의 노인 살쩍 허옇게 센 채로	關西老人鬢成雪
한식날 텅 빈 집에 쓸쓸히 앉아있네	寒食虛齋坐蕭瑟
산성의 사온 술 묽어 맛없는데다	山城貰酒淡無味
질그릇과 바가지 잔 너무 볼품없다	瓦器匏尊太眞率
누가 무양의 지방관처럼 어질까[47]	誰似巫陽明府賢
멀리 옥술잔 부쳐 주니 찬란하게 빛나네	遠寄玉杯光炯然
아마도 헌보궁에서 얻었는가	得之疑從獻寶宮
진주조개에 고운 아침 햇살 비추는 것 같네	剖蚌始照朝日鮮
한편으로는 규룡이 알을 품었다가	又如璇虯抱幽卵
껍질 깨고 용이 날아가 영기가 따뜻하게 남은 듯	觳破龍飛靈氣暖
하은의 호련인들 과연 특별할 게 있을까	殷瑚夏璉果何有
안타깝게도 너만 화씨의 눈에 들지 못했구나[48]	惜汝獨遺和氏眼

46 성천(成川) 이 사군(李使君) : 성천 부사 이지정(李志定, 1588~1650)을 가리킨다. 본관은 여주(驪州), 자는 정오(靜吾), 호는 청선(聽蟬)이다. 1642년(인조20) 1월 성천 부사에 임명되었다가, 이계의 장인이라는 이유로 그해 11월에 파직되었다.

47 누가……어질까 : 이지정보다 어진 사람이 없다는 말이다. 무양(巫陽)은 무산(巫山) 남쪽이라는 말로, 곧 성천(成川)을 가리킨다. 성천부(成川府) 서북쪽 2리에 열두 봉우리의 흘골산(紇骨山)이 있는데, 사람들이 이를 무산십이봉(巫山十二峯)이라 불렀다고 한다. 《新增東國輿地勝覽 平安道 成川都護府 山川條》 양(陽)은 산의 남쪽과 강의 북쪽을 의미하는 말이므로, 무양은 흘골산 남쪽에 있는 성천부를 의미하는 것이다. 명부(明府)는 지방 장관의 별칭으로, 여기서는 이지정을 가리킨다.

발률하[49]에 도적들 모인 뒤로　自經寇纏勃律河
상품의 옥 많이 들어오지 않았지[50]　截肪上品來無多
대단한 부잣집에서도 쉽게 가질 수 없으니　豪門華屋不易致
붉은 옥구슬에 비하면 어찌 나을 뿐이겠는가　若比赤瑛奚但過
나는 바라건대 종묘 제사[51]에 써서　我願置之用朝享
넘실넘실 술잔 가득 유하향[52] 풍기면 좋겠으니　灩灩滿酌流霞香
변방에서 떠돌며 밥 축내는 늙은이가　窮荒漂寓粥飯翁
이것을 완상하다 재앙 부를까 두렵구나　玩此實恐招愆殃
생각해보니 옛날 그대 만났을 때 역마 몰아가는데　憶昔逢君驅傳馬
동지의 매서운 바람이 객사에 몰아쳤지　冬至嚴風振客舍
서로 손잡고 젊을 때처럼 즐거웠으니　相携遂作少年歡
한 자리에서 백 잔 술인들 어찌 마다하랴　一飲百琖那肯捨

48 하은(夏殷)의……못했구나 : 은호하련(殷瑚夏璉)은 하나라와 은나라의 제기 호련(瑚璉)을 가리킨다. 344쪽 각주44 참조. 화씨(和氏)는 화씨벽(和氏璧)을 발견한 변화(卞和)를 가리킨다. 343쪽 각주42 참조. 이지정이 보내 준 옥술잔이 호련과 비교할 때 전혀 뒤지지 않을 만큼 훌륭한데, 변화와 같은 안목을 지닌 이가 없어서 그 가치를 인정받지 못했다는 말이다.

49 발률하(勃律河) : 인더스강(江)의 원류인 길기트강과 훈자강을 가리킨다.

50 상품(上品)의……않았지 : 좋은 옥이 국내로 유입되지 않았다는 말이다. 절방(截肪)은 잘라낸 비계라는 뜻인데, 아름다운 백옥(白玉)은 그 빛이 절방과 같다고 한다.

51 종묘 제사 : 조향(朝享)은 고대에 천자가 종묘(宗廟)에 지내던 제사로, 정제(正祭) 사이에 지내는 제사이다. 조향(朝饗)이라고도 한다.

52 유하향(流霞香) : 신선이 마신다는 향기로운 유하주(流霞酒)를 말한다. 두보(杜甫)의 〈종무생일(宗武生日)〉에 "유하를 조각조각 나누어서, 방울방울 천천히 기울이노라.〔流霞分片片, 涓滴就徐傾.〕"라고 하였다.

지금은 주린 채 누워 세월만 흐르고　即今饑臥動日月
술독에 먼지 피어 칼칼한 목 참고 있네　甕底生塵忍喉渴
그대는 날 저버리지 않았는데 나는 배 저버렸으니　非君負我我負腹
옥술잔 깨뜨려 조물주에게 돌려줘야겠네[53]　撞碎玉杯還造物

53 그대는……돌려줘야겠네 : 술잔만 보내지 말고 술도 보내라는 해학적 표현이다.

두견화 노래

杜鵑花歌

나에게 뜰 가운데 자란 꽃나무 있으니	我有花樹庭中央
처음 왔을 적에 석 자 남짓이었는데	始來約高三尺强
어느새 다섯 번 피고 지니	居然見花五開落
이미 배나 자라 나보다도 크구나	已長一倍過我長
꽃이 쉬 늙음 아니라 내가 오래 나그네 되어	非花易老我久客
전에는 머리 변하지 않았는데 이제는 백발이네[54]	昔髮未變今滄浪
꽃이야 지더라도 내년이 있지만	卽令花謝有明年
내 나이 훌쩍 지나가니 감당하지 못하누나	我年忽忽不可當
그러므로 나는 지는 꽃도 가는 봄도 애석하니	故我惜花兼惜春
조심하여 거친 바람 맞지 말아라	珍重勿受風顚狂
꽃은 적막 속에 번뇌하는 나를 어여삐 맞이하는데	花嬌惱我守寂莫
나는 부끄럽게도 꽃 마주하고 처량한 마음 말하네	我羞對花論悲涼
누가 나의 이 노래 들으며	誰能聽我歌此曲
꽃그늘 향기 아래 흠뻑 함께 취할까	爛熳共醉花陰香

54 전에는……백발이네 : 처음 유배지에 도착했을 때는 머리색이 변하지 않아 검었는데, 이제는 백발이 되었다는 말이다. 창랑(滄浪)은 머리가 희끗희끗한 것을 형용하는 말이다. 당(唐)나라 요합(姚合)의 시에 "빙 두른 흰머리 몇 가닥 남았나. 초관 쓰고 방문하니 석랑이 놀라네.〔遶鬢滄浪有幾莖，珥貂相問夕郎驚.〕"라고 하였다.《御定全唐詩 卷501 奉和前司封蘇郎中喜嚴常侍蕭給事見訪驚斑鬢之什》

봄이 다 가니 꽃을 아까워하며

春盡惜花

봄이 올 때는 꽃 사이로 잎이 보이지 않더니	春來不見花間葉
봄 다하니 잎 아래에 꽃 드물구나	春盡稀看葉底花
술독에 붙은 꽃잎 애석해 마라	莫惜尊罍黏落蕊
비바람이 빈 뗏목에 뿌리는 것을 근심해야지[55]	當愁風雨洗空槎
봄날 꽃구경 열흘 정도인데	春來花事一旬間
눈에 스치는 화려한 꽃 보는 둥 마는 둥했지	過眼繁華只等閑
떨어진 붉은 꽃잎 바람이 쓸어가게 하지 마라	休放落紅風掃去
은근히 푸른 이끼에 점점이 남아 아롱지네	殷勤留點綠苔斑
가는 봄 어디서도 봄 돌아가는 줄 알 수 없는데	殘春無處驗春歸
날아다니는 벌 날로 드물어져 의아했지	但訝遊蜂日日稀
문득 보니 떨어진 꽃이 땅 가득 붉어	忽見落花紅滿地
한가한 정으로 마주하니 잠시 아련해지누나	閑情相對暫依依
꽃 아까워도 떨어지는 걸 막을 도리 없어	惜花無計留花落

55 술독에……근심해야지 : 지는 꽃이 아쉽기는 하지만 그것은 부질없는 일이고, 난국에 처한 시대 상황을 염려해야 한다는 말로 이해된다. 풍우(風雨)는 비바람으로, 혼란을 의미한다. 당시 청나라와의 외교관계에서 사신들이 성과도 없이 오가는 상황을 이렇게 읊은 것으로 판단된다.

종일 섬돌 맴도니 미칠 지경이네	盡日巡階太劇狂
만 점 꽃잎 바람에 날려 괴로우니	萬點隨風堪懊惱
차라리 취해 쓰러져 남은 향기 깔고 누워야겠다	不如醉倒藉餘香

봄 나무에 화려하던 꽃 적막히 사라졌어도	春樹繁華寂寞空
한가한 뜰에 도리어 녹음 둘러 좋구나	閑庭還愛綠陰籠
꽃 피고 열매 맺는 일 해마다 있으니	開花結子年年事
동풍 향해 꽃 떨군다고 원망 말아야지	不向東風怨落紅

초여름

初夏

아득하다 시절 아파하는 나그네	逖矣傷時客
조용히 하안거 들어간 중 같구나[56]	蕭然結夏僧
거친 섬돌에 푸른 이끼 번져가고	荒階移碧蘚
묵은 나무에 푸른 넝쿨 올라간다	古樹上蒼藤
잠들면 고요한 참선으로 이어지고	睡接禪心定
정신이 노년 따라 집중되네	精隨老境凝
말 잊고 깊은 밤 앉았노라니	忘言坐幽夜
처마에 걸린 달이 등불 대신하네	簷月代淸燈

56 아득하다……같구나 : 이민구 자신을 하안거(夏安居)에 들어간 스님에 비유한 것이다. 결하(結夏)는 승려가 음력 4월 16일부터 7월 15일까지 90일 동안 출입을 금하고, 한곳에 모여 수행에 전념하는 것을 말한다. 한편 10월 16일부터 정월 15일까지 90일 동안 하는 것을 동안거(冬安居)라 한다.

나그네의 꿈

旅夢

변방 성의 날씨 풍진에 뒤덮여	邊城天氣混風塵
막막하고 쓸쓸하니 사람 괴롭게 하네	莫莫凄凄正惱人
닭 울음 새벽마다 황량한 객점에 의지했는데	鷄唱每依荒店曉
꾀꼬리 소리는 문득 상림원의 봄 같아라	鶯聲忽似上林春
비록 취해 누워 천 일 보내는 일 없어도	雖無醉臥經千日
실로 게으른 잠으로 열흘 보낼 때 있도다	實有慵眠動一旬
나그네는 꿈에서도 고향 길 찾지 못하는데	旅夢不知鄕國路
지는 꽃과 날리는 버들개지만 어지럽구나	落花飛絮共紛繽

이 병사[57]와 헤어지다

別李兵使

병마사가 패수의 봄을 서쪽에 두고 떠나니	玉節西辭浿水春
이별한 정자에서 가는 행차 멀리 바라보네	離亭延望見行塵
조정에 돌아가 만약 강담 나그네 말한다면	歸朝若說江潭客
궁도에서 사람 두려워하더라고 전해 주오	側近窮途更畏人

57 이 병사(李兵使) : 이현달(李顯達)을 가리키는 것으로 보인다. 그가 평안 병마사에 임명된 시기가 언제인지는 정확하지 않지만, 《승정원일기》 인조 19년 9월 3일 기사에 이현달의 장계를 입계(入啓)한다는 기록이 있다.

단오에

端陽

창포 잎새 자라 따뜻한 바람에 흔들리고	菖蒲葉大弄和風
제비 둥지랑 벌집 곳곳마다 있구나	燕壘蜂房處處同
야윈 몰골로 우주 안에 머문 게 부끄러운데	自愧羸骸淹宇內
좋은 명절 단오 되니 도리어 놀랍구나	還驚令節屆天中
마을 주변 여린 보리로 밭마다 푸르고	村邊細麥千畦綠
마당가 화려한 꽃으로 한 나무 붉구나	庭際繁花一樹紅
계절 사물이 흐르는 세월 따라 변해 가니	時物數隨流序變
늘그막 사람 일도 더욱 바쁘구나	老來人事更悤悤

단칸방 노래. 김현민에게 주다
一室行 贈金顯民

사람이 세상에 태어나	人生生世間
가고 멈춤을 만나는 바에 따라야지	行止隨所遇
나는야 가을 잎처럼	是身如秋葉
시들어 떨어져 옛 나무 떠났네	零落辭故樹
바람 따라 도랑에 떨어져	從風委溝渠
둥둥 떠서 이리저리 떠도네	漂轉迷去住
연주[58]는 내 고향도 아닌데	延州非我土
문득 많은 세월 보냈구나	忽經歲月屢
한 목숨 진실로 먹고 마실 수 있으니	一命苟食啄
무슨 마음으로 채마밭 넓히랴	何心廣場圃
머리 덮은 집 서까래 두어 개로 지었는데	蓋頭只數椽
쑥대마저 울타리 가득 자랐어라	蒿萊沒環堵
날 길어져 봄에서 여름으로 접어들어도	日長春夏交
또한 더위와 비를 가릴 만하네	亦足庇暑雨
쓸쓸히 비좁은 방안이지만	蕭條容席內
아침저녁 보낼 만하네	不負送朝暮
게다가 방 안에 책 있어	況有室中書
문밖에 신발도 많구나	而多戶外屨

58 연주(延州) : 평안북도 영변 지역의 옛 이름이다.

배움을 즐기는 수많은 무리들　　侁侁嗜學徒
어찌 냄새를 쫓는 것이겠는가[59]　　豈以逐臭故
아득하다 뭇 성인들　　邈矣群聖人
남긴 글이 책에 분명하네　　遺文照竹素
흔연히 뜻을 알게 되면　　欣然會意處
시원하게 맑은 바람 쐬는 것 같지　　渙若淸飆度
군자의 집이　　勿嫌君子居
쑥대로 엮어 다 드러나도 싫어 마라　　編蓬類暴露
돌아보고 웃으며 김생에게 이르노니　　顧笑謂金生
이 늙은이가 스스로를 잘 비유했구나　　此翁善自喩

59 배움을……것이겠는가 : 이민구에게 배우러 오는 사람들이 특별한 기호가 있어서도 아니고, 이민구 자신의 학문이 대단히 높아서도 아니라는 말이다. 축취(逐臭)는 냄새를 쫓는다는 말로, 기호(嗜好)가 아주 괴벽(怪僻)함을 비유한다. 옛날 몸에서 대단한 악취가 나는 사람이 있어, 친척, 형제, 아내, 친지 등 그 누구도 그와 함께 거처할 수 없게 되자, 스스로 고민 끝에 홀로 바닷가에 가서 살았는데, 그 바닷가에 사는 한 사람이 유독 그 냄새를 좋아하여 밤낮으로 그를 따라다녀서, 그의 곁을 떠나지 않았다는 고사가 있다. 《呂氏春秋 卷14 偶合》

심 관찰사[60]가 쌀을 보내 주다

沈觀察惠米

나는 늙어 집도 없고 돈도 없는데	吾老無家且無錢
한 번 병들어 삼 년 앓았네	但有一病經三年
게다가 봄내 여름내 굶주려	況當春夏耐苦饑
조석으로 믿을 건 죽뿐이었지	朝夕所恃粥與饘
흐리멍덩 조는 듯 마는 듯하니	茫茫忽忽睡非睡
마치 하늘 끝에 돛 내린 것 같았지	正如落帆天之邊
죽마고우가 관찰사로 와서	竹馬故人來按道
도랑에 버려진 사람 돕는 데 더욱 마음 쓰네	意氣偏恤溝中捐
식량 보내 줘 힘든 처지 도와주니	肯分糧粒濟危途
어찌 한 말 물로 마른 물고기 적시는 정도이랴[61]	奚啻斗水霑枯魚
수레 도착하자 보고 듣는 사람들 넘쳐나고	輪蹄到門溢觀聽
굴뚝에서 연기 피어나니 마을 사람들 놀라네	竈突生煙驚里閭
메조와 백미가 눈 가득 향기로우니	黃粱白粲滿眼香

60 심 관찰사(沈觀察使) : 심연(沈演, 1587~1646)으로, 본관은 청송(青松), 자는 윤보(潤甫), 호는 규봉(圭峰)이다. 심의겸(沈義謙)의 증손이다. 《인조실록》 20년 3월 10일 기사에 심연을 평안 감사로 임명한 기록이 보인다.

61 식량……정도이랴 : 심연이 쌀을 보내 주니, 곤궁한 자신에게 큰 도움이 된다는 말이다. 고어(枯魚)은 물이 없어 죽어 가는 물고기로, 이민구 자신을 비유한 말이다. 《장자》 〈외물(外物)〉에 수레바퀴에 패인 웅덩이 속에서 헐떡이는 물고기가 한 되나 한 말의 물이라도 우선 얻어 목숨을 부지하려고 한다는 학철부어(涸轍鮒魚)의 이야기가 나온다.

잘 지은 밥 실컷 먹으매 빈속에 잘 맞네	軟炊大嚼宜中虛
부엌 앞 어린 종은 오랫동안 누렇더니[62]	廚前小婢久菜色
저녁 먹고 나자 미간 펴졌네	晩後已覺眉頭舒
서주에 기근 돌아 시체가 널렸으니	西州流餓屍遍地
진휼은 응당 장리[63]의 일이네	發粟應關長吏事
유배 온 나그네 목숨이야 아깝지 않지만	投荒旅客不惜死
귀중한 선물을 어찌 부질없게 하랴	重惠豈合歸妄施
그대가 높은 의리로 곤궁한 친구 돕는데	公將高義軫窮交
내 비록 가련한 처지지만 도리어 부끄러워	我縱自憐還自愧
서둘러 이웃 노인 불러 함께 배불리 먹으니	徑呼隣叟同一飽
어진 이가 준 것을 독차지할 수야 없지	未敢獨私仁者賜

62 누렇더니 : 채색(菜色)은 굶주린 사람의 얼굴이 누르스름한 것을 말한다.

63 장리(長吏) : 지위가 비교적 높은 관원을 가리킨다. 여기서는 관찰사 심연을 의미한다.

이중명이 보내온 시에 맞춰 짓다

次李仲明寄詩

봄날 오두막집 저녁연기에 휩싸이고	春日蓬門閉夕煙
깨면 술 부르고 취하면 자노라	醒時呼酒醉時眠
조용히 지내며 이별의 한 몰랐는데	端居不省離騷恨
새 시를 읽고서야 멍하게 되었네	及讀新詩始惘然
못에 봄빛 따뜻해 물안개 일고	池塘春暖水生煙
뜰에 바람 온화해 버들은 자려 하네	庭院風和柳欲眠
베개에 기댔다가 문득 천 리 꿈 놀라 깨어	欹枕忽驚千里夢
발 사이로 성긴 비를 쓸쓸히 앉아 보노라	一簾疏雨坐蕭然

갖가지 병

多病

많은 병으로 게을러져	多病經行倦
한참만에야 낮잠 깨노라	移時午寢醒
숲 꾀꼬리는 나비 덮치고	林鶯捎蛺蝶
처마 제비는 잠자리 떨구네	簷燕墮蜻蜓
만물의 풍광에 오히려 형역되지만	物態猶形役
인심은 절로 영험하지	人心自性靈
향기로운 술 마시며 가랑비 마주하여	香醪對微雨
새로 돋은 푸른 채소 싹 따노라	菜甲摘新青

심양에 갔다가 돌아오는 변성지[64]에게 주다

贈卞誠之赴瀋回轅

생각해보니 옛날 풍진 일다 나라 맑아지자	憶昔風塵海內淸
그대가 말 타고 중국 가는 모습 보았지	看君驄馬赴神京
누가 알까 오늘 귀국하는 길이	誰知此日東歸路
당시 북쪽 갔던 길이었음을	猶是當時北去程
요동 땅 저녁 구름은 북방 들에 이어지고	遼塞暮雲連朔野
계문의 봄빛 변방 성에 막혔네	薊門春色阻邊城
관산 멀리 바라보며 천 줄기 눈물 뿌리니	關山極望千行淚
다른 사람의 이별 아파하는 마음과는 같지 않네	未似他人惜別情

64 변성지(卞誠之) : 변삼근(卞三近, 1579~1648)으로, 본관은 밀양(密陽), 자는 성지, 호는 오정(梧亭)이다. 명나라 조대수(祖大壽)가 금주(錦州)를 지켰는데, 1642년(인조20) 청병(淸兵)이 쳐들어가 금주를 함락시키니, 조대수가 청에 항복하였다. 이 일을 축하하기 위해 진하 부사(進賀副使)의 직책을 맡아, 진하사(進賀使) 인평대군(麟坪大君) 이요(李㴭), 서장관 홍처량(洪處亮)과 함께 5월에 심양에 갔다가 8월 18일에 돌아왔다.《仁祖實錄 20年 8月 18日》

성천 사군[65]이 선천[66]이 화운한 〈옥배가〉를 부쳐 주다

成川使君寄示宣川所和玉杯歌

성천 부사는 곧 선천 부사의 장인이다.

시재는 문득 선성에게 양보하고[67]	詩才忽得謝宣城
아울러 하남 대윤의 청아함 사랑스럽네[68]	兼愛河南大尹淸
일찍이 문간에서 옥윤 보았는데[69]	早向門闌瞻玉潤
새로이 문장에서 쇳소리 듣노라[70]	新從詞翰聽金聲
연래 헤어져 지내며 모두 무료한데	年來契闊俱無賴

65 성천 사군(成川使君) : 성천 부사 이지정(李志定, 1588~1650)을 가리킨다. 345쪽 각주46 참조.

66 선천(宣川) : 선천 부사(宣川府使) 이계(李烓, 1603~1642)를 가리킨다.

67 시재는……양보하고 : 이민구가 일찍이 〈옥배가〉를 지어 이지정에게 보냈는데, 이계가 그 시에 화운하니, 이민구 자신이 지은 시보다 뛰어났다는 말이다.

68 아울러……사랑스럽네 : 이민구가 〈옥배가〉를 지어 이지정에게 보냈는데, 그 시를 사위 이계에게 보내 주어 화운하게 하고, 다시 이계가 지은 시를 이민구에게 부쳐주었으므로 이렇게 읊은 것이다.

69 일찍이……보았는데 : 이지정의 사위 이계를 칭찬한 말이다. 옥윤(玉潤)은 남의 사위를 가리킨다. 진(晉)나라 악광(樂廣)이 위개(衛玠)를 사위로 맞아들였는데, 이에 대해서 배숙도(裴叔道)가 "장인은 얼음처럼 맑고, 사위는 옥돌처럼 윤이 난다.〔婦公氷淸, 女婿玉潤.〕"라고 평했다는 고사가 있다. 《晉書 卷43 樂廣列傳》

70 새로이……듣노라 : 이계가 화운한 시가 매우 훌륭하다는 말이다. 금성(金聲)은 맑은 쇳소리로, 시문이 잘된 것을 의미한다. 진(晉)나라 손작(孫綽)이 〈유천태산부(遊天台山賦)〉를 지으니 글이 매우 잘되었다. 그가 벗 범영기(范榮期)에게 보이며 "자네가 시험 삼아 땅에 던져 보게. 금석 소리가 날 것이네.〔卿試擲地, 當作金石聲.〕"라고 하였다. 《晉書 卷56 孫綽列傳》

늘그막의 풍류 오히려 정감 있네 老去風流尚有情
어디서 만나 세 사람 마주앉아 何路逢迎成鼎坐
술잔 들고 평소 그립던 마음 펼쳐 볼까 銜杯相屬展平生

시절 풍경

時物

밭두둑 보리 누런 가운데 푸르고	隴麥黃猶綠
산 앵두는 희고 또 붉구나	山櫻白又紅
비스듬한 숲의 풍경 말고도	攲林風色外
가느다란 계곡물에 빗소리 들린다	細磵雨聲中
성품 따라 여러 사물 어울리는데	遂性偕群物
형체 잊은 채 홀로 늙은 사람이네	忘形獨老翁
그대 보았나 새끼 제비	君看新乳燕
옛 둥지 빈 것을 그리워하지 않지	不戀舊巢空

임오년(1642, 인조20) 입추에 일을 기록하다
壬午立秋日紀事

봄에는 가물다가 뒤늦게 홍수 지니	早旱晩仍滂
하늘의 은택 진실로 고르지 않구나	天澤諒不周
단비가 폭우로 변해[71]	甘膏化陰沴
끊임없이 입추까지 내리네	浩浩彌立秋
입추에는 더 심하게 쏟아져	立秋注逾甚
큰 기세가 구주를 무너뜨리네	大勢夬九州
붉은 해도 검은 안개에 가렸는데	朱陽閟玄霧
하물며 서쪽으로 심성 내려가는 것을 보랴[72]	況覩西火流
기와집에 오래 의지해 지냈는데	瓦屋舊帡幪
한밤에 끝없이 물이 새네	中夜漏未休
짐이야 아까울 것 없지만	裝囊無所惜
이리저리 달리느라 소처럼 헐떡이네	奔走喘如牛
늦은 아침 문 열어 보니	朝晏始啓戶

71 단비가 폭우로 변해 : 오랜 가뭄 끝에 비가 내리기는 했지만, 너무 많이 내렸다는 말이다. 감고(甘膏)는 감우(甘雨)와 같은 말로 단비를 의미하며, 임금의 덕택을 말할 때도 사용한다. 음려(陰沴)는 음양의 기운이 조화를 잃어 음기(陰氣)가 치성한 나머지 발생하는 재해를 가리키는데, 여기서는 내용을 감안하여 폭우로 풀이하였다.

72 붉은……보랴 : 비가 많이 내려서 해도 보이지 않고, 별도 볼 수 없다는 말이다. 화류(火流)는 7월에 대화심성(大火心星)이 서쪽으로 더 낮아지는 것을 말한다. 《시경》 〈칠월(七月)〉에 "7월에 심성이 서쪽으로 내려가거든, 9월에 옷을 만들어 주느니라.〔七月流火, 九月授衣.〕"라고 하였다.

빈 마당에 작은 모래톱 생겼네　曠庭生小洲
산과 내가 뒤집혀　山川相反覆
보이는 곳마다 놀라운 풍경 눈에 가득하다　瞻矚駭盈眸
아마도 장평의 전투에　猶疑長平戰
피투성이 시체가 구렁에 널린 듯[73]　血骸遍坑溝
이웃 사람들 말 들어보니　復聞隣里言
홍수로 밭둑 무너지고　洪濤坼菑疇
곡식도 다 떠내려가니　都漂禾黍去
밑동이나마 남아 있을까　肯餘根莖留
하늘은 백성을 자식처럼 아끼니　皇穹子黔庶
어찌 차마 그 목숨 끊으랴만　忍令絶其喉
해마다 재해 내리니　頻年降災害
참담해라 그 까닭 모르겠다　憯莫知何由
아사는 예부터 있었지만　餓莩蓋自古
꺾고 눌러서 어찌 다 죽이려 하는가　摧壓胡盡劉
성 가까이 열 가구 사는 마을　近城十家村
매몰되어 물에 휩쓸렸네　埋沒隨波漚
두 강 밖으로 떨어진 이 곳도　隔此二江外
몇 사람이나 물에 빠졌네　幾個成魚頭
가만히 생각하니 물 속 혼백이　靜思水底魂

73 아마도……듯 : 폭우가 내려 발생한 참상을 전장에 비유하여 읊은 것이다. 장평(長平)은 지명으로, 전국 시대 진(秦)나라 백기(白起)가 조(趙)나라 조괄(趙括)의 군사를 대파하고, 항졸(降卒) 40여만 명을 땅에 파묻어 죽인 곳이다. 《史記 卷43 趙世家》

눈물 흘리며 그치지 못하겠지	淚下不能收
부로들 서너 사람이	父老三四人
고맙게도 내 시름을 달래려고	惠然寬我愁
지난날의 일을 말하니	謂言昨日事
진실로 신의 부끄러울 바가 아니네	實非神所羞
동쪽 연못에 자다가 깬 용	東淵睡起龍
구멍이 오래되어 낮고 외진 것 싫어서	穴古厭卑陬
비바람 틈타 옮겨가면서	移因風雨會
우레의 수레를 끼고 가네	挾以雷霆輈
타는 듯한 구름은 만 개의 횃불 같아	爇雲萬炬火
검붉게 붉은 기운 떠 있네	亘赩赤氣浮
천둥소리 벼랑과 골짝을 찢을 듯	轟威裂崖洞
큰 소리가 산과 언덕 때리누나	巨聲擘巒丘
천 길 바위에 의지해 서리고	蟠依千仞石
입 벌려 백 장의 못 만들었네	呀作百丈湫
아득하여 지극히 신비로운 물건	冥冥至神物
신령한 변화를 비길 곳 없다네	靈變難比侔
내가 감동하여 탄식 일으키니	我感喟興歎
천지가 역참을 만들어 주면	天地爲置郵
잠긴 용도 천지를 진탕시키며	潛鱗亦震蕩
거만하게 그윽한 바위 떠나는데	偃蹇辭巖幽
성철이 힘들고 위태로운 때 만나면	聖哲値艱危
편안함을 어찌 구했으랴	懷安焉可求
골짜기 길이 바야흐로 험하지만	狹路方屼峴

어찌 먼 노닒을 꺼릴까	豈敢嫌遠游
세상일과 농사일로	世故與農功
답답하게 온갖 근심에 잠기노라	鬱紆沈百憂

〈맥반행〉에 차운하다

次麥飯行

육 년 동안 고향 떠나　六歲去鄉井
외로운 몸 거친 변방에서 지내노라　孤身寄荒遠
오직 밥에 대한 미련 남았으니　唯餘稻粱戀
입과 배가 절로 한스럽다　口腹方自恨
옥 먹으려던[74] 옛 마음 저버리고　餐玉負宿心
보리 씹으니 처음 소원 이루었네　嚼麥諧始願
부엌에 일러 아침에 찧은 곡식 나눠　勅廚分早春
세심하게 저녁밥 짓게 했지　細意營晡飯
중간쯤 익자 솥에 물방울 맺혀 흘러내리더니　中炊溜乍泫
조금 더 지나자 김이 살짝 뿜어 나오네　小進氣微噴
코에 스치니 향긋한 냄새 사랑스럽고　逆鼻愛芳香
배를 채우니 부드러워 좋구나　充腸悅柔嫩
힘들이지 않고 밥그릇 비우니　無勞渠盌映
어찌 편지로 권하기를 기다리랴　豈待素書勸
힘써 밥 잘 먹으면　努力加匕箸
노년에도 바로 살찌겠지　衰年倏肥健

74 옥 먹으려던 : 찬옥(餐玉)은 도가(道家)에서 불로장생(不老長生)하기 위해 옥가루를 복용하는 것을 말한다. 두보(杜甫)의 시에 "주머니 속의 옥 먹는 법을 시험하지 못했으니, 내일 아침엔 장차 남전산으로 들어가리라.〔未試囊中飧玉法, 明朝且入藍田山.〕"라고 하였다. 《杜少陵詩集 卷3 去矣行》

오랜 나그네 새밭 빌리고는	久客借畬田
농사가 형편없어 늘 부끄럽지만	恒慙耕者遜
가을 수확으로 내 곡식 얻었으니	秋成獲私實
그럭저럭 깊은 시름 덜 수 있네	此足祛深懣
이미 뭇 사람의 동정 받았으니	旣受衆目憐
어찌 그대의 염려를 마다하랴[75]	寧辭迺公慁
궁궐에 훈풍이 이르면	紫殿薰風至
비로소 전인이 바친 곡식 맛보시겠지	初嘗甸人獻
임금께서는 걱정 풀리고	九重解憂軫
백성들은 배고픔에서 벗어나네	群生濟饑困
풍년가[76] 울려 퍼지고	欲騰兩岐謠
큰 즐거움에 노랫소리 다시 이어지네	樂多聲復曼
길이 고기 그리는 마음 끊어지고	永斷腥羶慕
난초와 지초 원망하는 마음도 사라졌네[77]	仍蠲蘭芷怨

75 이미……마다하랴 : 다른 사람들의 도움을 받았으니, 자신을 염려해서 보리를 보내 준 사람의 성의도 마다하지 않고 받겠다는 말이다.

76 풍년가 : 양기(兩岐)는 한 줄기에 두 개의 이삭이 달린 보리를 가리키는데, 풍년이 들 상서로운 조짐으로 여겼다. 후한(後漢)의 어양 태수(漁陽太守) 장감(張堪)이 호노(狐奴)에서 전답을 개간하여 민생을 안정시키자, 백성들이 "뽕나무에는 곁가지가 없고, 보리에는 이삭이 두 개씩 달렸구나. 장군이 정사를 행하면서부터, 즐거움을 이루 헤아릴 수 없네.〔桑無附枝, 麥穗兩岐, 張君爲政, 樂不可支.〕"라고 노래하며 찬미했던 고사가 전한다. 《後漢書 卷31 張堪列傳》

77 난초(蘭草)와……사라졌네 : 벗에 대한 원망, 나아가 무관심한 세상에 대한 원망이 사라졌다는 말이다. 시의 내용으로 보아 누군가가 이민구에게 보리를 보내 주었기 때문에 이렇게 읊은 것이다.

정성껏 작은 밭두둑 가꾸어	殷勤護短畦
날마다 파 마디로 밥에 짝하리라	日用配葱寸

의주에서 유배 생활하는 박덕우[78]를 그리워하다

懷朴德雨灣上僑居

심양에 구금되어 해를 넘기고는 의주에 유배되었다

오랜 벗과 여러 해 헤어져 지내니	舊友多年別
맑은 가을 이날도 서글퍼라	清秋此日悲
세교 맺은 이 괴롭게 그리나니	艱難懷世好
참담하다 위태한 시절 한스럽네	慘澹恨時危
서울 떠나 멀리 상담에 있으니[79]	去國湘潭遠
조정으로 돌아오는 사절 더디구나[80]	歸朝漢節遲
이별에 시름하고 함께 병 앓으면서	離憂與同病
백발의 우리들 서로 그리워하네	白首各相思

78 박덕우(朴德雨) : 박황(朴潢, 1597~1648)으로, 본관은 반남(潘南), 자는 덕우, 호는 나옹(懦翁)·나헌(懦軒)이다. 심양에 구금되어 있던 박황은 1642년(인조20) 봄에 김상헌(金尙憲), 신득연(申得淵), 조한영(曺漢英), 채이항(蔡以恒)과 함께 의주(義州)로 옮겨 가게 되었고, 1643년 4월 15일에 풀려났다.

79 서울……있으니 : 유배된 신세라는 말이다. 상담(湘潭)은 전국 시대 초(楚)나라의 충신 굴원이 참소를 받고 쫓겨난 곳이며, 귀양지의 별칭으로 사용된다.

80 조정으로……더디구나 : 박황이 심양에서 돌아와, 의주 적소에 머물고 있다는 말이다. 한절(漢節)은 한나라 천자(天子)가 수여한 정절(旌節)을 가리킨다. 한 무제(漢武帝) 때 소무(蘇武)가 흉노(匈奴)에게 사신 갔다가 억류되어, 19년 만에 돌아온 고사가 있다. 《漢書 卷54 蘇建傳 蘇武》

〈교거〉 시에 맞춰 짓다

次僑居韻

가을날 빈 방에서 마음 허전한데	秋來虛室意茫然
성미가 맑고 그윽함을 너무 좋아하지	耽愛淸幽性獨偏
부엌문 산으로 나서 거친 덩굴 들어오고	廚戶向山荒蔓入
우물 난간에 수위 낮아 묵은 이끼 푸르다	井闌低水古苔綠
상마 심은 곳 고요한데도 밤 꿈 드물고	桑麻地靜希宵夢
자리에 바람 서늘해도 낮잠 줄었네	几席風涼省晝眠
우습구나 서생은 습관이 남아서	自笑書生餘習氣
백발의 심사를 옛 책에 부쳤어라	白頭心事寓陳編

거듭 산 자를 사용하여 부쳐온 시에 맞춰 짓다[81]

次疊山字見寄

교거는 땅 끝 옛 인산[82]이건만	僑居地絶古麟山
밝은 달은 언제나 변방을 비추네	明月常時照漢關
이별 원망하는 시 흥 달래려는 것 아닌데	怨別詩篇非遣興
근심 잊으려는 술 어찌 한가함을 탐하는 것일까	忘憂杯勺豈耽閑
서로 이별한 뒤에 이와 머리 빠지고	蕭條齒髮相離後
오랜 객지 생활에 몰골은 쇠했어라	潦倒形容久客間
서글프다 강가 버들 빛이여	惆悵江干楊柳色
한 해 가을 기운이 먼 용만에 흔들리네	一年秋氣動遙灣
일 묘의 그윽한 집 산이 에웠고	一畝幽居擁四山
모래바람 밤낮으로 불어 북쪽 관문에 가깝네	風沙晝夜近胡關

81 거듭……짓다 :《동주집(東州集)》에 이 시와 같은 운자를 사용하고 있는 작품은 시집(詩集) 권6의 〈꿈에서 깨다〔夢罷〕〉이다. 그 시에 "한 동이 봄 술에 용만을 꿈꾸었네.〔一甌春酒夢龍灣〕"라고 하였는데, 아마도 의주〔龍灣〕에 있는 누군가를 그리워해서 지은 시였던 것으로 보인다. 그 시를 의주에 있는 사람에게 보냈는데, 그 사람이 화운하여 이민구에게 보내오므로, 거듭 같은 운자를 사용하여 이 시를 지은 것이다. 그러므로 이 시의 마지막 구에 사용하고 있는 만(灣)은 용만, 즉 의주를 가리키는 말로 풀이하였다.

82 인산(麟山) : 평안북도 의주에 있는 지명으로, 1464년(세조10)에 한명회(韓明澮, 1415~1487)의 건의로, 이곳에 진(鎭)을 설치하였다.《續東文選 議政府領議政上黨府院君韓公神道碑銘 幷書》 국방의 요처이지만, 유배지로 많이 활용되었다.

마음은 그친 물처럼 차가울수록 더 고요하고　　心如止水寒逾靜
몸은 뜬구름처럼 담담하고 또한 한가롭네　　身似浮雲淡又閑
서로는 노중련의 푸른 바닷가 바라보이고[83]　　西望魯連滄海上
동으로는 기자의 정전 사이에 의지했네[84]　　東依箕子井田間
천추에 서생의 눈물 마르지 않는데　　千秋不盡書生淚
지는 해만 망망하게 먼 용만으로 지누나　　落日茫茫下遠灣

83 서로는……바라보이고 : 중국의 동해가 보인다는 말이다. 노련(魯連)은 전국 시대 제(齊)나라의 고사(高士) 노중련(魯仲連)을 가리킨다. 진(秦)나라가 천자(天子)를 참칭하면, 동해에 빠져 죽겠다고 말했던 인물이다.《史記 卷83 魯仲連列傳》

84 동으로는……의지했네 : 동쪽으로 평양과 가깝다는 말이다. 기자(箕子)는 은(殷)나라 현인으로, 주 무왕(周武王)이 조선에 봉하자, 우리나라로 와서 정전법(井田法)을 시행했다고 한다. 평양성 남쪽에 기자가 정전을 구획한 흔적이 남아 있었다고 한다.

명아주 평상

藜床

명아주 평상에 잠시 앉으니 나무 그늘 맑은데 藜床小坐樹陰淸
매미와 귀뚜라미 울음소리 각각의 물정일세 蟬咽蛩吟各物情
관문에서 윤희를 만나지 않았다면 不向關門逢尹喜
감히 세상에서 군평을 버렸다 말할까[85] 敢論人世棄君平
오랫동안 시름과 병 앓으니 몸은 얼마나 중한가 久拚愁病身何重
술병 물리치니 허물이 비로소 가벼워지네 却屛壺觴累始輕
뱃속에 든 책들 가을 햇볕에 쬐려는데[86] 腹裏有書秋欲曬
요즈음 비 내려 맑은 날 적구나 近來陰雨少天晴

85 관문에서……말할까 : 엄준(嚴遵)이 세상에 뜻을 두지 않고 《노자(老子)》에 심취했다는 말이다. 윤희(尹喜)는 함곡관의 관령(關令)이다. 노자(老子)가 주나라의 쇠미함을 보고 떠나갈 때 함곡관에 이르자, 윤희가 "선생께서 앞으로 은거하시려 하니, 수고롭지만 저를 위하여 저서를 남겨주십시오."라고 하였다. 노자는 상·하편의 저서를 지어, 도덕의 의미를 오천여 자로 서술하고 떠났다고 한다. 《史記 卷63 老子列傳》 군평(君平)은 한(漢)나라 때 은사(隱士) 엄준의 자이다. 그는 성도(成都)의 저자에서 매일 점(占)을 쳐서 생활을 영위하였는데, 하루 생활할 정도의 100전(錢)만 얻으면, 즉시 점방의 발을 내리고 학도(學徒)들에게 《노자》를 가르쳤다고 한다. 저서에 《노자지귀(老子指歸)》가 있다. 《漢書 卷72 嚴遵傳》 참고로 이백(李白)의 시에 "군평이 이미 세상 버리자, 세상 역시 군평을 버렸다네.〔君平旣棄世, 世亦棄君平.〕"라고 하였다. 《李太白文集 卷1 古風上》

86 뱃속에……쬐려는데 : 복리유서(腹裏有書)는 뱃속의 책이라는 말로, 서적을 의미한다. 한유(韓愈)의 〈부독서성남(符讀書城南)〉에 "사람이 능히 사람이 될 수 있음은 뱃속에 시서가 있기 때문인데, 시서는 부지런해야 소유할 수 있고, 그리 못 하면 뱃속이 텅 비게 되느니라.〔人之能爲人, 由腹有詩書. 詩書勤乃有, 不勤腹空虛.〕"라고 하였다.

백로에 고을 사람이 햅쌀을 보내왔다

白露日 鄕人餉新稻

벼 수확하고 누런 구름 덮인 저녁	野割黃雲夕
방아 찧는 백로의 가을	春分白露秋
구슬 던져 주니 무거운 은혜에 비견되고	投珠比重惠
밥 지으니 궁한 시름 사라진다[87]	炊玉散窮愁
입과 배가 다만 짐이 되는데	口腹秪相累
묵정밭도 뜻대로 일궈지지 않누나	菑畬未自由
어찌 변방에서	豈應關塞外
먹고 살 계획 뜻대로 되겠는가	偏合稻粱謀

87 구슬……사라진다 : 이웃 사람이 햅쌀을 보내 주어 밥을 지어 먹으니, 근심이 풀린다는 말이다. 주(珠)와 옥(玉)은 모두 햅쌀을 상징하는 말로 사용되었다.

가을 경치

秋景

숲은 날로 소슬해지고	林木日蕭蕭
빈 집에는 가을 기운 왕성하네	虛堂秋氣驕
시서 읽으며 외딴 변방에 의지했고	詩書依絶域
등불 아래 추운 밤 앉았노라	燈火坐寒宵
산마루 바위는 가파른 비탈에 서렸고	嶺石蟠懸磴
강나루는 밀물에 막혔구나	江津阻上潮
높다란 둥지에 까막까치가 있는데	危巢有烏鵲
비바람에 흔들거린다	風雨正漂搖

2

푸른 벼랑 산골짝에 의지했는데	翠壁依林壑
맑은 서리가 등라넝쿨 물들였네	淸霜染薜蘿
띳집이 가을 오솔길 외진 데 있어	茅齋秋徑僻
뽕잎에 석양이 많이 비추누나	桑葉夕陽多
수루의 북소리 뿔피리 소리와 어우러지고	戍鼓和殘角
마을 절구질 소리 주고받는 노래와 섞이네	村舂雜互歌
산 집에 오직 참새들뿐이니	山家唯鳥雀
문 밖에 그물일랑 치지 말아야지	門外莫張羅

추분에 큰 비가 내리다

秋分日大雨

팔월 끝나가고 추분 되었는데	八月將終秋始分
겹 성에 비바람이 밤새 어지럽게 쏟아졌네	重城風雨夜紛紛
부용 자란 못물 요동쳐 교룡의 굴 되었고	芙容水蕩蛟龍窟
초목은 구름에 가려 호표가 떼 지어 다니네	草木雲霾虎豹群
너른 들판 진창길을 근심스레 바라보고	鉅野泥塗愁外望
긴 강의 물결 소리 꿈속에 들리누나	長江波浪夢中聞
아마도 변방에 얽힌 전란 기운 싫어	應嫌玉塞纏兵氣
은하수 쏟아 오랑캐 요기 씻어 내려는 듯	爲注銀河洗虜氛

가을 흥취. 열 수의 절구
秋興 十絶句

서쪽으로 동대[88] 바라보니 햇빛 맑아	西望東臺晴日光
아침에도 새벽 서리 내린 줄 몰랐네	朝來不省曉來霜
누가 이처럼 화가의 솜씨를 더해	阿誰着此丹青手
높은 숲을 울긋불긋 화려하게 빚었나	幻出高林赤又黃

날마다 왔다가 또 가더니	日日來來得又拋
세월은 벌써 가을 끝자락일세	流光已涉九秋交
오늘 아침 남으로 가는 제비 다 보냈는데[89]	今朝送盡南歸燕
그래도 내년 위해 옛 둥지 지켜야지	猶爲明年護舊巢

가을날 등불 앞에 귀뚜라미 울음소리	秋日燈前蟋蟀鳴
평소 들으면서 서로 아무 느낌 없었는데	常時入耳兩無情
쓸쓸히 관산의 밤에 나그네로 누웠더니	悽然客臥關山夜
시름겨운 사람 눈물짓게 하는 소리로구나	知是愁人釀淚聲

88 동대(東臺) : 영변의 약산에 있는 봉우리이다.

89 오늘……보냈는데 : 이 시의 앞에 추분(秋分) 때의 일을 읊은 시가 있으므로, 이 시는 추분 이후에 지은 것이다. 여기서 제비를 떠나보냈다고 한 것으로 보아, 추사일(秋社日)을 즈음하여 이 시를 지은 것으로 보인다. 제비는 춘사일(春社日)에 왔다가 추사일에 돌아간다고 한다.

사철 고르게 나뉘는데 가을은 쉬 마음 상하니　　四序平分秋易傷
낮은 어찌나 쓸쓸하고 밤은 또 어찌나 긴지　　晝何憭慄夜何長
맑은 서리가 벌써 온 숲의 푸른 빛 바꿨는데　　淸霜已改千林碧
병든 나무가 어찌 한 잎 시드는 걸 면하랴　　病樹寧辭一葉黃

낙엽 지고 하늘 높으며 가을장마 말랐는데　　木落天高秋潦乾
동으로 고향 바라보니 길은 어찌 그리 험한지　　故園東望路何難
관산 팔월에 서풍 세차니　　關山八月西風急
오늘밤 선영[90]에는 맑은 이슬 차갑겠지　　今夜松楸白露寒

변방 성에 서리 내려 시무나무[91] 누렇게 시들고　　邊城霜落刺楡黃
하늘 끝 높은 바람이 기러기 행렬 보내네　　天末高風送雁行
팔월 관하에 소식 끊어지니　　八月關河消息斷
고향으로 돌아갈 길 가을 들어 멀어졌네　　故園歸路入秋長

하늘가 외로운 성에 해 저물고　　天畔孤城落日邊
산천 곳곳마다 깊은 가을 풍경이네　　高秋物色遍山川
찬 국화는 풍상 뒤에도 홀로 꼿꼿한데　　寒花獨保風霜後
썩은 풀은 공연히 우로 앞에 부끄럽구나　　腐草空慙雨露前

90 선영(先塋) : 송추(松楸)는 주로 묘지에 많이 심는 나무들로, 분묘(墳墓)나 선영을 의미한다.

91 시무나무 : 자유(刺楡)는 느릅나뭇과의 낙엽교목으로, 시무나무라고 한다.

동쪽 울타리 중양절 술자리 무르익으니	爛熳東籬九日杯
고상한 정취와 멋진 흥취 재촉해 일어나네	高情逸興併相催
쓸쓸하여라 송옥의 가을 슬퍼한 한	蕭條宋玉悲秋恨
절반은 당시 부 짓는 재주 되었지[92]	半爲當年作賦才
타향 생활 본래 의지할 곳 없는데	殊方行止本無依
객사의 조촐한 먹거리도 계획과 어긋났네	客舍簞瓢計更違
가을 추수에 수확 변변찮으니	秋後歲功收得少
봄에 심은 벼 적어서지	春間水稻種來稀
외로운 성에서 또 아롱진 국화 마주했는데	孤城又對菊花斑
지는 해와 떠가는 구름은 모두 돌아오지 않네	落日行雲兩不還
육 년이나 벗들은 소식 한 자 없으니	六載故人無一字
세상의 궁벽한 곳 바로 관산이로다	世間窮處是關山

92 송옥(宋玉)의……되었지 : 송옥은 전국 시대 초(楚)나라의 문인으로, 많은 사부(辭賦)를 남겼다. 여기서는 가을의 쓸쓸함이 송옥의 부(賦) 창작에 많은 영향을 끼쳤다는 말이다. 실제 송옥의 작품에는 "슬프다, 가을의 기운이여. 쓸쓸하게 초목은 지고 쇠한 모습으로 변하였네.〔悲哉秋之爲氣也, 蕭瑟兮, 草木搖落而變衰.〕"와 같은 작품이 있다. 《屈宋古音義 卷3 九辯》

백씨에게 주다

贈白生

사방 벽에 부는 풍상 세모에 맑고	四壁風霜歲暮淸
창에 비친 등불 한밤에 밝구나	一窓燈火夜深明
알겠다 오늘 술동이 앞의 대화가	須知此日尊前話
모두 훗날 이별의 정이 되겠지	摠是他年別後情

흥에 겨워서

謾興

성 서쪽 십 묘의 묵은 땅 일궈서　城西十畝薙荒蕪
가을날 메조로 객지 식량 마련했네　秋日黃粱佐旅廚
궁한 시름으로 탄식하는 말 쓰지 말고　不爲窮愁書咄咄
차라리 술자리에서 취해 노래 불러야지[93]　寧因伏臘醉烏烏
살아서는 몸뚱이 무뎌져 한스럽지만　生來自恨筋骸緩
죽으면 누가 마른 해골 가여워할까　死去誰憐骨髓枯
석실의 문장 천고의 업이니　石室文章千古業
남은 의론은 잠부에게 부치노라[94]　欲將餘論付潛夫

93 궁한……불러야지 : 시름에 겨워 탄식하기 보다는 차라리 술에 취해 실컷 노래하는 것이 낫다는 말이다. 돌돌(咄咄)은 혀를 차며 탄식하는 말인데, 진(晉)나라 은호(殷浩)가 폐출(廢黜)당한 뒤에, 하루 종일 손가락으로 돌돌괴사(咄咄怪事)라는 네 글자를 끼적이면서 신세를 한탄했다고 한다. 《世說新語 黜免》 복랍(伏臘)은 여름철의 삼복(三伏)과 겨울철의 납일(臘日)에 지내는 제사 이름인데, 보통 이날 술을 마시기 때문에 다정한 술자리를 말할 때 쓰는 시어(詩語)이다. 오오(烏烏)는 노래 부르는 소리이다. 《한서(漢書)》 권66 〈양운전(楊惲傳)〉에 "술을 마시고 귀가 뻘겋게 뜨거워지면, 하늘을 우러러 장군을 두드리며 오오하고 노래를 불렀다.〔酒後耳熱, 仰天拊缶, 而呼烏烏.〕"라고 하였다.

94 석실(石室)의……부치노라 : 서적이나 읽으면서 여생을 보낼 뿐, 나머지 일은 왕부(王符)에게 의탁한다는 말이다. 석실은 한(漢)나라 대궐의 장서각(藏書閣)을 가리킨다. 사마천(司馬遷)의 《사기(史記)》 〈자서(自序)〉에 "사관의 기록과 석실금궤의 책에서 뽑아 서술하였다.〔紬史記石室金匱之書〕"라고 하였다. 잠부(潛夫)는 후한(後漢)의 왕부를 가리킨다. 자는 절신(節信)이며, 한평생 벼슬길에 나아가지 않고 마융(馬

融), 장형(張衡), 최원(崔瑗) 등과 교류하였다. 성격이 강직하여 세속에 부합하지 않아 줄곧 은거 생활을 하면서 10여 편에 달하는 책을 저술하였는데, 이름이 알려지는 것을 싫어하여, 책명을 《잠부론(潛夫論)》이라고 하였다. 《後漢書 卷49 王符列傳》

유람하는 나그네의 동대 운에 맞춰 짓다
次游客東臺韻

아스라이 동대[95]에 비췻빛 겹겹이고	縹緲東臺紫翠重
깊은 가을 빼어난 기운 성에 가득하네	高秋秀氣滿城濃
하늘은 발해만 삼천포 위에 떠 있고	天浮渤澥三千浦
땅은 묘향산 팔만봉과 이어졌어라	地接香山八萬峯
예부터 생황 노래에 멋진 자취 남았는데	從古笙歌留勝跡
지금은 봉화대만 높은 성벽에 의지했구나	只今烽櫓倚崇墉
하늘이 지척이어도 신선 유람 막혔으니	雲霄咫尺仙遊阻
바람 타고 기분 좋게 따를 수 없구나[96]	風馭泠然不可從

삼천은 포구 이름이다.

95 동대(東臺) : 영변의 약산에 있는 봉우리이다.

96 하늘이……없구나 : 동대에 올라가지 못하는 아쉬움을 읊은 것이다. 풍어(風馭)는 바람을 몬다는 뜻으로, 신선이 타고 다니는 수레를 가리키는 말이다. 《장자(莊子)》〈소요유(逍遙遊)〉에 "열자는 바람을 타고 하늘 위로 올라가서 기분 좋게 보름쯤 놀다가 돌아온다.〔列子御風而行, 泠然善也, 旬有五日而後反.〕"라고 하였다.

10월 3일 형님을 생각하다

十月三日 懷伯氏

영원히 슬픈 세월 물처럼 흘러가니	終天歲月忽如流
천 갈래 백발로 초수의 감회 느끼노라[97]	華髮千莖感楚囚
객사에 바람 연기 가득하여 노란 국화 시들고	客舍風煙黃菊老
옛 동산에 서리 이슬 내려 자형나무 근심하네[98]	故園霜露紫荊愁

97 영원히……느끼노라 : 어머니의 기일(忌日)에 귀향하지 못한 채 늙어가는 자신의 신세를 한탄한 것이다. 종천(終天)은 영원한 슬픔을 말하는데, 주로 부모를 잃은 슬픔을 말한다. 이 시를 쓰고 있는 10월 3일은 이민구의 어머니 안동 김씨(安東金氏)의 기일이다. 이수광(李睟光)의 《지봉집(芝峯集)》 권13 〈돌아간 아내 정부인 김씨의 묘지명〔亡室貞夫人金氏墓誌銘〕〉에 "융경 정묘년 삼월 신사에 태어나 만력 을묘년 10월 병오에 운명하였다.〔生於隆慶丁卯三月辛巳, 卒以萬曆乙卯十月丙午.〕"라고 하였다. 을묘년 10월 병오는 1615년(광해군7) 10월 3일이다. 초수(楚囚)는 진(晉)나라에 포로로 잡혀가서 거문고로 초나라 음악을 연주하며 고향을 그리워했던 종의(鍾儀)를 가리킨다. 《春秋左氏傳 成公9年》

98 옛……근심하네 : 어머니 기일을 맞이하여 형제들이 근심한다는 말이다. 상로(霜露)는 돌아가신 부조(父祖)에 대한 생각을 말한다. 《예기》 〈제의(祭義)〉에 "가을에 서리와 이슬이 내리면, 군자가 그것을 밟고 반드시 슬픈 마음이 생기나니, 이는 날이 추워져서 그런 것이 아니다. 또 봄에 비와 이슬이 내려 땅이 축축해지면, 군자가 그것을 밟고 반드시 섬뜩하게 두려운 마음이 생기면서, 마치 죽은 부모를 곧 만날 것 같은 생각이 들게 된다.〔霜露既降, 君子履之, 必有悽愴之心, 非其寒之謂也. 春雨露既濡, 君子履之, 必有怵惕之心, 如將見之.〕"라는 말에서 유래하였다. 자형(紫荊)은 박태기나무라고도 하며, 주로 형제간의 우애를 의미한다. 남조 양(南朝梁)의 오균(吳均)이 지은 《속제해기(續齊諧記)》에 "전진(田眞)의 삼 형제가 재산을 분배하면서, 집 앞에 있는 자형나무까지 3등분하여 나누어 갖기로 했더니, 그 나무가 갑자기 말라 죽었다. 이것을 본 전진이 뉘우치면서, 사람이 나무만도 못한 짓을 하였다고 흐느꼈고, 형제들이 서로

숲 까마귀는 한이 있어 오늘밤도 우는데	林烏有恨還今夜
변방 기러기 무정하여 또 한 가을 지나누나	塞雁無情又一秋
누가 알랴 두 고을 눈물 흘리는 곳에	誰見兩鄉垂淚處
쓸쓸한 등불이 새벽까지 비추는 줄을	悄然燈燭五更頭

감동하여 재산을 분배하지 않기로 하자, 그 나무가 다시 살아났다."라고 하였다.

구성[99]의 노래. 원순건에게 주다

龜城行 贈元順健

고려 시대 연진[100]이 관서 변방에 자욱하여	麗代煙塵暗西塞
장성이 동으로 오고 천구가 떨어졌네[101]	枉矢東行天狗墜
성 버린 수령들 구름처럼 많았으니	棄城守宰紛如雲
천 리 강토가 어지럽게 무너졌네	千里輿圖沸橫潰
조그마한 구주 멀고도 외로운데	龜州彈丸逈且孤
박서가 부임하여 단단히 지켰지[102]	犀也析符嚴警備
수많은 흉악한 무리 끊임없이 밀려오니	兇徒穰穰來未已
성가퀴에 융마의 기운 넘쳐났네	睥睨漫漫戎馬氣

99 구성(龜城) : 평안북도 구성군(龜城郡)이다.

100 연진(煙塵) : 전장에 이는 연기와 먼지를 가리킨다.

101 장성(長星)이……떨어졌네 : 전쟁의 조짐이 있었다는 말이다. 왕시(枉矢)는 혜성(彗星)의 이칭(異稱)으로, 병란(兵亂)을 예고하는 요성(妖星)으로 여겨졌다. 혜성은 긴 꼬리를 달고 운행하기 때문에 흔히 장성이라 불렸다. 종류에 따라 패(孛), 혜(彗), 참창(欃槍), 치우기(蚩尤旗), 순시(旬始), 왕시 등으로 분류되었다.《說苑 卷18 辨物》 천구(天狗)는 소리를 내며 떨어지는 운성(隕星)으로, 천구가 떨어지면 전쟁이 일어난다고 한다.《사기(史記)》〈천관지(天官志)〉에 "천구는 형상이 대분성(大奔星)과 같은데 소리가 있으며, 그것이 땅에 떨어지면 개와 같다."라고 하였다.

102 박서(朴犀)가……지켰지 : 박서는 고려 후기의 무인으로, 본관은 죽주(竹州)이다. 1231년 서북면 병마사(西北面兵馬使)에 재임 중, 몽고군 원수 살리타이〔撒禮塔〕가 지금의 철산(鐵山)인 철주(鐵州)를 함락하고, 현재의 구성인 구주(龜州)를 공격하자 이를 무찔렀다. 석부(析符)는 부신(符信)을 나눈다는 말로, 임금의 임명을 받아 부임하는 것을 의미한다.

달무리처럼 긴 포위망 높은 성 감싸니[103] 長圍月暈嬰百雉
된서리 속에 찬 북소리 일어나네 霜重鼓寒聲半起
장군은 병사 위로하고 병사는 분발하여 將軍勞士士爭奮
한 손으로 상황 따라 짧은 채찍 움직였네[104] 隻手臨機運尺箠
병기 앞 초목은 우선 밖이었고 兵前草木羽扇外
성 아래 제충은 지고 안이었지[105] 城下梯衝指顧裏
진영의 늙은 오랑캐 허와 실을 알아 陣上老胡識虛實
스스로 말하길 평생 공성전을 보았는데 自說平生閱壁壘
머리 묶고 나서서 백발 되도록 結髮先登到白首
묵적의 수성을 이제야 본다 했지[106] 蓄眼今看墨翟守

103 달무리처럼……감싸니 : 구주성을 포위했다는 말이다. 월훈(月暈)은 달무리로, 달의 주위를 에워싼 달무리처럼 성을 포위하는 것을 말한다. 치(雉)는 담의 높이를 재는 단위이다. 《춘추좌씨전》 은공(隱公) 원년 기사에 "도성(堵城)이 100치가 넘으면 나라에 해롭다."라고 하였는데, 그 주에 "사방 1장(丈)을 도(堵)라 하고 3도를 치(雉)라 하는데, 후백(侯伯)의 성은 100치에서 벗어나지 않아야 한다." 하였다.

104 한……움직였네 : 박서가 불리한 형세에도 임기응변하여 대적했다는 말이다.

105 병기……안이었지 : 박서가 훌륭한 지략을 동원해 성을 공격해오는 적을 잘 막아냈다는 말이다. 우선(羽扇)은 촉한(蜀漢)의 제갈량이 진중(陣中)에서 윤건(綸巾)을 쓰고 삼군(三軍)을 지휘할 때 사용하던 부채이다. 제충(梯衝)은 운제(雲梯)와 충차(衝車)로, 모두 성을 공격하는 무기이다. 지고(指顧)는 손가락으로 가리키고 고개를 돌려 돌아본다는 의미로, 지휘함을 의미한다.

106 진영의……했지 : 늙은 오랑캐 장수가 수많은 공성전(攻城戰)을 경험했지만, 박서처럼 성을 잘 지키는 사람을 처음 보았다고 말했다는 것이다. 《신증동국여지승람(新增東國輿地勝覽)》 권53 〈평안도(平安道) 귀성도호부(龜城都護府)〉 기사에 "몽고 장수로 나이 거의 70이 된 사람이 있었는데, 성 아래에 이르러 성의 방벽과 기계를 둘러보고 감탄하여 이르기를 '내가 어릴 때부터 종군(從軍)하여 천하의 성지(城池)를 공격해

달리는 깃발과 어지러운 수레 썰물처럼 거둬 가니　奔旗亂轍卷歸潮

나쁜 기운 싹 쓸어 천도를 바르게 했네　掃蕩昏氛整乾紐

굳건히 지켜 거둔 승리 자고로 비할 데 없으니　憑堅制勝古無比

혁혁한 초상 영원히 빛나리라　赫赫丹青照不朽

당시 어찌 상장군만 훌륭했으랴　當時豈獨上將能

진정 고을 사람들이 도왔지　定有邦人爲左右

유민들이 수백 년간 복을 빌며 거주하니　遺黎儌福數百歲

아마도 그 풍류 후예에게 있으리라　想見風流在後裔

원순건이 근래 구주에서 오니　元生近自龜州至

내가 격앙되어 옷소매 걷었네　鄙夫激昂思攘袂

너로 하여금 토착하여 고향 지키면서　使汝土着保鄕井

대대로 먹고 살게 한 것은 누구의 은혜인가　耕鑿世世誰所惠

시사 생각에 눈물 떨구며 지난날 그리는데　撫事隕淚懷往昔

문장으로 다루려니 부족한 재주 부끄럽다　欲討文章愧末藝

요즘 강토에 비린내 얼마나 풍겼나[107]　爾來箕封幾腥膻

시절 위태로워 참담하게 창검이 비꼈네　時危慘憺橫戈鋋

싸우는 형상을 두루 보았으나, 일찍이 이와 같이 공격을 당하고서 끝내 항복하지 않는 것은 보지 못하였으니, 성안의 여러 장수는 뒷날 반드시 모두 장상(將相)이 될 것이다.' 하였다."라는 기록이 보인다. 결발(結髮)은 성인이 되어 머리를 묶는 것을 가리킨다. 묵적수(墨翟守)는 묵적이 성을 지킨다〔墨翟守城〕는 말로, 전국 시대에 비전론(非戰論)을 제창한 묵적이 수성(守城)에 능했기 때문에 한 말이다.

107 요즘……풍겼나 : 조선이 오랑캐인 청나라에 유린된 것을 말한다. 기봉(箕封)은 기자가 봉해진 곳이라는 뜻으로, 우리나라를 가리킨다. 성전(腥膻)은 고기의 비린내와 누린내로 오랑캐를 의미한다.

정선에 고심하는 것은 고작 한 가지 일이니　苦心征繕只一役
다리 어루만지며 파목의 어짊을 한탄하네[108]　撫髀獨歎頗牧賢
어찌하면 박서 같은 이 얻어　安得犀也二三輩
장막에 앉아 계책 세워 사방 맑혀서　坐畫廟謨淸四邊
거듭 백성들 모두 편안히 잠자는 걸 볼 수 있으며　再覩赤子俱晏眠
그대와 함께 책 읽고 항상 배불리 먹으면서　與君讀書常飽飯
강개한 마음으로 경술년을 함께 이야기할까[109]　慷慨共說庚戌年

108 정선(征繕)에……한탄하네 : 세금을 거두고 무비(武備)를 갖추는 것은 한 가지 일에 불과하므로, 훌륭한 장수가 나와서 현재의 혼란한 상황을 타파해 주었으면 좋겠다고 읊은 것이다. 정선의 정(征)은 부세(賦稅)를 거두고 군졸을 모으는 것이며, 선(繕)은 병기(兵器)나 성곽을 수선하는 것을 가리킨다. 파목(頗牧)은 전국 시대 조나라의 명장 염파(廉頗)와 이목(李牧)을 병칭한 말로, 문무를 겸비한 뛰어난 신하를 가리킨다. 당(唐)나라 선종(宣宗) 때 한림학사 필함(畢諴)이 강족(羌族)을 격파할 대책을 올리자, 황제가 "우리 조정에 염파와 이목 같은 명장이 있을 줄 어떻게 생각이나 했겠는가.〔孰謂頗牧在吾禁署〕"라고 하고는, 필함을 절도사로 임명해서 공을 세우게 했던 고사가 있다.《新唐書 卷183 畢諴列傳》

109 어찌하면……이야기할까 : 박서처럼 훌륭한 장수를 얻어서 청나라를 물리치고, 태평한 시절이 왔으면 좋겠다는 희망을 읊은 것이다. 경술년(庚戌年)은 언제를 가리키는 것인지 자세하지 않다. 다만 이 시가 구성에서 승리한 박서를 다루고 있다는 점을 감안할 때, 강감찬(姜邯贊)이 거란을 물리쳤던 일을 말하는 것이 아닌가 추측된다. 현종(顯宗, 992~1031)이 강감찬을 서경 유수 내사시랑 평장사(西京留守內史侍郎平章事)로 임명할 때 "경술 연간에 오랑캐 난리가 있어 적병이 한강변에 깊이 들어왔지. 당시 강공의 계책 쓰지 않았다면 온 나라가 모두 오랑캐가 될 뻔했네.〔庚戌年中有虜塵, 干戈深入漢江濱. 當時不用姜公策, 擧國皆爲左衽人.〕"라고 시를 써준 일이 있다.《東史綱目 第7上 顯宗9年》

입동에 우레가 쳤다. 근심을 달래다

立冬日雷 排悶

천 겹 구름 덮인 산 아득히 돌아가고	雲山千疊莽脩廻
누대 가까이 관문에 고각소리 애절하다	樓近關門鼓角哀
유유히 흐르는 긴 시내는 둑 따라 흘러가고	脈脈長川隨岸去
아득히 저무는 해 성 아래로 내려가네	茫茫殘日下城來
늘그막에 가을 눈 때문에 폐병 앓는데	衰年肺病三秋雪
긴긴 밤 시월 우레에 변방의 마음 놀라네	永夜邊心十月雷
잘못된 화친으로 황금과 비단 다 바치니	錯道和戎金幣盡
하늘까지 이어진 나쁜 기운 다 열리지 않았네	接天氛祲未全開

당시 되놈 사신이 의심하여 온갖 말로 꾸짖었다.

이웃의 피리 부는 사람 성발과 거문고 연주하는 기생 유가는 모두 늙었는데 매번 달 밝은 밤이면 음악을 연주하였다

隣居笛工聲發琴妓劉哥俱老 每月夜奏伎

누구의 쇠 피리 소리 옥 거문고에 의지했나　　鐵笛誰家倚玉琴
찬 하늘 고운 달빛 속에 높은 숲에 번져가네　　寒空月彩散高林
튕겨 맑은 물 연주하니 〈장귀조〉이고[110]　　彈爲白水將歸操
불어 누런 구름 뚫으니 변방 나서는 소리일세[111]　　吹徹黃雲出塞音
행락에도 지난날의 일 전해지니　　行樂尙傳他日事
떠도는 신세 늘그막 심정 간절하다　　流離秪切暮年心
이원의 악공과 비파 연주하는 여인[112]　　梨園樂叟琵琶女
시인을 오래도록 눈물 흘리게 하누나　　長使騷人淚滿襟

110 튕겨……장귀조(將歸操)이고 : 거문고로 맑은 물을 연주하니, 그 곡조가 〈장귀조〉라는 말이다. 〈장귀조〉는 공자(孔子)가 지었다는 금곡(琴曲)이다. 공자가 일찍이 조(趙)나라에 가려다가, 조나라에서 현대부(賢大夫) 두명독(竇鳴犢)을 죽였다는 말을 듣고 지었다고 한다.《記纂淵海 卷78 琴操》

111 불어……소리일세 : 피리 연주를 형용한 것이다. 출새음(出塞音)은 출새곡(出塞曲)과 같은 말로, 국경의 요새를 거쳐 외국으로 나갈 때 불렀다는 악부(樂府) 〈횡취곡(橫吹曲)〉을 말한다. 한나라 초부터 불렀다고 하며, 당나라 때 두보(杜甫) 등 유명한 시인들이 가사를 지었다.

112 이원(梨園)의……여인 : 이민구의 이웃에 사는 적공과 금기를 지칭한 것이다. 이원은 본래 음악과 노래를 가르치던 곳이므로, 피리와 거문고를 연주하는 이웃의 적공과 금기를 표현하기 위해 이끌어온 것이다.

사슴을 풀어 주다

放麋

너는 한적하고 넓은 곳 사랑하여	爾性愛閒曠
좋은 숲에서 노닐지	逍遙嘉樹林
무리지어 다니며 함께 행동하고	曹遊隨動止
무성한 풀 찾아가네	豐草在所尋
들 노인이 번식하는 때를 살펴	野老候時育
깊숙한 산골짝에서 잡았네	得之山谷陰
데려다 정원의 볼거리 삼으니	携來作庭玩
홀로 읊조리는 내 마음 위로되네	慰我獨行吟
가녀린 한 자의 몸	尨茸一尺姿
놀라 날뛰니 막을 길 없어라	驚躍不可禁
울타리 둘러 나가지 못하게 하고	編籬防外逸
꼴을 뜯어 먹였지[113]	食以苹與芩
잘 길들여 성장하면	調馴及成長
내 깊은 뜻을 알리라 여겼네	若會人意深
비록 길러 주는 은혜 입고	雖蒙豢養恩
승냥이와 범에게 먹히는 신세 면했지만	且免豺虎侵

113 꼴을 뜯어 먹였지 : 평금(苹芩)은 쑥과 덩굴진 풀을 말한다. 《시경》 〈녹명(鹿鳴)〉에 "사슴이 울어대며 들에 쑥을 뜯네.〔呦呦鹿鳴, 食野之苹.〕"라고 하였고 "울어대는 사슴이여, 들에 덩굴풀을 뜯고 있네.〔呦呦鹿鳴, 食野之芩.〕"라고 하였다. 여기서는 사슴에게 먹이는 꼴로 풀이하였다.

끝내 무리를 그리는 생각 많아	終多儔侶感
그지없이 흐느껴 우는구나	未輟呦呦音
우리 안에서 발 구르며	躑躅枝撐內
그리는 마음 가누지 못하네	顧慕靡自任
물욕 따르는 건 속된 선비의 마음이고	徇物俗士懷
측은히 여기는 건 군자의 마음이지	惻隱君子心
나와 오래 다정했으니	眇質經久狎
차마 너를 굽고 삶을 수 있으랴	忍汝充炰燖
어찌 속박된 몸으로	奈何黃拘絆
자질구레하게 짐승을 잡으랴	區區取荒禽
오늘 새벽 아이 시켜	今晨命豎奚
맑은 물가에 풀어 주게 했네	放置清溪潯
날아갈 듯 맘껏 기뻐하며	脫然恣敖嬉
습지 지나 깊은 숲으로 사라지네	藪澤莽幽森
나다닐 때 그물 조심하거라	出處愼虞羅
사냥꾼은 원잠 모른단다	獵夫昧原箴
내가 지금 그물에 떨어져	吾方墮網罟
육 년이나 변방에 묻혀 지내네[114]	六年彌陸沈
초가집 처마에 온갖 근심 서려	茅簷纏百慮
우울함 속에 답답한 마음 아파하노라	鬱鬱傷危襟

114 육 년이나……지내네 : 이민구가 1637년(인조15) 영변으로 유배 와서 6년 동안 지내고 있다는 말이다. 육침(陸沈)은 육지에 물이 없는데도 빠졌다는 말로, 은거(隱居)를 비유하는데, 여기서는 유배지에서 지내고 있음을 의미한다.

가을에 한 서방[115]이 삼막사[116]에서 글을 읽으면서 인편을 통해 소식을 부쳐오다

秋日韓郎讀書三藐寺 因便寄信

고려 때 창건한 관악산 사찰에서	冠岳前朝寺
시서 읽으며 조용히 문 닫았겠지	詩書靜閉關
가을 구름이 첩첩 봉우리 옮겨가고	秋陰移疊嶂
지는 해가 빈 산에 가득하리	落日滿空山
한묵에 시름겨운 눈 떠지는데	翰墨開愁眼
염량의 세월 따라 이별한 얼굴 바뀌었네[117]	炎涼換別顏
부질없이 남쪽 가는 기러기 바라보지만	虛瞻南去雁
세모라 돌아올 줄 모르누나	歲晏不知還

115 한 서방 : 이민구의 조카사위 한오상(韓五相, 1606~1672)으로, 본관은 청주(淸州), 자는 세익(世翊)이다. 허목(許穆)의 기록에 "군의 초취는 고 재상 이성구의 딸로, 정축년(1637, 인조15) 강화도가 함락되자 절개를 지켜 죽었다.〔君初娶故相李聖求女, 丁丑江都敗, 守節死之.〕"라고 하였다. 《記言 別集 卷23 贈注書韓君墓碣銘》

116 삼막사(三藐寺) : 현재의 서울특별시 금천구(衿川區) 지역인 금천현(衿川縣) 삼성산(三聖山) 서쪽에 위치한 절이다.

117 한묵(翰墨)에……바뀌었네 : 한오상의 편지를 받으니 그동안의 시름이 풀리지만, 흐르는 세월 속에 얼굴은 늙었다는 말이다. 한묵(翰墨)은 붓과 먹으로, 문장을 의미하는데, 여기서는 한오상이 보내 준 편지를 가리킨다. 염량(炎涼)은 더위와 추위로, 세월을 의미한다.

붓가는 대로

放筆

타고난 성품이 구차한 얻음을 부끄러워하여 受性恥苟得
많은 재물[118]은 얼굴 붉어지게 하지 多藏所深赧
다만 경서에는 獨於經籍上
크고 작은 것을 모두 가리지 않았네 洪纖都不揀
한 글자 한 글자 핵심 탐구하느라 探尋隻字要
만금의 산업 팽개쳤지 撥棄萬金産
그 사람 비록 뼈가 썩었지만 其人雖骨朽
그 도는 책에 남았어라[119] 其道在方板
혹은 펼쳐서 널리 늘어놓고[120] 或敷而旁肆
혹은 현묘한 글로 감추었네[121] 或祕以玄簡
강유를 귀히 여겨 제시하였으니 維綱貴必提
우뚝한 공을 어찌 깎으랴[122] 突兀安可剗

118 많은 재물 : 다장(多藏)은 사적으로 재물을 많이 쌓아 놓는 것을 말한다. 《노자(老子)》 제44장에 "매우 아끼다 보면 반드시 크게 손해를 입고, 많이 쌓아 놓다 보면 반드시 크게 잃게 된다.〔甚愛必大費, 多藏必厚亡.〕"라는 말이 있다.

119 그 사람……남았어라 : 성현(聖賢)이 돌아가 고인(故人)이 되었지만, 그 도는 책에 남아 전해진다는 말이다.

120 혹은……늘어놓고 : 성현의 말씀 가운데 어떤 말은 쉽게 이해되도록 그 의미를 확 드러내 보였다는 말이다.

121 혹은……감추었네 : 성현의 글이 대단히 함축적이어서, 그 의미가 심오함을 말한 것이다.

맑기는 독견사가 울리는 듯하고	淸抽獨繭鳴
굳건하기는 동릉의 대패와 같네	健制銅陵鍵
자세히 작자의 의도를 살필지어다	細觀作者意
사용한 재주가 진실로 끝이 없네	用才固無限
눈으로 보고 마음으로 깨우쳐서	目擊乃心喩
말을 잊고 미소 짓네	忘言寓微莞
정신이 문득 서로 감응하면	精神忽相感
금빛 인끈 높은 벼슬 따위에 어찌 얽매이랴	金組焉足綰
세상 혼란해 유업을 박대하니	世亂薄儒業
뭇 새들이 다투어 난다[123]	群飛競猣猣
아아 천지 사이에	嗚呼天壤間
쓸쓸한 두 눈	寂寥一雙眼
서글프다 줄 끊어진 뒤에[124]	惻愴斷絃餘
세 번 탄식하고 아침 밥 물리노라	三歎廢朝饌

122 강유(綱維)를……깎으랴 : 인륜(人倫)과 도덕(道德)을 밝힌 성인의 공을 깎아 내릴 수 없다는 말이다. 유강(維綱)은 삼강(三綱)과 사유(四維)로, 삼강은 군신(君臣), 부자(父子), 부부(夫婦)이고, 사유는 예(禮), 의(義), 염(廉), 치(恥)를 말한다.

123 세상……난다 : 혼란한 세상이라 유학을 경시하고, 속유(俗儒)들과 잡학(雜學)이 유행하는 것을 지적한 것이다.

124 줄 끊어진 뒤에 : 자신의 마음을 알아주는 친구가 없음을 의미한다. 춘추 시대 백아(伯牙)가 거문고를 타면, 그의 벗 종자기(鍾子期)가 듣고 백아의 마음을 이해했는데, 종자기가 죽자 백아가 거문고 줄을 끊었다는 고사가 있다. 《列子 湯問》

취해 써서 어린 아이를 읊다

醉筆 詠小兒

흰 눈이 옥 섬돌에 깨끗하고	白雪淨瑤階
울창하게 옥 숲 펼쳐졌네	森然開玉樹
상 앞의 두 아이도	床前兩小兒
맑고 곱기가 그지없구나	淸美亦無度
아이들 이끌고 눈 보며 취해 노래하니	携兒對雪醉復歌
지난날 슬픔과 기쁨 마땅히 어떠한가	向來哀樂當如何

고우[125]로 가는 나그네

高郵客

붉은 실의 절풍건[126] 쓰고	朱絲折風巾
푸른 바탕의 비단 장니[127] 둘렀구나	綠地障泥錦
헤어진 지 십 년 만에 만난 기쁨	契闊十年懽
어우러져 밤새 마시노라	纏綿五夜飮
평양성에 작은 말들이 별처럼 흘러 다녀	箕城小馬流如星
묵은 분가루 향이 새벽 잠자리에 머무네	故粉餘香滯曉枕

125 고우(高郵) : 지명으로 보이는데, 어디인지 정확히 알 수 없다. 아마도 함경북도 고산(高山)을 가리키는 것으로 보인다.

126 절풍건(折風巾) : 고구려 때에 쓰던 품관(品冠)의 한 가지이다. 모양은 중국의 변(弁)과 같은데, 벼슬한 자는 건(巾) 위에 깃을 꽂았으며, 품계에 따라 빛깔이 달랐다.

127 비단 장니(障泥) : 장니(障泥)는 말의 양쪽 배에 드리워서, 튀어 오르는 흙먼지를 차단시키는 말다래를 말하는데, 그 장니가 비단으로 된 것을 말한다.

형님이 조정의 논의를 거슬러 쫓겨났는데[128] 근래 소식을 듣지 못하였다

伯氏忤朝議責黜 近未聞消息

하늘 끝에 사는 몸 갈수록 쇠미해지고	天隅蹤跡轉衰微
늘그막 세상에는 만사가 다 잘못되네	垂老乾坤萬事非
형제가 한 때에 그물에 걸려	骨肉一時罹網罟
눈서리 내리는 석 달 동안 소식도 없어라	雪霜三月曠音徽
다친 새는 빈 시위 소리에도 두려워하는데	傷禽只怕聞虛彈
약한 깃으로 어찌 민감한 쇠뇌를 건드렸나	弱羽何堪觸駭機
고향에 옛적 심은 자형나무 고운데	故里舊栽荊樹好
만날 길 없으니 옷깃만 적시노라[129]	無由會合益霑衣

128 형님이……쫓겨났는데 : 백씨(伯氏)는 이민구의 형 이성구(李聖求, 1584~1644)로, 자는 자이(子異), 호는 분사(分沙), 시호는 정숙(貞肅)이다. 조정의 논의를 거슬렀다는 것은 이성구가 이계(李烓)를 변호하다가 쫓겨난 일을 말한다. 《인조실록》 20년 11월 25일 기사에 양사가 합계하여 이계를 변호한 이성구의 삭탈관직을 요청하는 내용이 있고, 12월 30일 기사에 양사가 이성구의 일을 연이어 아뢰므로, 삭탈관직하여 문외출송을 명했다는 기록이 보인다.

129 고향에……적시노라 : 형님의 소식을 알 수 없어서 눈물만 난다는 말이다. 형수(荊樹)는 자형수(紫荊樹)로, 형제간의 우애를 의미한다. 387쪽 각주98 참조.

소랍에 눈이 내리다

小臘雪

많은 눈 내린 속에 섣달 맞이하니	大雪迎新臘
남은 추위 가운데 묵은해 보내노라	餘寒送舊年
봄 깊어 버들개지 날리는 날이고	春深飛絮日
향기 그윽하게 매화 떨어지는 때 같구나[130]	香暗落梅天
아득히 티끌 모래 어지럽게 날려	漠漠塵沙亂
까마득히 성가퀴에 이어지네	茫茫睥睨連
빈 처마에서 쌓인 눈 마주하니	虛簷對積素
귀밑털만 더 선명하게 비추네	偏映鬢絲鮮

130 봄……같구나 : 내리는 눈을 봄날 날리는 버들개지와 떨어지는 매화 꽃잎에 비유하여 읊은 것이다.

형님[131]의 편지를 받다
得伯氏書

근래 천금 같은 편지 받고서	近得千金信
척소[132]의 논의 깊이 의지하게 되었네	深憑尺素論
세월이 한 해 저물기를 재촉하는데	光陰催歲盡
세상일은 대단히 변덕스럽네	世事劇瀾翻
흑백의 논의는 뭇 사람들의 비방에 따라 생겼고	黑白隨群謗
온전히 살아난 건 성은에서 나왔구나[133]	周全出聖恩
본래 오이 심을 땅으로는	由來種瓜地
청문이 가장 좋다네[134]	最好是青門

형님이 동문 밖에 머물고 계셨다.

131 형님 : 이민구의 형 이성구(李聖求, 1584~1644)로, 자는 자이(子異), 호는 분사(分沙), 시호는 정숙(貞肅)이다.

132 척소(尺素) : 편지를 의미한다.

133 흑백(黑白)의……나왔구나 : 이성구가 쫓겨난 것은 여러 사람들의 비방 때문이었지만, 임금의 은혜 덕에 목숨은 잃지 않았다는 말이다. 흑백은 검은 것과 흰 것인데, 여기서는 시비(是非)의 의미로 사용되었다.

134 본래……좋다네 : 종과(種瓜)와 청문(青門)은 진(秦)나라 소평(邵平)의 고사를 인용한 것이다. 소평이 일찍이 동릉후(東陵侯)에 봉해졌는데, 진나라가 멸망한 뒤에는 스스로 평민의 신분이 되어, 장안성(長安城)의 청문 밖에다 오이를 심어 가꾸며 조용히 은거하였다. 그런데 특히 그 오이가 맛이 좋기로 유명하여, 당시 사람들로부터 동릉과(東陵瓜)라고 일컬어졌다. 청문은 곧 동문(東門)과 같은 뜻이다. 《史記 卷53 蕭相國世家》 여기서는 원주(原註)의 내용처럼 이성구가 도성의 동문 밖에 머물고 있었기에, 이 고사를 인용하여 읊은 것이다.

술 마시다가 달력을 보다

酒中檢曆

세상만사 온통 무료하여	風塵萬事摠無憀
술 마시며 외로움 깨뜨린다	偶對壺觴破寂寥
일 년 삼백 일 다 따져보니	算盡一年三百日
그 가운데 안락한 날 바로 오늘 아침이네	就中安樂是今朝

우연히 짓다

偶題

산성 서북쪽에 깊숙한 마을	山城西北一村深
많은 병 앓으며 그윽한 집에서 지금껏 살았네	多病幽棲邃至今
섣달 지나도 눈서리 내려 서걱거리더니	過臘雪霜猶淅瀝
입춘 날씨가 더욱 음산하다	立春風日轉陰森
하찮은 재주로 제나라 문에서 탄 비파 버리고[135]	眞抛薄技齊門瑟
한가한 정을 조나라 여인의 거문고에 부치네	暫寄閑情趙女琴
예부터 전쟁이 우주에 가득하여	自古干戈彌宇宙
세상의 어진 이들 모두 사라져버렸네	世間賢哲盡銷沈

135 하찮은……버리고 : 당(唐)나라 때 진상(陳商)이란 사람이 세인(世人)들에게 맞지 않는 난해한 문장을 즐겨 썼다. 그러자 한유(韓愈)가 〈답진상서(答陳商書)〉에서 "제왕은 피리를 좋아하는데, 제나라에 벼슬자리를 구하는 사람이 비파를 가지고 가서, 궁궐 문에 서서 3년 동안 있었으나 문에 들어가지 못했다.〔齊王好竽, 有求仕於齊者操瑟, 而往立王之門, 三年不得入.〕"라는 이야기를 하여, 세상과 맞지 않으면 아무리 홀로 유능하여도 쓰임을 받을 수 없다고 그에게 충고해 주었다.

입춘에 나물을 캐다

立春日挑菜

타향의 절물에 이끌려	殊方節物强提携
봄날 신반[136]이 눈앞에 펼쳐졌네	春日辛盤照眼迷
산의 쑥은 끈처럼 푸른데 눈 속에 있고	山艾綬蒼仍帶雪
물가 미나리 실처럼 흰데 살짝 진흙 묻었네	水芹絲白細隨泥
샘물 막 솟아나와 새싹 짧고	泉源始動新芽短
땅이 살짝 풀려 묵은 잎 가지런하다	土脈微融舊葉齊
객지에서 자주 이 모습 보니 어찌 좋으랴	客裏豈宜頻見此
잠시 고개 숙이니 마음 서글프다	暫時低首意悽悽

136 신반(辛盤) : 옛날 풍속에 입춘이면 봄을 맞는 의미에서, 매운맛이 나는 다섯 가지 훈채(葷菜)인 파, 마늘, 부추, 여뀌, 겨자로 다섯 가지 나물을 만들어 먹고, 또 이 나물을 쟁반에 담아서 이웃에 나누어주곤 하였다. 두보(杜甫)의 시에 "입춘일 춘반 위에 생채가 연한지라, 장안과 낙양의 전성기가 갑자기 생각나네. 쟁반은 고문에서 나와 백옥이 다닌 듯하고, 채소는 섬섬옥수로 푸른 실을 보내왔었지.〔春日春盤細生菜, 忽憶兩京全盛時. 盤出高門行白玉, 菜傳纖手送青絲.〕"라고 하였다.《杜少陵詩集 卷18 立春》

새로 담근 술이 익었는데 마침 집안사람이 쌀이 떨어졌다고 알려주다

新釀熟 適家人告米罄

열흘이나 취해 누웠더니 병도 비어 쓰러지고	經旬醉臥倒甁罌
아침에 석 잔 술로 또 해장하네	朝日三杯又解酲
한낮 갈증 달래려 새로 뜬 물 마시려는데	午渴欲蘇新井水
상 가까이 작은 술병에서 소리 울린다	近床還有小槽鳴

2

조후는 굶어죽으니 운명은 헛된 것이 아니고[137]	條侯從理命非虛
영계기는 노래하며 돌아다녀도 즐거움 넘쳤지[138]	榮啓行歌樂有餘

137 조후(條侯)는……아니고 : 사람에게는 정말로 운명이라는 것이 있다는 말이다. 조후는 한(漢)나라 문제(文帝)와 경제(景帝) 때의 장군 주아부(周亞夫)의 봉호이다. 종리(從理)는 관상법의 하나로, 코끝의 양옆에 세로로 된 금이 있어서, 입으로 들어가면 매우 가난하여 굶어 죽을 관상이라고 한다. 한나라 주발(周勃)의 아들 주아부가 하내 태수(河內太守)로 있을 때에 허부(許負)라는 자가 그의 관상을 보고는 "당신은 3년 뒤에 후(侯)에 봉해지고, 8년 뒤에 장수와 정승이 되어 최고의 부귀를 누릴 것이나, 9년 뒤에는 굶어 죽을 것이다." 하였다. 주아부가 웃으며 "나의 형님이 이미 세습하여 후에 봉해졌고, 형님이 죽으면 그의 아들이 세습할 것이니, 내가 어떻게 후에 봉해지겠는가. 그리고 최고의 부귀를 누린다면 내 어찌 굶어 죽겠는가." 하였다. 허부는 입을 가리키며 "금이 이처럼 입으로 들어가면 굶어 죽는 상이다." 하였다. 그 후 주아부는 허부의 말처럼 감옥에 갇혀 5일 동안 밥을 먹지 않다가 피를 토하고 죽었다. 《史記 卷57 絳侯周勃世家》

138 영계기(榮啓期)는……넘쳤지 : 영계(榮啓)는 춘추 시대의 은사(隱士)인 영계기

말과 되를 가지고 자는 나를 깨우지 마라 休把斗升撓我睡
네 주인의 신세 화서에 있단다[139] 迺公身世在華胥

로, 가난한 생활 속에서도 도(道)를 즐긴 사람이다. 영계기가 사슴가죽으로 만든 초라한 갖옷에 새끼줄로 띠를 대신하고 거문고를 타며 노래 부르는 것을 보고, 공자(孔子)가 "선생께서는 무엇이 즐겁습니까."라고 묻자, 대답하기를 "하늘이 만물을 내매 사람이 가장 귀한데, 내가 사람이 되었으니 한 가지 낙이고, 남자는 귀하고 여자는 천한데, 내가 남자가 되었으니 두 가지 낙이고, 사람이 나서 일월을 보지 못하고 강보에서 죽는 자가 많은데, 내 나이 아흔이니 이것이 세 가지 낙이다." 하였다. 《列子 天瑞》

139 말과……있단다 : 자신은 이상세계에서 지내고 있으므로, 쌀이 떨어졌다고 말하지 말라는 것이다. 화서(華胥)는 황제(黃帝)가 낮잠을 자다가 꿈속에서 보았다는 이상국가(理想國家)의 이름이다. 그곳에는 통치자도 신분의 상하도 연장(年長)의 권위도 없고, 백성들은 욕망도 애증도 이해(利害)의 관념도 없을 뿐 아니라, 삶과 죽음에도 초연하였다. 꿈에서 깨어난 황제는 문득 깨달은 바 있어, 정치를 베푼 결과 천하가 잘 다스려졌다고 한다. 《列子 黃帝》

감우

感遇

북풍에 날씨 매우 차가우니	北風天大寒
밤이나 낮이나 늘 쌀쌀하다[140]	日夜常觱發
십이월이라 양기의 조짐 있지만	季冬陽氣兆
변방 땅에는 아직도 추위 매섭구나	邊土猶慘慄
높고 높은 태초의 얼음이	峨峨太始氷
땅과 절벽을 가르는 듯	地與厓石裂
동쪽 깊은 못에 구불구불 서린 용	東湫屈盤龍
뿔과 갈기가 얼어서 빠지려 하네	角鬐凍欲脫
성대한 운우의 자태이며	偃蹇雲雨姿
어둑어둑 천 년의 굴이로다	冥冥千年窟
장부가 또 편안히 거하랴	丈夫且安居
긴긴 밤 끝나지 않았네	長夜方未畢

2

새가 강과 바다에 있어	有鳥處江海
세상과 아무런 상관도 없지	與世不相干
비록 난새와 봉황의 자태는 아니지만	雖非鸞鳳姿
그 모습 볼 만하네	容止紛可觀

140 쌀쌀하다 : 필발(觱發)은 바람이 쌀쌀하게 부는 것을 말한다. 《시경》 〈칠월(七月)〉에 "일양의 날에는 바람이 쌀쌀하다.〔一之日觱發〕" 하였다.

날아다니며 마음껏 먹고 마시고　飛行恣飮啄
장난치며 맑은 여울물 희롱하더니　游戲弄淸湍
어찌하여 목을 늘이고 울어대나　奈何引吭鳴
문득 겨울밤 추위 만났구나　忽當冬夜寒
사냥꾼이 좋은 기회 엿보다가　虞人伺機便
자는 놈 쏘니 환난 당했네　弋宿以嬰患
만 리 험한 길을 지나오니　崎嶇歷萬里
날개가 중간에 꺾이고 모지라졌네　羽毛中摧殘
돌아보니 제비와 참새의 무리　顧視燕雀儔
나지막이 처마에 깃들었네　卑棲在堂壇
비로소 알겠네 용렬한 자가　方知瑣瑣者
지혜를 써서 안일 얻는 줄을　用智獲所安

3

사슴은 본성이 산림 좋아하니　麋鹿性山藪
큰 길에서 노는 것 바라지 않지　不願游康莊
멀리 벌판 사이에　逈然原野間
농사지을 생각도 없다네　絶意營稻粱
맑은 물로 음료를 삼고　淸流以爲飮
무성한 풀로 양식을 삼지　豐草以爲粻
아아 맑게 갠 봄날 기다려　敖戲候春晴
사냥꾼이 설치한 그물 조심해야지　虞羅愼所藏
유유자적 노니는 걸 즐기며　逍遙樂天放
요절하지 말기를 바라노라　庶幾無夭殤

정화수

井華

숙취 막 깰 때 갈증이 심하니	宿酒初醒肺渴妨
천금으로도 메마른 속 적실 길 없지	千金無計潤枯腸
아이 불러 새 샘물 길어오게 하니	呼兒汲取新泉水
맑고 차가운 맛 향기롭게 입에 감도네	一味淸寒滌齒香

12월 28일에 큰 눈보라가 일다

臘月二十八日 大風雪

세모에 온 세상이 흐리더니	歲云暮矣天地陰
하루에 눈이 석 자나 내렸네	一日雪下三尺深
옥 모래[141]가 아득히 사방 끝까지 펼쳐지고	瓊沙漠漠四無際
은빛 바다 눈에 가득하여 차가운 빛 반짝이네	銀海溢眼寒光侵
거센 바람 밤새 일어 멋대로 뒤흔드니	兇飆夜發恣掀簸
열 길 넘는 구덩이도 빼곡히 채웠네	坑塹密塞踰十尋
언덕 무너지고 비탈 찢겨 하얗게 미끄러지니	崩厓裂嶂白蹭蹬
요란한 천둥이 곤륜산을 쳐부수는 듯	疾雷擊碎崑山岑
백 년 늙은이 놀라 마지않으니	百年故老嗟未已
이런 장관 평생 또 있었던가	壯觀平生再屈指
고성 양씨 댁 하인 다른 마을에서 돌아오다	古城梁奚他里歸
말에서 떨어져 머리까지 묻혀 죽었다네	跨馬却墜埋頂死
고을 사람들 소식 듣고 함께 슬퍼하니	鄉閭聞見同一哀
자식 곡하는 부모 마음 말해 무엇 하랴	況說爺孃哭愛子
아아 봄은 오지 않고 기아와 추위에 시달리니	嗚呼陽春不至饑凍逼
높은 - 원문 판독 불가 - 우러르며 줄줄 눈물 흘린다	仰視高▨淚如水

141 옥 모래 : 눈을 가리킨다.

선달 그믐밤에
除夜

끝없이 밤과 낮이 순환하여 茫然晝夜任環回
오늘 밤 되고 보니 마음 절로 서글프다 及到今宵意自哀
벌써 삼경 삼점이 다 지나니 稍稍三更三點盡
아련히 쉰다섯 되는구나[142] 依依五十五年來
변방 성루의 새벽 호각소리 구름 밖에 잠기는데 邊樓曙角沈雲表
고향 봄 성에 북두성 자루 걸렸겠지 故國春城直斗魁
시름겨운 시선은 흐르는 세월 따라 옮기지 않아 愁眼不隨流歲轉
아침마다 늘 망향대에 있네[143] 朝朝長在望鄕臺

142 벌써……되는구나 : 자정이 넘었으므로, 이제 55세가 된다는 말이다. 삼점(三點)은 시간을 나타내는 세 점을 말하는데, 하룻밤을 5경(更)으로 나누고, 1경을 3점(點)으로 나누었다. 이민구는 1589년(선조22)에 태어났으므로, 1643년(인조21)에 그의 나이는 55세이다.

143 아침마다……있네 : 항상 고향을 생각한다는 말이다. 망향대(望鄕臺)는 본래 두보(杜甫)의 고향인 성도(成都)에 있던 대(臺) 이름인데, 일반적으로 고향을 바라보며 그리워하는 곳이라는 뜻으로 사용된다.

동주집

시집 제7권

詩시

계미년(1643, 인조21) 정월 초하루. 형님이 육십 세가 되었다

癸未元日 伯氏恰年六十

창이 희미하게 밝아오고 닭 울어대니	窓暈微明鷄叫頻
오늘이 새봄임을 알겠어라	的知今日是新春
어찌하면 한 잔 도소주[1]로	那將一盞屠蘇酒
육십 세 당당한 형님을 축하할까	遙賀堂堂六十人

1 도소주(屠蘇酒) : 설날에 마시는 약주(藥酒) 이름이다. 귀기(鬼氣)를 도절(屠絶)하고 인혼(人魂)을 소성(蘇醒)한다고 해서 그 이름이 붙여졌다고 하는데, 《본초강목(本草綱目)》에 의하면, 화타(華佗)의 비방(秘方)이라고 한다. 새해 아침에 가족 모두가 의관을 정제하고 모여서, 차례로 도소주 술잔을 어른에게 올린 뒤에, 나이 어린 사람부터 일어나서 나가는 풍습이 있었다. 《荊楚歲時記》

정월 초하루 아침에
元朝

하늘 끝 풍경이 다시 새로워지니	天涯雲物一回新
얼음과 서리 다 사라져 산하에 봄빛이네	淨盡氷霜海岱春
설날이라 집집마다 즐거워하는데	元日歡娛同萬室
늘그막의 외로운 신하 홀로 눈물 흘리네	衰年涕淚獨孤臣
성 모퉁이에 땅 빌어 일찍 경작하니	城隅僦地耕田早
산골 물길 도랑 틔워 물 끌어오네	磵曲疏渠引水頻
전원에 물 대고 차조 심을 요량이니	料理灌園兼種秫
모르겠다 더 무슨 일이 있으랴	不知何事復關人

이기에게 주다

贈李琦

농사가 오직 모든 일의 근본이니	農惟萬務本
일이 사민 안에서 오롯하네[2]	業專四民內
자고로 자기 힘으로 먹고 사는 선비는	自古食力士
직접 쟁기 잡고 일했지	服事親秉耒
이기가 나를 따라 노닐며	琦也從我游
밭 황폐해짐을 걱정하지 않네	不虞爾田穢
시서는 실로 밭갈이와 같고[3]	詩書實菑畬
읽고 외우는 것은 물대기와 같다네	講誦猶灌漑
지향하고 지양할 사이에 마음 써서	用心趣捨間
일을 선택할 때 좋아하는 바를 살펴야지	擇術審所愛
봄에 일해야 가을 수확 바라나니	春勞覬秋穫
한 해 농사로 풍성히 가을제사[4]로 보답하네	歲功豐報賽
새봄 햇볕에 땅 풀리고	新陽解土脈

2 일이……오롯하네 : 사(士), 농(農), 공(工), 상(商)의 사민(四民) 중에서도 전업하여야 할 것이 농사라는 말이다.

3 시서(詩書)는……같고 : 시서를 배우는 일은 농사짓는 일과 같다는 말이다. 치여(菑畬)는 묵은 밭을 갈아서 농사를 짓는 것이다. 한유(韓愈)의 〈부독서성남(符讀書城南)〉에 "경서의 가르침은 곧 농사짓는 일과 같다.〔經訓乃菑畬〕"라고 하였다.

4 가을제사 : 보새(報賽)는 해마다 가을에 농사를 마치고, 신(神)의 공덕과 은혜에 보답하여 지내는 제사를 말한다.

가랑비가 겨우 흙덩이 부수네	微雨纔破塊
농부는 바야흐로 때를 맞추어야 하니	耕者方及時
부디 그대는 황폐함을 경계하라	勖君戒荒廢

윤중소[5]가 사신 가는 길에 찾아왔다

尹仲素使過相訪

오두막[6]에 해 오르자 쑥대 문 열었더니	衡門上日啓蓬藜
사절이 지나다가 들러 주었네	使節經過枉馬蹄
관로에 눈 남은 요동 들 북쪽이며	官路雪殘遼野北
역루에 봄 꿈틀대는 대동강 서쪽이네	驛樓春動浿江西
노쇠한 얼굴 등불에 마주하니 대단히 놀랍고	衰顔對燭驚心極
반가운 눈빛으로 술잔 나누니 손 홀리네[7]	靑眼傳杯到手迷
변방에 한번 누워 이별에 익숙하니	一臥塞垣離別慣
늙은이 정서 흐느끼지도 않는구나	老年情緖不成啼

5 윤중소(尹仲素) : 윤이지(尹履之, 1579～1668)로, 본관은 해평(海平), 자는 중소, 호는 추봉(秋峯), 시호는 정효(靖孝)이다. 《松谷集 卷10 海恩君尹公神道碑銘》

6 오두막 : 형문(衡門)은 두 개의 기둥에 한 개의 횡목(橫木)을 가로질러 만든 사립문으로, 보통 초야의 누추한 은자(隱者)의 집을 가리키는데, 여기서는 이민구 자신의 집을 말한다. 《시경》〈형문(衡門)〉에 "형문의 아래에서 한가히 지낼 만하다.〔衡門之下, 可以棲遲.〕"라고 하였다.

7 반가운……홀리네 : 윤이지를 만나 반가운 마음에 술을 마시는데, 그 기쁨에 술을 자꾸만 주고받게 된다는 말이다. 청안(靑眼)은 반가운 눈길을 뜻한다. 진(晉)나라 때 청담(淸談)으로 유명했던 완적(阮籍)이 고사(高士)를 만나면 반갑게 맞아 청안을 뜨고, 예속(禮俗)을 따지는 선비를 만나면 미워하여 백안(白眼)을 떴다고 한다. 《晉書 卷49 阮籍列傳》

윤중소에게 주다
贈尹仲素

지난번 늙은 몸으로 거듭 상란(喪亂)을 겪고 귀양 오니, 간혹 때때로 마음에 맞는 일이 있어 미간이 펴졌다가도, 잠깐사이 문득 멍하게 자폐(自廢)한 지가 이제 칠 년이 되었다. 근자에 윤중소와 함께 사흘 동안 즐겁게 마시니, 그 기쁨과 즐거움은 실로 궁도에서 누리기 드문 것이었다. 어느새 이별하여 다시 떨어지게 되니, 어찌 슬프고 마음 아프지 않겠는가. 유월석(劉越石)의 이른바 약 한 알로 일 년 넘게 앓은 병을 해소한다는 말[8]은 진실로 어려운 일이다. 드디어 고율(古律) 한 편을 지어 느낌을 기록한다.

지는 해가 상유[9] 비추며	落日照桑榆
뉘엿뉘엿 산 아래로 내려가네	冉冉下山根
마을이 큰 길 끼고 있어	閭里擁道周
거마가 외진 시골에 넘쳐나누나	車馬溢窮村
늙은이가 지팡이 짚고 나오니	老夫杖藜出

8 유월석(劉越石)의……말 : 월석은 서진(西秦)의 시인 유곤(劉琨)의 자이다. 이민구가 인용한 말과 일치하는 내용은 고증할 수 없다. 다만 유우석(劉禹錫)의 《유빈객문집(劉賓客文集)》 권18 〈사두상공계(謝竇相公啓)〉에 "한 환약으로 일 년 넘게 앓은 병을 없앤다.〔一丸銷彌年之疹〕"라는 말이 이민구가 인용한 말과 비슷하다.

9 상유(桑榆) : 해가 지는 곳을 가리킨다. 서쪽으로 해가 기울 때면 뽕나무와 느릅나무 가지 끝에 걸린다는 《회남자(淮南子)》의 기사에서 유래하였다.

높은 수레가 문 앞에 있네	高蓋在我門
눈 부비고 친구 얼굴 보니	拭眼見故人
오래 헤어진 마음 위로되네	相慰久別魂
칠 년 만에 다시 얼굴 보니	七年再覿面
수많은 일을 어찌 다 논하랴	萬事寧盡論
나도 이빨 빠지고 백발 되었으면서	以余齒髮變
그대의 늙은 안색 괴이하게 여기네	怪子顏色昏
풍수의 탄식으로 마음 상한 나머지에	摧傷風樹餘
비와 이슬이 다시 봄 언덕에 내렸네[10]	雨露復春原
부끄럽다 세상 그물에 걸려	自愧陷羅罟

10 풍수(風樹)의……내렸네 : 윤이지(尹履之)가 부모상을 당한 뒤에 그리움을 잊지 못한다는 말이다. 풍수는 세상 떠난 부모를 생각하는 슬픈 마음을 의미한다. 공자(孔子)가 길을 가는데, 고어(皐魚)라는 사람이 슬피 울고 있기에 까닭을 물었더니 "나무는 고요하고자 하여도 바람이 그치지 않고, 자식이 봉양하고 싶어도 어버이는 기다려 주지 않는다.〔夫樹欲靜而風不止, 子欲養而親不待.〕"라고 하였다 한다.《韓詩外傳》 여기서는 특히 윤이지의 선친(先親) 윤방(尹昉, 1563~1640)의 죽음을 의미하는 것으로 보인다. 윤이지의 어머니는 1603년(선조36)에 운명하였으므로, 이민구가 유배 오기 이전에 이미 세상을 떠난 것이고, 윤방은 1640년(인조18)에 세상을 떠났으므로, 이민구가 적소에 있을 때 별세하였다. 따라서 윤이지에게 선친의 별세 소식을 들었기에, 이렇게 읊은 것으로 보인다.《松谷集 卷10 海恩君尹公神道碑銘》 우로(雨露)는 상로(霜露)와 마찬가지로, 돌아가신 부모님에 대한 그리움을 의미한다.《예기》〈제의(祭義)〉에 "가을에 서리와 이슬이 내리면, 군자가 그것을 밟고 반드시 슬픈 마음이 생기나니, 이는 날이 추워져서 그런 것이 아니다. 또 봄에 비와 이슬이 내려 땅이 축축해지면, 군자가 그것을 밟고 반드시 섬뜩하게 두려운 마음이 생기면서, 마치 죽은 부모를 곧 만날 것 같은 생각이 들게 된다.〔霜露旣降, 君子履之, 必有悽愴之心, 非其寒之謂也. 春雨露旣濡, 君子履之, 必有怵惕之心, 如將見之.〕"라고 하였다.

길이 지기의 은혜 저버렸어라[11]	永負知己恩
애통한 마음 쏟아낼 곳이 어찌 없었으랴	寫哀豈無地
실낱같은 목숨도 보존할 수 없었네[12]	莫保縷命存
억지로 눈에 가득한 눈물 거두지만	强收滿眶淚
하염없이 가슴은 우울하기만 하구나	百端中鬱煩
영화와 초췌함 그대와 다르니	與君異榮悴
어찌 함께 날 수 있으랴	焉得同飛翻
거듭 만남과 헤어짐 생각해 보니	重念聚散期
즐거웠던 때는 적고 슬픈 일은 많았지	樂寡悲緖繁
마부가 말채찍 정비하니	僕御整騑策
맑은 술을 잔 가득 채워 마시세	淸酤湛盈尊
갈 길이 멀다 말하지 말고	勿云往路長
또 돌아오는 수레 멈춰 주시게	且爲駐歸軒
가는 그대는 서울 그리는데	游子戀京華
쫓겨난 신하는 변방에 매였네	逐臣縻塞垣
아아 이별 앞두니	嗟哉臨決絶
다시 정담도 나누지 못하네	不復申晤言
어떻게 근심을 풀랴	何以釋憂思
중요한 것은 돈독한 우의라네	所貴交誼敦

11 부끄럽다……저버렸어라 : 이민구가 윤방의 상(喪)에 조문(弔問)하지 못했기에 이렇게 읊은 것이다.

12 애통한……없었네 : 윤방의 상에 애사(哀詞)조차 쓰지 못한 것은 자신이 유배지에 있었기 때문이라는 말이다.

방초 차려면 마땅히 난초 차야 하고　　佩芳當佩蘭
풀 심으려면 당연히 원추리 심어야지[13]　　種草當種萱

13 방초(芳草)……심어야지 : 지란(芝蘭)처럼 좋은 벗을 사귀고, 원추리를 심어 근심을 잊어야 한다는 말이다. 원추리는 망우초(忘憂草)라 하여, 근심을 잊게 한다고 한다.

차운하여 강릉 부사 허유선[14]에게 부치다
次寄許惟善江陵

아스라이 외로이 지내는 곳	迢遞離居域
동쪽과 서쪽 땅 끝이라네[15]	東西地勢窮
하늘은 변방에 막혔어도	天將沙塞隔
물은 경포호와 통하리라	水與鑑湖通
편지를 새봄에 받으니	書翰新春後
슬픔과 기쁨 속에 칠 년 세월 보냈네	悲懽七載中
한송정[16]에 오늘밤 떠오른 달	寒松今夜月
두 고을을 똑같이 비추겠지	應照兩鄕同

14 허유선(許惟善) : 허보(許寚, 1585~1659)로, 본관은 양천(陽川), 자는 유선, 호는 동강(東岡)이다. 당시에 강릉 부사로 있었다.

15 아스라이……끝이라네 : 허보는 동쪽 끝 강릉에, 이민구는 관서의 영변에서 지내고 있다는 말이다. 이거(離居)는 이군삭거(離群索居)의 준말이다.

16 한송정(寒松亭) : 경포대 주변에 있는 정자이다.

이도장이 심양에 가면서 부친 편지에 답하다[17]

答李道章赴瀋寄書

용루의 빈객 멀리 가는 말을 타니[18]	龍樓賓客事征鞍
요수로 가는 이 길 험난하지	遼水從天此路難
말머리는 늘 서쪽 지는 해 의지하는데	馬首長依西日落
기러기는 오히려 차가운 북풍을 범하네	鴻飛猶犯北風寒
편지 왔어도 옛 정을 어찌 펼치랴	書來舊好嗟何展
늙으니 이별한 회포 괴롭게도 달랠 길 없구나	老去離懷苦未寬
언덕 위의 다급한 할미새 생각하니	仍想脊令原上急
눈물 흘리며 남관을 물으려 하겠지[19]	欲將危涕問南冠

당시에 천장이 - 원문 판독 불가 - 심양 관소에 있었다.[20]

17 이도장(李道章)이……답하다 : 도장은 이소한(李昭漢, 1598~1645)으로, 본관은 연안(延安), 자는 도장, 호는 현주(玄洲)이다. 1643년(인조21)에 소현세자가 심양(瀋陽)에 볼모로 갈 때, 세자우부빈객 동지중추부사로 호종하였다.

18 용루(龍樓)의……타니 : 이소한이 세자를 모시고 심양으로 간다는 말이다. 용루는 세자궁을 가리킨다. 빈객(賓客)은 세자우부빈객 이소한을 가리킨다.

19 언덕……하겠지 : 이소한이 형 이명한(李明漢, 1595~1645)의 안부를 물을 것이라는 말이다. 척령(脊令)은 할미새로, 흔히 형제간의 우애를 말할 때 사용한다. 《시경》〈상체(常棣)〉에 "할미새가 언덕에 있음에, 형제가 급난을 구한다.〔脊令在原, 兄弟急難.〕"라고 하였다. 남관(南冠)은 초(楚)나라의 관으로, 죄수를 의미하는데, 여기서는 원주(原註)의 내용으로 볼 때, 심양 관소에 있는 이명한을 가리키는 말로 사용되었다. 《춘추좌씨전》 성공(成公) 9년 기사에 "진후(晉侯)가 군부(軍府)를 순시하다가 종의(鍾儀)를 보고서 유사(有司)에게 묻기를 '남관을 쓴 채 묶여 있는 자가 누구냐?'라고 하니, 유사가 대답하기를 '정인(鄭人)이 잡아 바친 초수(楚囚)입니다.' 하였다."라는 기록이 있다.

20 당시에……있었다 : 천장(天章)은 이명한(李明漢, 1595～1645)으로, 본관은 연안(延安), 자는 천장, 호는 백주(白洲)이다. 이소한의 형이다. 1642년(인조20) 이경여(李敬輿), 신익성(申翊聖) 등과 함께 척화파로 지목되어, 심양(瀋陽)에 억류되었다. 시호는 문정(文靖)이다.

동양위가 조사 받고 심양에서 돌아오는 길에 방문하다[21]

東陽尉被查 自瀋回來訪

요동으로 가는 사람 일찍이 채찍 잡았으니	遼左行人早着鞭
관산에 봄날이 따뜻해지기 전이었지	關山春事艶陽前
돌아오는 길 삼천 리요	歸來道路三千里
바람과 안개 걷힌 한식일세[22]	收拾風煙百五天
멀리 온 나그네 맞이하여 술자리 만들고	遠客逢迎還酒席
타향에 떠도는 생활 시에 담노라	異鄉流落且詩篇
마주 보며 늙은 얼굴 한탄하지 마라	相看莫歎形容改
늘그막에 외로운 신세 칠 년째라네[23]	垂老離居抵七年

21 동양위(東陽尉)가……방문하다 : 동양위는 신익성(申翊聖, 1588～1644)으로, 정숙옹주(貞淑翁主)와 혼인하여 동양위에 봉해졌다. 1642년(인조20) 10월 13일에 청나라 장수 용골대가 봉성(鳳城)으로 나와서, 우리나라 사람이 한선(漢船)을 접대하고 비밀 무역을 하였다는 이유로 관련된 사람들을 심문하였는데, 이때 선천 부사(宣川府使) 이계(李烓)가 본국이 명나라와 내통한 사실을 낱낱이 고해바쳤다. 이로 인해 신익성, 신익전(申翊全), 허계(許啓), 이명한(李明漢), 이경여(李敬輿) 등 다섯 사람이 이해 12월에 심양으로 끌려갔다. 이들을 척화오신(斥和五臣)이라고 한다. 신익성은 소현세자(昭顯世子)의 주선으로 풀려났는데, 귀국하는 길에 이민구의 유배지에 들른 것으로 보인다.

22 돌아오는……한식(寒食)일세 : 신익성이 심양에서 조사를 받고 삼천 리 길을 돌아오는데, 마침 그날이 한식이었다는 말이다. 동지에서 한식까지 105일이기 때문에, 한식을 백오절(百五節)이라고 한다.

23 늘그막에……칠 년째라네 : 이민구가 1637년(인조14) 영변에 유배되어, 이 시를 짓고 있는 1643년까지 7년 동안 머물고 있다는 말이다.

한식에

寒食

슬프다 용을 노래한 날이며[24]	惻愴歌龍日
쇠미하다 봉황을 탄식하는 해로구나[25]	衰微歎鳳年

24 용을 노래한 날이며 : 한식(寒食)을 말한다. 춘추 시대 진(晉)나라 공자(公子) 중이(重耳)가 국외로 망명하여 여기저기를 유랑하였다. 먹을 것이 없어서 굶어죽을 지경에 이르렀을 때, 개자추(介子推)가 자기의 허벅지 살을 도려내어 그에게 먹였다. 18년이 지나, 중이는 귀국하여 왕위에 올랐으나, 개자추는 상을 받지 않고 산으로 숨었다. 이에 따르는 사람들이 궁궐 문에 "교교한 용 한 마리 잠깐 있을 곳 잃었어라. 다섯 마리 뱀이 그를 따라 천하를 돌아다녔지. 용이 주려 식량 없을 때에 한 뱀이 넓적다리를 베어 주었지. 용이 못으로 돌아가 그 땅에서 편안하자, 네 마리 뱀도 제 굴로 들어가 다 제 자리 찾았건만, 한 마리 뱀은 굴이 없이 들판에서 울고 있다네.〔有龍矯矯, 頃失其所. 五蛇從之, 周徧天下. 龍饑無食, 一蛇割股. 龍反其淵, 安其壤土. 四蛇入穴, 皆有處所. 一蛇無穴, 號於中野.〕"라는 내용의 글을 써서 붙였다고 한다.《說苑 卷6 復恩》 여기서 용은 중이를 가리키고, 다섯 마리 뱀은 중이를 도왔던 신하를 가리키며, 한 마리 뱀은 개자추를 가리킨다. 개자추는 어머니를 모시고 면산(綿山)에 은거하였는데, 뒤늦게 문공이 산으로 찾아가, 그를 나오게 하려고 산에 불을 질렀다. 그러나 개자추는 끝내 나오지 않고, 어머니와 함께 나무를 껴안고 불에 타 죽고 말았다. 이에 문공이 크게 슬퍼하여 산 아래 사당을 지어 제사를 지내게 하고, 그가 불에 타 죽은 날에는 불을 피워 음식을 익히지 말고 미리 만들어 놓은 찬 음식을 먹게 하였으니, 이날이 바로 한식이다.《春秋左氏傳 僖公24年》

25 봉황을 탄식하는 해로구나 : 혼란한 시대라는 말이다. 춘추 시대 초(楚)나라의 은자(隱者)였던 접여(接輿)가 공자(孔子)의 수레 앞을 지나면서, 봉황이란 본디 태평한 때에만 나타나고, 무도(無道)한 세상에는 나타나지 않는다는 뜻에서 "봉황이여, 봉황이여, 이미 덕은 쇠했으니 어이하랴.〔鳳兮鳳兮, 何德之衰〕"라고 한 고사가 있다.《論語 微子》

덧없는 인생 늘그막을 상심하며	浮生傷暮境
떠돌이 신세로 봄날에 누워 있네	旅泊臥春天
송백 우거진 고향 산에 비 내릴 텐데	松柏鄉山雨
띠풀 이은 객사는 안개에 잠겼어라	蓬茅客舍煙
좋은 시절 쉬 흘러가니	良時易流轉
만감 교차하여 눈물 흘리노라	百感坐潸然

장백산가. 강계에 사는 김하림에게 주다

長白山歌 贈江界金夏琳生

우뚝한 장백산	長白山屹起
천지 동쪽에 서려	盤踞天地東
힘찬 기세 곧장 뻗어 푸른 하늘에 닿았네	大勢直上磨青空
북쪽으로 바다에 막혀 달리다 돌아오는 듯	北阻溟浸走却回
원기 쇠하지 않아	元氣未洩
울창하고 뭉클하네	茀鬱而沖融
서쪽 줄기 물과 함께 횡으로 달려	西支横騖竝水行
마냥 일렁이는 발해까지 달려가네	曼行遠赴渤澥之渢渢
목마른 용 현이[26]의 궁에서 물 마시고	龍父渴飮玄夷宮
꿈틀꿈틀 백 리를 달려서 그치지 않다가	夭矯奔頓百里不止
천 리에서 한 번 서리니	千里一屈蟠
솟아나 몽라[27]와 개마가 되고	發爲蒙羅蓋馬
특출하게 드높은 적유령 되네	别爲狄踰之穹窿
네 성을 형성하여	開爲四城

26 현이(玄夷) : 아홉 오랑캐 종족 중 하나이다. 나머지는 견이(畎夷), 우이(于夷), 방이(方夷), 황이(黃夷), 백이(白夷), 적이(赤夷), 풍이(風夷), 양이(陽夷)이다.

27 몽라(蒙羅) : 몽라골령(蒙羅骨嶺)을 지칭한 것으로 보인다. 몽라골령은 지금의 함경남도 초황령(草黃嶺)이다. 《삼한회토기(三韓會土記)》에 "본국 산맥은 몽라골령에서 시작하여, 장령산(長嶺山)이 되고 두리산(頭里山)이 되며, 두백산(頭白山)이 되고 개마산이 되며, 그 아래가 동옥저이다."라고 하였다.

큰 변방 통제하고　控扼大藩
커다란 도회지 만들었네　作爲都會雄
진기한 새와 동물이　珍禽奇物
그 정기 독차지 못해　不得擅其精
괴걸한 사람들　有魁夫傑士
간혹 그 사이에서 나오니　間出乎其中
타고난 자질이 어찌 무디고 둔하랴만　受材豈皆椎且駑
안타깝다 그 속에 묻힌 채 생 마치도록　惜也沈抑汨沒甘長終
사철 짐승 쫓으며 활 소리 울리니　四時逐獸鳴桑弓
추로가 멀어 통할 길 없을 뿐　鄒魯邈矣無由通
당초 타고난 자품 다른 건 아니라네[28]　匪伊厥初殊嗇豐
네가 지금 머리 묶고 책 끼고 와서 배우니　汝今結髮擔書事游學
밭갈이 짝 잃고 사냥꾼 무리 잃어　耕亡其耦獵失曹
변방 사람들 손가락질 하며 어리석다 헐뜯겠지　塞俗指笑訕愚蒙
어머니는 조석으로 문에 기대 바라보지만　亦知慈母朝暮倚門望
효자는 입신하여 큰 일 기약하네　孝子立身期業崇
풀이 끊임없이 이어져 먼 길까지 나 있으니　草生綿綿在遠道
위로 봄 햇살의 은공에 보답하려 하네　欲以上報春暉功
보지 못했는가 장백산의 영약을　曷不見長白山中產靈藥
사람들이 뭇 풀처럼 천시하지만　其人賤視凡卉同

28 추로(鄒魯)가……아니라네 : 백두산 근처에서 태어난 사람들이 성인의 글을 배우지 못한 것일 뿐이지, 타고난 자품이 다른 지역 사람들보다 못한 것은 아니라는 말이다. 추로는 맹자(孟子)의 고향과 공자(孔子)의 고국을 아울러 이른 말이다.

캐서 먼 곳으로 가져가면 　　斸來携持走絶國
보화처럼 값져 화산 숭산보다 높다네[29] 　　價重璧金齊華嵩
세상에 진귀한 갖가지 물건이[30] 　　貝珠孔翠銀錫銅
산지 떠나 가게에 들어가 백공의 손을 거치지 　　離土入肆充百工
좋은 보배는 본고장 떠나야 명성이 높아지고 　　至寶越鄕聲乃隆
옥은 쪼고 다듬어야 무지개처럼 빛난다네 　　玉經琢雕光奪虹
저 아름다운 사람아 　　彼美者子
그대는 갇히지 마라 　　勿守藩與籠
아 저 아름다운 사람아 　　嗟哉彼美者子
그대는 갇히지 마라 　　勿守藩與籠

29 보화처럼……높다네 : 장백산에서 나는 약초의 값이 비싸다는 말이다. 화숭(華嵩)은 화산과 숭산(嵩山)의 병칭으로, 중국에서 가장 높은 산이다.

30 세상에……물건이 : 패(貝)는 조개, 주(珠)는 옥구슬, 공(孔)은 공작(孔雀), 취(翠)는 물총새, 은(銀)은 은, 석(錫)은 주석, 동(銅)은 구리로, 모두 진귀한 물건을 나열한 것이다.

3월 1일에 눈이 내리다

三月一日雪

해 가려지고 동대에 눈 내리더니　　翳日東臺雪
서쪽에서 구름떼 밀려온다　　從西一陣雲
안개 깔리듯 처음엔 자욱하더니　　煙迷初藹藹
바람 세지며 갑자기 펄펄 휘날리네　　風急忽紛紛
잠시 개화 막겠지만　　暫欲禁花發
끝내는 풀 향기 풍기리라　　終須放草薰
따뜻한 햇살과 시원한 바람에　　陽和兼爽氣
티끌 먼지 보이지 않네　　不見有塵氛

모하가 내원에 돌아가므로[31] 언기 대사[32]에게 안부를 묻다
暮霞還內院 訊機公

석장 하나로 산에 돌아가려 아득히 떠나가니	一錫還山去杳然
속세의 길 높이 방장실로 이어지네	人間路接上方懸
봄은 깊어 곡우 내리는 삼월 삼짇날이며	春深穀雨三三節
골짝은 고운 노을 덮인 서른여섯 동천이네[33]	洞閉瓊霞六六天

31 모하(暮霞)가 내원(內院)에 돌아가므로 : 모하는 승려의 호이다. 《동주집(東州集)》 시집 권8 〈운산유생 김지한에게 부치다……〔寄贈雲山儒金之僩……〕〉에 "내원사의 고승은 호가 모하였고〔內院高僧號暮霞〕"라고 하였다. 내원은 본래 불교의 이른바 욕계(欲界) 육천(六天) 가운데 넷째 층에 있는 하늘이 도솔천(兜率天)인데, 이곳은 외원(外院)과 내원으로 이루어졌다고 한다. 외원은 천상의 중생이 살면서 욕망을 채우는 곳이고, 내원은 미륵보살(彌勒菩薩)이 상주하며 설법하는 정토(淨土)로서, 선법당(善法堂)이라고도 한다. 여기서는 모하가 돌아가는 절을 의미하는데, 언기 대사(彦機大師)와의 행적과 이 시가 지어진 시기를 고려할 때, 묘향산에 위치한 내원사를 가리키는 것으로 추측된다. 특히 《동주집(東州集)》 시집 권8에 〈묘향산의 언기 대사가 사망하다〔香山彦機師亡〕〉라는 작품이 있으므로 방증 자료가 된다.

32 언기 대사(彦機大師) : 1581~1644. 기공(機公)은 언기 대사를 가리키는 것으로 보인다. 속성(俗姓)은 장씨(張氏), 본관은 죽주(竹州), 호는 편양당(鞭羊堂), 법랍(法臘)은 53세였다. 서산 대사(西山大師)의 법사(法嗣)로 금강산과 묘향산 등에 주로 거주하였다. 《白洲集 卷18 鞭羊堂彦機大師碑》 한편 신익성(申翊聖)의 《낙전당집(樂全堂集)》 권7 〈유금강소기(遊金剛小記)〉에는 "기공이 천덕암에 거주한다.〔機公居天德菴〕"라고 하였다.

33 골짝은……동천(洞天)이네 : 모하가 돌아가는 절의 풍광을 상상하여 읊은 것이다. 육륙천(六六天)은 신선이 사는 곳에 있다는 36동천을 가리키는 말로, 천하의 절승(絶勝)을 의미한다.

홀로 허공 꽃[34] 쓸며 절에서 예불하고　獨掃空花朝玉刹
가만히 맑은 경쇠 두드리며 부처에게 절하겠지　閑敲淸磬禮金仙
그를 통해 유마힐에게 묻나니　因渠爲問維摩詰
미진 건너는 때 언제인가[35]　許渡迷津定幾年

34 허공 꽃 : 공화(空花)는 사람이 눈병에 걸리면 허공에 꽃이 만발한 듯 보이는 것처럼, 번뇌로 말미암아 떠오르는 여러 가지 망상을 뜻하는 불교의 용어이다.

35 미진(迷津)……언제인가 : 유마힐(維摩詰)은 유마거사(維摩居士)로, 여기서는 언기 대사를 가리킨다. 미진은 번뇌(煩惱)와 미망(迷妄)의 세계, 즉 현실 세계를 뜻한다.

종이창 아래에서 이 만호를 생각하다

紙窓憶李萬戶

누가 벽 뚫어 창 만들었나	鑿壁安窓誰所爲
떠난 사람 오래 그리며 슬픔에 잠기네	長懷逝者有餘悲
아침마다 익숙하게 가는 해 보내니	朝朝慣送流光轉
사람 위해 잠시도 머물지 않누나	不爲人生駐少時

의방을 살펴보다

閱醫方

늙도록 거친 땅에 오래도록 유배되어	抵老窮荒久謫居
약물에 의지하며 허한 속 구제하네	深憑藥物救中虛
오직 초목을 세 가지로 나누는 법 찾을 뿐	唯尋草木分三品
다섯 수레의 문장 취하지 않노라	不取文章滿五車
죽어 가는 나이에 감히 연명하는 재주 바랄까	垂死敢希延歷術
남은 삶 《수친서》[36]에 더 느낌 있구나	餘生偏感壽親書
가련하다 병든 몸으로 은택 받았으니	秪憐疾病霑膏液
충주의 육경여를 잘 배워야겠네[37]	細學忠州陸敬輿

36 수친서(壽親書) : 의서(醫書)인 《수친양로서(壽親養老書)》를 가리킨다. 《우계집(牛溪集)》 권6 〈수친양로서〉에 "나는 말년에 이 책이 한가로움을 좋아하고 병이 많은 사람에게 적합하다는 말을 듣고, 급히 유신보(兪新甫)에게 부탁하여 경상 절도사의 감영(監營)에서 인쇄해 줄 것을 청하였다."라고 하였다.

37 병든……배워야겠네 : 늙고 병들었지만 은택을 받았으니, 육지(陸贄, 754~805)가 충주(忠州)에서 했던 것을 본받아 의서를 공부하겠다는 말이다. 육경여(陸敬輿)는 당(唐)나라 덕종(德宗) 때의 재상 육지로, 자는 경여, 시호는 선공(宣公)이다. 792년에 재상에 임명되었으나, 2년 뒤에 모함을 받아 재상 자리에서 물러났고, 다음 해 충주의 별가(別駕)로 좌천되었다. 당시 그는 남의 비방을 꺼려서 저서는 쓰지 않고, 《고금집험방(古今集驗方)》이라는 의서만을 편집하여 향인(鄕人)들에게 보여주었다고 한다. 《新唐書 卷157 陸贄列傳》

조카사위 한오상[38]을 전송하다

送韓郎五相

변방에 봄 저물어 쓸쓸한데	邊城春盡却蕭條
오랜 손님 동으로 돌아가니 잡지 못하네	久客東歸不可招
손잡고 반긴 날 어제 아니건만	握手逢迎非昨日
이별에 상심하는 오늘 아침일세	傷心離別是今朝
처마 둥지의 새끼 제비는 조용히 지내는데	簷泥乳燕端居靜
관새 나무에 우는 새는 홀로 멀리 가는구나	關樹啼禽獨去遙
두 물고기 통해 편지 보냄을 아끼지 마라	莫惜雙魚傳尺素
백 리 청천강이 바다로 통한다네[39]	晴川百里本通潮

38 한오상(韓五相) : 1620~1656. 본관은 청주(淸州), 자는 세익(世翊)이다. 이민구의 형 이성구(李聖求, 1584~1644)의 사위이다.《記言 別集 卷23 贈注書韓君墓碣銘》

39 두……통한다네 : 돌아간 뒤에 편지를 자주 보내라는 말이다. 쌍어(雙魚)는 두 마리 물고기라는 말로, 서신(書信)을 의미한다. 진(晉)나라 육기(陸機)의 〈음마장성굴행(飮馬長城窟行)〉에 "멀리서 온 손님, 잉어 두 마리 전해 주네. 아이 불러 요리하게 했더니, 그 가운데 한 자 비단 글 있네.〔客從遠方來, 遺我雙鯉魚. 呼兒烹鯉魚, 中有尺素書.〕"라고 하였다.

가난과 질병

貧病

천지 사이 방황하며 사는 이 몸	天地棲棲只一身
미끄러진 쉰다섯 살 인생이라	蹉跎五十五年人
상담으로 쫓겨나 병마저 많고[40]	湘潭放逐兼多病
요해[41]에 떠돌며 오랜 가난에 시달리네	遼海流離任久貧
주머니에 돈 있어도 이자 갚아야 하고	囊裏有錢憐子母
상자에 약 없어도 군신의 의리 아노라	篋中無藥感君臣
덧없는 인생 죽음도 운수소관이니	浮生縱死應關命
감히 한탄하며 상심하지 않노라	不敢嗟嗟枉損神

40 상담(湘潭)으로……많고 : 유배지에서 병마저 많다는 말이다. 상담은 초(楚)나라 굴원(屈原)이 쫓겨났던 곳이다. 그가 상강(湘江) 가에서 배회하다가 멱라수(汨羅水)에 빠져 죽었기 때문에, 그 후로 상담은 귀양지를 의미하게 되었다.《古文眞寶 後集 卷1 離騷經》

41 요해(遼海) : 요동 반도(遼東半島) 부근의 서해를 가리킨다. 여기서는 자신의 유배지를 가리키는 말로 사용되었다.

서울로 돌아가는 현상[42]을 전송하다

送玄賞返京

신세는 고단하고 세상은 어지러운데	身事零丁世故紛
가슴 아프다 피붙이와 또 이별이라니	仍傷血屬又中分
변방의 천 줄기 눈물을	憑將絶塞千行淚
가서 횡성 무덤에 뿌리게 하노라[43]	去洒橫城七尺墳
훗날 입신한 모습을 내가 혹 보게 될까	他日立揚吾倘見
우리 집안 시례의 전통 네가 일찍이 들었지	一家詩禮爾曾聞
간곡한 마음 이별의 아픔 때문만은 아니니	殷勤不但相離意
시선이 오래도록 물 너머 구름에 머문다	雙眼長懸水外雲

42 현상(玄賞) : 1632~1708. 이민구의 둘째아들 이중규의 맏아들이다. 《東州集 文集 卷8 叔子進士重揆墓誌銘》

43 변방의……하노라 : 손자 이현상(李玄賞)에게 횡성에 있는 아들 이중규(李重揆)의 무덤에 가서 자신의 슬픈 마음을 전하게 한다는 말이다. 이중규의 무덤이 횡성에 있기 때문에 이렇게 읊은 것이다. 《東州集 文集 卷8 叔子進士重揆墓誌銘》

이위[44]가 술을 보내오다

李暐送酒

창랑의 어부 자취 감춘 뒤로	滄浪漁父自沈冥
강담에서 홀로 술 깬 이 묻노라[45]	但向江潭問獨醒
그 누가 관서의 이 진사와 같을까	誰似關西李進士
한 동이 봄 술로 떠돌이 위로하네	一盛春酒慰漂萍

44 이위(李暐) : 1585~? 본관은 성주(星州), 자는 명숙(明叔)이다. 평안도 영변(寧邊)에 거주하였으며, 1606년(선조39)에 진사시에 합격하였다.

45 창랑(滄浪)의……묻노라 : 굴원(屈原)의 〈어부사(漁父辭)〉를 인용하여, 이민구 자신의 유배 생활을 비유적으로 읊은 것이다.

머리가 벗겨지다

頭童

머리카락 찬찬히 살펴보니 細看頭上髮
검은 머리가 희어지는 것 아니구나 非由黑化白
검은 머리 기운 쇠하면 黑者因氣衰
들뜬 모근 쉬 빠지네 浮根易以落
빠지면 검은 머리 다시 나지 않고 既落黑不再
새로 나도 흰머리만 수북하네 新生白如積
빠지는 것을 혹 조금 늦춘다면 落之倘少延
나는 것도 잠시 멈출 텐데 生也當暫却
검은 머리 빠지지 않게 할 방법 없는데 黑留恨無術
흰머리는 뽑아도 교묘하게 틈타서 자라네 白抽巧緣隙
처음엔 검은 머리 빗에 한 가득 빠져 안타깝더니 始憐黑盈梳
다음엔 흰머리 이마에 가득해 슬펐는데 中悲白滿額
흰머리마저 끝내 빠져버리니 白又終舍去
검은 머리를 어찌 애석해하랴 黑何敢愛惜
어느덧 늙은 대머리 무수리 되었으나 居然老禿鶖
예전엔 흰 깃털의 학이었네[46] 曾是霜毛鶴
흰머리도 검은 머리도 다 빠졌으니 白黑俱蛻盡

46 어느덧……학이었네 : 지금은 대머리가 되어 마치 털이 모지라진 무수리 꼴이 되었지만, 예전에는 흰 깃을 가진 학과 같았다는 말이다.

어느 겨를에 옛날 회상할까	奚暇懷宿昔
빗질 그만두니 게으른 성격에 맞고	廢櫛諧性懶
비녀 빼버리니 마음 한가롭다	投簪愜心適
십 년 사이에 세고 빠지니	變脫十年間
한바탕 조물주의 장난일세	一場造物劇
오직 정수리만 반짝일 뿐	唯餘頂門光
더는 나지도 빠지지도 않네	生滅都休着
불우한 선비는 단점 감싸려 들지만	蹎士思護短
시인은 멋진 해학 좋아하지	詩人尙善謔
누구더냐 나 같은 병 가진 사람	誰哉我同病
이 말 들으면 껄껄 웃겠지	聞此當大噱

정원 나무 노래. 연산[47]에 사는 양우맹에게 주다

庭樹行 贈延山梁遇孟

내가 자네 집의 멋진 정원수 좋아하니	我愛汝家庭樹好
한 이랑 맑은 그늘이 번뇌 씻어 주기 때문이지	一畝淸陰洗煩惱
비췻빛 장막에 시원한 바람 무더위와 맞서고	翠幄流飈敵朱夏
푸른 구름처럼 드리운 가지[48] 맑은 하늘에 둥글다	靑雲偃蓋團晴昊
누가 날 위해 심었는가	誰能爲我封殖之
매번 찾아가 그 아래 눕기를 생각하지	每思將身就橫倒
한갓 나무에도 이처럼 마음 끌리는데	關情植物尙如此
하물며 그대는 글재주까지 있음에랴	況汝風神挾文藻
저 멋진 뿌리와 줄기 땅에서 솟아나면	彼美根莖擢厚地
북돋아 기름에 사람이 일찍부터 공들여야지	培栽必賴人功早
좋은 때에 맞춰 비와 이슬이 내려 주면	生成雨露及良時
해 가리고 바람 막아 주는 아름드리 기대하네	蔽日排風待合抱
지금 가뭄과 폭염으로 대지가 타들어가고	卽今旱焰焦下土

47 연산(延山) : 영변(寧邊)의 옛 이름이다. 《세종실록》 10년 12월 2일 기사에 이조(吏曹)에서 평안도 연산부(延山府)와 무산현(撫山縣)을 합병하여 영변대도호부(寧邊大都護府)라 이르고, 부사(府使)와 판관(判官)을 두어 도절제사(都節制使)가 그 부사를 겸임하도록 건의한 내용이 있는데, 그대로 시행되었다.

48 드리운 가지 : 언개(偃蓋)는 소나무 가지가 옆으로 뻗어, 쓰러진 일산(日傘) 모양으로 자란 것을 가리킨다. 두보(杜甫)의 시에 "그늘진 비탈에 서리와 눈 맞은 줄기, 일산처럼 드리우고 도리어 규룡처럼 뻗어있네.〔陰崖却承霜雪幹, 偃蓋反走虯龍形.〕"라고 하였다. 《杜少陵詩集 卷6 題李尊師松樹障子歌》

화기가 하늘에 이글거려 샘물도 말랐네　火氣爇天泉涸燥
마침 서로 이끌고 그대의 집으로 가서　會當相携出汝家
뜰 그늘에서 잠시 쉬고 거듭 청소한 다음　暫憩庭陰重洒掃
한낮 지나도록 자고 나면 숙취 가실 테고　欹眠過午減宿酲
누워 생황소리 듣노라면 늙은이 마음 위로되리니　臥聽笙竽慰羈老
그런 뒤에 서늘함 속에 먼 길 가리라　然後乘涼取長道

농사짓다

爲農

해마다 열 식구 괴롭게도 먹고 살길 없어	頻年十口苦無資
땅 빌려 경작하니 감히 때를 놓칠까	僦地耕耘敢後時
길쭉한 골짝 새벽안개 속에 묵은 풀 태우고	綿谷曉煙燔宿莽
작은 숲에 봄비 내릴 때 새 묵정밭 일군다	小林春雨闢新菑
도랑에 물 모자라 모내기 늦고	疏渠水短分秧晩
변방에 산 높아 콩 심기도 더디지	接塞山高種豆遲
거친 밥 한 사발이라도 절로 생긴다면야	麤飯一盂終自有
어찌 자질구레하게 이 일을 할까	何勞屑屑强營爲

마음을 달래다

遣意

부들은 이슬 젖고 버들은 바람에 한들한들	庭蒲浥露柳含風
새끼 먹이는 제비 둥지 트는 꾀꼬리 각자 바쁘네	乳燕巢鶯各歲功
만물이 살아가느라 한가할 틈 없는데	物化經營還少暇
떠도는 인생이 곤궁함에 편안할까	人生漂泊且安窮
어깨 덮은 성긴 머리 하얗게 드리웠는데	披肩短髮甘垂白
눈에 드는 많은 꽃들 더없이 붉어라	照眼繁花厭委紅
살아갈 작은 집조차 정하지 못했으니[49]	棲息一枝猶未定
슬픈 노래로 쓸쓸히 백년 인생 달래노라	哀歌蕭瑟百年中

49 살아갈……못했으니 : 일지(一枝)는《장자(莊子)》〈소요유(逍遙遊)〉에 "넓은 숲 속에서 새가 차지하는 보금자리는 나뭇가지 하나에 불과하다.〔鷦鷯巢於深林, 不過一枝.〕"라고 한 데서 유래한 말인데, 여기서는 이민구 자신의 거처를 말한다.

회포를 서술한 일백 운

述懷一百韻

동해 끝자락[50] 하늘이 낮게 운행하고	鼇極天行庳
큰 바다까지 지세가 길게 뻗었네	鯤溟地勢曼
별자리는 백월과 교차하고[51]	星文交百越
국호는 삼한을 병합하였네[52]	國號竝三韓
기자는 은허의 보리 탄식했고[53]	箕子殷墟麥
단군은 태백산 신단수에 내려왔지	神君太白檀
뽕과 삼이 여러 맥족을 덮고[54]	桑麻披雜貊

50 동해 끝자락 : 오극(鼇極)은 상고 시대 여와씨(女媧氏)가 큰 거북이의 네 다리를 잘라, 사극(四極)의 천주(天柱)를 세웠다는 전설에서 온 말이다. 여기서는 우리나라의 지리적 위치를 가리킨다.

51 별자리는 백월(百越)과 교차하고 : 성문(星文)은 하늘의 별자리를 말한 것이고, 백월은 중국 남쪽 지방인 복건(福建)과 광동(廣東) 등지에서부터 안남(安南) 지방까지를 이른다. 월인(越人)들이 거주하는 곳의 총칭으로, 부락이 매우 많았기 때문에 백월이라 일컬었다. 백월(百粵)이라고도 한다. 여기서는 우리나라가 중국과 인접하고 있음을 말한 것이다.

52 국호(國號)는 삼한(三韓)을 병합하였네 : 나라 이름을 조선이라 하였는데, 여기서는 조선이 마한(馬韓), 진한(辰韓), 변한(弁韓)의 옛 영토를 병합하였음을 말한다.

53 기자(箕子)는……탄식했고 : 은(殷)나라가 망하자, 주 무왕(周武王)은 기자(箕子)를 조선에 봉하였다. 그 뒤에 기자가 옛날 은나라 터를 지나다가, 궁실이 모두 무너지고 보리 이삭이 무성하게 팬 것을 보고는 가슴이 아팠는데, 곡을 할 수도 없고 울 수도 없어 〈맥수가(麥秀歌)〉를 지어 노래하였다고 한다.《史記 卷38 宋微子世家》 여기서는 기자조선(箕子朝鮮)을 우리나라 역사에 포함시켜 말한 것이다.

고사리의 정신 맑은 난하에서 본받았네[55]	薇蕨挹淸灤
이씨가 왕조 개창의 운을 받았으니[56]	仙李膺基運
번창한 자손 익조와 환조에서 열렸지[57]	綿瓜啓翼桓
정치는 예악 숭상한 주나라처럼 높았고	治隆周禮樂
예의는 의관 성행한 한나라처럼 빛났네[58]	儀煥漢衣冠
세덕으로 벼슬 이어지고	世德聯垂組

54 뽕과……덮고 : 우리나라 사람들이 의복을 만들어 입게 되었다는 말로, 예(禮)를 알게 되었다는 말이다. 상마(桑麻)는 뽕나무와 삼으로, 모두 옷감을 만드는 데 사용된다. 잡맥(雜貊)은 고대 우리나라에 있었던 맥족(貊族)을 가리킨다.

55 고사리의……본받았네 : 우리나라 사람들이 백이(伯夷)와 숙제(叔齊)의 절의(節義)를 본받았다는 말이다. 고죽국(孤竹國)의 두 왕자였던 백이와 숙제는 주 무왕(周武王)의 혁명을 목격하고, 의리상 주나라 곡식을 먹을 수 없다 하여 수양산에 들어가 고사리를 캐 먹다가 아사(餓死)했다고 한다.《史記 卷61 伯夷列傳》 청란(淸灤)은 영평성(永平城) 서쪽 5리 지점에 있는 난하(灤河)를 가리키는데, 이곳에서 남쪽으로 10리쯤 떨어진 곳에 백이와 숙제의 사당인 청절사(淸節祠)가 있다.

56 이씨(李氏)가……받았으니 : 태조(太祖) 이성계(李成桂)가 조선을 세웠다는 말이다. 선리(仙李)는 이씨(李氏) 성을 지닌 걸출한 인물을 가리키는 말이다. 노자(老子)가 이수(李樹) 아래에서 태어나 성을 이(李)로 했다는 전설이 있는데, 당나라 왕실에서 노자의 후손이라고 자처하였으므로, 그 종족을 선리라고 지칭한 데에서 유래하였다. 두보의 시에 "선리의 서린 뿌리 크기도 하여, 걸출한 후손들 대대로 빛났어라.〔仙李蟠根大, 猗蘭奕葉光.〕"라는 구절이 있다.《杜少陵詩集 卷2 冬日洛城北謁玄元皇帝廟》

57 번창한……열렸지 : 태조 이성계의 조상을 읊은 것이다. 면과(綿瓜)는 면면과질(綿綿瓜瓞)의 준말로, 오이 덩굴이 끝없이 뻗어나가 주렁주렁 열리는 것처럼, 자손이 번성함을 뜻한다.《詩經 綿》 익환(翼桓)은 목익도환(穆翼度桓)의 준말로, 태조 이성계의 고조(高祖), 증조(曾祖), 조부(祖父), 부(父)를 말한다. 이성계가 조선을 개창하자, 사대(四代)를 추존하여 목조(穆祖), 익조(翼祖), 도조(度祖), 환조(桓祖)라고 불렀다.

58 정치는……빛났네 : 의관(衣冠)과 문물(文物)을 중국의 제도에 따라 정해서, 성대한 문화를 이룩했다는 말이다.

가문이 영예롭게 높은 관직 이었네[59]　門榮嗣執瓛

도검 익혀 대사마 되셨고[60]　韜鈐大司馬

총재에 오르니 옛 천관이지[61]　冢宰古天官

평소의 학업은 경서를 계승하였고　素業承墳籍

현묘한 풍도로 부귀한 티 벗었지　玄風脫綺紈

어린 나이에 뛰어난 스승에게 배워　夙齡師匠妙

평생 정밀하게 연마했지　畢歲費精刓

꽃다운 세 형제　花秀三荊紫

붉은 계수 가지 하나씩 뽑았네[62]　枝抽一桂丹

59 세덕(世德)으로……이었네 : 이민구의 가문이 대대로 높은 벼슬을 했다는 말이다.

60 도검(韜鈐)……되셨고 : 이민구의 조부 이희검(李希儉, 1516~1579)이 오위장과 병조 판서를 역임한 사실을 읊은 것으로 보인다. 도검은 옛 병서(兵書)인 《육도(六韜)》와 《옥검(玉鈐)》을 아울러 일컫는 말로, 일반적으로 병서를 지칭한다. 경우에 따라서는 병법의 모략(謀略)이나 무장(武將)을 지칭하기도 한다.

61 총재(冢宰)에……천관(天官)이지 : 이민구의 형 이성구(李聖求, 1584~1644)가 영의정을 지낸 일을 말한 것으로 보인다. 총재는 《주례(周禮)》의 6관(官) 중 천관(天官)에 속하는 관원이다.

62 꽃다운……뽑았네 : 이민구의 형제가 과거에 급제했다는 말이다. 자형(紫荊)은 나무 이름으로, 박태기나무라고도 하는데, 주로 형제간의 우애를 의미한다. 남조 양(南朝梁)의 오균(吳均)이 지은 《속제해기(續齊諧記)》에 "전진(田眞) 삼 형제가 재산을 분배하면서, 집 앞에 있는 자형나무까지 3등분하여 나누어 갖기로 했더니, 그 나무가 갑자기 말라 죽었다. 이것을 본 전진이 뉘우치면서, 사람이 나무만도 못한 짓을 하였다며 흐느꼈고, 형제들이 서로 감동하여 다시 재산을 분배하지 않기로 하자, 그 나무가 다시 살아났다."라고 하였다. 계수나무의 가지를 뽑았다는 것은 과거급제를 의미한다. 진 무제(晉武帝) 때 극선(郤詵)이 현량 대책(賢良對策)에서 장원(壯元)을 하였는데, 소감을 묻는 무제의 질문에 "계수나무 숲의 가지 하나요, 곤륜산의 옥돌 한 조각입니다.〔桂林之一枝, 崑山之片玉.〕"라고 답변한 고사가 전한다. 《晉書 卷52 郤詵列傳》 이민

말 달려 멀리 가기도 하였고[63] 放蹄淩逈埒
새벽에 수레 준비하게 경계하였네[64] 發軔戒晨倌
두터운 은혜가 단홀 적시니[65] 惠渥霑端笏
빛나는 영광이 온통 집안을 덮었지만 光華藹襲幱
공명은 진실로 어긋나기 쉽고 功名良易迕
영욕은 별안간 뒤바뀌는 법 寵辱劃相干
도가 사라지면 고난이 닥쳐오고 道喪泥塗迕
시대 화평하면 폐백이 가득했네 時和玉帛戔
탄탄대로 멀리 갈 것 같더니 亨衢方致遠
좁은 길에서 일찍이 환난 겪었지 狹路早知難
백수에서 처음 자취 여니[66] 白水初開跡

구의 아버지 이수광은 2남 1녀를 두었기 때문에 세 형제라고 할 수 없는데, 여기서 삼형자(三荊紫)라고 한 것은 미상이다.

63 말……하였고 : 이민구가 임천 군수, 경상도 관찰사, 강원도 관찰사 등 외직에 나갔던 일을 읊은 것으로 보인다.

64 새벽에……경계하였네 : 새벽부터 부지런히 일했다는 말이다. 《시경》〈정지방중(定之方中)〉에 "단비가 이미 내렸거늘, 수레 모는 사람에게 명하여, 새벽녘에 일어나 멍에를 메게 하고, 상전에 나아가서 멈추었도다.〔靈雨旣零, 命彼倌人, 星言夙駕, 說于桑田.〕"라고 하였다. 여기서는 이민구가 이조 참의, 도승지, 병조 참판, 대사간, 이조 참판, 대사헌 등 내직에 있으면서 부지런히 일하였음을 말한 것으로 보인다.

65 두터운……적시니 : 임금의 은혜를 입어 관직에 나갔다는 말이다. 단홀(端笏)은 위단진홀(委端搢笏)의 준말로, 위의(威儀)를 바르게 하여 조정에 엄숙하게 임하는 것을 말한다. 위단은 고대의 예복을 가리키고, 진홀은 군신(君臣)이 조현(朝見)할 때에 홀을 잡고 서서 비망용(備忘用)으로 기록하다가, 쓰지 않을 때에 요대(腰帶)에 꽂는 것을 말한다.

66 백수(白水)에서……여니 : 1623년 계해반정(癸亥反正)으로 인조(仁祖)가 즉위

푸른 하늘에 비로소 글 손질했네[67]	靑霄始整翰
산을 뒤져 영지를 캐고	披山採芝菌
바다를 걸러 낭간을 올리듯 하니[68]	漉海貢琅玕
조감 있어 형서를 잡았고[69]	藻鑑持衡署
큰 고을을 부월의 단상에서 맡았으며[70]	雄藩授鉞壇
동궁에서 우익에 참여하고[71]	鶴闈參羽翼
오각에서 규탄을 담당했지[72]	烏閣領規彈
간쟁 끝나면 늘 초고 태웠고[73]	諫罷恒焚草

함을 말한 것이다. 왕망(王莽)이 한(漢)나라를 찬탈하자, 광무제(光武帝)가 백수에서 일어나 중흥시켰으므로 그를 백수진인이라고 하였는데, 여기서는 인조가 반정으로 왕위에 오른 것을 말한다.

67 푸른……손질했네 : 임금 가까이에서 글 짓는 일을 했다는 말이다.

68 산을……하니 : 인조(仁祖)가 왕위에 오른 뒤에 초야의 숨은 인재들을 찾아 등용하니, 자신도 발탁되었다는 말이다. 지균(芝菌)은 영지로, 좋은 버섯을 의미하고, 낭간(琅玕)은 봉황이 쪼아 먹는다는 죽실(竹實) 혹은 경실(瓊實)을 말하는데, 여기서는 모두 훌륭한 재질을 상징하는 말로 사용되었다.

69 조감(藻鑑)……잡았고 : 이민구가 이조(吏曹)의 관원이 되었던 사실을 말한 것으로 보인다. 조감은 인물 감식안(鑑識眼)을 말한다. 형서(衡署)는 전형(銓衡)을 담당하는 관청, 즉 이조를 가리키는 말이다. 《승정원일기》 인조 9년 9월 15일 기사에 이민구를 이조 참의에 임명한 기록이 있다. 1634년(인조12)에는 이조 참판이 된 사실이 있다.

70 큰……맡았으며 : 이민구가 경상도와 강원도의 관찰사가 된 사실을 읊은 것이다. 월단(鉞壇)은 부월을 세운 단상으로, 대장군에 임명함을 의미하는데, 여기서는 관찰사에 임명된 것을 말한다.

71 동궁(東宮)에서 우익에 참여하고 : 이민구가 세자시강원의 관원이 된 사실을 말한다. 학위(鶴闈)는 태자의 처소를 가리킨다.

72 오각(烏閣)에서 규탄을 담당했지 : 이민구가 사헌부 대사헌을 역임했다는 말이다. 오각은 사헌부를 가리킨다.

조정에서 돌아오면 늘 난초 쥐었지[74] 朝回每握蘭
원거는 궁중 음악에 현기증 일었고[75] 爰居眩金奏
노둔한 말은 번영을 겁냈네[76] 駑馬怯纓繁
장한 뜻 기둥에 새긴 다짐과 어긋나고 壯節摧題柱
용렬한 재주 일을 망쳤네[77] 庸才棄畫鏝

73 간쟁(諫爭)……태웠고 : 이민구가 대사간(大司諫)을 역임했다는 말이다. 분초(焚草)는 초고(草稿)를 불태운다는 뜻으로, 유송(劉宋) 때의 문신 사홍미(謝弘微), 당나라 때의 문신 고사렴(高士廉) 등이 모두 임금에게 올린 초고를 남이 알지 못하도록 즉시 불태워 없애, 근밀(謹密)한 태도를 보였던 데서 온 말이다. 참고로 두보(杜甫)의 시에 "남의 눈 피해 간한 초고 불태우고, 말에 오르니 닭이 깃들려 하누나.〔避人焚諫草, 騎馬欲鷄棲.〕"라고 하였다. 《杜少陵詩集 卷6 晚出左掖》

74 조정에서……쥐었지 : 이민구가 승지로 있을 때의 행동을 읊은 것으로 보인다. 악란(握蘭)은 손에 난초를 쥔다는 뜻인데, 한나라 상서랑(尙書郞)이 손에는 난초를 쥐고 입에는 향(香)을 머금고서, 대궐 뜰을 종종 걸음하며 일을 아뢰었던 데서 온 말이다. 이민구가 퇴청해서 난초를 쥠으로써, 그 향이 배도록 했다는 뜻이다.

75 원거(爰居)는……일었고 : 이민구가 자신에게 어울리지 않는 관직생활에 부담을 느꼈다는 말이다. 원거는 해조(海鳥)의 일종이다. 《장자(莊子)》〈지락(至樂)〉에 "해조(海鳥)가 노(魯)나라 교외에 내려앉자, 노후(魯侯)가 그 새를 사당에 모셔 놓고, 구소(九韶)의 음악을 연주하고 태뢰(太牢)의 성찬(盛饌)을 올리니, 새가 어리둥절한 눈빛으로 근심하고 슬퍼하며, 고기 한 점 술 한 잔 먹지 못한 채 사흘 만에 죽고 말았다. 이는 자기를 기르는 방식으로 새를 기른 것이지, 새를 기르는 방식으로 새를 기른 것이 아니다."라고 하였고, 그 소(疏)에 "해조는 원거이다."라고 하였다. 여기서는 이민구 자신을 원거에, 높은 관직을 금주(金奏)에 비유하여 읊은 것이다.

76 노둔한……겁냈네 : 위의 구와 마찬가지로 분에 넘치는 관직을 경계하였다는 말이다. 영번(纓繁)은 제후(諸侯)가 타는 말의 장식으로, 영(纓)은 말의 가슴걸이이고, 번(繁)은 말의 큰 띠를 가리킨다. 《文選 卷3 東京賦 註》 이민구 자신을 노마(駑馬)에, 높은 관직을 영번에 비유하여 읊은 것이다.

77 장한……망쳤네 : 이민구 자신이 세웠던 큰 포부가 있었지만, 재주가 용렬하여

임금의 은혜 진실로 갚지 못했으니[78]　陶甄眞蔑報
처벌된 것이 어찌 아무 까닭 없었으랴　罪戾豈無端
조정의 환란 대비 어긋났으니[79]　廟算愆陰雨
오랑캐 칼날 안일을 노렸네[80]　胡鋒伺宴安
서쪽 이웃은 말갈과 이어지고　西隣連靺鞨
북쪽 공략은 융환과도 걸리었지[81]　北略控戎貆

다 이루지 못했다는 말인데, 아래의 내용을 참고할 때, 병자호란(丙子胡亂) 이후 유배객이 되었기 때문이 이렇게 읊은 것이다. 제주(題柱)는 교각에 뜻을 새긴다는 말이다. 한(漢)나라 사마상여(司馬相如)가 촉(蜀)을 떠나 장안(長安)으로 향할 때, 성도(成都)의 승선교(昇仙橋) 다리 기둥에 "네 마리 말이 끄는 붉은 수레를 타지 않고서는 이 다리를 건너오지 않겠다."라고 써서 공명(功名)에 대한 포부를 밝혔던 고사가 있다. 《藝文類聚 卷63》 획만(畫鏝)은 담장의 꾸밈을 함부로 그어놓는다는 말로, 공은 없고 해만 있음을 뜻한다. 《맹자》 〈등문공 하(滕文公下)〉에 "여기에 사람이 있는데, 기왓장을 부수고 담장의 꾸밈을 함부로 그어놓고도, 그 뜻이 장차 밥을 구하려고 하는 것이라면, 자네는 그에게 밥을 먹이겠는가?〔有人於此, 毁瓦畫墁, 其志將以求食也, 則子食之乎.〕"라는 말이 있다.

78 임금의……못했으니 : 이민구가 자신의 책무를 다하지 못했다는 말이다. 도견(陶甄)은 도공(陶工)이 녹로(轆轤)를 돌려 각종 질그릇을 만들어 내는 것을 말하는데, 여기서는 성군(聖君)이 선정(善政)을 펼쳐 천하를 잘 다스리는 것을 비유하는 말로 사용되었다.

79 조정의……어긋났으니 : 조정에서 전란(戰亂)에 대비하지 못했다는 말이다. 음우(陰雨)는 음침한 비로, 비상(非常)을 의미한다. 《시경》 〈치효(鴟鴞)〉에 "하늘에 구름이 끼어 비가 내리기 전에, 저 뽕나무 뿌리를 주워다가 문을 칭칭 감는다면, 이제 너희 땅에 사는 인간들이 혹시라도 감히 나를 업신여기랴.〔迨天之未陰雨, 徹彼桑土, 綢繆牖戶, 今女下民, 或敢侮予.〕"라고 하였다.

80 오랑캐……노렸네 : 우리나라가 안일한 틈을 타서, 청나라가 병자호란(丙子胡亂)을 일으켰다는 말이다.

81 서쪽……걸리었지 : 청나라가 주변 세력을 규합한 뒤에 조선을 침공했기에 하는

그 형세 비유하자면 큰물이 터졌는데　勢比洪河大
사람이 한 손으로 막으려는 꼴이었지　人將隻手攔
병기가 천묘의 적전까지 번쩍였는데[82]　戈明千畝敻
봉화는 늘어선 봉우리에 어두웠네　烽暗列峯攢
땅 갈라져 도성 함락되니　地坼黃圖破
성 고립되어 한 점 온전했지[83]　城孤黑子完
얼음과 서리 갑옷에 얽히고　氷霜纏耀甲
수풀 사이에서 임금행차 군색했네[84]　草莽窘鳴鑾
전란의 화염이 천지에 가득하여　獵火乾坤燎
적병의 기세가 강화도까지 뻗쳤지　兵氛島嶼漫
들판에 쌓인 시체 베어둔 땔감인가 의심스러웠고　原裒疑折爨
골짝에 구르는 주검 초목인가 의아했네[85]　壑轉訝叢菆

말이다. 말갈(靺鞨)은 만주(滿洲) 동부 지방에 있던 퉁구스계의 일파로, 숙신(肅愼), 읍루(挹婁), 물길(勿吉)은 모두 그들의 옛 명칭이다. 뒷날 여진족(女眞族)으로 불린다. 환융(貛戎)은 고대의 융족(戎族) 이름이다.

82 병기가……번쩍였는데 : 청나라 군사가 서울까지 진입한 것을 말한다. 천묘(千畝)는 임금이 친히 농사짓는 적전(籍田)의 면적이다.

83 땅……온전했지 : 한양(漢陽)이 함락되고, 인조(仁祖)가 남한산성에 고립된 상황을 읊은 것이다. 황도(黃圖)는 기보(畿輔)와 같은 말로, 경성(京城)이나 그 주위를 가리킨다.

84 얼음과……군색했네 : 엄동설한에 고립된 남한산성에서 인조(仁祖)가 온갖 고초를 겪었다는 말이다.

85 들판에……의아했네 : 전란으로 무수한 백성들이 사망했다는 말이다. 원수(原裒)는 《시경》〈상체(常棣)〉에 "상사의 두려움에 형제간이 심히 걱정하며, 언덕과 습지에 시신이 쌓여 있을 때에, 형제간이 찾아 나서느니라.〔死喪之威, 兄弟孔懷, 原隰裒矣, 兄弟求矣.〕"라고 한 데서 온 말로 들판에 시체가 많은 것을 말한다.

빈 땅이 훈육에게 시달렸듯　　豳壤疲薰粥
요동 땅을 청나라 가한이 차지했지[86]　　遼疆擁可汗
오랑캐 침입으로 모욕당하니　　憑陵遭汚衊
반복하여 파란 겪었네　　反覆閱波瀾
대궐문 기쁘게도 다시 열었지만　　閶闔欣重闢
슬프다 임금을 다시 뵐 수 있으랴[87]　　鉤陳愴再覲
나라 위태하니 고통 감내해야 했고　　邦危當耐苦
집안 환난으로 슬픔 머금었네[88]　　家難屬含酸
살아남은 이 목숨 얼마나 더 살까　　漏命身餘幾
놀란 마음 그림자만이 외톨이 신세 위로하네　　驚魂影弔單
집안 기울고 골육들 죽어　　傾巢淪骨肉
등성이 여기저기 무덤만 남았어라　　結塚遍岡巒
땅속에 금완 묻은 지 오래인데　　地久埋金椀
하늘은 옥관을 내려 주지 않네[89]　　天遲下玉棺

86 빈(豳)……차지했지 : 주 문왕(周文王)의 조부인 고공단보(古公亶父)의 식읍(食邑)인 빈 땅을 훈육(薰粥)이 차지하였듯이, 청나라 우두머리 누르하치가 요동 땅을 차지했다는 말이다. 가한(可汗)은 왕을 뜻하는 몽고어(蒙古語)로, 선우(單于)를 말한다.

87 대궐문……있으랴 : 병자호란(丙子胡亂)에 패배한 뒤, 인조(仁祖)가 대궐로 돌아왔지만, 이민구는 임금을 볼 수 없는 처지가 되었다는 말이다. 구진(鉤陳)은 하늘의 자미원(紫微垣) 안에 위치하여 천제(天帝)의 호위를 맡는다는 별 이름인데, 여기서는 임금을 상징하는 말로 사용되었다.

88 집안……머금었네 : 병자호란 당시 이민구가 두 아들을 잃었기 때문에 이렇게 읊은 것이다.

89 땅속에……않네 : 이민구가 병자호란 당시에 골육들을 잃어 땅에 묻은 지 오래되었는데, 아직도 자신은 죽지 못하고 살아 있다는 말이다. 금완(金椀)은 장사를 지낼

정력 소진되어 마음 흔들리고	精消仍臬兀
의지 꺾여 머뭇거리네	志屈且邅踠
〈석서〉 노래하며 나는 복조에 시름하고	惜誓愁飛鵩
울적한 가운데 짖는 개 경계했네[90]	牢騷警吠犴
갇힌 준마가 고개 떨군 듯하고	低眉囚驥展
날던 붕새가 날갯죽지 늘어뜨린 꼴이네[91]	落翮偃鵬搏
경박한 풍속에 어찌 동조하랴마는	薄俗焉同調

때 함께 묻는 기물(器物)을 말하는데, 금완(金碗)이라고도 한다. 《수신기(搜神記)》 권16에 "범양(范陽)의 노충(盧充)이 최 소부(崔少府)의 딸과 유혼(幽婚)을 하였는데, 헤어진 뒤 4년째 되는 해 3월 3일에, 노충이 물가에서 송아지 두 마리가 끄는 수레를 만났다. 거기에는 최씨의 딸과 세 살 가량 된 어린 아이가 타고 있었는데, 최씨의 딸이 어린아이를 안아서 노충에게 주고, 또 무덤에 묻었던 금완을 주면서 시를 지어 주었다." 라고 하였다. 옥관(玉棺)은 옥으로 만든 관을 의미한다. 한(漢)나라의 방사(方士) 왕교(王喬)가 죽기 전에, 하늘에서 그의 집 앞에 옥관을 내려놓았는데, 아전들이 아무리 관을 밀어도 움직이지 않았다. 왕교가 "하늘이 나만을 홀로 부른 것인가 보다."라며 목욕재계하고 성복(盛服)을 갖추어 입고 관에 들어가 누우니, 즉시 관 뚜껑이 저절로 닫혔다고 한다. 《後漢書 卷112 方術列傳 王喬》 여기서는 이 고사를 인용하여, 하늘이 이민구 자신의 목숨을 거두어가지 않는다고 읊은 것이다.

90 석서(惜誓)……경계했네 : 자신의 유배 생활을 읊은 것이다. 〈석서〉는 《초사(楚辭)》의 편명으로, 왕일(王逸)에 의하면, 가의(賈誼)가 한 문제(漢文帝) 때에 뜻을 펼치다가 뒤에 대신들의 모함을 받아 장사왕 태부로 좌천된 후의 작품이라고 한다. 복조(鵩鳥)는 올빼미와 비슷하게 생긴 새로서, 상서롭지 못한 요조(妖鳥)로 일컬어져 온다. 한나라 가의가 장사(長沙)로 유배된 뒤, 그 열악한 풍토에서 오래 살지 못할 것을 알고 〈복조부(鵩鳥賦)〉를 지었다.

91 갇힌……꼴이네 : 이민구 자신이 준마와 붕새처럼 뛰어난 재주와 큰 뜻을 가졌지만 불우한 신세가 되었으니, 마치 준마가 그 재주를 펼치지 못한 채 우리에 갇혀 있는 것과 같고, 9만 리 날아갈 붕새가 날개를 축 늘어뜨린 꼴과 같다는 말이다.

뭇사람의 마음에 억지로 맞추려네　凡情强欲讙
〈회사부〉에서 답답함 달게 여겼지만　懷沙甘鬱悒
돌 던지면서 멋대로 기만하는구나[92]　投石恣欺謾
부 지어도 〈애영〉 아니며[93]　作賦非哀郢
시 논해도 어찌 〈소반〉을 원망하랴[94]　論詩詎怨弁
거듭되는 한숨을 어찌 금하랴　那能禁窾欷
다만 긴 탄식에 부치노라　只足付長嘆
밤 꿈에는 부질없이 관직에 나가는데　夜夢虛通籍
아침 꾸밈에는 관복을 벗었도다　朝章實褫鞶
팔꿈치 쇠는 쓸쓸히 내던져지고　肘金抛寂寂
짤랑대는 허리 구슬 어루만지네　腰玦撫珊珊
앉았노라면 깊숙한 궁중의 회랑 떠오르고　坐憶宮廊邃

92 회사부(懷沙賦)에서……기만하는구나 : 유배지에 있는 동안 많은 비난을 받았다는 말이다. 〈회사부〉는 전국 시대 초(楚)나라 굴원(屈原)이 지은 문장의 이름이다. 굴원이 쫓겨난 뒤에, 차라리 물에 빠져 죽어 송장을 모래사장에 드러내기를 생각하였다는 데서 나왔다. 투석(投石)은 우물에 밀어 넣고 돌까지 던진다는 표현으로, 이민구가 다른 사람들에게 침해당했음을 말한 것이다.

93 부(賦)……아니며 : 이민구 자신은 굴원처럼 원망하지 않는다는 말이다. 〈애영(哀郢)〉은 《초사(楚辭)》 〈구장(九章)〉의 편명으로, 굴원이 추방당한 뒤에 초나라를 그리워하여 지은 글이다. 영도(郢都)는 초 평왕(楚平王) 때의 도성이다. 사마천(司馬遷)이 "내가 〈이소(離騷)〉, 〈천문(天問)〉, 〈초혼(招魂)〉, 〈애영〉을 읽고 그 뜻을 슬퍼했으며, 장사에 가서 굴원이 빠져 죽은 물을 보고, 눈물을 흘리며 그 사람됨을 상상하지 않은 적이 없었다."라고 하였다. 《史記 卷84 屈原列傳》

94 시(詩)……원망하랴 : 임금을 원망하지 않는다는 말이다. 《시경》 〈소반(小弁)〉은 임금을 원망하는 내용이다.

자노라면 낮아지던 물시계 생각나네　眠思刻漏殘

힘줄도 뼈도 낡았으니　筋骸從潦倒

걸음걸이도 비틀비틀　脚踝任蹣跚

변새 버들가지 꺾어 호드기도 만들고　塞柳笳催折

변방 느릅나무 뚫어 불씨도 마련했지[95]　邊楡燧屢鑽

만나는 사람 반가운 이 드물고　過逢希眼煖

상란 겪어 홀로 가슴 시렸지　喪亂獨心寒

좋은 음악도 슬픔만 더할 뿐　廣樂徒增戚

긴 노래도 즐겁지 않았네　長歌却尠懽

관중과 포숙아 같은 교분이 아쉽고[96]　交期憐管鮑

양반 같은 인척이 그립네[97]　姻好感楊潘

형제가 오랜 세월 헤어져　兄弟多年別

편지도 드문드문 받았네　書辭隔月看

외떨어진 삶 애간장 끊어지고　離居腸寸斷

지난 일 생각에 눈물만 줄줄 흐르네　往事涕雙汍

95 변새……마련했지 : 유배지에서 오랜 세월을 보냈다는 말이다.

96 관중(管仲)과……아쉽고 : 마음을 알아주는 친구가 없었다는 말이다. 관포(管鮑)는 춘추 시대 제(齊)나라 사람 관중과 포숙(鮑叔)으로, 돈독한 우정을 나누어 관포지교(管鮑之交)의 고사를 남긴 인물들이다. 《史記 卷62 管仲列傳》

97 양반(楊潘)……그립네 : 양반은 양쪽 집안이 대대로 교분을 맺어 온 관계를 말한다. 진(晉)나라 반악(潘岳)의 집안이 그의 아내 양씨(楊氏)의 집안과 여러 대에 걸쳐 인척의 교분을 맺어 왔기에, 반악이 생질 양유(楊綏)를 위해 지은 〈양중무뢰(楊仲武誄)〉에 "반양의 친목 관계 본래 유래가 있었지.〔潘楊之穆, 有自來矣.〕"라고 한 데서 유래하였다.

지난번 신령한 뿌리 시들어 곡하니　　曩哭靈根瘁
부모상의 고통으로 병만 깊어 갔네[98]　　相依病棘欒
이 내 목숨 질기게도 이어져　　此生延視息
죽지 못한 채 근심만 쌓여 가네　　未死積憂慱
나라와 선조에 무슨 보탬 있었나　　忠孝嗟何補
서글픈 마음 뼈를 깎는 듯 고통일세　　悲傷痛若剜
선영에 오르기 너무도 부끄럽고　　深慙上丘壟
집안 명성 실추시켜 길이 면목 없네　　永愧墜門闌
수레 낡았으니 잔도를 탈 수 없고　　車溘妨乘棧
뱃길 험난하여 여울물 거슬러 오르기도 두렵네[99]　　舟艱畏泝灘
장중울의 집은 쑥과 명아주로 뒤덮이고　　張廬掩蓬藋
안연은 누항에서 단표에 의지했지[100]　　顏巷寄瓢簞

98 지난번……갔네 : 부모님의 상사(喪事)에 괴로웠다는 말이다. 극란(棘欒)은 부모상을 당한 것을 가리키는 말이다. 《시경》 〈소관(素冠)〉에 "행여 흰 관을 쓴 극인의 수척함을 볼 수 있을까. 노심하기를 근심하고 애태우노라.〔庶見素冠兮, 棘人欒欒兮, 勞心慱慱兮.〕"라는 말에서 유래하였다.

99 수레……두렵네 : 몸은 늙고 병들었으며, 세로(世路)는 험난하다는 것을 비유적으로 읊은 것이다.

100 장중울(張仲蔚)의……의지했지 : 한(漢)나라의 장중울은 벼슬하지 않고 은거하였는데, 그가 거처하는 곳에 쑥대가 우거져 사람이 파묻힐 정도여서, 아무도 그를 아는 사람이 없고 유공(劉龔)만이 알았다고 한다. 《삼보결록(三輔決錄)》 권1 황정견(黃庭堅)의 〈차운문잠휴목불출(次韻文潛休沐不出)〉에 "오직 장중울이 있어, 문 앞에 쑥대와 잡초 우거졌어라.〔惟有張仲蔚, 門前蓬藋深.〕"라고 하였다. 안연(顏淵)은 궁핍하게 살면서도 자신이 지키던 도를 즐겼다. 《논어》 〈옹야(雍也)〉에 "어질도다 안회여. 한 대그릇의 밥과 한 표주박의 물로 누추한 시골구석에서 살자면, 다른 사람은 그 걱정을 견디지 못하건만, 안회는 도를 즐기는 마음을 변치 않으니, 어질도다 안회여.〔賢哉回也,

객지에서 애오라지 농사짓나니	客土聊觀稼
이웃들이 먹을 것도 보내 주네	鄕閭或授餐
피리 부니 궁핍한 오원 같고[101]	吹篪窮伍員
칼 두드리니 곤궁한 풍환 같네[102]	叩鋏困馮驩
쫓겨난 몸 남들과 같은데	屛逐猶齊物
외진 거처는 〈고반〉과 다르구나[103]	幽棲異考槃
기대앉은 오피궤 구멍 뚫렸고	烏皮穿隱几
화려한 말안장에 거미줄만 가득하네[104]	蛛網晦雕鞍

一簞食, 一瓢飮, 在陋巷, 人不堪其憂, 回也不改其樂, 賢哉回也.〕"라고 하였다. 여기서는 은사인 장중울과 안빈낙도를 실천한 안회를 떠올리며, 자신의 처지를 비유적으로 읊은 것이다.

101 피리……같고 : 형제에 대한 그리움을 말한 것이다. 《시경》 〈하인사(何人斯)〉에 "백씨는 훈을 불고, 중씨는 지를 분다.〔伯氏吹壎, 仲氏吹篪.〕"라고 하였는데, 이로 인해 훈과 지는 형제간에 우애가 지극함을 비유하는 말로 쓰이게 되었다. 오원(伍員)은 춘추 시대 초(楚)나라 사람으로, 자는 자서(子胥)이다. 아버지인 사(奢)와 형 상(尙)이 죄 없이 초왕에게 살해되자, 오(吳)나라로 들어가 오를 도와 초를 공격하여 부형의 원수를 갚았다.

102 칼……같네 : 생활의 곤궁함을 읊은 것이다. 전국 시대 제(齊)나라 풍환(馮驩)이 맹상군(孟嘗君)의 식객이 되었을 때, 하등(下等) 막객(幕客)의 대우를 받으며 밥상에도 고기반찬이 올라오지 않자, 장검의 칼자루를 두드리면서 "장검이여 돌아가자, 밥상에 고기가 없구나.〔長鋏歸來乎, 食無魚.〕"라고 노래했던 고사가 전한다. 《史記 卷75 孟嘗君列傳》

103 외진……다르구나 : 《시경》 〈고반(考槃)〉에 "그릇 두드리며 언덕에서 노래하니, 대인이 은거하여 사는 곳이로다. 혼자 잠들고 일어나는 생활이지만, 길이 맹세코 남에게 알리지 않으리라.〔考槃在陸, 碩人之軸, 獨寐寤宿, 永矢弗告.〕"라고 하였다. 이 시는 산림에 은거하는 현자의 즐거움을 노래한 것이다. 여기서는 이민구가 스스로 은거하는 것이 아니라, 유배되어 어쩔 수 없이 살고 있음을 표현하였다.

집 주위 늘어선 나무에 등나무 올렸고 樹匝扶藤架
울타리를 쳐서 약초밭 보호하였네 籬排護藥欄
작은 냇물을 하인 시켜 끌어오게 하고 細泉煩僕引
흩어진 책을 아이더러 펼치게 하네 散帙遣兒攤
회화나무 늘어서 길가에 푸르고 街翠槐行直
무더기 꽃들로 섬돌 붉구나 階紅蕚彩團
숲 속 바람 낮에 시원스레 불어오고 林颸浮晝爽
연꽃 이슬 아침에 송글송글 맺혔네 荷露泛朝溥
뿌연 먼지가 걸어둔 의자에 쌓였는데[105] 塵靜凝懸榻
서늘한 기운이 깔린 돗자리에 불어온다 涼疏洒藉莞
까마귀는 먼 수자리 찾아와 울어대고 鴉尋遙戍噪
독수리는 저녁 구름 속에서 맴도네 鵰入暮雲盤
제때 내린 비에 농작물 무럭무럭 자라고 膏液滋禾黍
맑은 호수에 억새풀 아스라이 펼쳐졌네 澄湖渺葦萑
웅덩이의 비린 잉어 다져 먹고 砧腥抽澤鯉
들 맛은 오소리 요리로다 野味割庭貆

104 기대앉은……가득하네 : 오피궤(烏皮几)가 뚫리고 말안장에 거미줄이 칠 정도로, 방안에서만 지내고 있음을 말한 것이다. 오피궤는 검은 염소 가죽으로 장식한 안석(安席)을 가리킨다. 두보(杜甫)의 시에 "금관성 서쪽의 생활은 워낙 곤궁하지만, 오피궤가 있기에 도리어 가고만 싶네.〔錦官城西生事微, 烏皮几在還思歸.〕"라고 하였다. 《杜少陵詩集 卷13 將赴成都草堂途中有作作先寄嚴鄭公》

105 뿌연……쌓였는데 : 찾아오는 사람이 없다는 말이다. 후한(後漢)의 진번(陳蕃)이 다른 손님은 일절 접대하지 않았는데, 서치(徐穉)만 오면 의자 하나를 내려놓고 환담을 하다가, 그가 가면 올려놓았다는 현탑(懸榻)의 고사가 있다. 《後漢書 卷53 徐穉列傳》

설령 자루가 깨끗하게 비더라도　即使囊中淨
어찌 항아리 마르는 걸 보랴[106]　寧窺甕底乾
깨어서는 어부의 질문 싫더니[107]　醒憎漁父問
취해서는 차공의 비틀거림 좋구나[108]　醉愛次公姍
야윈 몰골 그 누가 애석해 할까　枯槁終誰惜
은거한 사람은 원래 미련 없이 버리는 법　沈冥判自拚
재앙은 상아 같은 재주 때문인가 의심하고[109]　災嫌緣象齒
돼지의 간이 누가 될까 두렵네[110]　累恐爲猪肝
빛 감춰지니 추한 모습 사라지고　埋照遺形穢

106 설령……보랴 : 가난을 염려하지 않고 편안하게 산다는 뜻이다.

107 깨어서는……싫더니 : 굴원(屈原)의 〈어부사(漁父辭)〉에 "사람들이 모두 취해 있다면, 어째서 함께 술지게미를 먹고 탁주라도 마시지 않는 것인가.〔衆人皆醉, 何不餔其糟而啜其釃.〕"라는 말이 있다.

108 취해서는……좋구나 : 차공(次公)은 한(漢)나라 합관요(蓋寬饒)의 자(字)이다. 평은후(平恩侯) 허백(許伯)의 집들이 잔치에 마지못해 참석해서 술잔을 받을 때 "많이 따르지 말라. 나는 술 취하면 광기가 나온다.〔無多酌我, 我乃酒狂.〕"라고 하자, 승상 위후(魏侯)가 웃으면서, 그의 강직한 성품을 빗대어 놀리기를 "차공은 정신이 멀쩡할 때에도 광기를 부리는데, 어찌 술이 필요하겠는가.〔次公醒而狂, 何必酒也.〕"라고 말한 고사가 전한다.《漢書 卷77 蓋寬饒傳》

109 재앙은……의심하고 : 코끼리가 진귀한 상아 때문에 죽음을 당하는 것처럼, 재능이 도리어 화를 초래한 것 같다는 말이다.

110 돼지의……두렵네 : 후한(後漢)의 절사(節士)인 민공(閔貢)이 안읍현(安邑縣)에 있을 때에, 노병(老病)이 있는데다 집이 가난하여 고기를 사먹을 수 없었다. 그러므로 날마다 푸줏간에 가서 저간(猪肝) 한 점씩을 사먹었는데, 안읍 령(安邑令)이 그 사실을 듣고 하급 관리를 시켜 항상 저간을 공급한 고사가 있다.《後漢書 卷83 周黃徐姜申屠列傳》 여기서는 이웃에서 가끔 보내 주는 음식이 부담스러움을 표현한 것으로 보인다.

세상일 잊으니 몸 편안하네　忘機覺體胖
아득히 높이 나는 고니 바라보며　悠然瞻鵠擧
떠날지어다 용의 움츠림 생각해 보노라　去矣想龍蟠
재상[111]은 정사에 절박하고　黃閤訏謨切
백성은 길쌈거리도 바닥났다네　黔黎杼柚殫
걱정거리 만 가지나 되고　憂虞紛萬種
변고도 가지가지라네　變故莽千般
약한 힘으로 이리와 범에게 덤벼도　力瑣挑豺虎
가냘픈 다리 힘이 부족하다네　芒纖缺髀髖
북방 오랑캐 활시위 당기고　氈裘張月彀
남쪽 오랑캐는 바람 자길 기다리네[112]　卉服候風綄
비록 재상의 바름에 의지한다 해도　雖倚台符正
저 사졸들 지쳤으니 어찌할까　其如士卒抏
낙타가 끄는 수레들 떼 지어 오고　駝輪來穰穰
고삐 맨 준마 헐떡이며 달리리니　駱轡騁嘽嘽
교위는 새로 오랑캐 항복시키고　校尉新降虜
장군은 예전에 간사한 자들 베어야지　將軍舊刺奸
공훈을 마땅히 날로 우뚝하게 세워야 하니　勳庸宜日邁

111 재상(宰相) : 황합(黃閤)은 재상의 관서를 이르는 말이다. 한(漢)대에 승상 태위와 한(漢)대 이후에 삼공(三公)이 집무하는 관서의 문을 황색으로 칠한 데에서 유래하였다.

112 북방……기다리네 : 청나라와 일본이 침략의 기회를 엿보고 있다는 말이다. 전구(氈裘)는 모전(毛氈)으로 만든 갖옷인데, 오랑캐를 가리킨다. 훼복(卉服)은 풀옷으로, 남쪽 오랑캐를 가리킨다. 환(綄)은 바람의 세기를 관측하는 깃이다.

나라에 보답함 태만히 할 수 없네　答效莫時忨
호걸은 모두 지위가 다르지만　豪傑俱殊列
역사는 마침내 없어지지 않는다[113]　旂常竟不刊
혹시라도 임석을 밀어냈단 소식 들려　倘聞推衽席
마침 상처 씻어냄을 보았으면[114]　會見滌瘡瘢
비색함을 제거하여 요리를 잘해야 하고[115]　傾否須調鼎
위험한 형세 붙들어 반석처럼 만들어야 하네　扶顚要奠磐
드날리던 훌륭한 사람 발해에서 떠오르면　揚芬漂渤澥
공적을 기록하여 드높이 새기겠지　紀績鏤巑岏
용모 살펴 부암에서 축성하던 이 추적하고[116]　象審追巖築
곰 점쳐 위수의 반계에서 낚시하던 이 일으켜야지[117]　熊占起渭磻

113 호걸(豪傑)은……않는다 : 영웅호걸의 크고 작은 공로가 다르기는 하지만, 모두 역사에 남는다는 말이다. 기상(旂常)의 기는 용을 그린 깃발이고, 상은 해와 달을 그린 깃발로 임금을 상징하는데, 국가에 훈공(勳功)이 있는 사람의 이름도 그 기에다 쓴다고 한다.

114 혹시라도……보았으면 : 나라의 인재들이 부지런히 노력하여, 청나라에 당한 굴욕을 씻고 백성들의 상처를 치유해 주었으면 좋겠다는 바람을 읊은 것이다. 임석(衽席)은 부부의 편안한 잠자리를 의미한다.

115 비색함을……하고 : 국운(國運)의 불행함을 극복하여, 음식을 잘 요리하듯 정사를 잘 닦아야 한다는 말이다. 《주역》 〈비괘(否卦) 상(象)〉에 "비색함이 끝나면 기울어지나니, 어찌 오래 가겠는가.〔否終則傾, 何可長也.〕"라고 하였는데, 여기서는 병자호란 뒤의 어려운 상황이 머지않아 극복될 것이라고 예상하고 희망한 것이다.

116 용모……추적하고 : 훌륭한 인재를 등용해야 한다는 말이다. 암축(巖築)은 성벽을 쌓는 공사인데, 옛날 은나라 무정(武丁)이 부암(傅巖)에서 판축(版築)에 종사하고 있던 부열(傅說)을 찾아내어 재상으로 삼았다고 한다. 《書經 說命》

117 곰……일으켜야지 : 주(周)나라 문왕(文王)이 강태공(姜太公)을 위수(渭水)에

주구에 자주 봉황이 모여들고 珠丘頻集鳳
태학에 다시 난새가 날아들리라[118] 璧沼更翔鸞
돕고 도와서 경륜을 치밀하게 하고 贊贊經綸密
넓고 넓게 법령을 너그럽게 해야지 恢恢法令寬
큰 은혜가 구멍 속 개미에게까지 미치고 洪恩覃穴蟻
미천한 분수 물 속 도마뱀까지 지켜야지 微分守潛蚖
아득한 사막에서 세 발의 화살 날리고 絶漠騰三箭
관문을 봉쇄하려 진흙 한 덩이 빌리리라[119] 封關借一丸

서 기용(起用)한 사실을 들어, 훌륭한 인재 등용의 중요성을 강조한 것이다. 문왕이 사냥을 떠나려고 점을 쳤는데, 복사(卜辭)에 "용도 아니요, 이무기도 아니요, 곰도 아니요, 말곰도 아니요, 범도 아니요, 비휴도 아니요, 얻을 것은 패왕의 보좌로다.〔非龍非彲非熊非羆非虎非貔, 所獲霸王之輔.〕"라고 했는데, 위수를 지나다가 반계(磻溪)에서 곧은 낚시로 고기를 낚던 태공(太公)을 만나 기용한 일이 있다.

118 주구(珠丘)에……날아들리라 : 조정과 성균관에 인재들이 많이 몰려든다는 말이다. 주구는 청사주(靑砂珠)로 된 언덕으로, 임금이나 왕비의 무덤을 뜻하는데, 여기서는 조정을 말하는 것으로 보인다. 옛날 순(舜) 임금을 창오(蒼梧)의 들에 장사 지냈더니, 새들이 날아와서 청사주를 물어다 무덤의 봉분을 이루었다는 고사에서 생긴 이름이다.《拾遺記》 벽소(璧沼)는 태학(太學)을 말한다. 그 형상이 둥글고 사면이 물로 둘러 있으므로 벽소라 한다.

119 아득한……빌리리라 : 당나라 장군 설인귀(薛仁貴)가 천산에서 돌궐(突厥)과 전투할 때에, 화살 세 발을 쏘아서 적군 셋을 명중시켜 죽이니, 적군이 모두 기가 꺾여 항복하였다. 군인들이 회군하면서 "장군이 화살 세 발로 천산을 평정하니, 장사들이 노래하며 관문으로 들어가네.〔將軍三箭定天山, 壯士長歌入漢關.〕"라고 노래하였다. 후한(後漢) 초기 외효(隗囂)의 장수 왕원(王元)이 일찍이 외효를 설득하며 "신이 청컨대 한 덩이 흙으로써, 대왕을 위하여 동쪽으로 함곡관을 봉쇄하겠습니다.〔臣請以一丸泥, 爲大王東封函谷關.〕"라고 하였다.《後漢書 卷43 隗囂列傳》 여기서는 나라를 수호하기 위하여 충성을 다함을 말한다.

야윈 말은 느린 걸음 수고로울 뿐 羸驂勞款段
옛 걸음걸이 한단에서 잃었네[120] 故步失邯鄲
좋은 재목 맑은 한강 가에 임해 있으니[121] 杞梓臨清漢
낚시터는 일렁이는 물결 굽어보네 苔磯俯激湍
돌아가자 낚시도구 수리해서 歸歟理釣具
백발로 낚싯대나 잡으리라 皓首把魚竿

120 옛……잃었네 : 이민구가 늙도록 벼슬살이에 시달리며 정신을 쏟다 보니, 정작 자신의 소원은 도외시하게 되었다는 말이다. 연(燕)나라 수릉(壽陵) 땅의 여자(餘子)가 조(趙)나라 서울 한단(邯鄲)에 가서 걸음걸이를 배우려다가 제대로 배우지도 못한 채, 본래의 자기 걸음걸이마저 잊어버린 나머지, 엉금엉금 기어올 수밖에 없었다는 한단학보(邯鄲學步)의 이야기가 《장자(莊子)》 〈추수(秋水)〉에 실려 있다.

121 좋은……있으니 : 조정에 훌륭한 인재들이 많이 있음을 말한다.

메뚜기

蝗

하늘이 만물 양육하니[122]	大鈞播亭毒
갖가지 사물이 다 있다네	萬族靡不有
많은 벌레 가운데 메뚜기가	蝗於百蟲內
목숨 받은 것도 우연은 아니지	受命亦非偶
나쁜 기운 덕에 살아가니	生成資沴氣
이놈의 재앙 오래되었네	玆患從來久
반드시 국정이 잘못될 때 기다려	必俟邦政失
재해를 오히려 더 부추기네	爲害猶指嗾
태평한 세상에도 혹 면치 못하니	世泰或未免
아마도 양구를 만나서이리[123]	豈亦遘陽九

122 하늘이 만물 양육(養育)하니 : 대균(大鈞)은 하늘을 가리킨다. 균(鈞)은 옹기가 만들어지는 녹로(轆轤)로서, 녹로에서 온갖 그릇이 나오듯이 하늘이 만물을 생성한다고 보아 하늘을 대균이라 하였다. 정독(亭毒)은 양육한다는 말이다. 《노자(老子)》 제51장에 "도는 낳고, 덕은 기른다. 자라게 하고 길러 주며, 양육하고 키워 준다.〔道生之, 德畜之. 長之育之, 亭之毒之.〕"라고 하였다.

123 태평한……만나서이리 : 시운(時運)이 좋지 않은 때를 만나면, 태평한 시절에도 메뚜기의 피해를 피할 수 없다는 말이다. 양구(陽九)는 음양도(陰陽道)에서 수리(數理)에 입각하여 추출해 낸 말로, 4천 5백년 되는 1원(元) 중에 양액(陽厄)이 다섯 번, 음액(陰厄)이 네 번 발생한다고 하는데, 1백 6년 되는 해에 양액이 발생하기 때문에, 그런 이름이 붙여졌다고 한다. 일반적으로 큰 재액(災厄)을 말할 때 쓰는 용어이다. 《漢書 律歷志 上》

아득한 삼황오제 이전에도	邈矣皇王前
이 무리들이 있었던가	厥類已存否
기린과 봉황이 후세에 없었으니	麟鳳後代無
못된 종자들이 가라지처럼 많아졌지	惡種滋稂莠
괴이하다 너희들이 하룻밤 사이에	怪汝一夜間
구름처럼 모여 남쪽 밭 다 덮으니	雲凝蓋南畝
마치 큰 물결 넘실대듯	瀰漫若洪潮
밭두둑 이쪽저쪽을 다 덮어버려	畔岸迷左右
푸르던 들판이 쓸어낸 듯 깨끗하니	濯濯野田青
수많은 말에 짓밟힌 듯하여라	酷經萬馬蹂
가만히 마을 주민들 이야기 들어보니	靜聽閭里談
백 세 노인도 탄식하네	嗟傷百年叟
미물이라도 입과 배가 있어	物微具口腹
곡식 갉아먹으니 미움 사는구나	噍咀足致咎
다만 의아하게도 어진 조화옹이	但訝造化仁
이런 놈 만들다니 참으로 어긋났네	鍾是眞相負
봄누에가 뽕잎 먹으면	春蠶食桑葉
길쌈하는 여인 분주하고	紅女爲奔走
농부가 어린 새싹 아끼니	農夫惜稚稼
태우고 묻는 것은 성인도 취한 방법이지	焚瘞聖所取
사람의 마음은 사랑과 미움이 다르지만	人情分愛惡
하늘의 뜻이야 후박이 있을손가	天意何薄厚
재앙은 그 종류 많기도 하니	災凶浩多門
불쌍한 건 가난한 백성들이지	可哀實窮蔀

측은해서 오장이 타들어가니 惻愴肝肺熱

하늘 우러르며 늙은이 괴로워하노라 瞻卬勞白首

이산 군수 임덕후[124]와 헤어지다

別任理山

관청이 만 봉우리 사이에 있어	官居只在萬峯間
지는 해 뜬 구름 모두 돌아오지 않네	落日浮雲倂不還
푸른 산과 맑은 물 끝없이 펼쳐졌으니	無限青山無限水
어디에서 고향 바라볼까	欲從何處望鄕關

124 이산 군수(理山郡守) 임덕후(任德厚) : 이산은 평안북도 초산군의 옛 지명이다. 여기서 말하는 이산 군수는 임덕후(1597~?)로 추정된다. 그의 본관은 풍천(豐川), 자는 창백(昌伯)이다. 《승정원일기》 인조 21년 2월 2일 기사에 임덕후를 이산 군수로 삼았다는 기록이 있다.

만력통보[125] 동전

萬曆通寶錢

용참은 길이 흰 구름 끝에 막히고[126]	龍驂永阻白雲端
회겁 망망한 속에 세월 가는구나[127]	灰劫茫茫歲月闌
바다 건너에도 만력의 연호 전해져	海外猶傳萬曆號
주머니 속에 오래 간직했던 동전 한 닢 보노라	囊中長貯一錢看
동산 곳곳에 풍진 가득하고	銅山幾處風塵滿
은하수 가는 길은 언제나 험난하네[128]	銀漢常時道路難
관문과 저자에 수레와 문자 다 단절되니	關市車書俱斷絶
서쪽 장안 향해 웃는 이 없구나[129]	無人西笑向長安

125 만력통보(萬曆通寶) : 만력은 명(明)나라 신종의 연호(年號)이며, 만력통보는 당시에 주조된 동전이다.

126 용참(龍驂)은……막히고 : 신종이 죽었다는 말이다. 용참은 귀인(貴人)의 상여(喪輿)를 가리킨다.

127 회겁(灰劫)……가는구나 : 재앙이 거듭되는 가운데 세월이 흘러간다는 말이다. 회겁은 겁회(劫灰)라고도 하는데, 커다란 재앙을 뜻한다. 한 무제(漢武帝) 때 곤명지(昆明池)를 파 보니, 밑바닥 전체가 흙은 없고 온통 검은 재뿐이었는데, 그 당시에는 알지 못하다가 명제(明帝) 때 서역에서 온 승려에게 물어보니, 지난 세상에 세계가 불타 없어질 때 생긴 재라고 대답했다는 고사가 전한다.《三輔黃圖 池沼》이후 겁회는 보통 병란(兵亂)을 비유하는 말로 쓰이게 되었다.

128 동산(銅山)……험난하네 : 명(明)나라가 망하여 이제는 찾을 수 없다는 말이다. 동산은 구리광산으로, 만력제는 여러 곳에 동산을 두고 만력통보를 주조하였다.

129 관문(關門)과……없구나 : 명(明)나라가 망하고 청(淸)나라가 중국을 차지했기 때문에, 사람들이 중국을 흠모하지 않는다는 말이다. 거서(車書)는《중용장구》제28장

의 “지금 온 천하가 같은 수레를 타고 같은 문자를 쓰게 되었다.〔今天下, 車同軌書同文.〕”라는 말에서 나온 말로, 온 세상이 중국의 문화권에 편입된 것을 말한다. 서소(西笑)는 중원(中原) 사람이 서쪽의 장안(長安)을 향해 웃음 짓는다는 뜻이다. 후한(後漢) 환담(桓譚)의 《신론(新論)》〈거폐(祛蔽)〉에 “사람들이 장안의 음악을 들으면 문을 나서면서 서쪽을 향해 웃음 짓고, 고기 맛이 좋은 것을 알면 푸줏간을 대하고서 입맛을 크게 다신다.〔人聞長安樂, 則出門西向而笑, 知肉味美, 則對屠門而大嚼.〕”라고 하였다.

한적한 삶
幽事

작은 섬돌 가에 꽃 피어	小砌花仍發
그윽한 뜰에 향기 짙어라	幽庭草自香
햇살 내리쬐니 처마 밑 따뜻하고	日烘簷氣煖
바람 불어와 나무 그늘 시원하다	風轉樹陰涼
취한 꿈에 봄밤은 짧은데	醉夢春宵短
게으른 잠에 낮 시간 길구나	慵眠晝刻長
시 주머니야 네 덕에	斑囊憑汝在
마음대로 희황의 시대에 이르노라[130]	隨意到羲皇

130 시……이르노라 : 시를 지으면서 태고 때의 사람들처럼 한적한 삶을 즐긴다는 말이다. 희황(羲皇)은 복희씨 시대를 가리킨다. 이백(李白)의 시에 "맑은 바람이 부는 북창 아래서, 스스로 복희씨 시대 사람이라 하네.〔淸風北窓下, 自謂羲皇人.〕"라고 하였다.《李太白文集 卷8 戲贈鄭溧陽》

이웃 늙은이를 보고 느낌이 있어서

感隣翁

이웃 늙은이 스스로 자기 관 짜니	隣翁自造容身棺
봄누에가 늙어서 고치 짓는 격인데	正似春蠶老作繭
다시 밭에 나가 참새와 쥐 쫓으니	復向田頭驅雀鼠
구구한 생사의 감회를 어떻게 달래나	區區生死何由遣
나는 지금 자식도 없고 땅도 없으니	我今無子又無田
아무런 계획도 없이 막막하기만 하구나	棄置百計徒茫然
해는 서쪽으로 기울고 배고픔 닥쳐와	流景西頹窮饑逼
종일토록 구렁 앞에서 슬퍼하노라	終日惻愴溝壑前

김선술[131]의 〈상억〉을 차운하다

次金善述相憶韻

만사 어긋난 변방 늙은이	萬事蹉跎塞上翁
친구의 소식 한강 동쪽에서 왔네	親朋消息漢川東
진흙길에 자취 막히고 청운은 먼데	泥塗跡阻青雲逈
꿈속에서 정신 교감은 하늘과 통하네	魂夢神交碧落通
용대에서 눈 부비고 현달 기대했는데	拭眼容臺期特達
유배자 명부에 이름 올라 고달퍼라[132]	埋名謫籍感孤窮
조정의 훌륭한 인재 좋은 관직에 있으면서도	朝廷玉筍仙班地
하늘가에 떠도는 사람 기억해 주었구려[133]	猶向天涯記轉蓬

131 김선술(金善述) : 김효건(金孝建, 1584~1666)으로, 본관은 안동(安東), 자는 선술, 호는 경현옹(警弦翁) 또는 경옹(警翁)이다.

132 용대(容臺)에서……고달퍼라 : 예조(禮曹)의 관리가 되어 더욱 현달한 지위에 오를 것으로 기대했는데, 유배된 신세로 곤궁하게 지낸다는 말이다. 용대는 예조를 가리킨다.

133 조정(朝廷)의……주었구려 : 김선술이 훌륭한 자질로 조정의 귀한 자리에 있으면서도, 멀리 유배지에 있는 이민구 자신을 잊지 않고 시를 보내 주었다는 말이다. 옥순(玉筍)은 과거에 급제한 사람 중에서도 출중한 인사를 가리킨다. 당(唐)나라 이종민(李宗閔)이 시관(試官)으로 있을 때 선발한 문생들이 모두 훌륭한 이름을 떨쳤는데, 당시에 이들을 옥순이라고 불렀다. 《新唐書 卷174 李宗閔列傳》

절도사가 부임하는 노래

節度使上任歌

박성오가 영변 부사로 있다가 옮겨 임명되었다.[134]

군문에 용맹한 군사들 무리 지어 움직이고	轅門螭虎動成群
바퀴 밀어 단에 오르니 명성 자자한 사람이지[135]	推轂登壇衆所聞
대궐에서 멀리 도호부사로 보냈는데	闕下遙分都護節
관서에서 곧바로 대장군에 올랐어라	關西卽拜大將軍
웅장한 군악에 맞춰 안주로 가니	喧喧笳鼓上安州
수많은 백성들 길가에 늘어섰네	士女如雲夾路周
노래하고 춤추는 동대 돌아보니	回首東臺歌舞地
그 풍광 현산의 정상 같구나[136]	風煙猶似峴山頭

134 박성오(朴省吾)가……임명(任命)되었다 : 박성오(1589~1651)의 본관은 함양(咸陽), 자는 자안(子安), 호는 조양재(朝陽齋)이다. 당시에 박성오는 영변 부사로 재직하다가 평안도 병마절도사로 승진되었다. 《仁祖實錄 21年 5月 12日》

135 바퀴……사람이지 : 박성오가 병마절도사에 임명되었는데, 그에 대해서는 사람들이 모두 들어 알고 있다는 말이다. 퇴곡(推轂)과 등단(登壇)은 장수에 임명하는 것을 말한다. 고대에 임금이 출정하는 장수를 보낼 때, 꿇어앉아 수레바퀴를 밀어주면서 "궐문 안은 과인이 제어할 테니, 궐문 밖은 그대가 제어하라."라고 하며, 전권(全權)을 위임하였다. 《史記 卷102 馮唐列傳》 등단은 한 고조(漢高祖) 유방(劉邦)이 한신(韓信)을 대장으로 삼을 때에, 단을 쌓고 예식을 갖추어 임명한 고사에서 유래하였다.

136 노래하고……같구나 : 영변의 백성들이 박성오의 선정(善政)을 기억한다는 말이다. 동대(東臺)는 영변의 약산에 있는 봉우리이다. 현산(峴山)은 현산비(峴山碑)로, 타루비(墮淚碑)라고도 한다. 진(晉)나라 양호(羊祜)가 양양(襄陽)을 다스리면서 항상

화각소리 울리는 절도사 행렬 畫角嘈嘈節使行
펄럭이는 붉은 깃발 소리 강물소리와 어우러지네 火旗颭颭入江聲
갑옷 입은 많은 기병들 대장군 맞이하니[137] 千群甲騎迎牙帳
한 곡조 생황 노래 푸른 깃발 속에 울린다 一部笙歌擁翠旌

뿌연 먼지 큰 강 앞에 가득하니 黃塵簇擁大江前
협곡의 군대 위용 바다까지 뻗었네 夾岸軍容亘海天
북 세 번 치고 징과 나팔 연주할 제 雷鼓三聲鐃吹發
장군은 부절 잡고 누선에 오르누나 將軍握節上樓舡

노을 비단 구름 장막 화당에 나부끼고[138] 霞綃雲幕翊華堂
보루와 깃발에 새벽빛 빛나네 壁壘旌旗曉日光
유월 삼엄한 성에 더위 가시고 六月嚴城銷暑氣
중문에 도열한 창에 서리 기운 서렸어라 重門列戟有淸霜

인정(仁政)을 베풀었기에, 그가 죽자 백성들이 사모하는 마음으로 현산에 비석을 세웠는데, 그 비석을 보는 사람들이 모두 눈물을 흘렸다 하여 타루비라고 불렀다. 《晉書 卷34 羊祜列傳》

137 갑옷……맞이하니 : 천여 명의 갑옷 입은 병사들이 도열하여, 병마절도사 박성오를 맞이한다는 말이다. 아장(牙帳)은 상아로 장식한 큰 깃발로, 대장을 상징한다.

138 노을……나부끼고 : 화려하게 장식된 취임식장을 형용한 것이다. 하초(霞綃)와 운막(雲幕)은 박성오의 취임식에 쳐진 화려한 휘장을 표현한 것이다.

늦여름 밤에 앉아서

徂夏夜坐

장마 갠 지 이미 오래인데	霖雨霽已久
더위와 흙먼지 얼마나 더 남았나	炎霾留幾何
성긴 발 사이로 달빛 가득 들어오고	簾疏容月滿
트인 처마로 하늘 훤히 보이누나	簷豁占天多
뜨거운 낮에는 근심과 병에 시달리고	晝熱愁兼病
시원한 밤에는 술과 노래 즐기노라	宵涼醉復歌
견우성과 직녀성 바라보니	星躔望牛女
마치 은하수 건너려는 듯[139]	似欲涉銀河

139 견우성(牽牛星)과……듯 : 칠월칠석이 다가온다는 말이다.

나그네

客

늘그막에 하늘 끝 나그네 되었으니	老作天隅客
원님 은혜 대단히 부끄럽다	長慙地主恩
인정은 야박하기도 하고 후덕하기도 하니	人情殊薄厚
스스로 식량 마련해야지	自力强盤飧
벼는 구름처럼 황금물결 이루고	水稻黃雲合
채소에는 흰 이슬이 흠뻑 내렸네	畦蔬白露繁
떠돌이도 살아갈 방도 있으니	萍漂具生理
나그네 마음 위로되네	亦足慰羈魂

입추에 비가 내리다

立秋雨

외진 변방에 새 가을 비 내리니	絶塞新秋雨
외로운 등불 아래 밤새 듣노라	孤燈竟夜聞
한 해도 벌써 절반 지나니	一年嗟已半
사계절이 똑같이 나누어진 줄 아노라	四序感平分
서늘한 바람이 사모에 불어오고	涼氣侵紗帽
추위 걱정이 얇은 옷을 파고드네	寒愁逼練裙
무슨 마음으로 가는 세월 애석해할까	何心惜流景
백발만 어지러이 날린다	鬢髮白紛紛

닭의 역병

鷄疫

지난번 내가 여기 도착했을 때	昔余到此邦
혹독하게 전란을 겪은 뒤였지[140]	酷經兵火新
초목도 남아나지 못했는데	草木旣不留
하물며 짐승들이야 물어 뭐할까[141]	況問鳴吠倫
개들은 마을 찾아 돌아오기도 했지만	犬或尋巷歸
닭 우는 소리 전혀 들을 수 없었으니	鷄叫聽無因
외로운 잠자리 긴긴 밤이 괴로운데	孤眠苦宵長
비바람 몰아치는 새벽녘 적막하기만 했지	寂寥風雨晨
절도사 병영에 편지 보내니	飛書節度營
암수 한 쌍 얻기 위해서였네	爲致雌雄馴
앞 처마 가까이에 둥지 매었으니	縛棲近前簷
여우와 살쾡이 접근할 수 없었네	庶遠狐貍親
그윽한 창에 세 번 울어대니	幽窓警三號
벗을 만난 듯 기뻤네	快若見故人
기른 지 몇 년 사이에	生育數年間
이웃에 두루 나눠 주었네	乞與遍四隣

140 지난번……뒤였지 : 참혹한 병자호란 뒤에, 곧바로 영변에 유배되었다는 말이다.

141 초목도……뭐할까 : 전란으로 초목마저 황폐해졌는데, 닭이나 개와 같은 가축들이 온전하겠느냐는 말이다. 명폐륜(鳴吠倫)은 울고 짖는 무리라는 의미로, 닭과 개와 같은 가축을 가리킨다.

품은 알이 문득 곯기도 하여	抱卵忽中毈
올봄부터 의아했는데	始訝今歲春
여름에서 가을로 접어들면서	涉乎金火交
엎흘 새 쓰러지고 넘어지더니	顚隕彌一旬
붉은 볏 날로 초췌하고	朱冠日慘悴
오덕이 모두 사라졌네[142]	五德俱沈淪
차례로 열여덟 마리가	次第十八翮
속절없이 죽어나갔네	零落莫逡巡
비록 묻어주기는 했지만	雖存禽畜葬
아끼던 마음이야 어찌 잊힐까	豈忘品類仁
마시고 쪼던 모습 눈에 선하니	飮啄森在眼
나그네 마음 아프게 하네	足傷旅遊神
늙고 병들어 잠도 없는데	老病常少睡
밤마저 고요하니 참 서글프다	夜靜浩悽辛
어디에 나의 심회를 부칠까	何以寓我懷
캄캄하고 우울한 가을이로다	冥晦鬱秋旻
일찍이 들으니 날짐승의 괴변은	常聞羽蟲孽
실로 재앙의 기운과 자주 관련되었지	實關祲沴頻

142 오덕(五德)이 모두 사라졌네 : 닭이 병들어 본모습을 상실했다는 말이다. 오덕은 닭이 갖춘 다섯 가지 덕목을 말한다. 《한시외전(韓詩外傳)》 권2에 "머리에 볏을 이고 있는 것은 문이고, 발에 며느리발톱이 달린 것은 무이고, 적이 앞에 있을 때 과감하게 싸우는 것은 용이고, 먹이를 보고 서로 부르는 것은 인이고, 밤을 지새워 시각을 어기지 않는 것은 신이다.〔頭戴冠者文也, 足搏距者武也, 敵在前敢鬬者勇也, 見食相呼者仁也, 守夜不失時者信也.〕"라고 하였다.

땅 끝 변방에 누웠는데	地絶枕塞垣
어지러운 세상 가시덤불 껄끄럽다	世亂澁荊榛
힘겨운 삶속에 근심만 쌓여가니	艱難積危慮
일마다 꼬이고 틀어지네	百端莽輪困
부끄럽다 시향의 늙은이는	永慙尸鄉翁
미물에 의탁하여 본성대로 살았다네[143]	托物兼任眞

143 부끄럽다……살았다네 : 시향옹(尸鄕翁)은 시향에 살았던 축계옹(祝雞翁)을 가리킨다. 그는 시향의 북쪽 산 아래 토굴에 살면서 백여 년 동안 천 마리의 닭을 길렀는데, 닭마다 모두 이름을 붙여 준 뒤 그 이름을 부르면, 닭들이 알아듣고 앞으로 나왔다 한다.《列仙傳 祝雞翁》 여기서는 이민구가 닭을 잘 기르지도 못했고, 혼란한 세상에 대한 근심을 완전히 끊은 채 본성대로 살지도 못하기에, 축계옹에게 부끄럽다고 읊은 것이다.

객지에 누워

客臥

성곽 서문 밖에 나그네 누웠는데	客臥郭西門
자욱하게 가을비 쏟아지네	冥冥秋雨繁
늘그막에 기운 없어	衰年氣無健
온종일 혼미한 잠에 취해 지내노라	盡日睡長昏
산사에 숲은 울창하고	樹暗依山寺
안개가 물 건너 마을에 짙구나	煙深隔水村
육로도 수로도 온통 진흙탕인데	關河正泥濘
어느 길로 고향 돌아가고픈 마음 보낼까	何路送歸魂

앞날

前期

늘그막에 멀리 유배 와 병마저 앓으니	衰年遠謫病相隨
혼란한 세상 앞길을 나 스스로 아노라	亂世前途我自知
위태로운 변방에서 오래도록 나그네 되어	關塞艱危長作客
밤과 낮이 기약한 듯 번갈아 바뀌네	陰陽迭代每如期
단풍에도 우로 내려 시인은 눈물 흘리고	青楓雨露騷人泣
붉은 계수에 풍상 일어 지사는 슬퍼하네	丹桂風霜志士悲
돌아보니 당당하던 젊은 날에	回首堂堂少壯日
이렇듯 쓸쓸한 신세를 꿈엔들 생각했으랴	豈堪蕭瑟夢中思

터를 닦다

除地

빈 땅 고작 방석 펼 만한데 隙地纔容席
언덕 따라 겨우 사립문 열었네 緣隈僅啓扉
숲 바람이 맑게 소매 가득 불어오고 林風淸滿袖
이슬[144]이 살짝 옷 적신다 菵露細霑衣
잠시 사람들 힘 빌려 暫借人功集
새로 객지 잠자리 옮겼네 新移客寢依
변방 가을은 벌써 쌀쌀한데 邊秋已涼冷
지팡이 짚고 서니 계획 또 어긋났네 倚杖計還違

144 이슬 : 망로(菵露)는 본래 독초(毒草) 위의 이슬을 말한다. 영주(寧州)에는 독초가 있는데, 그 위에 내린 이슬이 사람의 몸에 닿으면 살이 문드러진다고 한다. 여기서는 풀잎에 맺힌 이슬을 말한다.

재계하다

齋居

재계하며[145] 생선과 육류 끊고	淸齋斷魚肉
홀로 앉아 모리와 파리 물리치네	獨坐屛蚊蠅
적멸하여 선정 초입에 드는 듯	寂滅禪初定
우주의 도가 비로소 응결되는 듯[146]	希夷道始凝
물 차가워 가을 훨씬 깨끗하고	水寒秋更淨
하늘 개어 저녁 더욱 맑구나	天霽夕逾澄
불어오는 싸늘한 바람 마다하지 않고	不避涼飄動
떠오르는 흰 달을 유심히 보노라	耽看皓月升

145 재계하며 : 청재(淸齋)는 본래 진시(辰時)에 물 한 잔을 마시고, 온종일 아무것도 먹지 않은 채 재계함을 말한다. 《釋氏要覽》

146 적멸하여……응결되는 듯 : 재계하는 모습을 비유적으로 읊은 것이다. 적멸(寂滅)은 온갖 번뇌에서 벗어나고 생사의 고통에서 해탈한 경계를 형용하는 말이다. 《法華經序品》 희이(希夷)는 현묘한 우주의 이치를 가리킨다. 《도덕경(道德經)》 제14장에 "보아도 보이지 않으니 이라 하고, 들어도 들리지 않으니 희라 한다.〔視之不見, 名曰夷. 聽之不聞, 名曰希.〕"라고 하였다.

거적 집

簟舍

외롭고 미천한 몸 그윽하게 살아가니	孤賤處幽晦
어찌 감히 넓고 밝은 곳 바라랴	豈敢求曠朗
두른 울타리 낮은 산록에 있어	揷籬跨短麓
천지가 넓은 줄도 모르지	不識天地廣
서쪽은 낭떠러지 제법 가파르고	西偏崖稍傾
남북으로 고작 한 길 넓이인데	南北纔袤丈
잠깐 다지고 파서	暫仗畚鍤功
손바닥만 한 땅 평평하게 손질하였지	脩治平如掌
이미 면세가 안온하니	旣獲面勢安
어찌 집 지을 생각 없으랴[147]	寧無帡幪想
집 얽으니 고작 한 칸	結宇只一間
갈대 덮고 거적 두르니 수레 같아라	葦簟類車輞
소나기 내리자 작은 물방울 떨어지고	驟雨落細珠
밝은 햇살이 성긴 그물 틈으로 새어든다	熙陽漏疏網
맑은 바람이 휘익 불어오고	淸飆颯以至
초목 소리 번갈아 들리누나	草木遞成響

147 어찌……없으랴 : 거처를 마련하고 싶다는 말이다. 병몽(帡幪)은 차일과 휘장 등의 장막을 말한다. 위에 치는 것을 병(帡), 덮는 것을 몽(幪)이라 한다. 《양자법언(揚子法言)》 권2에 "비바람이 친 다음에 큰 집이 나를 덮어 줌을 안다.〔震風凌雨, 然後知夏屋之爲帡幪也.〕"라고 하였다.

시원하게 남은 열기 씻어 주니	泠然滌餘熱
참으로 많은 시름 덜어주네	實愜祛煩想
손님 자리에 가만히 흰 빛 생기자	客位黯生白
가을 하늘에 도깨비 많구나[148]	秋空森魍魎
이 집이 진실로 좁고 누추해도	此屋誠隘陋
내게는 편안한 안식처로다	於我便偃仰
생각해 보니 옛날 금화성[149]에 있을 때	憶昔金華省
대궐은 정숙하고 드넓었지	宸居靚弘敞
임금 모시다가 잘못하여	陪遊失宜當
재앙 얻어 쫓겨났네	得禍遭遷放
이 신세 진창에 떨어지니	將身墮泥滓
지난날 생각할 겨를 없구나	未暇懷疇曩
돌아보니 이 비좁은 집 바깥에는	顧茲容膝外
드넓은 땅 남아 있지	恢乎乃餘壤
곤궁과 영달이 어찌 일정하랴	窮達亦何嘗
군자가 기르는 바에 달렸다네	君子在所養

148 손님……많구나 : 가을 하늘에 달이 떠오르자, 그림자들이 아른거리는 모습을 형용하여 읊은 것이다.

149 금화성(金華省) : 문하성(門下省)을 가리키는데, 여기서는 조정을 의미한다. 본래는 한(漢)나라 미앙궁(未央宮)의 궁전 이름으로, 일찍이 성제(成帝) 때에 장우(張禹) 등이 이곳에서 《서경》과 《논어》 등을 진강(進講)한 고사가 전한다. 《漢書 卷100上 敍傳上》

밤에 앉아 있다가

夜坐

좋은 밤 빈 집에서 마음 서글픈데
누구의 피리소리 외로운 잠 깨우나
등잔불이 벽 비추고 피리소리 잦아드는데
밝은 달이 처마에 걸리니 크고도 둥글다
집 주위에 반딧불 날고 가을 이슬 내리니
변방 찬 기러기 새벽 서리에 날아가네
하늘가 한 점 별이 멀리서 반짝여
잠깐 시인의 눈물 맺힌 뺨을 비춘다

良夜虛堂思悄然
誰家鐵笛撼孤眠
風燈照壁吹還靜
水月磨簷蕩復圓
院宇疏螢秋露下
塞門涼雁曉霜前
天邊一點遙星在
暫映騷人淚臉懸

새벽에 일어나

曉起

높은 숲 낙엽 져 쓸쓸한데	高林落葉正蕭蕭
초가집은 찬 연기에 적막하게 갇혔구나	茅店寒煙鎖寂寥
멀리 바라보다 물가의 해에 홀로 상심하고	遠眼獨傷臨水日
외로운 마음은 서리 밟는 아침에 절로 간절하다	孤心自切履霜朝
하늘은 변방 산에 이어져 기러기 바라보고	天連塞嶂瞻回雁
땅은 모래밭에 닿아 수리 쏘는 걸 보노라	地接邊沙見射鵰
누가 궁도의 유배객 한을 생각해 줄까	誰念窮途遷客恨
늘그막에 흰 머리가 이때 더욱 세어간다	暮年危鬢此時凋

중추에 이일상[150] 군이 부쳐 준 문 자 운의 시를 받다
中秋日 得李君一相寄門字韻

가을 중턱 관산에 나그네 마음 조용한데	秋半關山靜客魂
새 시가 멀리 변방 서쪽 문에 당도했네	新詩遠及塞西門
뉘 알랴 백 갈래 금빛 물결 그림자가	誰知百道金波影
삼경의 눈물 자국 함께 비추는 줄을	倂照三更血淚痕
세상 밖에 사는 마음 조용한 곳 따르고	世外襟懷隨境寂
성 모퉁이의 거처 시끄러운 속세와 막혔네	城隅居止阻塵喧
세상 바룰 책략 공들에게 바라노니	匡時策略煩公等
홀로 목숨 부지한 것도 큰 은혜이지	獨保生成是大恩

150 이일상(李一相) : 1612~1666. 본관은 연안(延安), 자는 함경(咸卿), 호는 청호(靑湖)이다. 이정귀(李廷龜)의 손자이며 이명한(李明漢)의 아들로, 이민구의 형 이성구(李聖求)의 사위이다.

가을날

秋日

푸르른 숲에 흰 이슬 흠뻑 내리고　林木蒼蒼白露繁
들판에 갈대꽃과 갈잎 가득하다　葦花蘆葉遍郊原
공연히 밤 달만 텅 빈 창에 걸렸는데　空留夜月懸虛牖
또 갈바람 보내와 고향생각 들게 하네　又送秋風入故園
객사의 기쁨과 슬픔 계절 따라 변하고　客舍悲歡隨節序
민가의 노래와 곡소리 조석으로 바뀌누나　人家歌哭自朝昏
하늘 끝에서 다행히 남종의 노승 만나　天涯幸接南宗老
선경의 법문 자세히 한번 논해 보네[151]　淨品禪經一細論

남종(南宗)의 선승(禪僧) 각성(覺性)이 와서《원각경(圓覺經)》을 강론하였다.

151 하늘……보네 : 우연히 변방 유배지에 찾아온 선승(禪僧)의 강론을 접하고 토론할 수 있었다는 말이다. 남종(南宗)은 육조(六祖) 혜능(慧能)에 의해 전개된 남종선(南宗禪)을 가리킨다. 중국 선종은 오조(五祖) 홍인(弘忍) 이후, 혜능의 남종선과 신수(神秀)의 북종선(北宗禪)으로 나누어진다. 원주(原註)에 보이는 남종의 노승 각성(覺性, 1575~1660)의 속성은 김(金), 자는 징원(澄圓), 호는 벽암(碧巖)이다.

소회를 쓰다

寫懷

그윽한 사람 괴롭게도 걱정 많은데	幽人苦多慮
가을 들어 더욱 쓸쓸하네	入秋轉蕭瑟
닭 울도록 잠 못 이루건만	鷄鳴不成寢
긴긴 밤도 벌써 끝났구나	長夜亦已畢
옷 걸치고 일어나 서성이려니	攬衣起躑躅
지붕 위에 아침 햇살 비친다	屋角射初日
우주의 운행 멈추지 않아	大運浩無停
덧없는 인생 끝내 늙고 말았어라	浮生終異物
어질든 어리석든 스스로를 아끼지만	賢愚各自私
만고에 보잘것없는 존재라네	萬古一蟣蝨
성공과 실패가 서로 원인 되니	得失互爲根
차고 비는 이치를 끝내 누가 밝게 알랴	盈虛竟誰晢
새끼줄 띠도 내 걱정 아니고[152]	帶索非吾患

152 새끼줄……아니고 : 영계기(榮啓期)의 고사를 인용하여, 빈천한 생활을 걱정하지 않는다고 읊은 것이다. 영계기는 춘추 시대의 은사(隱士)로서, 가난한 생활 속에서도 도(道)를 즐긴 사람이다. 영계기가 사슴가죽으로 만든 초라한 갖옷에 새끼줄로 띠를 대신하고, 거문고를 타며 노래 부르는 것을 보고, 공자(孔子)가 "선생께서는 무엇이 즐겁습니까."라고 묻자, 대답하기를 "하늘이 만물을 내매 사람이 가장 귀한데, 내가 사람이 되었으니 한 가지 낙이고, 남자는 귀하고 여자는 천한데, 내가 남자가 되었으니 두 가지 낙이고, 사람이 나서 일월을 보지 못하고 강보에서 죽는 자가 많은데, 내 나이 아흔이니 이것이 세 가지 낙이다." 하였다. 《列子 天瑞》

복주도 나 못나서가 아니지[153]	伏柱非吾拙
통달한 자는 조화를 귀하게 여기니	達識貴天和
지닌 재주 끝이 없지[154]	藏用故不竭
살아서는 만물 따라 노닐고	生隨群動游
죽어서는 옅은 구름처럼 사라지네	死與微雲滅
분수대로 오고가니	委分任去來
어찌 수고롭게 명리를 따르랴[155]	何勞徇夸奪

153 복주(伏柱)도……아니지 : 세상에 크게 쓰이지 못한 것도 자신이 졸렬해서 그런 것이 아니라는 말이다. 복주는 본래 주하사(柱下史) 벼슬을 했던 노자(老子)를 가리키는데, 몸은 조시(朝市)에 있으면서도 뜻이 고상한 데에 있음을 말한다. 진(晉)나라 왕강거(王康琚)의 〈반초은(反招隱)〉에 "소은은 산림 속에 숨고, 대은은 조시에 숨나니, 백이는 수양산으로 도망갔고, 노담은 주하사에 은복하였네.〔小隱隱陵藪, 大隱隱朝市, 伯夷竄首陽, 老聃伏柱史.〕"라고 하였다.

154 통달한……없지 : 천화(天和)는 하늘의 화기(和氣), 즉 조화(調和)를 얻은 자연의 도(道)를 말한다. 《장자(莊子)》〈지북유(知北遊)〉에 "만일 너의 형체를 바르게 하면, 하늘의 화기가 곧 이르리라."라고 하였다. 장용(藏用)은 《주역》〈계사전 상(繫辭傳上)〉에 "인에 드러나며 용에 감추어져, 만물을 고무하되 성인과 함께 근심하지 않으니, 성덕과 대업이 지극하도다.〔顯諸仁, 藏諸用, 鼓萬物而不與聖人同憂, 盛德大業至矣哉.〕"라고 한 데서 유래한 말이다. 이것은 인자한 공덕을 발휘하여 만물에 은혜를 입히고, 그 공적을 은밀히 감추어 알지 못하게 함을 의미하는데, 여기서는 유능한 인재가 능력을 갖추고 있음을 비유한다.

155 분수대로……따르랴 : 타고난 분수대로 살아갈 뿐, 명리(名利)를 추구하지 않는다는 말이다. 과탈(夸奪)은 명리를 추구하는 사람을 의미한다. 한유(韓愈)의 〈잡시(雜詩)〉에 "예전의 과탈자들, 만 개의 무덤이 되어 산봉우리를 누른다.〔向者夸奪子, 萬墳厭其巔.〕"라고 하였다.

2

치세에는 할 일 적고	世治人務寡
난세에는 달려 나가기 꺼리지	時亂馳騖妨
옛날 황왕의 백성은	昔者皇王民
만사가 바람대로 되었으니	萬事諧所望
스스로 만족하며 동경하는 것 없이	自足無外慕
일하고 쉬며 소와 양처럼 편히 살았네	勤息如牛羊
후대에는 다투고 빼앗기를 일삼아	後代尙爭奪
마구 날뛰며 그 본성 잃었네	飛走失其常
아비와 자식이 서로 곡하니	父子遞相哭
생사 갈림 어찌 그리 많은가	生死一何忙
환란이 점차 그 원인 많아져	患亂漸多門
수척한 몸으로 전장에 나가지	骨槁征戰場
슬픔으로 애태우니	悲哀迫煎熬
밝은 해도 그 빛이 참담하지	白日慘晶光
장자는 죽음을 잘 알아	莊氏强知化
참담한 마음 달래려 했지만	欲以解怛傷
이미 팽담이 단명했다고 한다면	旣云彭聃短
어찌 상자가 장수했다 하겠는가[156]	曷謂殤子長

156 이미……하겠는가 : 《장자(莊子)》의 말을 인용하여, 인명의 장요(長夭)에 대해 말한 것이다. 팽담(彭聃)은 팽조(彭祖)와 노담(老聃)으로, 다 장수(長壽)한 자들이다. 팽조는 요(堯) 임금 때부터 하(夏)나라를 거쳐 은(殷)나라 말기까지 8백년을 살았다고 한다. 상(殤)은 19세 이전에 죽은 자를 이르는 말로, 단명(短命)을 뜻한다. 《장자》 〈제물론(齊物論)〉에 "요절한 소년보다 더 장수한 이가 없고, 팽조가 요절했다고 할

아아 우주의 안에 噫乎宇宙內
삶과 죽음의 이치 모두 아득하구나 存沒俱茫茫

3

큰 포부 꺾여 시름에 잠기니 沈憂挫壯懷
날은 짧아도 걱정은 길구나 短景回長慮
늙은 몸 병마저 들었으니 衰頹疾病入
삭막하다 젊은 날[157] 지나갔네 索莫菁華去
옛 동산이 맑은 한강 가에 있으니 故園淸漢上
돌아갈 곳 없는 것도 아니지[158] 非無首丘處
벗들은 멀리 있어 舊交在遠道
오래도록 편지도 없구나 彌年曠書疏
고단한 사람은 한가롭기를 바라고 勞人願優游
벼슬아치는 안락을 탐해 仕子耽逸豫
뭇 사람의 마음 진실로 제각각이니 凡情苟便適
이 사람도 여러 사람과 어우러져 사노라 此物混黔庶
객지에서 농가 빌려 살며 客寓借田廬
떠돌이 신세로 애써 밥 먹노라 流離强匙箸

수도 있다.〔莫壽乎殤子, 而彭祖爲夭.〕"라고 하였다.

157 젊은 날 : 정화(菁華)는 사물의 가장 뛰어나고 화미(華美)한 부분을 말하는데, 여기서는 인생의 젊은 날로 풀이하였다.

158 돌아갈……아니지 : 돌아갈 고향이 있다는 말이다. 수구(首丘)는 본래 고향을 잊지 않는다는 뜻으로 "여우가 죽을 때 머리를 제가 살던 언덕으로 돌린다.〔狐死正丘首〕"라는 말이 있다. 《禮記 檀弓上》

몸은 말속에 숨었지만　身從末俗隱
뜻은 궁한 시름 속에서 드러나네　志由窮愁著
전대의 현인은 명성 이룸 중히 여겼는데　前哲重成名
지금 나는 고삐 잡는 것도 달가워하네　今我甘執御
밝은 해가 빨리도 지나가니　白日經天速
깊은 속내를 누구에게 말할까　深衷欲誰語

4

선왕께서 만기를 버리신 지　先王棄萬機
이제 삼십육 년 되었네[159]　迄今滿三紀
혜패가 한번 하늘을 쓸고 지나가니　彗孛一掃天
나라에 어려움이 그치질 않는구나　邦難紛未已
어두운 길에 해와 달이 사라지니　昏衢淪日月
혼란한 상이 지극히 무너져 내렸네[160]　亂象極頹圮
나라에 진실로 신의 도움 있어　宗祊固有神
성철께서 막힌 운수 열었는데[161]　聖哲啓中否

159 선왕께서……되었네 : 선조(宣祖)가 승하한 지 36년이 되었다는 말이다. 이 시를 쓴 해는 1643년(인조21)이고, 선조는 1608년(선조41)에 승하하였다. 만기(萬機)는 임금이 하루에 만 가지 정사를 살핀다는 데서 온 말로, 만기를 버렸다는 것은 임금의 죽음을 의미한다. 기(紀)는 12년을 의미하므로, 삼기(三紀)는 36년이다.

160 혜패(彗孛)가……내렸네 : 혜패는 혜성(彗星)과 패성(孛星)으로, 고대에는 이 별들이 나타나면 재앙이나 전쟁이 발생할 것으로 생각하였다. 선조가 승하하고, 광해군(光海君)의 폭정(暴政)이 이어졌음을 읊은 것이다.

161 나라에……열었는데 : 인조(仁祖)가 1623년(인조1) 계해반정(癸亥反正)으로

대운이 아직도 막혀	大運尙荒屯
백성의 운명 개미 목숨 같았지	民命等螻蟻
하늘과 땅이 서로 뒤집어져	乾坤相反覆
눈길 가는 곳마다 상처뿐이네[162]	觸目盡瘡痏
온갖 재앙 번갈아 만나니[163]	百六交陽九
순환한다는 건 대개 빈 말이네	循環蓋虛爾
어제 묘성의 정기 떨어지고[164]	昨者昴精隕
궂은 안개가 기미성에서 걷혔네[165]	氛霧霽箕尾
주성이 이미 몇 번이나 돌았으니[166]	周星已幾度

왕위에 오른 것을 읊은 것이다.

162 대운(大運)이……상처뿐이네 : 1636년(인조14) 병자호란(丙子胡亂)으로 민생이 피폐해지고, 문명국인 조선이 오랑캐인 청나라에게 유린된 것을 읊은 것이다.

163 온갖……만나니 : 선조의 승하 뒤에 광해군의 폭정(暴政)이 이어지고, 병자호란(丙子胡亂)까지 겪게 된 시대상황을 말한 것이다. 백륙(百六)과 양구(陽九)는 모두 엄청난 재액(災厄)을 의미한다. 양구는 음양도(陰陽道)에서 수리(數理)에 입각하여 추출해 낸 말로, 4천 5백 년 되는 1원(元) 중에 양액(陽厄)이 다섯 번, 음액(陰厄)이 네 번 발생한다고 하는데, 1백 6년 되는 해에 양액이 발생한다고 한다. 《漢書 律歷志 上》

164 어제……떨어지고 : 천문이 오랑캐 장수의 죽음을 예고했다는 말로, 청나라의 세력이 꺾이는 것을 의미한다. 묘(昴)는 28수 가운데 하나인 묘성(昴星)으로, 호성(胡星)이다. 이 별이 환하게 빛나면, 홍수가 지고 호병(胡兵)이 전쟁을 일으킨다고 한다. 반면 이 별이 떨어지면, 오랑캐 장수가 죽는다고 한다. 《史記 天官書》

165 궂은……걷혔네 : 중국에 나쁜 조짐이 사라졌다는 말로, 여기서는 명나라의 부흥과 함께 조선의 국운이 좋은 조짐을 보인다는 의미이다. 기미(箕尾)는 기수(箕宿)와 미수(尾宿)에 해당되는 중국의 유(幽), 연(燕) 지역을 가리킨다.

166 주성(周星)이……돌았으니 : 많은 세월이 흘렀다는 말인데, 여기서는 선조의 승하 이후 많은 세월이 흘렀다는 의미이다. 주성은 세성(歲星)으로, 세성이 12년을 주기

어찌 끝과 시작이 없으랴	豈得無終始
이 목숨 기다려 주지 않을까 두려워하며	年命恐不待
위태하게 풍진 속에 살아가네[167]	臬兀風塵裏

로 하늘을 한 바퀴 돌기 때문에, 1주성은 보통 12년의 시간을 가리킨다.

167 이 목숨……살아가네 : 천운(天運)이 순환해서 중화(中華)의 문명이 회복되는 때까지, 이민구 자신이 연명하지 못할까 걱정된다는 말이다.

회옹[168]이 비단 반비를 부쳐 주다

淮翁寄贈錦半臂

고운 비단으로 새로 지은 옷 딱 맞진 않아도	瑞錦新裁窄又寬
변방 추위에 고생할까 염려해서 보냈구나	塞垣氷雪念艱難
생각해 보니 궁궐에서 문서 작성하던 밤	仍思禁掖修書夜
촛불 밝힌 삼경에 반소매 옷 썰렁했지	椽燭三更半臂寒
찬찬히 펼쳐 보며 모습 떠올리니	披來細細想容輝
옷깃에 수놓은 꽃무늬에 이슬 마르지 않았겠지	繡領盤花露未晞
옷 함께 입는 깊은 뜻 있는 줄 알지만	縱識同袍深意在
나는 〈무의〉시 짓기 부끄러워라[169]	此生還愧賦無衣

168 회옹(淮翁) : 신익성(申翊聖, 1588~1644)으로, 본관은 평산(平山), 자는 군석(君奭), 호는 낙전당(樂全堂)·동회거사(東淮居士)이다. 선조(宣祖)의 딸 정숙옹주(貞淑翁主)와 혼인하여 동양위(東陽尉)에 봉해졌다.

169 옷……부끄러워라 : 이민구가 비단 반비(半臂)를 보내 준 신익성(申翊聖)에게 깊이 고마워하면서도, 자신의 초라한 신세가 부끄럽다는 말이다. 동포(同袍)는 뜻을 같이하여 의리를 지키면서 형제처럼 지낸 벗이라는 뜻으로, 《시경》 〈무의(無衣)〉에 “어찌 입을 옷이 없어서 그대와 솜옷을 함께 입으랴.〔豈曰無衣, 與子同袍.〕”라는 말이 있다.

신씨에게 시집간 딸이 아들 필화와 함께 왔다가 돌아가므로 이별하며 속내를 털어놓다[170]

申氏女偕子弼華來省而歸 臨別見意

전운 감도는 변방에서 칠 년 지내면서	兵戈關塞七年遲
골육들 생각 부질없이 꿈속에 간절했지	骨肉空懸夢裏思
어미 모시고 온 아이 장성해 놀랍고	將母却嗟兒歲長
아비 문안하는 딸의 슬픈 마음 아노라	寧親偏感女心悲
씽씽 부는 바람서리에 새 추위 몰려오니	風霜蔌蔌新寒入
머나먼 여정에 묵은 병 따르겠지	道路迢迢舊疾隨
애써 서로 만날 날 다시 약속하니	努力重期相見日
세상일 때문에 다시 어긋나지 말기를	無令世故更參差

170 신씨에게……털어놓다 : 이민구는 윤씨 부인과의 사이에서 2남 1녀를 두었는데, 그중 딸이 신익성(申翊聖)의 둘째아들 신변(申昪, 1610~1664)과 혼인하여 신필화(申弼華, 1626~1680)를 낳았다. 그러므로 이 시는 이민구의 딸과 외손자가 방문하였다가 돌아갈 때 소회를 읊은 것이다.

신필화[171]에게 주다

贈申弼華

옛날 서쪽으로 쫓겨날 때[172]	被命昔西遷
천지가 큰 화로처럼 들끓어	天地沸洪壚
경황없이 길가에서 헤어지며	蒼黃街路別
마음이 울적하고 답답할 뿐	但覺腸鬱紆
타향살이로 속이 타들어가	客居中煎熬
밤낮으로 울어 눈물 말랐네	晝夜雙眼枯
헤어진 지 얼마나 되었나	契闊詎幾時
칠 년 세월 덧없이 지났어라	七年亦須臾
생각도 못했지 늙고 병든 몸으로	不知已衰朽
늠름한 네 모습 보게 될 줄을	看汝壯大軀
너도 나도 모두 변해	老少各變化
달라진 얼굴 알아보지 못했네	錯訝顏色殊
땋았던 머리에 벌써 갓 썼으니	髫髮旣勝冠
내 수염 어찌 검을까	我何仍黑鬚
험난한 천 리 길을 찾아오니	間關千里道

171 신필화(申弼華) : 1626~1680. 본관은 평산(平山), 자는 계명(啓明)이다. 이민구의 외손자이다. 부친은 신익성(申翊聖)의 아들 신변(申昪, 1610~1664)이다.

172 옛날……때 : 이민구가 유배될 때를 가리킨다. 이민구는 병자호란 당시 강화도를 방어하지 못했다는 이유로, 1637년(인조15) 윤4월에 평안도 영변(寧邊)으로 유배되었다.

연거푸 탄식하며 함께 눈물 흘리누나	三歎涕泗俱
변방 서리가 뼈에 사무치게 차가운데	邊霜刻人骨
살갗 상하지나 않았느냐	得無傷其膚
지난날의 슬픔 제쳐두고	棄置昨日悲
기쁜 마음으로 즐겼는데	且復爲懽娛
그 기쁨 번개처럼 지나가니	懽娛若電逝
의지하던 우리 외로운 신세 되겠지	羽翼臨當孤
앞날을 묵묵히 헤아려 보지만	前期黯自料
뒷날의 만남 어찌 쉽게 도모할까	後會寧易圖
의기 꺾인 나는 한가롭게 지내지만	摧藏方偃息
씩씩한 너는 머뭇거리지 말거라	健者莫踟躕
어려움 속에서도 스스로 서기 노력해야 하니	艱危勉樹立
만남과 헤어짐은 자잘한 것일 뿐이란다	離合徒區區

푸른 산

蒼山

푸른 산의 숲과 바위가 조용한 집 둘렀고	蒼山樹石擁幽居
골짜기 어귀 먼 하늘 툭 트였네	峽口遙空逐望虛
물고기 헤엄치는 물가에 가을 물 얕고	近渚游魚秋水淺
추운 참새 깃드는 성긴 숲에 석양 저무네	疏林寒雀夕陽餘
수척한 몸 일어나자면 지팡이 의지하는데	羸骸强起須兼杖
짧은 머리 정리에는 빗이 필요 없구나	短髮新披不任梳
늙은 변방 나그네 스스로 상심하니	老去自傷關外客
일 년 내내 벗의 편지 한 장 없구나	一年無復故人書

관서의 한 선비. 이정량에게 주다

關西有一士 贈李廷樑

관서에 한 선비 있으니	關西有一士
이장경[173] 후손이라네	本系李長庚
장경이 어찌 위대하지 않으랴	長庚豈不偉
평민에서 일어나 출세하였네	發跡起編甿
부친 장사하고 좋은 복 받았고	葬父獲休祐
경사 모여 명성 드날렸네	慶鍾延其名
자신은 농서군공에 봉해졌고	身封隴西公
자손 가운데 벼슬아치 많았지	子孫盛簪纓
지금까지 청운에 오른 사람들	至今青雲人
연이어 나와 문호가 맑았지	蟬聯門戶淸
그대는 비록 먼 후손이지만	汝雖末流遠
백대토록 영화로운 집안이라네	百代仍豪英
완연한 눈썹 사이에	宛然眉宇間
빼어난 기운이 광채를 발하네[174]	秀氣露光晶

173 이장경(李長庚) : 고려 때 사람으로, 성주 이씨(星州李氏)의 시조이다. 본디 성주의 호장(戶長)이었는데, 공검(恭儉)하고 위엄이 있어 고을 사람들이 다들 두려워하였다. 아들 다섯을 두었는데, 이백년(李百年), 이천년(李千年), 이만년(李萬年), 이억년(李億年), 이조년(李兆年)으로, 모두 과거에 급제하여 명성을 날렸다. 이천년의 둘째 아들 이승경(李承慶)이 원(元)나라에 들어가 벼슬하면서 공을 세웠으므로, 원나라 황제(皇帝)가 선칙(宣勅)으로 이장경을 농서군공(隴西郡公)으로 추봉하였다.

훤칠한 칠 척의 풍채로	軒昂七尺幹
문무를 겸비하였도다	書劍在所成
어이할까 변방 지키는 일	奈何守邊徼
한번만 겪어도 모든 생활 고달프네	一經疲諸生
태어난 지 십팔 년이 지나도록	墮地十八年
이리저리 떠돌며 고생했네[175]	足困蓬累行
소금수레 끌고 가파른 언덕 오르니	鹽車服峻坂
천리마의 울음이 그치지 않는구나[176]	未輟天驥鳴
의관이 진흙탕에 더럽혀지고	衣冠辱泥塗
시골에 묻혀 살며 집안 명성 떨어뜨렸으니	汩沒隤家聲

174 완연한……발하네 : 이정량(李廷樑)이 좋은 관상을 지니고 있다는 말이다. 당나라 원덕수(元德秀)는 자가 자지(紫芝)이며 하남(河南) 사람으로, 자질이 순후하여 가식이 적었다. 방관(房琯)이 그를 볼 때마다 탄식하기를 "자지의 아름다운 눈썹을 보면 사람으로 하여금 명리의 마음이 말끔히 사라지게 한다.〔見紫芝眉宇, 使人名利之心都盡.〕"라고 하였다. 《新唐書 卷194 卓行列傳 元德秀》 두보(杜甫)의 시에 "여양은 양제의 아들이니, 미우가 참으로 천상의 사람이로다.〔汝陽讓帝子, 眉宇眞天人.〕"라고 하였다. 《杜少陵詩集 卷16 贈太子太師汝陽郡王璡》

175 태어난……고생했네 : 이정량이 18세가 되도록 변방을 떠돌며 어려운 생활을 했다는 말이다. 봉루(蓬累)는 바람에 날리는 쑥대처럼 정처 없이 떠도는 신세를 뜻한다. 《사기(史記)》 권63 〈노자한비열전(老子列傳)〉에 "군자가 때를 얻으면 수레를 타고, 때를 얻지 못하면 쑥대처럼 다닌다.〔君子得其時則駕, 不得其時則蓬累而行.〕"라고 하였다.

176 소금수레……않는구나 : 이정량의 곤궁한 처지를 소금수레 끄는 천리마에 비유하여 읊은 것이다. 가의(賈誼)의 〈조굴원부(弔屈原賦)〉에 "천리마가 두 귀를 늘어뜨리고 소금수레를 끌도다.〔驥垂兩耳兮服鹽車〕"라고 하였는데, 이는 훌륭한 자질을 가진 인물이 때를 만나지 못하여 천한 역(役)에 종사함을 비유한 것이다.

선조의 공렬에 부끄럽지 않겠는가	得無愧祖烈
마땅히 예전 영광 이을 걸 생각하게나	當思紹前榮
수립은 스스로의 노력이 중요하니	樹立貴自强
반드시 학술에 전념하여 정밀하게 해야지	學術必專精
어찌 저 농부가	曷殊彼田夫
제 힘으로 경작해 먹고 사는 것과 다르랴	食力資躬耕
낮게 날다가도 돌연 높이 나는 법이니	卑飛忽陵翥
나쁜 곳에 있어도 붕새의 노정에 이어지리라[177]	鴻陸連鵬程
바라건대 다시 처음 소원을 이루고	庶遂復始願
부모님의 바람도 아울러 이루게나	兼諧顯親情
제때에 힘써 날로 매진하여	及時勉日邁
궁천한 신세 되지 말게나	毋爲窮賤嬰

177 나쁜……이어지리라 : 이정량에게 어려운 현실에 좌절하지 않고 꾸준히 노력하면, 좋은 날이 올 것이라고 용기를 북돋는 말이다. 《시경》 〈구역(九罭)〉에 "기러기가 날아감에 육지를 따르니, 공이 가면 다시 돌아오지 않으리니, 너에게만 이틀 밤을 묵어 가신 것이다.〔鴻飛遵陸, 公歸不復, 於女信宿.〕"라고 하였는데, 모전(毛傳)에 "육은 기러기가 머무르기에 적절하지 않은 곳이다.〔陸, 非鴻所宜止.〕"라고 하여, 이후로 홍륙(鴻陸)은 머물거나 쉬기에 적절하지 않은 곳을 가리키게 되었다. 《장자(莊子)》 〈소요유(逍遙遊)〉에 북명(北冥)의 곤(鯤)이라는 거대한 물고기가 거대한 붕(鵬)으로 변하여, 9만 리 창공으로 올라가 여섯 달을 간 뒤에 쉰다는 이야기가 전한다. 여기서는 원대한 꿈을 잊지 말라고 당부하는 뜻으로 사용되었다.

김극창에게 주다
贈金克昌

선비 김극창이	有儒金克昌
내게 와서 글 배우기를 청하는데	踵門求爲文
나는 어리석은 사람이라 응할 수 없지만	我惛無可應
이전에 들은 말을 들려주겠네	請誦前所聞
문자 만들어 사도를 열었으니	鳥跡啓斯道
환하게 전적에 드리웠지[178]	昭哉垂典墳
중간에 공자가 나와	中間孔氏出
밝혀냄이 우뚝하였으니	表章卓不群
《춘추》《주역》《시경》《예기》에	春秋易詩禮
밝게 밝혀 고운 향기 후세에 전했네	炳煥流芳芬
백가들이 그 여파를 거슬러 올라가	百家泝餘波
옥처럼 윤내고 난초처럼 향기롭게 했는데	玉澤而蘭薰
주나라 말기에 사설이 많아져	周季師說繁
문호가 날로 나뉘었네[179]	門戶日以分

178 문자(文字)……드리웠지 : 문자로 도(道)의 요체(要諦)를 기록하여 수많은 전적으로 남겼다는 말이다. 조적(鳥跡)은 새 발자국인데, 창힐(蒼頡)이 새의 발자국을 보고 처음으로 문자를 만들었다. 전분(典墳)은 모든 전적(典籍)을 이른다. 전(典)은 오전(五典)으로 오제(五帝)의 일을 기록한 책이고, 분(墳)은 삼분(三墳)으로 삼황(三皇)의 일을 기록한 책이다.

179 주(周)나라……나뉘었네 : 주나라 말기에 제자백가(諸子百家)가 성행한 것을 말

다행히 벽속에 감춘 경전이　幸賴壁內藏
홀로 분서의 화를 면한 덕에[180]　獨漏秦火焚
아름다운 말이 육경에 산재하여　瑰辭散六經
영원히 어두운 기운 열어 밝혔네　萬古開昏氛
어두운 사람도 바른 길 얻어　瞽者得正路
많은 갈림길에 헤매는 의혹 면했고　免惑他岐紛
굶주린 사람은 맛난 음식 실컷 먹어　飢人飫粱肉
뼛속에 스미도록 흠뻑 취할 수 있었네[181]　浹骨帶酣醺
사나이는 큰 힘이 있으니　男兒有大力
굳건한 등골로 천 근도 짊어지지　脊硬任千斤
땅을 파면 반드시 샘의 근원에 닿아야 하니　掘地須及泉
성공은 오직 부지런한 노력에 달렸네　業成唯在勤

한다.

180 다행히……덕에 : 진 시황(秦始皇)의 분서갱유(焚書坑儒)로 인해, 사도(斯道)의 요체를 기록한 경서들이 모두 사라질 위기를 만났으나, 공자(孔子) 고택(古宅)의 벽 속에 감추었던 경서가 분서의 화를 면해 후대에 전해질 수 있었다는 말이다. 벽내장(壁內藏)은 공자의 고택에 숨겨진 경서를 가리키는데, 한(漢)나라 경제(景帝) 때, 노공왕(魯恭王)이 집을 확장하는 공사를 하는 중에 공자의 구택(舊宅)을 허물자, 벽 속에서 《상서》와 《논어》와 《효경》 등이 나온 일이 있다. 진화(秦火)는 진 시황이 육국(六國)을 병탄한 뒤에 이사(李斯)의 건의를 받아들여 우민정책(愚民政策)을 시행하면서 단행한 분서갱유를 가리킨다. 《사기(史記)》 권6 〈진시황본기(秦始皇本紀)〉에 "이에 선왕의 도를 폐하고 백가의 말을 불태워, 백성을 어리석게 만들었다.〔於是廢先王之道, 焚百家之言, 以愚黔首.〕"라고 하였다.

181 어두운……있었네 : 공벽(孔壁)에서 발견된 경서를 통해, 사도(斯道)가 후세에 전해진 효과를 비유적으로 읊은 것이다.

만 권의 책을 다 읽어	讀盡萬卷書
잇몸 문드러질 때까지 열심히 하게나	直到爛齒齦
초가 처마에 짧은 해가 빨리도 지나가니	茅簷短景急
아침부터 저녁까지 노력을 아끼지 말게나	勿惜窮朝曛
자네 영달하면 부모님 기뻐하실 터	身榮父母喜
세상에 나가 벼슬길에 오르게나	擧步登青雲
어려운 일을 먼저 하면 뒤에 얻나니	先難則後獲
예전에 공자께서 말씀하셨지[182]	昔吾夫子云

182 어려운……말씀하셨지 : 《논어》 〈옹야(雍也)〉에 번지(樊遲)가 인(仁)에 대하여 질문하자, 공자가 "어려운 일을 먼저 하고 얻어지는 결과를 뒤로 하면, 인이라 말할 수 있다.〔先難而後獲, 可謂仁矣.〕"라고 대답하였는데, 여기서는 이 말을 원용하여, 김극창에게 열심히 공부할 것을 당부한 것이다.

임금의 은혜를 입어 아산으로 이배되다[183]

蒙恩移牙山

은혜로운 물결이 바퀴 자국의 고기 일으키니	恩波一起轍中鱗
천 리 먼 곳 아산으로 새로이 정해졌네[184]	千里牙州入望新
누르고 흰 빛의 신선한 생선과 파릇한 채소로	黃白鮮魚紅綠菜
몇 년이나 이 몸을 더 기를지 모르겠네	不知留養幾年身

183 임금의……이배(移配)되다 : 《승정원일기》 인조 21년 10월 16일 기사에 영변에 유배 중인 이민구를 아산으로 이배한다는 의금부(義禁府)의 계(啓)가 있다.

184 은혜로운……정해졌네 : 임금의 은혜로 영변(寧邊)에서 아산(牙山)으로 이배되었다는 말이다. 철중린(轍中鱗)은 수레바퀴 자국으로 생긴 웅덩이 속의 물고기라는 말로, 매우 어려운 처지에 처한 것을 말하는데, 여기서는 유배객인 이민구를 가리킨다. 《장자(莊子)》 〈외물(外物)〉에 수레바퀴 자국에 고인 얕은 물속에서 말라 들어가며 헐떡이는 붕어가, 약간의 물만 부어 주면 살아날 수 있겠다고 하소연하는 내용이 나온다.

각성 대사를 찾아 묘향산으로 들어가는 처능에게 주다[185]
贈處能尋性師入香山

갈바람 부는 관새 밖에서	秋風關塞外
젊은 사미승 자주 만났지	屢見小沙彌
서쪽에서 온 뜻 물었더니	爲問西來意
각성 대사 찾아간다 하네	言尋性大師

185 각성 대사(覺性大師)를……주다 : 각성(1575～1660)의 속성은 김(金), 자는 징원(澄圓), 호는 벽암(碧巖)이다. 《동주집(東州集)》 시집(詩集) 권7 〈가을날〔秋日〕〉에 나오는 각성과 동일 인물로 보인다. 처능(處能, 1617～1680)은 각성의 제자로, 속성은 김(金), 자는 신수(愼守), 호는 백곡(白谷)이다. 《汾厓遺稿 卷10 白谷處能師碑銘 幷序》

만경암을 유람하다

游萬景庵

성 모퉁이의 잔도가 사찰을 둘러싸고 城隅梯逕繞祇林
작은 도랑 언 샘은 눈 내린 뒤에 깊구나 細磵氷泉雪後深
길손이 문에 이르자 경쇠 소리 맑게 울리고 客子到門淸磬發
선방 앞 골짝은 흰 구름에 묻혔네 禪居臨壑白雲沈
궁도의 떠나는 말은 관산을 생각하고 窮途別馬關山思
변방의 외로운 기러기는 떠나고 머무는 마음이라 絶塞孤鴻去住心
덧없는 인생 의탁할 곳 없어 浮世百年迷倚著
다시 청려장 짚고 산 내려가네 又携藜杖下遙岑

청천강에서 동대를 바라보다
清川望東臺

동대가 서쪽에 보이니 바로 연주인데[186]	東臺西望是延州
그 일대 구름과 연기 온통 이별의 시름일세	一帶雲煙摠別愁
필마로 멍하니 강 건너가니	匹馬茫然過江去
모르겠다 어디에서 또 누대에 오를까	不知何處又登樓

186 동대(東臺)가……연주(延州)인데 : 이 시는 이민구가 영변(寧邊)에서 아산(牙山)으로 가면서 지은 시로 보인다. 그러므로 멀리서 약산의 동대를 바라보면서, 그곳이 연주, 즉 영변임을 알겠다고 읊은 것이다.

동짓날에 평양에 도착하다

至日到箕城

고국의 찌푸린 하늘 변방까지 이어지고	故國窮陰接塞天
빠듯한 여정에 산천은 온통 눈으로 덮였네	嚴程積雪滿山川
아득히 먼 강물에는 차가운 구름 머물렀고	茫茫遠水寒雲住
멀리 외로운 봉우리에는 석양 걸렸네	窅窅孤峯落景懸
먼 길 가며 어찌 동지라고 마다하랴[187]	行邁寧辭閉關日
돌아가 집에 당도할 해 알지 못하겠네	歸來不省到家年
덧없는 인생 어디서나 경착할 만하니	浮生處處堪耕鑿
기봉 향해 정전 묻노라[188]	欲向箕封問井田

187 먼……마다하랴 : 동짓날이지만 여정을 멈출 수 없다는 말이다. 폐관일(閉關日)은 관문을 닫는 날이라는 말로, 동짓날을 의미한다. 《주역》 〈복괘(復卦) 상(象)〉에 "우레가 땅 속에 있음이 복이니, 선왕이 이를 보고 동짓날에 관문을 닫아 상인과 여행자가 다니지 못하게 하며, 임금은 사방을 시찰하지 않는다.〔雷在地中復, 先王以, 至日閉關, 商旅不行, 后不省方.〕"라고 하였다.

188 덧없는……묻노라 : 평양이 안주할 만한 땅이므로, 기자가 정전법(井田法)을 시행했던 곳이 어디인지 묻는다는 말이다. 경착(耕鑿)은 〈격양가(擊壤歌)〉의 "해가 뜨면 일어나고 해가 지면 쉬면서, 내 샘을 파서 물마시고 내 밭을 갈아서 밥 먹을 뿐이니, 임금님의 힘이 도대체 나에게 무슨 상관이랴.〔日出而作, 日入而息, 鑿井而飮, 耕田而食, 帝力於我何有哉.〕"라는 말에서 나온 것이다. 기봉(箕封)은 기자를 봉한 땅으로, 평양을 가리킨다.

평산 부사 이성연[189]에게 주다

贈平山李使君聖淵

서쪽에 유배되고 동쪽으로 옮기는 칠 년 동안	西遷東徙七年中
갖은 인정 다 겪으며 늙은이 되었네	閱盡人情老作翁
부사가 정성스레 이별자리 마련해 주니	獨見君侯申款款
술 마시며 바쁜 일정 늦추노라	深憑杯勺緩悤悤
산성 위 차가운 달은 마을을 환히 비추고	山城苦月當曲白
객사의 쓸쓸한 등불은 벽을 붉게 비춘다	客舍寒燈照壁紅
강도가 전복되던 날 말하지 말라	莫說江都顚覆日
지금도 서글픈 바람에 눈물 뿌리노라[190]	至今淸血洒悲風

189 이성연(李聖淵) : 1586~1662. 본관은 한산(韓山), 자는 충원(冲遠)이다. 평산 부사(平山府使)를 역임하였다. 《宋子大全 卷176 原州牧使李公墓碣銘 幷序》

190 강도(江都)가……뿌리노라 : 1637년(인조15) 윤4월에 청(淸)나라 군사가 강화도를 공격할 때 방어하지 못했다는 이유로, 이민구가 영변(寧邊)에 유배되었기 때문에 이렇게 읊은 것이다. 청혈(淸血)은 눈물을 의미한다. 당(唐)나라 두목(杜牧)의 시에 "청혈을 끝없이 뿌리노니, 하늘을 우러러 누구에게 물을꼬.〔淸血灑不盡, 仰天知問誰.〕" 라고 하였다. 《御定全唐詩 卷520 杜秋娘》

조상의 묘에 들러 참배하다

過先墓展謁

고향 떠날 때 묘소에 곡하고 갔었는데	去國當時哭墓行
상로 내리는 쓸쓸한 언덕 칠 년간 마음 간절했네	寒原霜露七年情
돌아와 다시 호서의 객 되었으니	歸來又作湖西客
거친 풀에 뿌리는 눈물 땅속까지 스미리	淚迸荒茅徹地傾
한겨울 봉우리마다 눈과 얼음 덮였는데	窮冬氷雪鎖千峯
저물녘 무덤[191] 부여잡고 통곡하노라	落日攀號馬鬣封
하늘도 떠도는 사람의 한을 아는가	天意亦知游子恨
온 산에 찬 비 뿌려 우거진 소나무 씻어 주네	滿山寒雨洗深松

191 무덤 : 마렵봉(馬鬣封)은 봉분(封墳)의 모양을 말한다. 《예기》 〈단궁(檀弓)〉에 자하(子夏)가 말하기를 "예전에 공자께서 '내가 보건대, 봉분을 당처럼 쌓은 것이 있고, 제방처럼 쌓은 것이 있으며, 하나라 때의 가옥처럼 쌓은 것이 있고, 도끼처럼 쌓은 것이 있다. 나는 도끼처럼 쌓는 것을 따르겠다.'라고 하셨는데, 바로 세속에서 이른바 말갈기 봉분이라고 하는 것이다.〔昔者, 夫子言之曰, 吾見封之若堂者矣, 見若坊者矣, 見若覆夏屋者矣, 見若斧者矣, 從若斧者焉, 馬鬣封之謂也.〕"라고 하였다.

진위[192]를 출발하다

發振威

겨울철 관문 닫은 뒤에	玄冬閉關後
상인 나그네의 발길 멈추는데[193]	息彼商旅行
야윈 몸을 지친 말에 싣고서	羸骸載疲乘
천 리 먼 길 외로이 가노라	千里事孤征
곧 죽어도 단명한 건 아닌데	卽死未稱夭
어찌하여 괴로운 삶 살아가나	奈何勞其生
북풍이 살을 에고	北風割人肌
눈과 얼음이 앞길에 사납구나	氷雪凜前程
텅 빈 들판에 새들마저 조용한데	野曠禽鳥靜
달이 지는 새벽에 닭 울음 들리네	落月聞鷄鳴
높고 낮은 계곡과 언덕길 찾아가다	高低尋澗岡
말이 넘어져 시내와 골짜기 - 원문 판독 불가 -	馬蹶川谷▨
고된 여정 스무 날이나 이어지니	辛勤抵兩旬
삭신 쑤시고 정신 혼미하네	骨痛魂暗驚
떠도는 나와 마부의 마음	流離僕夫情
서로 바라보며 하염없이 눈물 떨구네	相視淚縱橫

192 진위(振威) : 경기도 평택시의 옛 지명이다.

193 겨울철……멈추는데 : 겨울철이라 행인이 없음을 읊은 것이다. 폐관(閉關)은 관문을 닫는다는 말로, 동짓날에 관문을 닫아 상인과 여행자를 다니지 못하게 했다는 말이 《주역》 〈복괘(復卦) 상(象)〉에 보인다. 519쪽 각주187 참조.

도 배워 본성대로 사는 게 귀한 줄 아는데	學道貴適性
늙도록 우환만 가득하네	到老憂患嬰
슬픈 노래가 숲속에 울려 퍼지니	悲歌動林莽
너무도 서글퍼 마음 편치 않네	惻惻中不平

연주[194]를 바라보며
望延州

청천강에서 아산 바라볼 때는	淸川江上望牙山
새도 돌아오지 않는 동남쪽 끝이었는데	極目東南鳥不還
오늘 서호에서 돌아보니	今日西湖回首處
연주가 어느덧 흰 구름 속에 있구나	延州已在白雲間

194 영주(延州) : 평안북도 영변군의 옛 이름이다.

동주집

시집 제8권

詩 시

내가 철옹에서 생활한 지 7년째 되던 계미년(1643, 인조20)에, 아산으로 이배되었다. 처음에는 동심동(桐心洞)에 가옥을 빌려 살다가, 이윽고 야곡(冶谷), 오의(烏衣), 파천(坡川) 등지로 모두 다섯 번 옮겨 공진(貢津)에 이르렀으니, 해가 바뀌는 것을 네 번 보았다. 또 다시 한 해가 지나 정해년(1647)에, 공진의 남쪽 언덕인 신풍령의 북쪽 능선 서편에 있는 공터를 매입하였다. 대개 이곳은 산과 계곡과 호수와 바다의 좋은 경치가 모두 갖추어져 있으니, 깊고 높으며 넓고 원대한 풍광을 감상하고 사철 만물의 변화를 바라보느라 겨를이 없을 정도였다. 내가 서울을 떠난 지 거의 12년이 되었으니, 나 같은 소인은 이미 기뻐하며 죄인이라는 사실도 망각하였다. 성품 또한 느긋하여 강가와 못가를 즐겨 찾아 이리저리 다니면서 우거(寓居)하니, 평소 바라던 바와 딱 맞았다. 비록 매우 늙고 병도 잘 앓지만, 출입을 못할 정도는 아니라서 지팡이 짚고 높이 오를 수 있었으니, 바람이 불고 비가 내리거나 너무 덥거나 추울 때가 아니라면, 천천히 걸어 혹은 멀리까지 가고 혹은 가까운 곳에 나갔는데, 손님이 있으면 함께 가고 없으면 혼자 나갔다. 술이 있으면 마셔서 취하는 것을 정도로 삼아, 농사짓는 늙은이나 낚시하는 노인들과 허물없이 언덕을 함께 하고 자리도 함께하면서 흔쾌히 마음먹은 대로 지낸 지가 오래 되었다. 날이 저물고 흥이 다하여 시를 읊으며 돌아오다가 때때로 주춤거리며 길을 양보하는 종들이나 짐꾼을 만나면, 마음이 부끄럽고 위축되어 편안하지 않았는데, 혹 서로 몸을 부딪치며 밀치고 지나가면 대단히 기뻤으니, 사람들이 나를 알아보지 못하였기 때문이다. 바야흐로 어디에 있든 흡족하게 즐겨서 정신이 무르녹고 몸이 편안하였으니, 노오(盧敖)가 한만(汗漫)의 경지에 오르고, 네 사람이 묘고야산(藐姑射山)에 있는 것 같았다.[1] 휘둥그레 큰 눈으로 매미가 탈바꿈하는 것을 바라보고 초연하게 자유자재로 노닐어서, 상유(桑楡)에 저무는 해가 아깝다는 것과 초택(草澤)에서 시 읊조리는 것이 슬프다는 것도 스스로 알지 못하는데,[2] 하물며 영욕(榮辱)과 득실(得失)로 마음에 누가 되어 근심하거나 즐거워했겠는가. 조물주가 다행히 두루 보살펴 주어, 온전히 볼 수 있도록 해주고 살아갈 날을 더 빌려 주어

1 어디에……같았다 : 몸과 마음이 구속받지 않고 자유롭게 지내니, 마치 신선의 경지에 오른 것 같았다는 말이다. 《회남자(淮南子)》 〈도응훈(道應訓)〉에 노오(盧敖)가 북해(北海)에서 노닐다가 약사(若士)라는 선비를 만났는데 "나는 한만과 구해의 밖에서 만나기로 하였으니 오래 머물 수가 없다.〔吾與汗漫期于九垓之外, 吾不可以久駐.〕"라고 하고, 구름 속으로 들어갔다는 이야기가 나온다. 사자(四子)와 묘고야(藐姑射)는 《장자(莊子)》 〈소요유(逍遙遊)〉에 "요 임금이 천하의 백성을 다스리고 해내의 정사를 안정시키고서, 묘고야산으로 사자를 찾아갔다.〔堯治天下之民, 平海內之政, 往見四子藐姑射之山.〕"라고 한 말에서 그 유래를 볼 수 있다. 또 같은 글에 "묘고야산에 신인이 살고 있으니 그 살갗이 얼음과 눈처럼 희고 처녀처럼 부드러우며, 오곡은 먹지 않고 바람을 흡입하고 이슬을 마신다.〔藐姑射之山, 有神人居焉, 肌膚若氷雪, 綽約若處子, 不食五穀, 吸風飮露.〕"라고 하였다.

2 휘둥그레……못하는데 : 본성에 따라 자유자재로 노닐면서, 늙어가는 애석함과 유배지의 슬픔도 알지 못한다는 말이다. 조화(蜩化)는 애벌레가 매미로 탈피하고, 그 껍질만 남기는 것을 말한다. 천방(天放)은 아무런 구속이 없는 상태를 의미한다. 《장자(莊子)》 〈마제(馬蹄)〉에 "백성들은 보편적인 본성이 있어 물레질하여 옷 입고 밭 갈아 먹으니, 이를 일러 동덕(同德)이라 하고, 각기 무리를 짓지 않으니, 이를 천방이라 한다.〔彼民有常性, 織而衣, 耕而食, 是謂同德. 一而不黨, 命曰天放.〕"라고 하였다. 상유(桑楡)는 《회남자(淮南子)》의 "해가 서쪽으로 기울어 그림자가 나무 끝에 있는 것을 상유라 한다."라고 한 데서 유래하였다. 초택행음(草澤行吟)은 초(楚)나라 굴원(屈原)이 유배지의 물가를 거닐며 시를 읊조린 것을 가리킨다.

유유자적할 수 있게 하는 날이 또 얼마나 되랴만, 삶이란 덧없는 것이고 죽음이란 돌아가는 것일 뿐이니, 어찌 슬퍼하겠는가. 이 《아성록》에 기록된 시들은 이러저러한 일상들을 일과처럼 적은 것이다.

계미년 동짓달 그믐에 아산에 도착하다

癸未至月晦日到牙山

도깨비와 어울려 멀리 노닐다가[3]	魑魅相隨作遠游
다시 이 몸은 아성으로 달려왔네	又將形影赴牙州
민가는 어촌 시장에 반쯤 섞였고	民居半雜漁商市
관로는 물오리 노는 모래톱과 멀리 나뉘었네	官路遙分雁鶩洲
객지의 새 거처에 부쳐 살며	逆旅新棲仍寄寓
궁도에서 한 끼 밥으로 지내리라	窮途一飯且淹留
이 인생 진정 죽을 날 있겠지만	人生定有歸休日
고향으로 돌아가지 못할까 두렵다	只恐無由返故丘

3 도깨비와……노닐다가 : 이민구가 영변에서 7년 동안 유배 생활한 것을 말한다.

새 객사 장지문에 갈대발을 걸자 백거이가 강주로 내려가서 지은 시 가운데 "장지문에 갈대발 걸고 맹광을 들여야지"[4]라는 구가 떠올랐다. 생각건대 나는 늘그막에 아내도 없고 자식도 없으니 무엇을 부러워하겠는가. 애오라지 스스로 비웃어본다

新寓紙閤蘆簾成 仍記白傳江州日詩紙閤蘆簾着孟光 念余老境鰥獨 何由可羨 聊以自哂

외로이 타향 떠도는 이 몸 流落他鄉只一身
강주 사마처럼 가난하고 江州司馬共清貧
갈대발 문에 건 것도 참 비슷한데 蘆簾紙閤眞相似
한스럽게도 그 가운데 들일 사람 없구나 却恨中無可着人

4 장지문에……들여야지 : 백거이(白居易, 772~846)가 강주 사마(江州司馬)로 좌천된 후에 지은 〈향로봉 아래에 새로 산속 거처를 정하고 초당을 지은 뒤에 우연히 동쪽 벽에 쓰다〔香爐峯下 新卜山居 草堂初成 偶題東壁〕〉라는 시에 나오는 구절이다. 《白氏長慶集 卷16》 맹광(孟光)은 후한(後漢) 양홍(梁鴻)의 아내로, 양처(良妻)의 전형이다. 남편에게 음식을 올릴 때마다, 눈썹까지 밥상을 들어 올렸다는 거안제미(擧案齊眉)의 고사가 그녀에게서 유래하였다.

밤에 이웃 사람이 자식을 잃고 곡하는 소리를 듣다

夜聞隣人哭子

인명은 길고 짧음 있어	人命有脩短
나고 죽는 것이 오고 감과 같다지만	生死猶往來
까마득히 알지 못한 채 숨 거뒀으니	冥然委骸骨
어찌 부모의 슬픔 알랴	豈顧父母哀
애통한 곡소리 밤새 이어져	哀號徹長夜
애절한 그 소리 애간장 끊어지네	聲絶肝腸摧
가슴 치니 눈서리 내려	叩心霜雪下
천지에 흙바람 가득하구나	天地爲風霾
네 두 눈에 눈물 다 말라도	使汝兩眼枯
망자는 끝내 돌아오지 않으리	逝者終不廻
슬프다 백년 인생	惻愴百年內
답답한 마음 언제나 열리랴	抑塞何時開
또 다시 은혜와 사랑 끊어라	且復割恩愛
네 몸도 먼지가 되리라	爾身亦塵灰
온갖 조화가 다하고 나면	直至萬化盡
누가 능히 어린 아이 생각하랴	孰能念嬰孩
남쪽 이웃에 사는 머리 센 늙은이도	南隣皓首翁
자식 잃은 슬픔 참혹하게 겪었다오[5]	酷被情鍾催

5 남쪽……겪었다오 : 이민구도 병자호란 당시 두 아들을 잃는 참혹한 슬픔을 겪었다

서글픔에 늙은이 눈물 맺혀　　凄凄老淚集
속마음 달랠 길 없어라　　不知中所裁

는 말이다. 정종(情鍾)은 정(情)이 모여 있다는 의미이다. 진(晉)나라 왕융(王戎)이 일찍이 아들을 잃었는데, 산간(山簡)이 찾아가 보니, 왕융은 매우 비통해하고 있었다. 산간이 "어린애는 품 안의 물건이거늘, 어찌 이 지경에까지 이른단 말인가.〔孩抱中物, 何至於此.〕"라고 하자, 왕융이 "성인은 정을 잊고, 가장 낮은 사람은 정에 미치지 못한다. 그런즉 정이 모여 있는 곳은 바로 우리 같은 무리들이다.〔聖人忘情, 最下不及情. 然則情之所鍾, 正在我輩.〕"라고 하였던 고사가 있다.《晉書 卷43 王戎列傳》

안개 낀 아침
霧朝

앞 들녘 자욱한 안개로 새벽빛 희미하고	前郊宿霧曙光微
포구 근처 시골집에 나무도 듬성하다	近浦村家樹木稀
기러기는 쌍쌍이 언덕에서 날아오르고	旅雁雙雙緣岸起
닭은 하나하나 둥지에서 내려오네	寒鷄一一下棲飛
노년에 억지로 먹나니 밥 거칠기 때문이고	窮年强飯從麤糲
긴긴 밤 애절히 노래하니 옷이 짧아서지[6]	長夜商歌爲短衣
요란하고 분주한 삶 길지도 않은데	擾擾悤悤朝暮內
또 인사 따라 사립문 여노라	又隨人事啓衡扉

6 노년에……짧아서지 : 애써 거친 밥을 먹고, 추운 날씨에 입을 옷이 변변찮은 처지를 읊은 것이다. 상가(商歌)는 맑고 슬픈 노래로, 상송(商頌)이라고도 한다. 《장자(莊子)》 〈양왕(讓王)〉에 "증자가 위나라에 살 때, 옷은 다 떨어져 겉이 없고, 얼굴은 부어 종기가 터졌으며, 손발은 트고 갈라졌다. 사흘이나 밥을 짓지 못하고 십 년이나 옷을 만들어 입지 못해서, 갓을 바로 쓰려고 하면 갓끈이 끊어지고, 옷깃을 여미려 하면 팔꿈치가 나오고, 짚신을 신으면 발뒤꿈치가 터졌다. 발을 끌면서 상송을 부르면, 그 소리가 천지에 가득 차 마치 금석에서 나오는 것 같았다.〔曾子居衛, 縕袍无表, 顏色腫噲, 手足胼胝. 三日不擧火, 十年不製衣, 正冠而纓絶, 捉衿而肘見, 納屨而踵決. 曳縱而歌商頌, 聲滿天地, 若出金石.〕"라고 하였다.

27일 정해일 입춘에

二十七日丁亥立春

젊은 날 훌쩍 지나고 나니	韶齡一往若飆輪
세월 빠른 줄을 아노라[7]	烏兎飛騰覺漸頻
소세는 장차 정해일에 임했고	小歲將臨丁亥日
새해는 또 갑신년 봄에서 시작하네[8]	新年又建甲申春
하얗게 정수리 덮였으니 어찌 늙음을 막을까	雪霜覆頂那禁老
술에 빠져 살며 감히 가난하다 말하랴	麴糵埋身敢道貧
이미 이 몸은 흙과 나무처럼 살아가니	已把形骸從土木
천지에 가시덤불 있는 줄을 모르누나[9]	不知天地有荊榛

7 젊은 날……아노라 : 젊은 시절이 쏜살같이 지나고 나니, 세월의 빠름을 알게 된다는 말이다. 표륜(飆輪)은 신선이 바람을 모아서 타고 가는 매우 빠른 수레이다. 오토(烏兎)는 고대신화에서 해 속에는 세 발 달린 까마귀가 있고 달 속에는 옥토끼가 있다고 한 데서 유래하여, 해와 달을 가리키며, 세월을 의미한다.

8 소세(小歲)는……시작하네 : 계미년(1643, 인조21)이 저물고 갑신년 새해가 다가온다는 말이다. 소세는 납제(臘祭)를 거행한 다음 날을 말한다. 동지(冬至)가 지나고 세 번째 술일(戌日)에 납제를 거행하였다.

9 이미……모르누나 : 가식 없이 질박한 삶을 살아가면서, 세상의 험난함을 도외시하고 있다는 말이다. 토목(土木)은 흙과 나무로 질박함을 의미한다. 위진(魏晉)의 혜강(嵇康)이 "풍모는 있어도 몸을 토목처럼 여겨, 스스로 꾸미지 않았다.〔有風儀而土木形骸, 不自藻飾.〕"라고 하였다.《晉書 卷49 嵇康列傳》

입춘날 눈보라가 쳤다
立春日風雪

쟁반에 담긴 매운 나물[10] 은 술잔에 비치니	辛盤菜甲映銀杯
명절과 새해가 어느새 돌아왔네	令節新年暗裏來
아득한 사방 산에 눈보라 친 뒤에	漠漠四山風雪後
모르겠다 누굴 위해 봄빛 재촉하나	不知春色爲誰催

10 쟁반에……나물 : 신반(辛盤)은 파, 마늘, 부추, 여뀌, 겨자 등 매운맛이 나는 다섯 가지 채소를 담은 소반을 가리킨다. 입춘일(立春日)에 봄을 맞는 의미에서, 이 다섯 가지 나물을 먹고 쟁반에 담아 이웃에 나누어 주는 풍습이 있었다.

새로 우거한 집 주인에게 싫어하는 낯빛이 있기에
新寓主人有阻色

회계의 현인 고백통은	會稽賢人皐伯通
일찍이 처마 밑에서 양홍을 알아봤는데[11]	曾從廡下識梁鴻
궁도에 흘겨보며 짓궂게 구니	窮途白眼還無賴
천추 열사의 풍모에 부끄럽다	有媿千秋烈士風

11 회계(會稽)의……알아봤는데 : 후한(後漢) 때의 은사(隱士) 양홍(梁鴻)이 오(吳)나라에 가서 부호가인 고백통(皐伯通)의 사랑채를 얻어 생활한 일을 말한 것이다. 《後漢書 卷113 梁鴻列傳》

선달 그믐밤에

除夜

지난해도 밤 지샜으니	去歲亦守夜
새해 되는 게 싫어서였는데	爲嫌新年入
그 새해가 곧 올해였으니	新年是今年
세월 빠른 줄을 새삼 느끼노라	益覺流景急
문득 왔다가 홀연 가버리고	乍來忽復往
가고나면 잡지도 못하네	旣往不可執
덧없이 하루하루 다하여	荏苒日趨盡
어느새 늙은이 되나니	老境莽相及
여관에 나그네 지나가듯	傳舍閱行旅
어찌 그리 다급하게 가는가	胡乃太汲汲
서글프다 괴로운 이 마음으로	悽悽惡懷抱
이제껏 줄곧 울적하였네	前後同怏悒
추위 속 닭이 한밤에 우니	寒鷄叫宵分
시절이 이미 바뀌었네	時節已謦立
멍하니 천지조화에 맡긴 채	茫然委元化
백발 늙은이 눈물 참노라	衰白免垂泣

갑신년(1644, 인조22) 1월 1일에 쓰다
甲申元日試筆

새해 한 잎이 벌써 명협에 돋아나니[12]	新年一葉已抽蓂
나그네 심사 그저 멍하여 먼 물가 바라본다	羈思茫然望遠汀
바닷가 얼음과 서리가 봄에도 서걱거리고	海岱氷霜春淅淅
강호의 물결은 낮에도 캄캄하네	江湖波浪晝冥冥
구름 비낀 북쪽 하늘 시름 속에 푸르고	雲橫極北愁中碧
나무 둘러진 종남산 꿈속에 푸르구나	樹繞終南夢裏青
누가 생각해 주나 썩은 선비가 난세 만나	誰念腐儒遭世亂
지금도 백발로 떠돌이 신세 탄식하는 것을	至今垂白歎漂零

12 새해……돋아나니 : 갑신년의 정월 초하루가 되었다는 말이다. 명(蓂)은 명협(蓂莢)이라는 풀로, 요(堯) 임금의 뜰에 났는데, 매월 초하루부터는 매일 한 잎씩 났다가, 16일부터는 매일 한 잎씩 떨어졌으므로, 이것을 보고 달력을 만들었다고 한다.

공세곶[13]
貢稅串

수많은 민가가 바닷가에 평온히 거주하고	千室民居傍海安
누대의 기운 찬 신기루와 어우러지네	樓臺氣雜蜃光寒
산 형세는 빼어난 영봉 가깝고	山形近挹靈峯秀
물 기세는 드넓은 공포 삼키네[14]	水勢平呑貢浦寬
초하루에 생선과 소금이 작은 시장에 유통되고	上日魚鹽通小市
봄철 배들의 긴 삿대 화살촉처럼 빽빽하다	三春舟楫簇長干
새로 이사한 이 곳 살만하니	新移客土生涯足
풍환의 칼을 이제 두드리지 않노라[15]	馮鋏于今不解彈

13 공세곶 : 공세(貢稅)를 수납하였다가, 서울로 운반하기 위한 창고가 있던 곳이다. 아산현 서쪽 10리에 있었으며, 아산과 서산(瑞山)은 물론 현재의 충청남도 지역과 충청북도 일부 지역의 세곡을 이곳에 수납하였다가, 조운(漕運)하여 서울로 운반하였다. 《新增東國輿地勝覽 卷20 忠淸道 牙山縣 倉庫條》

14 산……삼키네 : 공세곶에서 바라보이는 산과 바다의 풍경을 읊은 것이다. 공포(貢浦)는 공세곶을 가리킨다.

15 새로……않노라 : 영변에서 아산으로 이배되고 보니, 환경이 영변보다 낫다는 말이다. 풍협(馮鋏)은 전국 시대 사람인 풍환(馮驩)의 장검이라는 뜻이다. 풍환이 맹상군(孟嘗君)의 식객이 되었는데, 대접이 좋지 않자 칼을 두드리며 "장협이여, 돌아가야 할까 보다. 밥에 고기반찬이 없구나.〔長鋏歸來乎, 食無魚.〕"라고 하자, 맹상군이 그의 요구를 들어주었다고 한다. 《史記 卷75 孟嘗君列傳》

방백 김상[16]의 원일운에 맞춰 짓다
次金方伯 尙 元日韻

초하루 맑은 햇살이 이른 아침 깨우는데	初旭晴光破早朝
새봄 나그네 침상은 쓸쓸도 하구나	新春客榻掩寥寥
가여워라 호기가 해마다 줄어드니	自憐豪氣年年減
맑은 안색이 날마다 시들기 때문이지	正爲淸顏日日凋
누추한 마을에 수레로 방백이 찾아오니	陋巷軒車臨上節
궁도에 병든 몸 마음 풀리네	窮途疾病感中消
낮게 나는 데 회오리 힘을 빌리랴[17]	卑飛敢借扶搖力
길이 진흙탕에서 높은 하늘 바라보리	長委泥塗望赤霄

16 김상(金尙) : 1586~1656. 본관은 상주(尙州), 자는 우고(友古), 호는 사은(仕隱)이다. 《水村集 卷12 外祖考忠淸道觀察使金公墓誌》《승정원일기》 인조 21년 10월 14일 기사에 김상을 충청 감사에 임명한 기록이 있다.

17 낮게……빌리랴 : 부요(扶搖)는 회오리바람이다. 《장자(莊子)》 〈소요유(逍遙遊)〉에 "붕새가 남쪽 바다로 날아갈 때는 물을 3천 리나 박차고, 회오리바람을 타고 9만 리나 날아오른 뒤에, 여섯 달을 가서 쉰다.〔鵬之徙於南冥也, 水擊三千里, 摶扶搖而上者九萬里, 去以六月息者也.〕"라고 하였다. 여기서는 이민구 자신을 낮게 나는 새에, 방백 김상을 회오리바람에 비유한 것이다. 여기서는 방백의 도움을 부요에 비유하고, 그 도움을 사양하는 의미로 사용한 듯하다.

방백과 이별하다

別方伯

새벽녘에 떠나는 두 깃발 잡지 못한 채	雙旌拂曙去難攀
병 많은 사람 셋집에서 문 걸었네[18]	多病僑居正閉關
외진 곳 인가는 무너진 성곽 밖에 있고	地僻人家殘郭外
눈 녹은 관로는 우거진 산 사이로 뻗었네	雪融官路亂山間
힘껏 날아 벌써 남쪽 가는 붕새 따르는데	雄飛已逐鵬南徙
여린 깃은 어이 북쪽 가는 기러기 따를까[19]	弱羽寧隨雁北還
지난밤 화려한 자리 은촉 그림자	前夜綺筵銀燭影
언제 다시 희끗한 머리털 비추려나	幾時重照鬢毛斑

18 새벽녘에……걸었네 : 방백 김상과 이별하고 혼자 남은 상황을 읊은 것이다. 쌍정(雙旌)은 두 깃발로, 여기서는 방백의 행차를 가리킨다. 당(唐)나라 때에 절도사나 관찰사에게는 조정을 하직하는 날, 쌍정과 쌍절(雙節)을 하사하였다.《新唐書 卷49下 百官志4 下》

19 힘껏……따를까 : 방백 김상이 돌아가는 것을 보고, 이민구 자신도 고향으로 돌아가고 싶지만, 그럴 수 없음을 읊은 것이다. 붕남사(鵬南徙)는 남쪽으로 날아가는 붕새라는 말로,《장자(莊子)》〈소요유(逍遙遊)〉에 보이는데, 여기서는 김상의 행차를 가리킨다. 540쪽 각주17 참조.

방백이 거듭 관 자 운을 써서 보내온 시에 차운하다
次方伯再用關韻見寄

가는 행렬 부러워도 잡지 못해	行塵堪羨未堪攀
이별 뒤로 사립문을 종일 닫아 두네	別後柴扉盡日關
얻고 잃는 정신적 교유 천 년 전까지 있고[20]	得失神交千載上
맑았다 흐렸다 하는 날씨 한철의 봄이네	陰晴天氣一春間
난초는 가는 봄을 가만히 한하는데	蘭心暗恨韶年度
매화 소식 전하는 역사 돌아옴에 놀라네[21]	梅信初驚驛使還
문밖에 남은 벗의 수레 자국에는	門外故人車轍跡
잠깐 내린 풍우에 이끼 자랐다오	少時風雨長苔斑

20 얻고……있고 : 천 년 이전의 사람까지도 정신적으로 교유하며 사귄다는 말이다. 《맹자》〈만장 하(萬章下)〉에 "천하의 선사들과 사귀고도 만족스럽지 못하여, 또 위로 올라가서 옛 사람을 논하나니, 그 시를 외우고 그 글을 읽고서 그 사람을 알지 못하는 것이 가하겠는가. 이러므로 그 당시의 행적을 논하는 것이니, 이는 위로 올라가서 벗하는 것이다.〔以友天下之善士爲未足, 又尙論古之人, 頌其詩讀其書, 不知其人, 可乎. 是以論其世也, 是尙友也.〕"라고 하였다.

21 매화……놀라네 : 방백 김상이 보내 준 시를 받고 반가웠다는 말이다. 매신(梅信)은 벗의 소식을 말하고, 역사(驛使)는 역마(驛馬)를 이용해 보내는 심부름꾼을 가리킨다. 육개(陸凱)가 매화 한 가지를 친구 범엽(范曄)에게 보내면서 "매화가지 꺾다가 역마 탄 사자 만나, 농산에 있는 벗에게 부쳐 보내노라. 강남에는 별로 있는 게 없어, 가지 하나에 달린 봄 보내노라.〔折梅逢驛使, 寄與隴頭人. 江南無所有, 聊贈一枝春.〕"라고 읊은 시가 있다. 《山堂肆考 卷105 寄梅》

일본에서 만든 방촌보경에 대한 노래

日本方寸寶鏡歌

화로 속에서 만든 조그마한 쇠	容成爐中方寸鐵
한 조각 차가운 빛 눈서리 같구나	一片寒光貼霜雪
붉은 산에 구름 깊은데 야정 마르자[22]	赤岫雲深耶井涸
솜씨 좋은 장인이 동영굴에서 찍어냈네	良工下斸銅英窟
강 복판의 오월 천지가 뜨겁고	江心五月天地熱
회록[23]이 연기 불어 번갯불처럼 일어나네	回祿呵煙電焰發
달구고 식히고 두드려 만들어 내니	陰陽鼓槖功乃成
그친 물처럼 해맑게 깨끗하네	湛湛止水淸映骨
등은 상어 가죽에 금속 무늬이고[24]	背爲鮫皮金粟紋
이무기 서린 가을 연못처럼 깨끗하네	蛟螭屈盤秋潭潔
누가 힘찬 걸음으로 은사다리 올라가	誰歟健步躡銀梯
예리한 칼로 하늘의 달을 잘라냈나	快劍翦取瑤空月
아니면 오질이 계수나무 베어내어[25]	不然吳質斫桂樹

22 붉은……마르자 : 방촌보경이 제작된 곳을 묘사한 말인 듯한데, 어디를 가리키는지 미상이다.

23 회록(回祿) : 축융(祝融)과 함께 전설 속에 전하는 화신(火神)의 이름이다.

24 등은……무늬이고 : 거울의 뒷면을 묘사한 것이다. 금속(金粟)은 본래는 유마거사(維摩居士)의 전신(前身)이었다는 금속여래(金粟如來)의 준말로, 곧 부처를 가리킨다. 여기서는 황금빛 싸라기라는 말로, 거울 뒤쪽의 표면이 오톨도톨한 것을 표현한 것으로 보인다.

옥도끼로 섬세히 깎아 옥가루 취했나	細刮玉斧搏瓊屑
어젯밤 달빛이 흐릿흐릿 광채 없었으니	昨夜涼蟾澹無輝
사람들 멍하니 없어진 줄 알고 놀랐지	人間懺惘驚如失
신선이 길게 탄식하고 이 물건 아껴	眞仙長嗟惜此物
올라가 둥근 달의 이지러진 곳 때우려 하네	欲以上補圓精缺
형님이 통신사에게 얻어서	伯氏得之乘槎客
내 마음 비추니 생멸이 사라지네	瑩我靈臺泯生滅
나 이제 늙어 머리도 뽑지 않으니	我今衰白仍廢鑷
밝은 창에서 터럭 비추지 않네	不向明窓鑑毛髮
어찌하면 세상 사람들 마음 비춰	焉能與世照心膽
길이 뭇 아이들의 교활함 깨뜨릴까	永爲群兒破細黠

25 오질(吳質)이 계수나무 베어내어 : 오질은 한(漢)나라 사람으로, 일명(一名) 강(剛)이라고도 한다. 신선술(神仙術)을 배워 함부로 굴다가, 그 벌(罰)로 달 속에 있는 계수나무 베는 일을 맡게 되었다고 한다.

동쪽 마을로 이사를 준비하며

擬徙東村

죽어 가는 이 몸 떠돌이로 골수까지 말랐는데	垂死流離骨髓枯
짐 보따리 가는 곳마다 강호에 부쳤네	裝囊隨處付江湖
남쪽 날아왔을 땐 가지 의지한 까치 같더니[26]	南飛始似依枝鵲
동으로 가려 함은 까마귀를 사랑해서지[27]	東徙還因愛屋烏
자고로 성현도 자리 따뜻해질 틈 없었는데[28]	自古聖賢無煖席
지금 천지는 온통 힘든 지경임에랴	卽今天地盡窮途
차 화로와 술통은 소중한 물건이라	茶爐酒榼關身物
매번 이사할 때마다 복부에게 부끄럽다	每到移居愧僕夫

26 남쪽……같더니 : 영변에서 아산으로 이배되었을 때는 평안히 정착할 수 있었다는 말이다. 삼국 시대 조조(曹操)의 시에 "달은 밝고 별은 드물 제, 까막까치가 남쪽으로 날아서, 나무를 세 바퀴 돌아보지만, 어느 가지에 의지할까.〔月明星稀, 烏鵲南飛, 繞樹三匝, 何枝可依.〕"라고 하였다. 《古今詩刪 卷3 短歌行》

27 동으로……사랑해서지 : 이민구가 동쪽으로 이사하려는 것은 그쪽에 좋아하는 사람이 있기 때문이라는 말이다. 옛말에 "그 사람을 사랑하는 사람은 그 사랑이 그 집 뒤의 까마귀에게까지 미친다.〔愛其人者, 及其屋上之烏.〕"라고 하였다.

28 자고로……없었는데 : 성현들이 한 곳에 머물러서 앉은 자리가 체온으로 데워진 일이 없었다는 말이다.

잠들지 못하다

不寐

늙은이 기운 떨어져 늘 잠들지 못하는데	老罷氣衰常不寐
하물며 근심과 질병으로 강호에 누웠음에랴	況兼愁病臥江關
삼경 인간 세상은 깊은 잠에 빠졌건만	三更睡熟人間世
홀로 밤 지새며 마음이 바닷가 산에 떠도네	獨夜魂飄海上山
손꼽아 지난 천 년의 흥망 따져보고	屈指興亡千載往
영욕의 세월 십 년 되어가니 놀랍구나	驚心榮辱十年還
이웃집 닭 울자 처마에 서광 아른대니	隣鷄數叫簷光動
날마다 늙어가는 거울 속 얼굴일세	日日催凋鏡裏顔

허유선[29]의 네 율시에 차운하여 짓다

次許惟善四律

초나라 연못에서 거닐며 시 읊조리는 날	楚澤行吟日
갇힌 산 곳곳이 어둡구나[30]	囚山處處幽
땅 외져 푸른 이내와 합하고	地偏靑靄合
누대 높아 흰 구름 떠가네	臺逈白雲浮
선객의 도화수에	仙客桃花水
고승의 죽엽주 있도다[31]	高僧竹葉舟

29 허유선(許惟善) : 허보(許宲, 1585~1659)로, 본관은 양천(陽川), 자는 유선, 호는 동강(東岡)이다.

30 초나라……어둡구나 : 굴원(屈原)의 고사를 인용하여, 이민구 자신의 유배 생활을 읊은 것이다. 초택행음(楚澤行吟)은 초(楚)나라 굴원의 〈어부사(漁父辭)〉에 보이는 "굴원이 쫓겨나 강가에서 노닐고 못가를 거닐면서 시를 읊조리매 안색이 초췌하고 형용에 생기가 없었다.〔屈原旣放, 游於江潭, 行吟澤畔, 顔色憔悴, 形容枯槁.〕"라는 말을 원용한 것이다. 수산(囚山)은 구수(拘囚)된 산이라는 말로, 유배지를 뜻한다.

31 선객(仙客)의……있도다 : 봄날 복숭아꽃이 필 무렵에 강물에 배를 띄우고 물놀이하는 장면을 묘사한 것인데, 허보가 보내온 시에 그런 내용이 있었기 때문에 이렇게 읊은 것이다. 도화수(桃花水)는 복사꽃 필 무렵에 얼음이 녹고 비가 내려서 불어난 하천의 물을 가리킨다. 죽엽주(竹葉舟)는 대나무 잎으로 만든 배라는 말이다. 진계경(陳季卿)이 장안(長安)에서 과거에 응시하느라 10년 동안 고향으로 돌아가지 못했는데, 어느 날 청룡사(靑龍寺)로 승려를 찾아갔다가 벽에 걸린 환영도(寰瀛圖)를 보고, 그 그림 속에서 강남으로 가는 길을 찾고는 탄식하기를 "이 길로 고향으로 돌아갈 수만 있다면, 과거에 성공하지 못해도 후회하지 않겠다."라고 하였다. 이때 곁에 있던 종남산(終南山)의 늙은이가 말하기를 "무슨 어려움이 있겠는가."라고 하고, 섬돌 아래에서 댓잎을 꺾어 지도의 위수(渭水)에 놓은 다음, 진계경에게 말하기를 "이것을 주목하면

돌아가고픈 마음 끝이 없지만　歸心頗無限
또한 마음껏 놀 수 있다오　且得恣深游

2
포구 가까이 사립문 높고　近浦柴門逈
언덕 가에 버들 길목 깊숙하다　緣厓柳巷幽
하늘을 두 눈이 따라가고　天隨雙眼去
땅은 한 몸과 함께 덧없네　地與一身浮
저물녘 풍경을 시에 남기고　暮景餘詩卷
봄 물결에 낚싯배 준비하네　春波具釣舟
누가 야윈 몸 한할까　誰能恨枯槁
한바탕 참다운 놀이에 나서노라　爛熳放眞游

3
세상에 이바지하자니 구설도 많은데　供世饒脣頰
생애는 치아가 시리구나　爲生冷齒牙
가슴 아프다 맑은 한강 가의 이별　傷心淸漢別
고개 돌려보니 산들로 가로막혔네　回首亂山遮
벗이 두 마리 고기 보내 주니　故友雙魚贈
새 시가 한 글자 한 글자 빼어나다[32]　新詩隻字誇

소원대로 될 것이다."라고 하였다. 진계경이 댓잎을 주목하자, 위수가 용솟음치면서 큰 배가 떠올랐고, 그 배를 타고 집에 도착하여 가족들과 만나고 청룡사로 돌아오니, 그 늙은이가 아직도 그 자리에 그대로 있었다는 고사가 있다. 《異聞實錄》

어찌하면 반갑게 마주하여　何由青眼對
함께 중춘의 꽃을 감상할까　共賞仲春花

4

남쪽 땅에서는 차에 순 돋고　南國茶含舌
동쪽 나루엔 줄 싹텄네　東津蔣吐牙
산 구름은 떠가다 멈추고　山雲浮更住
들녘 나무는 앙상하다가 무성해진다　野樹缺還遮
이별의 꿈을 누구에게 말할까　別夢憑誰說
생애를 과시하고 싶구나　生涯欲自誇
그윽한 삶 차조술이 당기는데　幽居催釀秫
반쯤 핀 꽃이 강을 비추네　半拆映江花

32 벗이……빼어나다 : 허보가 보내 준 시가 훌륭하다는 말이다. 쌍어(雙魚)는 두 마리 물고기라는 뜻인데, 편지를 의미한다. 〈음마장성굴행(飮馬長城窟行)〉에 "손님이 멀리서 와서, 내게 잉어 두 마리 주기에, 아이 불러 잉어 삶았더니, 뱃속에 한 척의 비단 편지 있네.〔客從遠方來, 遺我雙鯉魚. 呼兒烹鯉魚, 中有尺素書.〕"라고 하였다. 《古樂府 卷5》

강호

江湖

강호에 날 따뜻해 물고기 헤엄치고	江湖日暖上游魚
포구에 돛단배 들어오니 푸른 물 텅 비었네	浦口帆來碧水虛
가랑비 내린 청명과 한식 뒤이고	細雨淸明寒食後
따스한 박초풍과 연화풍[33] 막 불어오는 때라네	和風舶趠楝花初
세월 쉬이 흘러 청춘 다 지나가니	年華易送靑春盡
이내 신세 덧없이 백발만 남았어라	身事空看白髮餘
경물이 서울의 아름다움과 다르지 않아	景物不殊京國好
잠깐 흘린 눈물에 옷깃 젖었네	暫時流淚已沾裾

33 박초풍(舶趠風)과 연화풍(楝花風) : 박초풍은 배를 빨리 달리게 하는 바람이라는 뜻으로, 음력 5월에 매우(梅雨)가 지나가면 불어오는데, 큰 바람이 며칠 동안 쉬지 않고 분다고 한다. 연화풍은 초봄부터 초여름까지 5일에 한 번씩 스물네 번 부는 바람으로, 이십사풍(二十四風) 혹은 번풍(番風)이라고도 한다. 화신풍(花信風)이 한 번 불 때마다 한 가지씩 꽃이 피는데, 가장 먼저 매화(梅花)가 피고, 가장 늦게 연화(楝花)가 핀다고 한다. 《東皐雜錄》

송가[34]

松架

구차한 삶 사물 이치에 궁박하니 偸生迫物理
타향살이 감히 편안하랴 羈旅敢自安
야곡 근처로 거처 옮겼는데 移家近冶谷
지내면서 갖은 고생 겪었네 所歷飽艱難
만연한 돌림병 피하려는 것이니 爲避疫癘遍
어찌 넓은 집 고를 정신 있었으랴 豈擇店舍寬
처마 끝이 겨우 한 척이라 簷題只一尺
붉은 해가 남쪽 끝에 이글이글 赤日燒南端
몹시 뜨거워 야윈 몸 탈 듯하니 隆熺爍瘦骨
훌쩍 날고자 해도 날개 없구나 奮飛乏羽翰
오늘 아침 일꾼 얻어 今朝假衆力
저 소나무 가지를 베어 왔네 斫彼松枝蟠
구불텅한 가지를 와옥에 올려[35] 虯柯駕蝸屋
난간 얽어 만들었네 結構上闌干

34 송가(松架) : 글자대로 풀이하면 소나무 시렁이라는 뜻이다. 그러나 작품 내용을 살펴보면, 여름철에 처마가 짧아서 햇볕이 뜨겁게 들어오므로, 이를 방지하기 위해 소나무 가지를 잘라 처마에 덧대는 장면이 나온다. 그러므로 송가는 소나무 가지로 만든 처마의 차양막(遮陽幕)을 의미하는 것으로 보인다.

35 구불텅한……올려 : 규가(虯柯)는 구불텅한 소나무 가지를 말하고, 와옥(蝸屋)은 달팽이집처럼 작고 보잘것없는 집을 말한다.

푸르고 푸른 눈서리 속의 자태로	青青雪霜姿
솔솔 바람은 더운 여름을 식혀 주네	淅淅朱夏寒
무더울 때 폭염 막아 주어	洪爐屛虐焰
서늘한 기운 의관에 스며드네	陰冷襲衣冠
고질병이 홀연 나았으니	沈痾忽去體
〈고반〉의 뜻 펼칠 만하도다[36]	可以展考槃
노년에 씩씩한 기운 일어	衰年欻壯氣
거친 밥도 더 먹게 되네	麤糲頓加餐
떠도는 신세 서남 지방에 머물면서	流離汨西南
만사가 뒤죽박죽되었네	萬事錯相干
타향에서 주인에게 끼치는 피해가	他鄕累主人
표주박 물과 대그릇 밥만이 아니네	不止瓢與簞
이 일을 부끄럽게도 이웃과 함께하였으니	經營愧隣竝
이 몸이 실상 우환거리라네[37]	有身實憂患
분주한 인생 얼마 되지도 않는데	悤悤急景內
어찌 몸과 마음을 다 지치게 하나	焉用心力殫

36 고반(考槃)의……만하도다 : 자연에 묻혀 은거하며 산수(山水)를 즐길 만하다는 말이다. 〈고반〉은 《시경》 위풍(衛風)의 편명으로, 어진 사람이 은거하여 산수의 사이를 돌아다니며 즐기는 내용을 읊은 시로 "고반이 시냇가에 있으니 현자의 마음이 넉넉하도다.〔考槃在澗, 碩人之寬.〕" 하였다.

37 이 일을……우환거리라네 : 집을 손보느라 이웃들의 도움을 받았기에, 그 미안한 마음을 읊은 것이다. 《도덕경(道德經)》 제13장에 "내게 큰 걱정이 있는 것은 나에게 몸이 있기 때문이다. 만약 내 몸이 없어진다면, 나에게 무슨 걱정이 있겠는가.〔吾所以有大患者, 爲吾有身. 及吾無身, 吾有何患.〕"라는 말이 나온다.

염량세태 몇 번이나 겪었던가	幾度閱炎涼
흔적 없이 긴 탄식 속에 묻노라	泯然埋浩歎

공진의 곡성에 오르다[38]

登貢津曲城

성 아래 긴 강 백 리나 뻗어	城下長湖百里通
서쪽 하늘 바라보니 드넓게 공중에 떠 있네	天西一望浩浮空
잔물결이 교인의 장터 깨끗이 씻고[39]	纖漪淨拭鮫人市
아름다운 경치가 맑게 호자궁까지 이어졌네[40]	秀色晴連瓠子宮
포구에 들어오는 생선과 소금에 세금 많이 붙는데	逗浦魚鹽征稅重
강을 오르는 배에는 나르는 짐이 많구나	上江舟楫轉輸雄
보게나 둥실 떠 있는 갈매기의 가벼운 날개	請看泛泛輕鷗羽

38 공진(貢津)의 곡성(曲城)에 오르다 : 공진은 1523년(중종18)에 군향(軍餉)을 쌓아두기 위해 아산(牙山)에 설치한 창고이다. 《만기요람(萬機要覽)》 〈관방(關防)〉의 충청도 기록에 돌을 쌓아 만든 공진창성(貢津倉城)이 있다고 하였으므로, 곡성은 이곳을 가리키는 것으로 보인다.

39 잔물결이……씻고 : 물가에 물결이 일렁이는 모습을 읊은 것이다. 교인(鮫人)은 전설 속의 인어(人魚)를 말한다. 남해 물속에 사는 교인이 비단을 잘 짰는데, 물 밖으로 나와 인가에 머물면서 매일 비단을 짜다가, 작별할 무렵에 눈물을 흘려서 구슬을 만들어 주인에게 주었다는 이야기가 있다. 《太平御覽 卷803》

40 아름다운……이어졌네 : 날씨가 맑아서 시계(視界)가 멀리까지 트인 것을 읊은 것이다. 호자궁(瓠子宮)은 한 무제(漢武帝) 때 호자(瓠子)에 세운 궁이다. 황하수가 범람하여 지금의 하남성(河南省) 복양현(濮陽縣)에 있는 호자의 둑이 무너지자, 급암(汲黯)과 정당시(鄭當時)를 시켜 터진 곳을 메우게 하였으나 실패하였다. 그 뒤에 무제가 사방에 가 봉선(封禪)한 뒤에, 친히 이곳으로 와 급인(汲仁)과 곽창(郭昌)으로 하여금 군사 수만 명을 징발하여 메우게 하고 선방궁(宣房宮)을 세웠는데, 이곳이 바로 호자궁이다. 《漢書 卷6 武帝紀》

떠도는 백발 늙은이와 꼭 닮았구나　　正似飄飄白髮翁

덧없는 인생 머문 곳에 우거하니　　浮生着處寓微躬
서쪽과 남쪽 떠돌며 천지 가운데 살아가네　　漂泊西南天地中
칠 년 동안 부운포의 눈 먹다가　　七載去餐雲浦雪
봄날 공진의 바람에 의지했네[41]　　一春來倚貢津風
섬에 일렁이는 파도는 천 겹으로 푸르고　　波搖島嶼千重碧
누대에 내리쬐는 햇살은 온통 붉구나　　日射樓臺萬縷紅
죽어 가는 이 몸 아직도 늙은 두 눈 남아　　垂死尙餘雙老眼
늘 좋은 경치 바라보며 떠도는 신세 위로하네　　每憑形勝慰萍蓬

41 칠 년……의지했네 : 영변에서 7년 동안 유배 생활하다가, 아산으로 옮겨 와서 봄을 맞았다는 말이다. 운포(雲浦)는 영변의 청천강에 있는 포구로 보인다. 《동주집(東州集)》 시집 권2 〈삼첩서회(三疊書懷)〉에 "땅 넓은 부운포〔地闊浮雲浦〕"라는 구가 있고, 〈영변(寧邊)〉에 "강물이 부운포에 넘실대고〔江漲浮雲浦〕"라고 하였다.

백석[42] 어촌에서

白石漁村

평온한 호수는 서해로 이어지고	平湖控西海
저 멀리 모래톱이 길게 뻗어 있네	地迥洲渚長
아득히 펼쳐진 소금 땅	瀰漫斥鹵場
예부터 농사에 방해되었지	自古耕鑿妨
산이 포구에 서려 있으니	有山蟠浦口
마치 거북이 꼬리 감춘 듯 숨어 있네	隱若龜尾藏
어부의 집들이 벌집처럼	漁屋類蜂戶
이어진 등성이에 빽빽하게 늘어섰네	櫛櫛枕連岡
길 따라 향배 나뉘어	巷陌分向背
남향집도 있고 북향집도 있구나	門戶異陰陽
낮과 밤에 두 번 밀물 들어와	晝夜再上潮
배들이 바람 따라 드나드니	舴艋隨風揚
상아 돛대와 띠풀 뜸이	牙檣竝茅棟
울타리 옆에 밧줄로 매여 있네	紼纚繫籬傍
아침과 저녁으로 시내에 안개 자욱하고	朝晡煙在川
술 익어 뜸 아래 향기롭다	酒熟篷底香
생계를 파도에 맡겼으니	生涯寄波濤
바다가 곧 창고라네	巨壑爲倉箱

42 백석(白石) : 충남 아산시 영인면 백석포리 일대로 추정된다.

사내들 반쯤 빈둥거려　丈夫半浮居
아낙들 행상에 나서니　婦女實行商
비린 생선을 먼 저자에 내다 파느라　魚腥走遠市
머리에 이고 날마다 바삐 돌아다니지　頂戴日奔忙
벌거벗은 다섯 살 꼬마는　赤身五歲兒
집안 살림 어려운 줄 모르지만　不知室處涼
땡볕 아래 새우와 게 잡느라　觸熱拾蝦蟹
갯벌을 큰 길처럼 누비네　泥水猶康莊
배 조종할 날 다시 언제일까　操舟復幾時
크든 작든 모두 가업 계승이네[43]　大小俱肯堂
숲에서는 짐승 발자국 뒤쫓고　山林跡獸蹄
늘어선 가게에서는 행장 보따리 삼가네　列肆謹裝囊
백성들 저마다 수고롭게 일하며　四民各劬勞
온갖 재화가 농상과 유통되네　萬貨通農桑
사물의 이치 거의 비슷하니　物理庶可齊
상도를 지키는 게 중요하지　貴在事天常
노쇠한 이 몸 괴롭게 떠도나니　吾衰苦漂泊
못난 분수에 거친 음식도 달기만 한데　拙分甘秕糠
소반 마주하니 잘 차린 음식에 부끄럽고　臨盤愧飣餖

43 가업 계승이네 : 긍당(肯堂)은 긍구긍당(肯構肯堂)의 준말로, 자손이 선대의 유업을 잘 계승한다는 뜻이다. 《서경》 〈대고(大誥)〉에 "만약 아버지가 집을 지으려 작정하여, 이미 그 규모를 정했는데도, 그 아들이 기꺼이 당기를 마련하지 않는데, 하물며 기꺼이 집을 지으랴.〔若考作室, 旣底法, 厥子乃弗肯堂, 矧肯構.〕"라고 한 데서 유래하였다.

밥만 축내니 마음 아프다 素餐中黯傷
아아 장차 어디로 갈까 嗟嗟將奚適
끝내 바닷가에서 늙으리라 終老蛟蜃鄉

포구 가에 지은 정생의 새 집에 쓰다
題鄭生浦上新堂

문 닫고 게으름 피운 지 십여 일인데	慵眠閉戶一旬餘
이끌려 달려와 초가집 보노라	牽率馳來看草廬
강가 조각배는 부리는 말 같고	江上扁舟如使馬
문 앞을 편안히 걸으니 수레 탄 것 같다[44]	門前安步可當車
늘그막에 오랫동안 떠도는 내 신세 서글프고	衰年感我長漂泊
난세에 일찍 살 곳 정한 그대 부럽구나	亂世憐君早定居
부모 여읜 혜소에게 무능한 나 부끄러워[45]	嵇紹爲孤慙鹵莽
술잔 멈추고 눈물 참아도 이미 옷깃에 가득하네	停杯忍淚已盈裾

44 문……같다 : 안보당거(安步當車)는 수레를 타는 대신 천천히 걷는다는 말이다. 전국 시대 제나라 은사(隱士) 안촉(顔斶)이 "늦게 먹음으로써 고기 맛과 진배없게 하고, 천천히 걸음으로써 수레에 앉은 것과 진배없게 한다.〔晩食以當肉, 安步以當車.〕"라고 한 말에서 유래하였다. 《戰國策 齊策4》

45 부모……부끄러워 : 정생(鄭生)에게 도움이 되지 못해 부끄럽다는 것을 혜소(嵇紹)의 경우에 비유하여 말한 것이다. 이 내용으로 볼 때, 정생의 아버지와 이민구는 서로 잘 아는 사이이며, 정생의 아버지는 일찍 사망한 것으로 보인다. 혜소는 죽림칠현(竹林七賢)의 한 사람인 혜강(嵇康)의 아들이다. 혜강이 일찍이 산도(山濤)에게 〈여산거원절교서(與山巨源絶交書)〉를 보냈었는데, 형장(刑場)에서 아들 혜소에게 "거원이 있으니, 네가 고아가 되지는 않을 것이다.〔巨源在, 汝不孤矣.〕"라고 말하였다. 산도는 그 뒤에 과연 혜소를 천거하여 비서승(祕書丞)으로 삼았다는 고사가 있다. 거원은 산도의 자이다. 《蒙求 中 嵇紹不孤》

범해행

泛海行

정생이 날 맞이하려 역말을 두니	鄭生邀我肯置驛
노쇠한 몸 부끄럽게도 정당시의 객 되었네[46]	衰朽愧作當時客
새벽에 출발하여 안개 낀 푸른 숲 돌아	晨行纔轉霧林碧
햇빛이 오르자 바야흐로 흰 운해에 임했네	日射方臨雲海白
아침 물이 해안에 가득해 잔잔한데	卯水彌岸平不流
사공이 배 묶고 긴 물가에 기다리네	舟子絏舫留長洲
뱃전 열고 노 저으니 어느새 포구 빠져나와	舷開櫓搖已出浦
돛 달고 키 틀며 뱃노래 부르네	掛席捩柁仍棹謳
물결치는 너른 바다에 뱃길 매끄럽고	淪波漭沆鷁路滑
발해가 저 멀리 하늘 끝까지 펼쳐졌네	渤澥無極天倪豁
동으로 삼신산 보니 비췻빛 쪽찐 머리 몇 개던가	東瞻三島翠幾鬟
서쪽 중원 바라보니 푸른 머리칼 하나 같구나	西望中原青一髮
근원 찾는 사자가 자욱한 안개 속 가다가	尋源使者煙靄間
부절이 은하에 아스라이 나부꼈지[47]	金節縹緲銀河灣

46 정생(鄭生)이……되었네 : 정생이 이민구 자신을 명사(名士)로 인정하고 극진히 대접해 준다는 표현이다. 당시(當時)는 한 경제(漢景帝) 때의 정당시(鄭當時)를 가리킨다. 그가 태자 사인(太子舍人)으로 있을 때, 항상 장안(長安)의 여러 교외(郊外)에 역마(驛馬)를 두어 교통의 편의를 제공하며, 빈객(賓客)들을 초청하여 밤새도록 주연을 베풀어 융숭히 접대하곤 하였다고 한다.《漢書 卷50 鄭當時傳》정생과 정당시의 성이 같으므로, 정당시의 고사를 인용하여 읊은 것이다.

파도 소리가 봄날 영공석[48]을 흔들고	濤聲春撼令公石
비 기운이 한낮 영인산[49]을 뒤덮었네	雨氣晝壓靈人山
패궐의 용 비늘 선명하여 셀 만하니[50]	貝闕龍鱗粲可數
고래 솟구치고 거북은 달리며 교룡은 춤추네	鯨翻鼇擲蛟螭舞
외로운 섬과 굽은 물가 서로 숨었다 나타나며	孤嶼回汀互隱見
첩첩이 먼 산봉우리 서로 삼켰다 토해낸다	遙岑疊巘相呑吐
오늘은 어부들 여럿이 힘을 모아	是日漁師集衆功
큰 그물을 자라궁에 드리웠네	巨網下截黿鼉宮
그물 치기란 잘 다루기 어려운데	施設紘綱劇操縱
주거니 받거니 손놀림 회오리바람처럼 민첩하네	受授捷疾如旋風
홀연히 응접함이 참으로 잠깐 사이이니	忽然應接眞須臾
자귀 휘두르고 바퀴 깎듯 무슨 일인들 못할까[51]	運斤斲輪何事無

47 근원(根源)……나부꼈지 : 황하(黃河)의 근원을 찾아가던 장건(張騫)이 은하수에 올라가 견우(牽牛)와 직녀(織女)를 만났다는 고사를 읊은 것이다. 《형초세시기(荊楚歲時記)》에 "한(漢)나라 무제(武帝)가 장건을 대하(大夏)에 사신으로 보내 황하의 근원을 찾게 하였는데, 장건이 뗏목을 타고 가다가 견우와 직녀를 만났다."라고 하였다.

48 영공석(令公石) : 아래의 영인산(靈人山)과 대우를 이루므로, 지명을 나타내는 고유명사로 추정되나, 고증할 수 없다.

49 영인산 : 충남 아산시 영인면에 위치한 산이다.

50 패궐(貝闕)의……만하니 : 일렁이는 잔물결을 셀 수 있을 정도로 물이 맑다는 말이다. 패궐은 하백(河伯)이 사는 용궁(龍宮)으로, 《초사(楚辭)》 〈구가(九歌) 하백(河伯)〉에 "어린옥에 용당이요, 자패궐에 주궁이로다.〔魚鱗屋兮龍堂, 紫貝闕兮珠宮.〕"라고 한 데서 온 말이다.

51 홀연히……못할까 : 그물을 치는 사람들이 서로 호응하여 일하는 것이 너무도 능숙하다는 말이다. 운근(運斤)은 자귀를 휘두른다는 말로, 정교한 솜씨를 말한다. 중국의 영(郢) 땅 사람이 백토(白土) 가루를 자기 코끝에 매미 날개처럼 엷게 바르고, 장석

갓 잡은 생선을 하얗게 회 쳐서 자주 올리니	新腥屢薦素鬐鱠
맛있는 음식을 노복까지 실컷 먹네	雋味飫及蒼頭奴
내게 향긋한 밥 권하여 늙은 나그네 위로하니	勸余香飯慰羈老
맛난 술을 돌아가며 잔 기울여 마시네	沃以旨酒輪傾倒
즐거움 무르익자 돌아갈 생각 아득한데	樂酣歸思終悠悠
혼란한 세상 생각하니 마음 다시 초조하네	世亂賞心還草草
해 질 녘에 배 돌리자 우레 일고 번개 치니	薄暮廻艫雷電起
몽롱한 꿈처럼 변화 심하구나	夢境恍惚桑瀛裏
강담에서 어부 찾을 것도 없고	不就江潭訪漁父
다시 창랑에서 유자의 노래 들으리[52]	更向滄浪聽孺子

(匠石)이라는 자귀질 잘하는 사람으로 하여금 깎아 내게 하였는데, 장석이 큰 자귀를 바람소리가 나도록 휘둘러, 조금의 상처도 없이 코끝에 묻은 백토를 제거하였다고 한다. 《莊子 徐無鬼》 착륜(斲輪)은 수레바퀴를 깎는다는 말이다. 제 환공(齊桓公)이 당상에서 책을 읽고 있었는데, 당하에서 수레바퀴를 깎던 윤편(輪扁)이 "임금께서 읽고 있는 것은 옛사람의 찌꺼기입니다."라고 하고는, 그 이유에 대해서 말하기를 "수레를 만들 때, 너무 깎으면 헐거워서 튼튼하지 못하고 덜 깎으면 빡빡해서 들어가지 않습니다. 더 깎지도 덜 깎지도 않는 일은 손짐작으로 터득하여 마음으로 수긍할 뿐이지, 입으로 말할 수가 없습니다. 거기에 비결이 있습니다만, 제가 제 자식에게 깨우쳐 줄 수도 없고, 자식 역시 제게서 물려받을 수도 없습니다. 그래서 이 나이에도 늙도록 수레바퀴를 깎고 있는 것입니다. 옛사람도 그 전해 줄 수 없는 것과 함께 죽어 버렸습니다. 따라서 전하께서 읽고 계신 것은 옛사람들의 찌꺼기일 뿐입니다."라고 하였다. 《莊子 天道》

52 강담(江潭)에서……들으리 : 세속에 영합하는 삶을 지양하고, 은거한 사람처럼 유유자적한 삶을 살겠다는 말이다. 창랑(滄浪)은 강물 이름으로, 한수(漢水) 동쪽에 있다. 유자(孺子)는 아이라는 뜻이다. 춘추 시대에 어떤 아이가 지어 불렀다는 노래에 "창랑 물이 맑으면 내 갓끈을 씻고, 창랑 물이 흐리면 내 발을 씻는다.〔滄浪之水淸兮, 可以濯我纓, 滄浪之水濁兮, 可以濯我足.〕"라고 하였다. 《孟子 離婁上》

운산[53] 유생 김지한에게 부치다. 인하여 같은 고을에 사는 선비 이소번과 승려 친구 모하가 지난날 내가 철성에 있을 때 자주 왕래하고 외와 채소를 보내 주었던 일이 생각나기에 작품 안에서 언급하였다

寄贈雲山儒金之僩 因懷同邑士子李昭蕃禪友暮霞 向鐵城時數過從 兼餽瓜蔬 篇內有及

남쪽 포구에 봄 깊어 가고 날 저무는데	南浦春深白日晚
아산에서 서쪽 바라보니 운산 멀구나	牙山西望雲山遠
운산의 선비들 재능이 풍부했는데	雲山邑子富材力
헤어진 뒤로 자고 먹는 소식 끊겼구나	別後音塵阻眠飯
생각해 보니 그대가 글자 묻고 비로소 깨우쳐	憶爾問字始擊蒙
내게 와서 눈보라 속에 글 읽었지	從我讀書風雪中
작자가 남긴 글은 맛난 음식과 같아	作者遺文等粱肉
배고픔 견디며 빈속을 걱정하지 않았지	忍饑不恤腸肚空
낮에 글 외며 어찌 죽 식는 줄 알았으랴	晝誦寧知糜粥冷
밤에 책상에 앉아 좋은 밤 긴 줄도 몰랐네	夜坐未覺良宵永
옆방 노부부 깊은 잠에 빠졌는데	隔房翁媼睡正牢
처마에 가을 달 가득할 제 닭이 새벽 알렸지	滿簷霜月寒鷄警
문 앞에 모인 학도들 많았지만	門前學徒盛冠紳

53 운산(雲山) : 영변(寧邊)에는 여섯 개의 군(郡)과 두 개의 현(縣)이 있는데, 운산은 여섯 개의 군 가운데 하나이다.

김생처럼 고심하는 이 드물었지　　苦心少似金生人
김생인들 어찌 두 이랑 밭이 없으랴만　　金生豈無二頃田
팽개치고 분발하여 입신양명 생각했네　　棄之激揚思立身
덧없는 세상에 부평초 같은 인생 당연한 일이라　　浮世萍蓬亦固有
세 번 탄식하며 청천강 어구에서 말 돌렸지[54]　　三歎跋馬淸江口
그 뒤로 세월은 얼마나 흘렀나　　爾來流景詎幾許
좀먹은 책을 형낭 아래서 잘 읽고 있는가[55]　　蠹簡螢囊今健否
젊은 네가 중도에 그만두리란 걱정 않지만　　不患年少中廢慵
자꾸만 늙어가니 어떻게 만날까　　老境忽忽那由逢
천 리 먼 길에 칠언시 봉해 보내려니　　千里封緘七字詩
서글프게 이별의 시름 일어나네　　悵然起我離憂悰
내원사[56]의 고승은 호가 모하였고　　內院高僧號暮霞
우제령의 병든 선비[57]는 단약 만들었지　　牛蹄病士營丹砂
제철 먹거리 생각나 지난날 기억해 보니　　感念時物記疇昔

54 덧없는……돌렸지 : 이민구가 유배객이므로, 아산으로 이배(移配)되자 김지한(金之僩)과 헤어지게 되었다는 말이다.

55 좀먹은……있는가 : 지금도 열심히 독서하고 있는지를 김지한에게 물은 것이다. 두간(蠹簡)은 좀먹은 죽간이라는 말로, 낡은 책을 의미한다. 형낭(螢囊)은 반딧불을 담은 주머니를 가리킨다. 진(晉)나라 차윤(車胤)이 학문에 힘썼는데, 집이 가난하여 기름을 살 수 없는 형편이라, 여름이면 반딧불을 주머니에 넣어서 그 빛으로 책을 보았다는 고사가 있다.《晉書 卷83 車胤列傳》

56 내원사(內院寺) : 내원(內院)은 묘향산에 있는 내원사를 말한다.

57 우제령(牛蹄嶺)의 병든 선비 : 우제(牛蹄)는 평안도 태천에 있는 우제령을 가리킨다. 그곳에 거주하는 병든 선비는 누구를 가리키는지 알 수 없지만, 제목의 내용으로 볼 때, 이소번(李昭蕃)을 지칭하는 것으로 보인다.

향로봉의 표고버섯과 동릉의 외였네[58]　　　　爐峯香蕈東陵瓜

58 제철……외였네 : 모하 스님과 이소번이 보내 주었던 표고버섯과 맛있는 외가 생각난다는 말이다. 동릉과(東陵瓜)는 맛좋은 외를 말한다. 진(秦)나라 때 동릉후(東陵侯)에 봉해진 소평(邵平)이 진나라가 망하자 스스로 평민이 되어, 장안(長安)의 동문(東門) 밖에 외를 심어 가꾸었는데, 외가 맛이 좋아 당시 사람들이 동릉과라고 불렀다. 《史記 卷53 蕭相國世家》

여름밤이 서늘해지다
夏夜納涼

더위에 시달리며 눅눅하고 좁은 방에 누웠더니　病暍臥湫隘
기름과 불이 서로 태우듯 괴로웠는데　膏火患相煎
창 열자 서늘한 바람 들어오고　開窓納微涼
밤 풍경 비로소 맑고 신선하다　夜色始澄鮮
늦여름이 비록 뜨거워도　季夏雖苦熱
바람은 이미 선선하네　流颸已颯然
빈 휘장에 서늘한 기운 서렸으니　虛幬挾凄爽
이리저리 내 맘대로 구르고　展轉任所便
떼로 날던 파리와 모기 사라지니　蚊蜹回群飛
잠자리는 곤히 잠자기 좋구나　枕席愜昏眠
기운 살아나 머리도 맑아지고　氣蘇心悟永
심기 고요하니 꿈자리 편안하네　機靜夢境圓
유유히 시절 따라 물러나고[59]　悠悠委時晦
홀홀히 세상 인연 따라야지　忽忽隨世緣
구부리고 우러르며 행하고 그침에　偃仰與行止
우리의 도가 늘 온전한 것은 아니지　吾道不常全

59 유유히……물러나고 : 현실 상황에 맞게 자취를 감춘다는 말이다. 《시경》〈작(酌)〉에 "아 성대한 왕사로, 도리를 따라 힘을 길러 때로 감추었다.〔於鑠王師, 遵養時晦.〕"라고 하였다.

방황하는 이 우주에서	棲遑宇宙內
어딘들 편안할까	何地堪息肩
하루를 계획할 뿐	且爲一日計
어찌 감히 한해를 생각하랴	豈敢懷歲年

뽕나무와 삼

桑麻

골목에 상마 우거지고 저물녘 맑아	門巷桑麻日暮淸
쓸쓸히 병석에서 일어나니 몸 가뿐하다	蕭條病起一身輕
산들바람에 옷 헤치고 앉아 있을 만하고	微風不厭披衣坐
가랑비가 어찌 산발로 거니는 데 방해될까	細雨何妨散髮行
온 나라가 전란 겪어 세상 변했어도	率土干戈聞世變
이웃집 물과 불에서 인정을 볼 수 있네[60]	隣家水火見人情
아득히 긴긴 세월 예와 지금 구분 없는데	茫茫浩劫迷今古
먹고 마심 때문에 어찌 내 삶의 누가 되랴	飮啄奚由累我生

60 온 나라가……있네 : 병자호란 이후에 세태가 변했어도, 이웃 간의 인정이 여전함을 볼 수 있다는 말이다. 수화(水火)는 생활필수품을 가리킨다. 《맹자》 〈진심 상(盡心上)〉에 "백성들이 물과 불이 아니면 살 수 없지만, 저물녘에 남의 집 문을 두드려 물과 불을 구하면, 주지 않는 사람이 없는 것은 지극히 풍족하기 때문이다.〔民非水火, 不生活, 昏暮叩人之門戶, 求水火, 無弗與者, 至足矣.〕"라고 하였다.

초가을

新秋

서늘한 가을 흰 이슬이 오동에 내리니	涼秋白露灑梧桐
제비는 하룻밤 만에 돌아갈 마음 드는구나	燕子歸心一夜中
패옥 찬 주름치마 그저 아득한데	玉佩仙裙徒脈脈
경첨 담긴 새벽 물시계 부질없이 바쁘구나[61]	瓊籤曉漏漫悤悤
푸른 노을은 아득히 승사로에 이어지고[62]	青霞眇接乘槎路
파란 물결은 헌보궁에 임한 듯[63]	碧水疑臨獻寶宮
나그네 물가에 누워 한 해 저무는 때 만나니	客臥滄洲逢歲晏
강호에서 끝내 고기 낚는 늙은이 되리라	江湖終屬釣魚翁
칠월 중순이라 삼복 끝나니	七月中分三伏終
뜨거운 흙먼지 사라져 바닷가 하늘 비었네	炎霾欲盡海天空
구름 개어 교룡이 뿌린 비 말끔히 쓸어내고	晴雲淨掃蛟龍雨

61 패옥……바쁘구나 : 해배(解配) 소식은 없는데, 또 한 해가 저물어간다는 말이다. 옥패(玉佩)는 옥으로 만든 장식물을 차는 것으로, 조정의 관리를 의미한다. 경첨(瓊籤)은 물시계에서 시간을 표시하는 화살 모양의 물건에 대한 미칭이다.

62 푸른……이어지고 : 수평선 멀리까지 펼쳐진 하늘을 읊은 것이다. 승사로(乘槎路)는 뗏목을 타고 가는 길이라는 말인데, 장건(張騫)이 황하의 근원을 찾아가다가 은하수에 올라 견우(牽牛)와 직녀(織女)를 만났다는 고사가 있다. 《荊楚歲時記》

63 파란……듯 : 푸르게 펼쳐진 바다를 보면서 용궁을 떠올린다는 말이다. 헌보궁(獻寶宮)은 용궁을 가리킨다. 두보(杜甫)의 시에 "지기석 묻고자 하니 헌보궁에 임한 듯.〔欲問支機石, 如臨獻寶宮.〕"이라는 구가 있다. 《杜少陵詩集 卷20 天池》

흰 이슬 내려 기러기 바람 따라 서늘해지네	白露涼生雁鶩風
백 일 동안 먼지 속에 양식 마련에 지치고	百日塵埃疲菽粟
십 년 변방에서 떠돌이 생활 지겨워라[64]	十年魑魅倦萍蓬
두견새 울어 방초 시들까 염려 마라[65]	莫愁鷤鴂凋芳草
강물에 가을 오면 단풍 물들리라	江水秋來上有楓

64 백 일……지겨워라 : 여름철 내내 양식이 부족하였으며, 오랜 유배 생활이 지겹다는 말이다. 이매(魑魅)는 도깨비로, 도깨비가 사는 변방을 의미하는데, 이민구가 유배 중이기 때문에 이렇게 말한 것이다. 《춘추좌씨전》 문공(文公) 18년 기사에 "순이 요임금의 신하가 된 뒤에, 사방의 문에서 현자들을 빈례로 맞이하고, 혼돈, 궁기, 도올, 도찬 등 흉악한 네 사람을 사방의 먼 변방으로 내쳐, 사람을 해치는 괴물을 막게 했다.〔舜臣堯, 賓于四門, 流四凶族渾敦窮奇檮杌饕餮, 投諸四裔, 以禦魑魅.〕"라고 하였다.

65 두견새……마라 : 《초사(楚辭)》 〈이소(離騷)〉에 "두견새 먼저 울어, 행여 온갖 풀들이 향기 나지 않을까 하노라.〔恐鷤鴂之先鳴兮, 使百草爲之不芳.〕"라고 하였는데, 이를 원용한 표현이다.

영변 사는 김계선에게 부치다

寄寧邊金繼善

뜬구름 흘러가는 서북쪽은 곧 영변인데　浮雲西北是延州
철옹산 하늘 찔러 검푸른 빛 시름겹네　鐵甕攙天翠黛愁
수루의 뿔피리 소리에 상심한 지 칠 년인데　戍角傷心曾七載
변방 기러기 머리 돌리니 또 가을일세[66]　塞鴻回首又三秋
아직도 꿈에서는 높은 산에 오르려고　猶憑夢想乘危障
애써 이 몸을 작은 배에 싣네[67]　强委形骸寄小舟
원헌[68]은 요즘 건강한가　原憲近來知健否
무산의 안개비 속에 초가 정자 그윽하리　茂山煙雨草亭幽

66 수루(戍樓)의……가을일세 : 이민구가 영변에서 7년 동안 유배 생활을 하다가 아산으로 이배되었는데, 어느덧 기러기가 찾아오는 가을을 맞이했다는 말이다.

67 아직도……싣네 : 김계선(金繼善)이 그립다는 말이다. 기소주(寄小舟)는 작은 배를 탄다는 말로, 동진(東晉)의 왕휘지(王徽之)가 홀연 친구 대규(戴逵)를 보고자 하여, 작은 배를 타고 갔다가 그냥 돌아 왔다는 고사가 있으므로 차용한 것이다. 《世說新語 任誕》

68 원헌(原憲) : 춘추 시대 노(魯)나라 사람으로, 자는 자사(子思) 또는 원사(原思)이며, 공자의 제자이다. 너무 가난하여 토담집에 거적을 치고 깨진 독으로 구멍을 내서 바라지 문으로 삼았는데, 지붕이 새어 축축한 방에서 바르게 앉아 금슬(琴瑟)을 연주하였다 한다. 《莊子 讓王》 여기서는 김계선을 가리킨다.

두 사람을 전송하다. 나를 따라 천 리 길을 왔다가 일 년 만에 고향으로 돌아가다
送兩生 千里從我 一年還鄕

태천의 김대진 泰川金大振

천구는 비록 다듬지 않는다지만	天球雖不琢
다듬어야 그 빛이 깨끗하고 온윤하니[69]	琢之光粹溫
비로소 훌륭한 장인의 손 벗어나야	始脫哲匠手
연성의 구슬도 아름다운 가치 갖는다네[70]	連城美價存
진에 들어가자 서쪽 사람들 놀랐고	入秦驚西隣
조로 돌아오자 북쪽 변방에 빛났네[71]	還趙耀北藩

69 천구(天球)는……온윤(溫潤)하니 : 천구는 옹주(雍州)에서 바치던 하늘빛의 옥구슬이다. 《書經 顧命》 여기서는 훌륭한 자질을 지닌 사람도 학문을 익혀야만 더욱 뛰어난 인재가 될 수 있다는 비유적 표현으로, 김대진에게 학문에 전념할 것을 권하기 위해 한 말이다.

70 비로소……갖는다네 : 훌륭한 옥공(玉工)의 조탁(彫琢)을 거친 뒤에, 훌륭한 가치를 인정받게 된다는 말이다. 연성(連城)은 화씨벽(和氏璧)을 가리킨다. 초(楚)나라 변화(卞和)가 박옥(璞玉)을 캐냈는데, 이를 가공하여 얻은 것이 화씨벽이다. 조(趙)나라 혜문왕(惠文王)이 이 화씨벽을 소유하게 되었는데, 진(秦)나라 소왕(昭王)이 15개의 성(城)과 맞바꾸자고 제안한 일이 있으므로, 연성벽(連城璧)이라 부르게 되었다. 《史記 卷81 藺相如列傳》

71 진(秦)에……빛났네 : 진나라와 조(趙)나라에서 화씨벽이 가치를 발휘했다는 말이다. 진나라 소왕(昭王)이 화씨벽과 15개의 성을 맞바꾸자 제안하자, 인상여(藺相如)가 화씨벽을 가지고 진나라에 갔다가, 소왕이 성을 내줄 의사가 없는 것을 확인하고, 다시 조나라로 돌려보낸 완벽(完璧)의 고사가 있다. 《史記 卷81 藺相如列傳》

지극한 보배 세상에 드물어　　至寶世所希

그 문채가 천지에 요동쳤네　　文采動乾坤

일개 선비가 의기를 소중히 여겨　　匹士重意氣

천 리 먼 길을 남쪽 가는 수레 따라왔지　　千里逐南轅

힘들게 책 상자 짊어지고 온 의리　　辛勤負笈義

말세의 세태 속에서 그 돈독함 길이 감탄하노라　　永歎末俗敦

정신은 쇠와 돌도 관통하고　　精貫金石開

열심히 노력하면 훌쩍 날아오르나니　　烈心欻飛翻

흙 쌓으면 반드시 산을 이루어야 하고　　積土必成山

우물 파면 기어이 근원에 닿아야지[72]　　鑿井必到源

색난이 장부의 일 아니던가　　色難非壯夫

과감하게 가니 맹분보다 뛰어나네[73]　　勇往踰孟賁

곤역에 날마다 나아가면　　閫閾日造詣

72 흙……닿아야지 : 끝까지 노력하여 목표한 일을 성취해야 한다는 말이다. 《서경》 〈여오(旅獒)〉에 "아홉 길 산을 만들 적에, 한 삼태기의 흙이 부족하기 때문에 그 공이 허물어진다.〔爲山九仞, 功虧一簣.〕"라고 하였고, 《맹자》 〈진심 상(盡心上)〉에 "우물을 아홉 길을 팠더라도, 샘물에 미치지 못하면, 우물을 버리는 것이다.〔掘井九軔, 而不及泉, 猶爲棄井也.〕"라고 하였다.

73 색난(色難)이……뛰어나네 : 김대진이 부모 봉양을 위해 고향으로 돌아감을 읊은 것이다. 색난은 《논어》 〈위정(爲政)〉에 "자하가 효에 대해 물으니, 공자께서 말씀하시기를 '얼굴빛을 가지기가 어렵다.' 하였다.〔子夏問孝, 子曰色難.〕"라는 말에서 나온 것으로, 자식이 즐거운 얼굴색으로 부모를 봉양하기가 어렵다는 의미이다. 혹은 부모의 안색을 살펴서 봉양을 잘 하는 것이 어렵다고 풀이하기도 한다. 맹분(孟賁)은 전국시대 제(齊)나라의 역사(力士)로 "그러므로 힘은 오획을 일컫고, 날래기는 경기를 말하며, 용맹은 맹분과 하육을 기약한다.〔故力稱烏獲, 捷言慶忌, 勇期賁育.〕"라는 말이 있다. 《漢書 卷57 司馬相如傳》

활연관통하여 근본을 보리라[74]	寥豁覩本根
민강은 무협을 내려와	岷江下巫峽
하염없이 긴 물결 내달리고	渼渺長波奔
붉은 천리마는 멀리 가는 수레 끌고서	赤驥服遠駕
재빠르게 곤륜산 넘는다네[75]	軼景超崑崙
함께 어울려 사계절 지냈는데	相隨歷四序
어느덧 흥건히 내리는 이슬 보게 되었네	忽見草露繁
점차 구월 다가오고	漸近授衣月
게다가 서리 내린 등성이 밟는 감회 있음에랴[76]	況感履霜原
짚신 신고 산 넘고 강 건너	芒鞋涉關河

74 곤역(閫閾)에……보리라 : 학문에 정진하면 본원을 보게 될 것이라는 말이다. 곤역은 문지방을 말하는데, 여기서는 학문의 높은 경지를 의미한다.

75 민강(岷江)은……넘는다네 : 김대진이 훌륭한 자질을 갖추었으므로, 학문에 정진하여 발전해 나가라는 말이다. 민강은 양자강 상류의 지류로, 사천성(四川城) 중부에 있으며, 양자강의 지류 가운데 수량이 가장 많은 곳이다. 적기(赤驥)는 붉은 빛이 나는 준마(駿馬)이다.

76 점차……있음에랴 : 수의(授衣)는 《시경》〈칠월(七月)〉의 "7월에 심성이 서쪽으로 내려가거든, 9월에 옷을 만들어 주느니라.〔七月流火, 九月授衣.〕"라는 내용에서 나온 말로, 9월을 의미한다. 이상원(履霜原)은 서리 내린 등성이를 밟는다는 말로, 돌아가신 부조(父祖)에 대한 그리움을 의미한다. 《예기》〈제의(祭儀)〉에 "가을에 서리와 이슬이 내리면, 군자가 그것을 밟고 반드시 슬픈 마음이 생기나니, 이는 날이 추워져서 그런 것이 아니다. 또 봄에 비와 이슬이 내려 땅이 축축해지면, 군자가 그것을 밟고 반드시 섬뜩하게 두려운 마음이 생기면서, 마치 죽은 부모를 곧 만날 것 같은 생각이 들게 된다.〔霜露旣降, 君子履之, 必有悽愴之心, 非其寒之謂也. 春雨露旣濡, 君子履之, 必有怵惕之心, 如將見之.〕"라고 하였다. 여기서는 김대진이 선영(先塋)을 돌보기 위해 고향으로 돌아감을 읊은 것이다.

돌아가는 마음 바람에 나부끼는 깃발처럼 심란하리　歸念劇風幡
허전한 마음으로 쓸쓸하고 고요한 가운데　空虛守孤寂
서글피 맑은 술잔 마주했네　惻愴臨淸尊
새는 고향 숲으로 돌아가기를 생각하고　鳥思返故林
학은 놀라 가을 마루에서 우는구나　鶴警唳秋軒
곤궁한 처지에 이별하는 마음 괴로워　居窮別離苦
늙은 이 사람 눈물 자꾸 흘리노라　年老涕泗煩
시름하며 빈천한 내가 시를 지어 읊으니　悶爲貧賤詠
인자가 말을 주는 것에 부끄럽네[77]　愧贈仁者言
봄 돌아와 복사꽃 뜬 물결 따뜻하거든　春來桃浪暖
그대가 용문에 있기를 바라노라[78]　期子在龍門

박천의 김원 博川金瑗

사람마다 좋은 곳에 살려 하지　擇美衆所趣

77 시름하며……부끄럽네 : 이민구가 이처럼 시를 써서 주는 것이 주제 넘는 것 같다는 겸사이다. 공자(孔子)가 주(周)나라에 가서 노자(老子)에게 예(禮)를 묻고 떠나려 할 때, 노자가 공자를 보내면서 이르기를 "내가 들으니, 부귀한 사람은 사람에게 재물을 주어 보내고, 인한 사람은 사람에게 말을 주어 보낸다 하는데, 나는 부귀하지 못한 사람이니, 인한 사람의 호칭을 훔쳐서 그대에게 말을 주어 보내노라.〔吾聞富貴者送人以財, 仁人者送人以言, 吾不能富貴, 竊仁人之號, 送子以言.〕"라고 했다는 고사가 있다. 《史記 卷47 孔子世家》

78 봄……바라노라 : 봄에 과거에 합격하기를 바란다는 말이다. 용문(龍門)은 황하(黃河) 상류의 물이 급격히 쏟아져 내리는 협곡의 이름으로, 세 계단으로 되어 있는데, 그 폭포수를 물고기가 뛰어 오르면 용이 된다는 고사에서 유래하여, 과거 급제를 비유하는 말로 사용된다.

나쁜 곳은 외면하나니 處苦人所捨
복사꽃 오솔길에 지난 자취 많지만[79] 桃蹊往跡多
가시덤불에는 오는 이 적어라 棘林來蹤寡
공자가 진에 계실 때 仲尼昔在陳
현가 부르며 따르는 이 많아 絃歌盛從者
우러르고 의지하기를 궁장처럼 하더니 瞻依有宮墻
환란에는 광야에 버렸네[80] 患難遺曠野
중심의 정성이 진실하지 않다면 中誠苟不眞
겉으로 사모함은 실로 거짓이라네 外慕實爲假
처음 내가 영변에 나그네 되었을 때 始我旅西塞
배우는 사람들이 집에 넘쳐났지 學徒溢旁舍
두 사람이 교초처럼 빼어났으니[81] 兩生挺翹楚
좋은 재목 추나무 가나무에 비길 만했지 良材比楸檟

79 복사꽃……많지만 : "복사꽃과 오얏꽃이 말을 하지 않아도, 사람들이 알고 찾아와 그 아래에 저절로 길이 이루어진다.〔桃李不言, 下自成蹊.〕"라는 말이 있다. 《史記 卷109 李將軍列傳 贊》

80 공자(孔子)가……버렸네 : 공자가 채(蔡)나라에서 3년 동안 거주하고 초(楚)나라의 초빙을 받아 가던 중, 진(陳)나라 대부와 채나라 대부가 보낸 수하인들에게 포위된 일이 있었다. 당시에 "7일 동안 식량이 떨어지고 외부와 두절된 상태에서 채소국도 배불리 먹지 못해, 따르는 이들이 모두 병들었는데, 공자는 더욱 강개하여 강송하며 현가를 그치지 않았다.〔絶糧七日, 外無所通, 藜羹不充, 從者皆病, 孔子愈慷慨, 講誦絃歌不衰.〕"라는 고사가 전한다. 《孔子家語 卷5 在厄第20》

81 두……빼어났으니 : 김대진과 김원(金瑗)이 출중했다는 말이다. 교초(翹楚)는 뛰어난 인재를 의미한다. 《시경》 〈한광(漢廣)〉에 "쑥쑥 뻗은 잡목 속에, 그 가시나무를 베리라.〔翹翹錯薪, 言刈其楚.〕"라고 하였다.

이배되었어도 법망에 걸린 죄인인데[82] 內移猶網罟
남쪽 바라보며 힘겹게 따라왔네 南望酸脛踝
따라오느라 자네 다리에 굳은살 박혔고 追隨爾脚胝
그 정성 생각하니 나는 얼굴 붉어졌지 感念吾顔赭
스승 따르니 그 도가 진실로 정성스럽지만 從師道固勤
냄새 쫓아오니 그 꾀가 참 잘못 되었구나[83] 逐臭計應下
모진 눈보라 치는 한겨울에 달려와서 虐雪走嚴冬
장맛비 내리는 뜨거운 여름 내내 곁에 앉아 있었네 淫霖坐炎夏
뜻을 지켜 담박한 숙식 감수하며 守志甘淡薄
그 몸가짐 대단히 올발랐지 行己極修雅
새벽녘 책에서 작은 글자 더듬어 읽고 曉卷尋細字
한밤 등잔에는 기름불 이어졌지 宵釭續膏灺
본래 좋은 자품 갖추었으니 本自具鑪捶
어찌 도야가 필요하랴[84] 豈伊資陶冶

82 이배(移配)되었어도……죄인인데 : 이민구가 영변에서 아산으로 이배되기는 했어도, 여전히 죄인의 신분이라는 말이다. 내이(內移)는 외지에서 내지로 적소(謫所)를 옮긴다는 뜻이다.

83 스승……되었구나 : 스승을 따라 도를 배우려는 자세는 훌륭하지만, 이민구 자신을 따라온 것은 잘한 일이 아니라는 겸사(謙辭)이다. 축취(逐臭)는 《여씨춘추(呂氏春秋)》 〈우합(遇合)〉에 보이는 말이다. 그 글에 "몸에서 대단한 악취가 나는 사람이 있어 친척, 형제, 아내, 친지 등 그 누구도 그와 함께 거처할 수 없게 되자, 스스로 고민 끝에 홀로 바닷가에 가서 살았는데, 그 바닷가에 사는 한 사람이 유독 그 냄새를 좋아하여, 밤낮으로 그를 따라다녀서 그의 곁을 떠나지 않았다.〔人有大臭者, 其親戚兄弟妻妾知識無能與居者, 自苦而居海上, 海上人有說其臭者, 晝夜隨之而不能去.〕"라고 하였다. 여기서는 이민구를 가리키는 말로 사용되었다.

부지런히 한유와 소식 본받고	俛焉襲韓蘇
서둘러 굴원과 가의를 따라잡고자 하네	急欲攀屈賈
타향에 한 해 저물어 가니	他鄉徂歲闌
고향에 서늘한 바람 불겠지	故林涼飆灑
어찌 부모님 봉양 잊을까[85]	寧忘綵衣斑
이미 내리는 흰 이슬에 서글프네[86]	已愴白露瀉
이별 재촉하니 나그네 기러기 한탄스럽고	別促歎賓鴻
갈 길 머니 종과 말이 시름하네	路長愁僕馬
술잔 멈추니 슬픔이 가슴에 가득하고	停杯悲滿懷
손 마주잡으니 눈물이 손아귀에 흥건하다	握手淚盈把
조보의 수레 펼쳐 가되[87]	倘展造父駕

84 본래……필요하랴 : 김원이 천성적으로 좋은 자품을 갖고 태어났기 때문에, 이민구에게 가르침을 받을 필요가 없다는 말이다. 노추(鑪捶)는 노추(爐錘)와 같은 말로, 화로와 도가니를 가리킨다. 이는 모두 금속을 제련하는 데 쓰이는 도구로, 전하여 우주 자연의 조화(造化)를 주관하는 조물주(造物主)를 비유하는 말이다. 《장자(莊子)》 〈대종사(大宗師)〉에 "무장이 그의 아름다움을 잃고, 거량이 그의 힘을 잃고, 황제가 그의 앎을 잃은 것은 모두가 노추의 사이에 있을 뿐이다.〔夫無莊之失其美, 據梁之失其力, 黃帝之亡其知, 皆在鑪捶之間耳.〕"라고 하였다.

85 어찌……잊을까 : 김원이 고향을 오랫동안 떠나 있었으므로, 부모님을 뵈러 가야 한다는 말이다. 채의(綵衣)는 옛날 주(周)나라 노래자(老萊子)가 나이 70에 이르렀음에도, 어버이를 즐겁게 해 드리기 위하여 색동옷을 입고 재롱을 떨었다는 고사에서 나온 말이다. 《高士傳》

86 이미……서글프네 : 김원이 오랫동안 선영에 성묘하지 못해서, 마음 아파한다는 말이다. 백로(白露)는 흰 이슬인데, 돌아가신 부조(父祖)에 대한 그리움을 의미하는 말로 사용된다. 574쪽 각주76 참조.

87 조보(造父)의……가되 : 김원에게 능력을 발휘해서 끝까지 노력하라는 말이다.

먼저 유자의 사를 보게나[88] 先看孺子社

조보는 주(周)나라 목왕(繆王) 때 사람으로, 말을 잘 몰았던 인물이다. 목왕이 서쪽으로 가서 수렵에 빠져 돌아오길 잊었는데, 서언왕(徐偃王)이 반란을 일으키자, 그가 왕의 말을 몰아 하루에 천 리를 달려가 서언왕을 공격하여 대파시켰다. 그 공으로 조성(趙城)을 받았다고 한다.《史記 卷43 趙世家》

88 먼저……보게나 : 뛰어난 인재와 어울리라는 말이다. 유자(孺子)는 서치(徐穉)의 자이다. 그가 동한의 현사로서 당시의 대가 진번(陳蕃)을 찾아 놀았기에 한 말이다.

회옹[89]을 곡하다
哭淮翁

이 마음 어이 아니 슬프랴	我懷豈不悲
살아 이별이 사별 되었어라	生別仍死別
살아서는 만날 기약 있지만	生猶望前期
죽어서는 끝내 없어지고 만다네	死當終淪沒
갑자기 떠나서 이승과 저승으로 갈리니	忽去間幽明
영원히 이 세상과의 인연 끝났네	永與天壤畢
의젓한 풍채 눈에 삼삼하여	風神森眼目
물에 비친 달이 일렁이는 것 같네	若淘水中月
아득히 자연의 변화를 따라가니	冥茫從物化
번갯불처럼 한순간이네	驚電隨一瞥
생각해 보니 지난날 젊었을 때	憶昔少壯日
술잔 기울이며 의기양양했지	銜杯倚傲兀
안줏거리 공연히 차렸을 뿐	肴核空在陳
술잔 가득 차 일어나지 않았지	壺觴湛不發
수명은 나도 얼마나 남았으랴만	年命吾詎幾
슬프다 영원히 끊어졌네	惻惻長蕪絶

89 회옹(淮翁) : 신익성(申翊聖, 1588~1644)으로, 본관은 평산(平山), 자는 군석(君奭), 호는 낙전당(樂全堂)·동회거사(東淮居士)이다. 선조(宣祖)의 딸 정숙옹주(貞淑翁主)와 혼인하여 동양위(東陽尉)에 봉해졌다.

2

젊어서 친구들 많아　　少小富結友
그 우의 가까운 친척보다 더했지　　託好踰密戚
약관에 친구 되어　　綢繆弱冠年
오랜 사귐 늙도록 이어졌네　　久要見頭白
지금은 대부분 죽고　　及玆零落盡
살아남은 사람 도리어 객이 되겠네　　留者返爲客
옹기종기 땅 속의 백골 되었으니　　纍纍土中骨
인명은 금석처럼 영원하지 않다네　　人命匪金石
후생들이 문호에 많건만　　後生門戶多
선배들은 일으키는 방법 없어라　　前輩不可作
몸 늙어 비록 돌아가도　　身老縱得歸
어디에서 옛 정을 펼칠까　　何處展宿昔
봄바람에 새로 돋은 버들가지 깨끗하고　　春風濯新柳
새벽안개가 높은 누각에 걷히네　　曉霧褰高閣
한번 가서 온통 아득해지니　　一逝混茫茫
만날 날을 저승에 부치노라　　交期付冥莫

3

세월 가니 세상은 뜬구름 같고　　辰往世若浮
도가 행해지지 않으니 몸이 허물되었네　　道屈身爲累
돌아가는 나그네 역려에 머무는데　　歸客滯逆旅
몽사에 쉬 이르는구나[90]　　濛汜行易至
완연한 저 마음의 벗　　宛彼在心友

나를 버리고 먼저 돌아갔네　　舍我先脫屣
죽은 사람은 때 묻을 일 적지만　　逝者薄滋垢
산 사람은 오래 붙어사느라 지치네　　存者疲久寄
인생 달관에 무엇을 힘입으랴　　達生亦何聊
장자와 노자가 남긴 뜻 있다네　　莊聃有遺意
장수와 요절이 진실로 한 가지라면[91]　　彭殤苟一途
슬픔과 기쁨을 다 버릴 수 있으리　　悲喜可兩棄
지사는 세상을 좁다 여기는데　　志士狹中寰
근심하는 사람은 세월 빠름을 느끼네　　憂人感年駛
이 두 가지에 혼란스러워　　錯莫此二柄
말없이 남몰래 눈물 흘리노라　　無言黯垂淚

4

이 사람 이미 형제도 드물어　　人生旣終鮮
세상에 오직 이 한 몸 남았네[92]　　四海唯一身

90 돌아가는……이르는구나 : 사람이 세상에 머무는 기간이 매우 짧다는 말이다. 몽사(濛汜)는 해가 넘어가는 곳으로, 장형(張衡)의 〈서경부(西京賦)〉에 "해가 부상(扶桑)에서 떠올라 몽사로 넘어간다."라고 하였다.

91 장수와……가지라면 : 팽(彭)은 팽조(彭祖)로서 800살을 산 사람이고, 상(殤)은 성년이 못 되어 죽은 아이를 가리키는데, 장수(長壽)와 요절(夭折)을 말할 때 흔히 쓰이는 말이다. 《莊子 齊物論》

92 이 사람……남았네 : 종선(終鮮)은 《시경》 〈양지수(揚之水)〉의 "느릿느릿 흐르는 저 물결, 나뭇단도 떠내려 보내지 못하네. 끝내 형제가 드물어 오직 나와 너뿐이네.〔揚之水, 不流束楚, 終鮮兄弟, 維予與女.〕"라고 한 데서 온 말로, 형제가 적은 것을 말한다. 이민구에게는 형 이성구가 있었으나, 1644년(인조22)에 운명하였다.

만년에 송백의 그늘에서　桑楡蔭松柏

다만 그대와 친했지　獨於夫子親

헤어져 지낸 늘그막 세월　契闊暮年期

나와 맑은 한강 가에서 만나기로 약속했지　約我淸漢濱

내가 돌아갈 날 어찌 정해져 있으랴　我歸豈有日

다만 도의의 순후함을 알았지[93]　但感道義淳

궁도에 만사가 찢겨지니　窮途萬事裂

가지가지로 마음 괴롭구나　百端中酸辛

길이 백운루[94] 바라보지만　永望白雲樓

아득히 배 맬 곳 없구나　繫舟杳無因

횡성의 황량한 밭　橫城不毛田

조만간 나도 돌아가리[95]　朝夕返吾眞

아련히 강 올라가는 노　依依上江檝

황천길에 마땅히 마음으로 알리라　泉路當會神

93 내가……알았지 : 이민구가 해배될 날이 정해져 있지 않지만, 신익성과 맺은 도의지교(道義之交)는 변하지 않을 것이라 확신했다는 말이다.

94 백운루(白雲樓) : 신익성이 지은 정자이다. 《東州集 文集 卷3 白雲樓記》

95 횡성(橫城)의……돌아가리 : 이민구가 횡성을 자신의 장지로 정한 바 있으므로, 이 말은 자신도 곧 죽을 것이라는 말이다. 《동주집(東州集)》 전집(前集) 권6에 〈용호산을 스스로 장지로 정하다〔龍護山自卜壽葬〕〉라는 작품이 있는데, 그 아래에 "뒤에 횡성으로 고쳐 정했다.〔後改卜橫城〕"라는 설명이 있다.

통제사 이순신의 묘

李統制舜臣墓

장군의 한 칼로 푸른 바다 잠잠해져	將軍一劍靜滄溟
동쪽 끝 산천이 피비린내 씻어 냈네	東極山川洗血腥
필마로 묘소에 홀로 찾아오니	匹馬獨來營葬地
묘문의 송백이 지금도 푸르구나	墓門松柏至今青

임효달[96] 씨는 형님과 함께 갑신년(1584, 선조17) 생으로 대대로 서울에서 살았다. 그 어버이의 묘소를 호남으로 이장하고 스스로 몸은 늙고 자손은 미약하다는 이유로 고을살이를 요청하여 능주 목사에 임명되었다. 장차 장지로 삼을 계획이라고 하니 그 뜻이 처량하여 대단히 슬펐다. 내가 이 소식을 듣고 짓는다

任君孝達與伯氏同甲申 世居京師 移葬其親湖南 自以年老子孫弱 求郡得綾州 將爲歸骨計 意悽涼甚悲 余聞而賦之

듣자니 그대가 연주부[97]에 목사로 나간다니	聞君出牧連珠府
늘그막 고을살이 한가하지 않으리	垂老分符未博閑
어찌 현가로 본업 삼을까[98]	肯藉絃歌資素業
장차 몸을 청산에 묻을 생각이라네	欲將骸骨傍青山
봄누에 고치 짓듯 기꺼이 늙어가는데[99]	春蠶作繭甘終老

96 임효달(任孝達) : 1584~1646. 본관은 풍천(豐川), 자는 술지(述之)이다. 《승정원일기》 인조 21년 3월 6일 기사에 임효달을 능주 목사(綾州牧使)에 임명한다는 기록이 있다.

97 연주부(連珠府) : 능주(綾州)를 가리킨다. 《연려실기술(燃藜室記述)》 별집(別集) 권16 〈지리전고(地理典故)〉에 "인조 임신년에 능주목으로 승격시켰다. 연주(連珠)라고도 한다."라는 기록이 있다.

98 어찌……삼을까 : 임효달의 본심이 능주 목사가 되는 데 있는 것이 아니라는 말이다. 현가(絃歌)는 금슬(琴瑟)을 연주하며 노래하는 것으로, 예악으로 교화함을 뜻한다. 공자의 제자 자유(子遊)가 무성(武城)의 읍재(邑宰)가 되어, 현가로 백성을 교화한 고사가 있다. 《論語 陽貨》

가을 기러기 볕 따라가니 아득해 잡을 수 없네[100] 秋雁隨陽杳不攀
오직 옛 벗과 이별하는 한 있어 唯有故人離別恨
흐르는 세월 갑신년 되었음을 더욱 느끼네[101] 流年偏感甲申還

99 봄누에……늙어가는데 : 근심 걱정 속에 늙어간다는 말이다. 소식(蘇軾)의 〈석지(石芝)〉에 "늙은 누에 고치 만드니, 그 속에서 어느 때나 벗어날꼬. 꿈속에 자유로운 지인을 생각하매 공연히 격렬하네.〔老蠶作繭何時脫, 夢想至人空激烈.〕"라고 하였다. 《東坡全集 卷21》

100 가을……없네 : 능주로 부임하는 임효달을 잡을 수 없다는 말이다.

101 흐르는……느끼네 : 임효달과 이민구의 형 이성구(李聖求)가 모두 갑신년에 태어났고, 이 시도 갑신년에 지었기 때문에 이렇게 읊은 것이다.

달빛 아래에서
月下

달빛이 내 옷을 비추니	月華被我衣
깨끗하기가 가을물 같아라	洗然如秋水
다시 청정한 몸으로	還將淸淨身
이 깨끗한 곳에 앉았노라	坐此澄明裏
흉금 펼쳐 은하수 거슬러 가니	披襟遡霄漢
촌심도 일어나지 않네	寸心亦不起
둥근 달 희고 깨끗하여	圓靈湛皎潔
맑게 남은 찌꺼기 사라지네	洞澈消餘滓
빈 못에 맑은 그림자 드리우니	虛潭貯寒影
나타났다 사라졌다 거리낌 없네	生滅俱無累
밤은 고요하고 바람소리 끊기니	夜靜天籟絶
잔물결의 주름도 멈추었네	微瀾息纖綺
위에도 있고 아래에도 있으며	得之俯仰內
만겁 세월을 함께했네	萬劫相終始
밝고 밝게 삼경에 이르니	耿耿到三更
사람들 잠 잘 자는구나	人間睡正美

정생이 생선과 고기를 보내 주다

鄭生送魚肉

풍환은 전사에서 칼만 부질없이 길었고[102]	馮驩傳舍劍空長
기러기가 언제 모이 풍족한 적 있었던가	鴻雁何曾足稻粱
천 년 만에 몸은 화표주의 학으로 돌아왔는데[103]	千載身歸華表鶴
한 달 간 꿈에서 채소밭의 양 끊어졌네[104]	三旬夢斷菜園羊
새로 썬 고기 장 찍어 먹으니 맛나고	新封鼎肉澆漿美
생선 회쳐서 된장 찍어 먹으니 향기롭다	兼割河魚點豉香

102 풍환(馮驩)은……길었고 : 풍환은 전국 시대 제(齊)나라 맹상군(孟嘗君)의 문객이다. 그가 맹상군의 문객이 되어 전사(傳舍)에 있을 때, 긴 칼을 두드리며 "장협아, 돌아가야겠다. 밥에 생선이 없구나.〔長鋏歸來乎, 食無魚.〕"라고 노래했다는 고사가 있다.《史記 卷75 孟嘗君列傳》 여기서는 이민구가 풍환처럼 생선과 고기를 먹지 못하는 처지임을 말한 것이다.

103 천 년……돌아왔는데 : 요동(遼東) 사람 정 영위(丁令威)가 신선이 되고 나서, 천 년 만에 학으로 변해 다시 고향을 찾아와 요동 성문의 화표주 위에 내려앉았는데, 소년 하나가 활을 쏘려 하자, 허공으로 날아올라 배회하면서 "새여 새여 정 영위라, 집 떠난 지 천 년 만에 이제야 돌아왔네. 성곽은 예전 같은데 사람은 간 곳 없어라, 어찌하여 신선 안 배우고 무덤만 즐비한고.〔有鳥有鳥丁令威, 去家千年今始歸. 城郭如故人民非, 何不學仙冢纍纍.〕"라고 했다는 고사가 있다.《搜神後記 卷1》 여기서는 이민구가 아는 사람이 없는 낯선 곳으로 이배되었다는 의미로 풀이된다.

104 한……끊어졌네 : 이민구가 매일 채소만 먹었을 뿐, 한 달 동안 어육(魚肉)을 먹지 못했다는 말이다. 옛날 어떤 사람이 항상 채소만 먹다가 갑자기 한 번 양고기를 먹었더니, 그날 밤 꿈에 오장신(五臟神)이 나타나서 말하기를 "양이 채소밭을 밟아 망가뜨렸다.〔羊踏破菜園〕"라고 했다는 고사가 있다.《笑林》

부끄럽다 스스로 생계 꾸리지 못하고서 慙媿理生難自力
칼과 도마에 의지해 시름겨운 속내 달래누나 却憑刀几緩愁腸

파옹이 지은 〈화도빈사〉[105] 시의 운자에 맞춰 짓다
次坡翁和陶貧士詩韻

내가 아산으로 이배되어 채 1년이 안 되었는데 식량을 마련하기가 점차 어려워졌다. 오늘이 9월 3일이니 중양절이 얼마 남지 않았건만 생각해 보니 술을 마련할 길이 없다. 홀로 서글피 앉아 있다가 우연히 동파(東坡)의 〈화도시(和陶詩)〉를 보았는데 처한 상황이 대단히 유사하므로 마침내 그 시에 화운하였다. 동파가 말하기를 "내가 혜주(惠州)로 옮긴 지 1년 만에 먹을 것과 입을 것이 점차 궁색해졌으니 중양절이 다가오는데도 술상이 썰렁하였다. 이에 도연명의 〈빈사(貧士)〉 시 일곱 수에 맞춰 짓는다."라고 하였다.

호서로 거처 옮겼더니	移居太湖西
의지할 이웃 적구나	隣竝少因依
쓸쓸히 생계 마련할 길 없는데	蕭條寡生理
이렇게 노년 만났어라	迫此將落暉
옷 주니[106] 저무는 계절 안타까운데	授衣感窮節
뜨락에는 맑은 서리 날리네	庭宇淸霜飛

105 화도빈사(和陶貧士) : 소식(蘇軾)의 작품으로 《동파전집(東坡全集)》 권32에 〈화빈사칠수(和貧士七首)〉라는 제목으로 수록되어 있다. 소식이 화운한 도잠(陶潛)의 시는 《도연명집(陶淵明集)》 권4에 수록된 〈영빈사(詠貧士)〉이다.

106 옷 주니 : 수의(授衣)는 옷을 준다는 뜻으로, 옛날에 9월이 되면 미리 겨울옷을 만들어서 주었다고 한다. 574쪽 각주76 참조.

꽃다운 풀들 이미 시들었으니 芳草既消歇
세밑에 누구와 돌아갈까 歲晏與誰歸
어찌 들으랴 절개 있는 선비가 豈聞苦節士
추위와 배고픔에 시달린다는 말을 戚戚疚寒飢
다만 생각건대 백대 뒤에 但念百代後
서글피 사람들 슬프게 하겠지 惻愴令人悲

2

아침에 일어나니 서리 짙게 내려 朝起霜露繁
햇볕 쬐며 초가 마루에 앉았어라 負暄坐茅軒
거처에 어찌 이웃 없으랴 所居豈無隣
사방이 온통 논밭이구나 四望皆田園
논밭에 반쯤 추수 끝나 田園半收穫
곳곳에 밥 짓는 연기 피어나네 處處饒人煙
나는 홀로 무엇을 했던가 而我獨何爲
졸렬한 꾀 계연에게 부끄럽다[107] 謀拙愧計研
중씨는 해진 솜옷 기꺼이 입었지만 仲氏甘縕袍
곤궁에 처해서는 오히려 말이 있었지[108] 在困猶有言

107 졸렬한……부끄럽다 : 생계를 원만하게 꾸리지 못한다는 말이다. 계연(計研)은 춘추 시대 월(越)나라 사람으로, 계산(計算)을 아주 잘하는 데다, 범려(范蠡)의 계책을 사용하여 거부(巨富)를 이루었던 사람이다.

108 중씨(仲氏)는……있었지 : 중씨는 공자(孔子)의 제자로, 이름이 중유(仲由)인 자로(子路)를 가리킨다. 《논어》 〈자한(子罕)〉에 공자가 "해진 솜옷을 입고서, 여우나 담비 가죽옷을 입은 자와 함께 서 있어도, 부끄러워하지 않을 자는 아마 중유일 것이

그대 보았나 범사운이	君看范史雲
시루에 먼지 피어 현자로 칭송됨을[109]	甑塵方稱賢

3

나는 도연명만 못하지만	我不如淵明
줄 없는 거문고는 같구나[110]	乃如無絃琴
어두컴컴한 속세 가운데	黯黮塵埃中
적막하게 맑은 소리 감추고 사노라	寂寞閟淸音
기이한 문자 안다고 소문났지만	徒聞識奇字

다.〔衣敝縕袍, 與衣狐貉者立而不恥者, 其由也與.〕"라고 자로를 칭찬한 말이 있다. 그러나 공자가 진(陳)나라에서 곤경에 처해 7일 동안 양식이 끊어지는 상황이 되자 "또 제가 예전에 선생님께 들으니 '선을 행하는 사람은 하늘이 복으로 보답하고, 불선을 행하는 사람은 하늘이 재앙으로 돌려준다.'라고 하셨습니다. 지금 선생님께서는 덕을 쌓고 의를 품어서 행하신 지 오래인데, 어찌하여 곤궁하게 사십니까.〔且由也, 昔者聞諸夫子, 爲善者天報之以福, 爲不善者天報之以禍. 今夫子積德懷義, 行之久矣, 奚居之窮也.〕"라고 하여, 불평을 제기한 일이 있다. 《孔子家語 卷5 在厄 第20》

109 범사운(范史雲)이……칭송됨을 : 범사운은 후한(後漢) 환제(桓帝) 때 사람인 범염(范冉)을 가리킨다. 내무(萊蕪) 고을의 수령으로 임명되었으나, 모친상을 당해 부임하지 않았고, 당고(黨錮)의 화를 만나 궁핍하게 살면서도 의연하였다. 그래서 고을 사람들이 "범사운의 시루 속에서는 먼지만 풀풀 나고, 범 내무의 가마솥 속에는 물고기가 뛰논다네.〔甑中生塵范史雲, 釜中生魚范萊蕪.〕"라고 노래를 지어 찬미한 고사가 전한다. 《後漢書 卷111 獨行列傳 范冉》

110 나는……같구나 : 도잠(陶潛)처럼 은일자적(隱逸自適)하는 사람은 못되지만, 무현금(無絃琴)을 즐기는 취미는 같다는 말이다. 무현금은 줄 없는 거문고인데, 도잠은 음률(音律)을 알지도 못하면서 무현금 한 개를 마련해 두고는, 술이 얼근해지면 어루만지며 "거문고의 정취만 알면 될 일이지, 굳이 줄을 튕겨서 소리를 낼 것이 있으리오.〔但識琴中趣, 何勞絃上聲.〕"라고 했다는 고사가 전한다. 《晉書 卷94 陶潛列傳》

술 들고 찾아오는 사람 없는데[111]	未見載酒尋
하물며 바라랴 흰 옷 입은 사람이	況望白衣人
내게 술 가져다주기를[112]	惠我供孤斟
선비의 곤궁함이 한 가지 아니니	士窮非一途
먼 후대의 공경심 일으킬 만하네	足以起遠欽
천 년 전 동쪽 울 아래에서	千載東籬下
쓸쓸히 이런 마음이었겠지[113]	蕭條同此心

111 기이한……없는데 : 이민구에게 배우러 오는 사람이 없다는 말이다. 기자(奇字)는 고문(古文)의 특이한 자형으로, 서체의 하나이기도 하다. 《수서(隋書)》 권32 〈경적지(經籍志)〉에 의하면 "한나라 때에 여섯 가지 체로 학동들을 가르쳤으니, 여기에 고문, 기자, 전서, 예서, 무전, 충조가 있었다.〔漢時以六體敎學童, 有古文奇字篆書隸書繆篆蟲鳥.〕"라고 하였다. 〈양웅전(揚雄傳)〉에 "유분이 일찍이 양웅에게서 기자를 배웠다.〔劉棻嘗從雄學作奇字〕"라고 하였고, 또 "집이 본래 가난하고 술을 좋아하였는데, 그의 집에 찾아오는 이가 드물었다. 때때로 호사자들이 술과 안주를 가지고 와서 어울리며 배웠는데, 거록 사람 후파는 늘 양웅의 집에 기거하면서 《태현경》과 《법언》을 배웠다.〔家素貧耆酒, 人希至其門. 時有好事者, 載酒肴從游學, 而鉅鹿侯芭, 常從雄居, 受其太玄法言焉.〕"라고 하였다. 《漢書 卷87下》

112 하물며……가져다주기를 : 술을 보내 주는 사람이 없다는 말이다. 백의인(白衣人)은 흰 옷 입은 사람이라는 뜻으로, 도잠(陶潛)이 중양절(重陽節)에 술이 없어 집 주변 국화 떨기 속에서 국화를 한 움큼 따고, 한참 앉아 있다가 흰 옷 입은 사람이 오는 것을 보았는데, 자사(刺史) 왕홍(王弘)이 술을 보내는 인편이었다는 고사가 있다. 《續晉陽秋》

113 천 년……마음이었겠지 : 〈영빈사(詠貧士)〉를 읊던 도잠(陶潛)의 심경(心境)도 지금의 이민구 심경과 같았을 것이라는 말이다. 동리(東籬)는 도잠의 〈음주(飮酒)〉 20수 가운데 다섯 번째 시에 "동쪽 울 아래에서 국화꽃을 따면서, 유연히 남쪽 산을 바라보노라.〔采菊東籬下, 悠然見南山.〕"라는 글에 보이는 시어(詩語)이다. 《陶淵明集 卷3》

4

집 없으니 시향 생각하고[114]	無室憶尸鄕
밭 없으니 토루 그립구나[115]	無田懷土婁
갈지 않고 수확함을 꾀할까[116]	倘規不耕穫
목과 주고 경거로 보답하기를 바라네[117]	瓜投望瓊酬
제갈량이 처음 와룡으로 있을 때[118]	孔明始龍臥

114 시향(尸鄕) 생각하고 : 은둔을 생각한다는 말이다. 시향은 지명으로, 서박(西亳)이라고도 한다. 지금의 하남성 언사현(偃師縣) 서남쪽 신채진(新蔡鎭)이다. 낙양(洛陽) 사람 축계옹(祝鷄翁)이 시향의 북산(北山) 아래에 은둔하여 살면서 백여 년 동안 천 마리의 닭을 길렀는데, 닭마다 이름을 붙여 준 뒤 닭의 이름을 부르면, 그 닭이 알아듣고 앞으로 나왔다고 한다. 《列仙傳 祝鷄翁》

115 밭……그립구나 : 고향이 그립다는 말이다. 토루(土婁)는 중국 하남(河南) 지방의 지명으로, 두보(杜甫)의 장서(莊墅)가 있던 곳이다. 《두소릉시집(杜少陵詩集)》 권20에 〈빙맹창조장서멱토루구장(憑孟倉曹將書覓土婁舊莊)〉이라는 시가 있다.

116 갈지……꾀할까 : 노력하지 않고 결실을 얻을 수 없다는 말이다. 불경확(不耕穫)은 《주역》 〈무망괘(无妄卦) 육이(六二)〉에 보이는 말로, 그 해석이 다양하다. 이 시의 내용을 감안할 때, 이민구 자신의 생계가 어려운 것은 농사를 짓지 않기 때문이라고 파악한 것이기에 위와 같이 풀이하였다.

117 목과……바라네 : 《시경》 〈목과(木瓜)〉에 "나에게 목과를 던져 주거늘, 아름다운 옥으로 보답하였네.〔投我以木瓜, 報之以瓊琚.〕"라는 내용이 있다. 목과는 과일 가운데 가장 천한 것이므로, 이 구절은 자신의 부족한 시를 남에게 주고, 상대방의 좋은 시를 요청하는 의미로 자주 활용된다. 그러나 여기서는 위의 구와 연결하여 볼 때, 보잘것없는 노력으로 훌륭한 성과를 바란다는 의미로 사용되었다.

118 제갈량(諸葛亮)이……있을 때 : 후한(後漢) 말기에 제갈량이 남양(南陽) 융중(隆中)의 초가집에 은거하고 있을 때, 그의 친구 서서(徐庶)가 유비(劉備)에게 제갈량을 천거하면서 "제갈량은 바로 사람 가운데 누워 있는 용이니, 그를 만나 보지 않으렵니까."라고 말했던 고사가 있다.

세상에 대한 계획 많더니 於世計亦周
홀연 일어나 쟁기 버리고서 欻起舍耒耟
홀로 천하를 걱정하였네 獨爲天下憂
훌륭한 도모 중간에 어긋났으니 良圖中錯迕
이윤과 여상을 어찌 쉽게 짝할까[119] 伊呂豈易儔
양양에 무덤 남았지만 襄陽有遺壟
잡초만 무성하니 어디에서 찾을까 蕪沒焉所求

5

거나하게 취해 잠잘 뿐 陶然一醉眠
이밖에 아무 상관 않노라 外此不相干
아아 입과 배여 嗟哉口與腹
먹는 기관인 너희를 저버렸구나 負汝食爲官
젊어서 좋은 자리에 있었지만 結髮從善宦
녹만 축내는 신세 부끄러웠지[120] 常愧竊素餐
그래서 지금 늘그막에 故茲臨老日
배곯은 채 추운 세밑에 상심하네 顑頷傷歲寒

119 이윤(伊尹)과……짝할까 : 이려(伊呂)는 은(殷)나라 탕왕(湯王)을 보필한 이윤과 주(周)나라 문왕(文王), 무왕(武王)을 도와 주나라를 건국한 태공망(太公望) 여상(呂尙)을 가리킨다. 제갈량의 계책이 비록 훌륭하지만 성공하지 못하였으니, 이윤과 여상에게 비견되기는 어렵다는 말이다.

120 젊어서……부끄러웠지 : 이민구가 젊어서부터 관직에 나갔지만, 능력도 없이 녹만 축내는 사람 같았다는 겸사이다. 소찬(素餐)은 시위소찬(尸位素餐)의 준말로, 자격도 없이 벼슬자리를 차지하고 국록만 축낸다는 뜻이다.

다만 열사의 굳은 심지 남아 있어	唯有烈士腸
장부의 안색 꺾이지 않았어라	不摧壯夫顔
버려두고 다시 말하지 말라	棄置勿復道
말없이 오래도록 문 닫아 두리라	泯然長閉關

6

가을바람에 낙엽은 말라비틀어지고	霜風卷秋蘀
쓸쓸하게 마른 쑥이 뒹구네	颯颯走枯蓬
아름다운 국화 노란 꽃망울 터뜨리니	嘉菊破金英
하나하나 조물주의 빼어난 솜씨로다	一一擢天工
시절이 저물어 가니	時節逝晼晚
국향처럼 고고했던 초공이 서글프다[121]	國香哀楚龔

121 국향(國香)처럼……서글프다 : 벼슬을 마다하고 훌륭한 절개를 지닌 공승(龔勝)과 공사(龔舍)가 안타깝다는 말이다. 국향은 뛰어난 향기를 말한 것으로, 난초꽃의 별칭이다. 《춘추좌씨전》 선공(宣公) 3년 기사에 "난초꽃에는 국향이 있기 때문에, 사람들이 이와 같이 좋아하는 것이다.〔以蘭有國香, 人服媚之如是.〕"라고 하였고, 《광군방보(廣群芳譜)》에는 황정견(黃庭堅)의 말을 인용하여 "난초꽃의 향기는 온 나라를 압도하기 때문에, 국향이라 하는 것이다.〔蘭之香蓋一國, 則曰國香.〕"라고 하였다. 초공(楚龔)은 초양공(楚兩龔)의 준말로, 한(漢)나라의 공승과 공사를 이르는 말이다. 공승은 어려서부터 학문을 좋아하고 경(經)에 밝아, 애제(哀帝) 때 광록대부(光祿大夫)까지 되었다. 그 후 왕망(王莽)이 찬위(簒位)하여, 강학좨주(講學祭酒), 태자사우(太子師友) 등의 벼슬로 공승을 불렀으나, 병을 이유로 나아가지 않았다. 왕망은 해를 거듭할수록 더욱더 융숭한 예로 부르면서 놔두지 않았다. 자기의 뜻이 관철되지 못할 것을 안 공승은 두 아들과 문인 고휘(高暉) 등을 불러 간략하게 치상(治喪) 준비를 하게 하였다. 그 후 다시는 입을 열지 않고 물 한 모금 마시지 않은 채, 14일 만에 79세의 나이로 죽었다. 공사는 처음에 천거를 받아 징소(徵召)되어 간대부(諫大夫)에 제수되었으나

지극한 사람은 천지조화에 부합하면서도　至人合元和
세속에 묻혀 어울려 살지　汨與流俗同
영고성쇠를 모두 버릴 수 있으니　榮枯俱可捐
득실 따라 어찌 막히고 통하랴　得失何塞通
좋은 때에 쓸쓸한 풍경 마주하고 있는데　良辰對蕭索
이중도 나를 따르지 않네[122]　二仲不我從

7

동쪽 언덕 위를 한가로이 거닐며　逍遙東皐上
왕 강주가 오기를 기대하네[123]　屬望王江州

병으로 사퇴하였으며, 다시 징소되어 박사가 되었으나 또다시 병으로 사퇴하였다. 애제(哀帝) 때 태산 군수(太山郡守)를 지내다가, 몇 달 뒤에 고향으로 돌아가겠다고 고하고 물러난 뒤로는, 다시 벼슬길에 나가지 않은 채 집에 있다가 졸하였다. 일찍이 미앙궁(未央宮)에서 숙직하다가, 거미줄에 날벌레가 걸려서 날아가지 못하는 것을 보고 탄식하기를 "나의 삶도 저와 마찬가지다. 벼슬이란 사람에게 있어서 거미줄과 같은 것이다. 어찌 머물러 있을 필요가 있겠는가."라고 하고는, 즉시 관(冠)을 나무에 걸어 두고 물러난 고사가 전한다.《漢書 卷72 兩龔傳》

122 이중(二仲)도……않네 : 이민구를 따라 함께 어울릴 사람이 없다는 말이다. 이중은 한(漢)나라 때 세상의 명리(名利)를 피해 숨어 살았다는 양중(羊仲)과 구중(求仲)을 가리킨다. 장후(蔣詡)가 두릉(杜陵)에 은거하면서, 정원에다 세 개의 오솔길을 만들어 놓고, 오직 양중과 구중 두 사람과 함께 왕래하며 노닐었다는 고사가 전한다.《三輔決錄》

123 동쪽……기대하네 : 이민구가 동쪽 언덕을 거닐면서 술을 들고 찾아오는 사람이 있었으면 하고 은근히 바라고 있는 모습을 형용한 것이다. 왕 강주(王江州)는 왕홍(王弘)으로 중양절에 도잠(陶潛)에게 술을 보내 주었다는 고사가 있다. 593쪽 각주112 참조.

우거진 뽕나무 그림자에　翳然桑柘影
솔과 국화가 진실로 내 짝일세　松菊眞我儔
비록 김장과 같은 운을 만나지 못했지만　雖無金張遇
스스로 혜완의 무리라 믿노라[124]　自信嵇阮流
한 표주박 물에도 지극한 즐거움 있고[125]　一瓢有至樂
천종의 녹이 훗날의 근심도 되지　千鍾貽後憂
나는 가난해도 기꺼이 홀로 깨어 있으니　吾貧甘獨醒
비록 취하려 해도 누구와 술잔 주고받을까　縱醉誰相酬
빈천하다고 어찌 하겠는가　窮賤亦何嘗
군자는 마땅히 스스로를 닦을 뿐이지　君子當自修

124 비록……믿노라 : 부귀한 운수를 타고나지는 못했어도, 유유자적한 삶을 산다는 자위적(自慰的) 표현이다. 김장(金張)은 한(漢)나라 때 칠세(七世)에 걸쳐 고관대작(高官大爵)에 올라 부귀영화를 극도로 누렸던 김일제(金日磾)와 장안세(張安世)를 가리킨다. 혜완(嵇阮)은 위말 진초(魏末晉初) 때에, 노장(老莊)의 무위자연(無爲自然)을 담론하며 술로 세월을 보낸 혜강(嵇康)과 완적(阮籍)을 이른다.

125 한……있고 : 가난한 삶 속에서도 즐거움이 있음을 말한다. 《논어》 〈옹야(雍也)〉에 "한 대광주리의 밥과 한 표주박의 물을 먹으며, 궁벽한 시골에서 사는 것을 다른 사람들은 견디지 못하는데, 안회는 그 즐거움을 고치지 않았다.〔一簞食, 一瓢飮, 在陋巷, 人不堪其憂, 回也不改其樂.〕"라고 하였는데, 여기서는 이 말을 원용한 것이다.

중양절에 술이 없었다. 도잠의 〈기유년 9월 9일〉[126] 운에 맞춰 짓다

九日無酒 次陶詩己酉九月九日韻

중양절에 서리 짙게 내려	九日霜露濃
잎 떨어지고 숲 그림자 변하는데	葉隕林影交
국화의 노란 꽃송이는	時菊有黃華
세찬 바람에도 시들지 않았네	勁風寒不彫
소매 품에 가득히 따서	采采滿懷袖
잠시 높은 산에 올랐어라	薄言上山高
머리 들어 기러기 바라보니	擧頭見鴻雁
끼룩끼룩 푸른 하늘 질러간다	嘹唳度靑霄
어찌하면 한 말 술 얻어	安得一斗酒
일 년 내내 애쓴 나를 위로할까	慰我卒歲勞
몇 이랑 밭이 어찌 없으랴만	豈無數畝田
봄 가뭄에 곡식 다 타들어갔네	春旱禾穀焦
이웃들 떠들썩하게 노래하고 웃으며	四隣歌笑喧
밤새도록 즐거워 화기애애한데	竟夕樂陶陶
홀로 깊이 시름하는 사람은	獨有幽憂人
쓸쓸히 종일토록 앉아 있노라	寂寞坐終朝

126 기유년 9월 9일 : 《도연명집(陶淵明集)》 권3에 〈기유세구월구일(己酉歲九月九日)〉이라는 제목으로 수록되어 있다.

영인산에서

靈人山

영인산(寧仁山)이라고도 한다.

가을 새벽에 대 지팡이 짚고	秋曉挾枯竹
천천히 걸어 그윽한 시내에 이르러	徐步得幽磵
고요한 향교[127] 서쪽에서	窈窕儒宮西
느릿한 물줄기 건너네	稍涉溪流慢
우거진 숲 사이로 높은 산비탈 오르며	蒙茸陟危磴
구불구불 험준한 잔도 탔노라	曲折乘險棧
바위 높아 아지랑이 걷혔고	石秀陰靄褰
숲 성겨 햇살 갈라지네	林瘦陽光鏟
벼랑 가팔라 발 디디기 어렵고	峻壁澁投足
봉우리 높아 눈 어질어질	欹岑眩游盼
높디높은 최고봉	峨峨最高峯
우뚝 솟아 기러기도 돌아서 가네	拔地回過雁
강과 바닷가에 깊이 서려	深蟠江海上
구릉 사이에서 볼 수 없네	不見丘陵間
찾아올 때는 날 맑아 좋았는데	探尋喜天霽
돌아가려니 날 저물어 걱정일세	欲歸憂景晏

127 향교 : 유궁(儒宮)은 향교를 말하는데, 여기서는 충남 아산시 영인면 아산리에 있는 아산향교를 말하는 것으로 보인다.

젊어서부터 명승지 구경 좋아하여	弱齡慕濟勝
신과 버선 항상 준비하였지	鞋襪常自辦
오직 두 눈으로 보는 것만 알아서	唯知徇雙眼
두 다리 한가하지 않았는데[128]	未肯饒兩骭
늙고 굼떠지니 올라 구경하기 힘들어	老懶倦登覽
진경을 꿈에 맡겼지	眞境付夢幻
우연히 나왔다가 평소 바람 이루었으니	偶出諧宿心
그럭저럭 오를 만하구나	躋攀覺便串

128 오직……않았는데 : 승경(勝景)을 찾아다니며 보느라, 다리 아픈 줄도 모르고 이곳저곳을 쉼 없이 다녔다는 말이다.

동림사[129]에서

桐林寺

그윽한 산기슭 서쪽에	窈窕林麓西
적막하게 닫혀 있는 암자	寂寞禪莊閉
차갑고 깨끗한 샘물 솟고	泠泠淸井源
그 위로는 가녀린 대 덮였어라	上廕篔竹細
천 년 법왕의 궁전[130]	千年法王宮
무너진 벽을 등 넝쿨이 가렸네	破壁藤蘿翳
단청은 반쯤 바랬고	丹靑半凋換
시든 풀이 섬돌 덮었네	衰草沒幽砌
비에 젖은 불상	雨淋金粟影
먼지 쌓인 백호의 사이[131]	塵昏白毫際
변하고 사라짐 잠깐 사이인데[132]	變滅彈指頃

129 동림사(桐林寺) : 《아산군지(牙山郡誌)》에 의하면, 동림사는 신라 때 창건되어 조선 시대까지 명맥을 유지하다가 폐사되었다고 한다. 1942년에 동림사 터에 법당을 중창하여, 관음사로 개명하였다.

130 천 년……궁전(宮殿) : 오래된 절이라는 말이다. 법왕(法王)은 부처 또는 조사(祖師)를 뜻한다. 부처는 법문(法門)의 주인이며 중생을 교화함에 있어 자유자재한 묘용(妙用)이 있다 하여 붙여진 이름이다.

131 비에……사이 : 금속영(金粟影)은 진(晉)나라의 고개지(顧愷之)가 그린 유마힐(維摩詰)의 화상(畫像)이다. 후대에는 생생하게 묘사된 불상을 이른다. 백호(白毫)는 부처의 삼십이상(三十二相)의 하나인 백호상(白毫相)이다. 미간(眉間)의 오른쪽에 동그랗게 말린 흰 터럭이 나 있는데, 그 터럭으로 밝은 빛을 발한다고 한다.

참 부처가 어찌 세상에 머물랴	眞佛寧住世
고승[133]들도 마침내 사라지니	龍象竟冥茫
산문에도 흥망이 있구나	山門有興替
다만 괴이하게도 승려들의 역사 허황하여	獨怪僧史妄
천복 황제가 창건했다 하네[134]	謂創天復帝
왕위가 전복될 상황이라	神器屬顚覆
궁궐이 편안할 날 없어	黃屋無安稅
서글픈 흘간산 참새처럼	悲涼紇干雀
목숨을 망예에 부쳤는데	身命付莽羿
어찌 도량을 경영하여	豈有營道場
바다 건너까지 시주했으랴[135]	檀施越海裔

132 변하고……사이인데 : 《유마경(維摩經)》에 "이 몸은 뜬구름과 같아서 잠깐 사이에 사라진다.〔是身如浮雲, 須臾變滅也.〕"라고 하였다. 탄지경(彈指頃)은 손가락 튕기는 사이라는 뜻으로, 잠깐 사이를 말한다.

133 고승 : 용상(龍象)은 물속의 용과 육상의 코끼리처럼 큰 힘을 지녔다는 뜻으로, 아라한(阿羅漢)을 비유하며, 학덕이 높은 승려를 가리키는 말로도 사용된다.

134 다만……하네 : 동림사가 당 소종(唐昭宗)의 시주에 의해 창건되었다고 전해진다는 말이다. 천복(天復)은 소종의 연호로 901년부터 904년까지 사용되었다.

135 왕위(王位)가……시주(施主)했으랴 : 동림사가 소종(昭宗)의 시주에 의해 창건되었다는 말을 믿을 수 없다는 의미이다. 흘간(紇干)은 중국 산서성(山西省) 대동시(大同市)의 동쪽에 있는 흘간산으로, 흘건산(紇乾山), 흘진산(紇眞山)이라고도 한다. 이 산 정상에는 여름에도 늘 눈이 쌓여 있을 정도로 춥다고 한다.《太平御覽 卷45 紇乾山》 당(唐)나라 때 "흘간산 꼭대기 얼어 죽는 참새들, 어찌하여 좋은 곳에 날아가 살지 않나.〔紇干山頭凍殺雀, 何不飛去生樂處.〕"라는 말이 유행하였는데, 소종이 떠돌아다니다, 이 말을 거론하며 눈물을 흘렸다고 한다.《資治通鑑 卷264 唐紀 昭宗 天佑元年》 망예(莽羿)는 한(漢)나라의 역적(逆賊) 왕망(王莽)과 하(夏)나라의 역신(逆臣) 유궁

인생이 진실로 조석에 달렸는데	寄生苟朝暮
무슨 마음으로 부처를 모시겠는가[136]	何心奉眞諦
식자들은 한 번 웃고 말테지만	識者付一哂
백성들은 진실로 어리석지	甿俗信愚蔽
세 번 탄식하고 험한 산길 내려오는데	三歎下坎坷
해는 지고 서풍은 매섭구나	日隱西風厲

후 예(有窮后羿)를 함께 일컬은 것으로, 곧 역적을 뜻하는 말인데, 여기서는 소종을 살해한 주전충(朱全忠, 852~912)을 가리킨다.

136 인생이……모시겠는가 : 소종이 환관과 역신들에게 위협받아 언제 죽을지 알 수 없는 처지에서, 어떻게 동림사를 세웠겠냐는 말이다. 진제(眞諦)는 세속의 진리인 속제(俗諦)와 상대되는 말로, 참된 진리를 뜻한다.

큰 절의 처마와 문설주 사이에 어떤 사람이 연당의 밤 잔치를 장난삼아 써놓았다. 십여 명의 이름을 나열해 기록하고 관직을 예측하였는데 내 이름이 두 번째에 있었다. 헤아려보건대 병오년(1606, 선조39) 사이에 기록된 것이니 당시 내 나이가 열여덟 아홉 정도였다. 이제 거의 사십 년이 흘러 나만 살아있고 나머지는 모두 고인이 되었다. 살펴보노라니 마치 다른 시대의 일 같아 감회에 젖어 짓다

大寺簷楣間 不知何人者戲書蓮堂夜宴錄 列記名人十數 預占官位 而余名在第二 計丙午年間所書 時余方十八九 殆今垂四十年 而余獨存 餘皆鬼錄 覽之若隔世事 感而賦之

서호에 유배되어 백발 새로운데	流落西湖白髮新
절간[137]의 필적에 다시 가슴 아리다	招提墨蹟更傷神
누가 알랴 벽 위에 이름 적힌 나그네	誰知壁上題名客
이 절간에 엄연히 와 있는 줄을	猶是堂中見在身

137 절간 : 초제(招提)는 사찰을 가리키는 말이다. 범어(梵語)를 음역한 것으로 척제(拓提)라고도 한다.

묘향산의 언기 대사[138]가 사망하다
香山彦機師亡

서악에서 법보의 사망 소식 전해 오니	西嶽初聞法寶亡
총림에 해 떨어져 어둑어둑 빛이 없구나[139]	叢林落日黯無光
중생들은 전등인 다투어 받들고[140]	人天競奉傳燈印
제자들은 영정 건 법당을 새로 열었네	弟子新開掛影堂
책상 위 경문에서 오랜 묵적 펼쳐 보고	案上經文披舊墨
상자 속 편지에서 남은 향기 맡아보네	篋中書札攬遺香
다른 날 용화회 거듭 열리면	他時再闢龍華會
동쪽 가지가 잣나무에 긴 것을 시험하리라[141]	試驗東枝栢樹長

138 언기 대사(彦機大師) : 1581~1644. 속성은 장씨(張氏), 법호는 편양(鞭羊), 법명은 언기이다. 휴정(休靜, 1520~1604)의 문하에서 수행하여 그의 법을 이어받았다. 저서에 《편양당집(鞭羊堂集)》이 있다.

139 서악(西嶽)에서……없구나 : 언기 대사의 죽음은 불교계의 빛이 사라지는 것과도 같다는 의미이다. 서악은 묘향산(妙香山)을 가리킨다. 법보(法寶)는 보배로운 진리란 말로, 부처의 가르침을 뜻하는데, 여기서는 언기 대사를 가리킨다. 총림(叢林)은 스님들이 정진하는 도량이다.

140 중생(衆生)들은……받들고 : 모든 중생들이 언기 대사를 법맥을 이은 인물로 받든다는 말이다. 인천(人天)은 불교에서 인간계(人間界)와 천상계(天上界)의 중생을 통틀어 칭하는 말이다. 전등(傳燈)은 불법(佛法)이 마음에서 마음으로 전하여 가는 것을 등불에서 다른 등불로 불을 붙여서 끝없이 전파되는 것에 비유하는 말이다.

141 다른……시험하리라 : 훗날 법회가 다시 열리면 언기 대사로부터 전수되는 불법을 징험할 수 있으리라는 의미로 이해된다. 용화회(龍華會)는 불교에서 미륵보살(彌勒菩薩)이 성불(成佛)한 뒤에 중생(衆生)을 제도(濟度)하는 법회(法會)를 가리킨다. 백

수(栢樹)는 어떤 승려가 당(唐)나라의 선승(禪僧) 조주(趙州)에게 달마가 서쪽에서 온 뜻을 묻자 "뜰 앞의 잣나무〔庭前栢樹子〕"라고 대답하였다는 데서 온 말로, 불가의 유명한 화두(話頭)이다. 여기서 잣나무의 동쪽 가지가 자랐다고 한 것은 불법이 조선에 잘 전수되었음을 상징하는 것으로 보인다.

동양위[142]를 꿈꾸다. 이 날 발인하였다
夢東陽 是日發引

서리 내려 들판 하얗고	霜塗野田白
바람 세차 나뭇가지 흔들리네	風戾林柯振
벗이 영원히 가는 길 앞두었으니	故人臨永路
일찍 멍에 얹고 먼 길 나서리라	夙駕方遠胤
이 밤 꿈에 나타나	是夜夢顔色
내게 이별 고하는데	告我別期迅
모습은 초췌해도	形容稍銷毀
광채가 오히려 고왔네	光采猶韶潤
정성스레 평소처럼 말하면서	款曲平生言
오래도록 쫓겨난 신세 슬퍼해 주었네	戚嗟傷久擯
집 밖에서 말울음소리 들려	屋外聞馬嘶
서둘러 가니 술도 권하지 못했네	悤悤酒不進
문 나서며 거듭 돌아보는데	出門重回顧
빼어난 모습 눈에 가득했네	英姿藹盈瞬
놀라 깨어 불러도 이미 아득하니	驚呼已茫昧
흐린 물에 커다란 옥이 잠기누나	濁水淪尺瑾
슬프다 천지의 사이에	惻愴天壤間

142 동양위(東陽尉) : 신익성(申翊聖, 1588~1644)으로, 본관은 평산(平山), 자는 군석(君奭), 호는 낙전당(樂全堂)·동회거사(東淮居士)이다.

생사의 갈림 늘그막에 많구나 存沒集危鬢
갖은 생각으로 새벽까지 앉았노라니 百念坐鷄鳴
푸른 등불에서 불똥만 떨어진다 靑燈隕寒燼

시월에 우레가 치다
十月雷

만년에 태호 남쪽으로 멀리 귀양 오니	殘年遠謫太湖南
세상사에 마음 놀라 온갖 근심 이누나	世事驚心百慮參
시월 우레가 바다와 산에 울리더니	十月雷霆纒海嶽
아침 내내 비바람이 강담에 몰아치네	終朝風雨振江潭
용들이 큰 골짝에서 시름하고	魚龍大壑堪愁寂
승냥이와 범이 중원에서 싸움 한창이네	豺虎中原想戰酣
애초 계획 쉬 어그러지고 몸도 쉬 늙었으니	夙計易乖身易老
이 인생살이 길이 부끄럽다	此生棲息抱長慙

벼를 수확하다

穫稻

수확하느라 외진 산골마을에	納稼山村僻
달구지가 날마다 들락날락	牛車日在門
아이들 다투어 이삭 줍고	兒童競收穫
참새들 들판에 가득하네	鳥雀滿田園
땅 좁아 소출 적은데	地迮場功少
시절 어려워 세금 많구나	時艱井稅繁
서쪽 이웃에 술친구 있어	西隣有酒伴
남은 쌀로 맑은 술 마련하네	餘粒具淸尊

거처를 옮기다
遷居

객지에서 거처 옮겨 시끄러운 세상 피하려 해도	客裏遷居避世喧
위태한 시절 어디에서 무릉도원 찾을까	時危何處覓桃源
양반들 사는 오의항과 가깝고	簪纓近接烏衣巷
어부와 농부들 사는 백석촌과 비스듬히 통하네	魚稻斜通白石村
작은 집 산자락에 있어 소나무가 기와지붕 덮고	矮屋傍山松覆瓦
깊은 계곡 시냇물 흐르고 대나무 사립문에 뻗었네	幽溪帶壑竹侵門
서쪽 아담한 등성이 올라보기 좋으니	西偏細麓便登覽
후대에 남겨 사돈에 비교되게 하리라[143]	留與他年比謝墩

오의(烏衣)와 백석(白石)은 마을 이름이다.

143 서쪽……하리라 : 새로 정한 거처의 서쪽에 있는 작은 등성이를 자주 오르며 노닐어서, 진(晉)나라 사안(謝安)의 돈대(墩臺)에 비교되도록 하겠다는 말이다. 사돈(謝墩)은 사공돈(謝公墩)의 줄임말로, 사안이 항상 노닐던 돈대를 가리킨다.

차운하여 전주 부윤 조경[144]을 전송하다

次韻送趙全尹 絅

지방관 임명 나날이 새로우니	使節州章日日新
전후의 임금 은혜 몸 둘 바 없구나[145]	主恩前後未安身
곤붕이 바다 위 삼신산의 새벽하늘로 날아가니	鯤鵬海上三山曉
도리화 핀 호남에는 고을마다 봄일레라[146]	桃李湖南萬井春
죽마 타던 친구들 부윤되어 돌아옴을 환영하고	竹馬懽迎歸字牧
판여로 봉양하니 군신의 정 볼 수 있네[147]	板輿榮養見君臣

144 조경(趙絅) : 1586~1669. 본관은 한양(漢陽), 자는 일장(日章), 호는 용주(龍洲)·주봉(柱峯), 시호는 문간(文簡)이다. 1644년(인조22) 전부 부윤(全州府尹)에 임명되었다. 《記言 卷40 輔國崇祿大夫行判中樞府事趙龍洲諡狀》

145 지방관……없구나 : 전주 부윤에 임명해 준 임금의 은혜가 크다는 말이다. 조경은 당시 김제 군수(金堤郡守)에 임명되었다가, 전주 부윤 송국택(宋國澤)이 적임자가 아니라는 이유로 두 사람의 임지(任地)가 바뀌었기 때문에, 나날이 새롭다고 한 것으로 보인다. 《承政院日記 仁祖 22年 11月 8日》

146 곤붕(鯤鵬)이……봄일레라 : 조경이 전주 부윤으로 부임하니, 호남 지방은 봄날을 맞이하는 것과 같이 될 것이라는 말로, 조경의 선정(善政)을 기대한 말이다. 곤붕은 북명(北溟)에 사는 곤(鯤)이라는 물고기가 화하여 붕(鵬)이라는 새가 된다는 데서 나온 말인데, 여기서는 조경을 가리킨다. 《莊子 逍遙遊》

147 판여(板輿)로……있네 : 조경이 부모를 봉양하도록 지방관으로 임명해 준 임금의 배려에서, 군신간의 정이 드러난다는 말이다. 판여는 노인이 편히 탈 수 있도록 폭신한 자리를 만든 가마를 가리킨다. 진(晉)나라 반악(潘岳)의 〈한거부(閑居賦)〉에 "모친을 판여에 모시고, 가벼운 수레에 태워, 멀게는 경기 지방을 유람하고, 가까이는 집안 뜰을 돈다.〔太夫人乃御板輿, 升輕軒, 遠覽王畿, 近周家園.〕"라고 하였다.

황당에 어진 수령 있으니 黃堂政有循良吏
백옥에 응당 얼거나 주리는 백성 없으리라[148] 白屋應無凍餒民

승명 출입이 본래 마땅하였으니 承明出入本稱宜
지방관 되어서도 문득 말이 있으리라[149] 五馬爲州却有辭
대윤이 관직 맡으니 사람들 모두 기뻐하고 大尹當官人摠喜
군왕의 석류 세상은 다투어 아노라[150] 君王錫類世爭知
교룡이 물 잃었는데 어찌 기억할까 蛟龍失水何堪記
홍곡이 하늘 높이 날아가니 따르지 못하네 鴻鵠摩霄不可追
먼 길 가며 기꺼이 들러 주니 肯枉軒車留遠轄

148 황당(黃堂)에……없으리라 : 조경이 선정을 베풀어, 전주 지역의 백성들이 곤경에 빠지지 않을 것이라는 말이다. 황당은 웅황(雄黃)의 염료(染料)를 칠한 태수(太守)의 청사(廳舍)로, 보통 지방 장관을 가리키는 말로 사용된다. 백옥(白屋)은 아무런 장식을 하지 않은 작은 초가집으로, 백성들의 집을 가리킨다.

149 승명(承明)……있으리라 : 조경이 내직(內職)에 있으면서 직책을 잘 수행하였으므로, 지방관으로 외직(外職)에 나가도 기리는 말이 있게 될 것이라는 뜻이다. 승명은 승명려(承明廬)의 준말로, 한(漢)나라 때 왕을 시종하던 신하들이 숙직했던 곳이다. 오마(五馬)는 태수(太守)를 가리키는 말로, 지방관을 의미한다. 《둔재한람(遁齋閑覽)》에 "한나라 때 조정 신하가 사자로 가면, 말 네 필이 끄는 수레를 탔는데, 태수는 말 한 필을 더해 주었기 때문에 오마라 한다.〔漢時朝臣出使以駟馬, 爲太守增一馬, 故謂五馬.〕"라고 하였다.

150 대윤(大尹)이……아노라 : 조경이 전주 부윤이 되니 사람들이 모두 기뻐하고, 부모를 봉양하도록 지방관에 임명해 준 임금의 은혜를 세상 사람들이 모두 안다는 말이다. 대윤은 부윤을 가리키는 말로, 조경을 의미한다. 석류(錫類)는 길이 복을 받을 사람이라는 뜻으로, 효자를 가리킨다. 《시경》 〈기취(旣醉)〉에 "효자의 효성 다함이 없는지라, 길이 복을 받으리로다〔孝子不匱, 永錫爾類.〕"라고 하였다.

감히 쓸쓸한 신세로 갈림길에서 애석해하노라[151]　　敢將離索惜分岐

151 감히……애석해하노라 : 이민구가 외롭게 지내는 처지에 있으면서, 조경과의 이별을 안타까워한다는 말이다. 이삭(離索)은 이군삭거(離群索居)의 준말로, 친구들과 떨어져 홀로 산다는 의미이다.

추운 날씨
天寒

날 차가운 바닷가에 저녁 구름 많은데	天寒澤國暮雲多
홀로 빈 집에서 애써 노래하노라	獨向虛齋强嘯歌
문장이 어찌 늙고 병든 몸에 이바지하랴	豈有文章供老病
부질없이 세월만 그 속에서 보내노라	空將歲月費消磨
울밑 싸락눈 사이로 푸른 풀빛 많고	籬根細雪饒青草
강물 위 세찬 바람이 흰 물결 일으키네	江上高風卷白波
세상일 애달피 바라볼 수 없나니	世事不堪頻悵望
중원의 도적들 아직도 창칼 겨누네	中原群盜尙橫戈

12월 1일 밤 꿈에 하례 의식에 참여하여 율시 한 수를 입으로 불러 지었다. 꿈에서 깨어서도 경련의 경 자 운이 매우 분명하게 기억났는데 어떤 조짐인지 알 수 없었다. 앞뒤를 보충하여 시를 완성하였다

臘月初吉夜夢預賀儀 口占一律 覺後記頸聯京字韻甚了了 未知何祥 仍補首尾成篇

하늘 문 맑은 햇살이 용마루 쏘아 비추고	天門晴旭射雕甍
양 섬돌 사이 조회하며 늘어선 의장 평온하다	兩戺朝儀簇仗平
햇살에 용 비늘 반짝여 보좌 열리고	日耀龍鱗開寶座
봄 따라 학 수레가 신경에 돌아왔네[152]	春隨鶴馭返神京
응당 기쁜 기운이 원통한 기운 물리치리니	應將喜氣排冤氣
아울러 환호성이 기리는 소리 되리라	倂把懽聲作頌聲
꿈 깨니 백발로 객지에 매였는데	夢罷白頭縻逆旅
작은 창 남쪽 끝에 새벽 등불 환하다	小窓南畔曙燈明

152 봄……돌아왔네 : 봄에 세자의 수레가 한양으로 돌아왔다는 말이다. 학어(鶴馭)는 학가(鶴駕)와 같은 말로, 왕세자(王世子)를 가리킨다. 《열선전(列仙傳)》〈왕자교(王子喬)〉에 "왕자교는 바로 주(周)나라 영왕(靈王)의 태자 진(晉)인데, 일찍이 흰 학을 타고 가 후씨산(緱氏山)에 머물렀다."라고 하였다. 이로 인해서 후대에는 태자의 거가(車駕)를 학가라고 하게 되었다. 신경(神京)은 수도를 가리킨다. 다음 시의 내용을 참고해 볼 때, 이 구는 소현세자(昭顯世子)가 청(淸)나라에서 귀국하는 것을 암시한 것임을 알 수 있다.

이레 뒤에 삼가 들으니 세자께서 장차 동지 사흘 전에 북경을 출발하여 동쪽으로 돌아오신다고 하므로 운자에 맞춰 기쁨을 기록하다

後七日 恭聞東朝將以長至前三日發北京東還 次韻志喜

장안의 궁궐 즐비한 용마루 날 듯한데	長安宮闕翼千甍
역말로 희소식 전하니 태평시대 경축하네	驛報騰歡慶太平
말 뿔이 나려는가 봉황 수레 돌아오고[153]	馬角欲生旋鳳輦
한 해의 양이 처음 움직이자 연경 출발했다네[154]	歲陽初動發燕京
하늘가에 눈비 내리는 음산[155]의 풍경이고	天邊雨雪陰山色
관외의 파도 소리 발해에 울리지만	關外波濤渤海聲
응당 굳센 신이 엄격히 경호하리니	應有威神嚴警衛
곧 하늘에 해가 거듭 밝아짐을 보리라	早看璇極日重明

153 말……돌아오고 : 소현세자가 귀국하게 되었다는 말이다. 마각욕생(馬角欲生)은 말의 머리에 뿔이 자란다는 말로, 일어날 수 없는 일을 말한다. 연(燕)나라 태자(太子) 단(丹)이 진(秦)나라에 볼모로 있을 때, 본국으로 돌아갈 것을 청하니, 진왕(秦王)이 말하기를 "까마귀 머리가 희어지고 말 머리에 뿔이 나면 돌아가게 될 것이다.〔烏頭白馬生角, 乃可許耳.〕"라고 하였다. 《博物志 卷8》

154 한……출발했다네 : 소현세자가 동지 무렵에 북경을 출발했다는 말이다. 세양초동(歲陽初動)은 동지가 끼어 있는 11월에 양(陽)이 처음 생겨, 복괘(復卦)의 상이 되기 때문에 이렇게 말한 것이다.

155 음산(陰山) : 오늘날의 하투(河套) 이북과 대막(大漠) 이남에 있는 여러 산의 통칭으로, 흔히 중국 북방의 산들을 가리킨다.

서쪽으로 수레를 맞이하러 가는 정생을 전송하다

送鄭生西行迎駕

삭풍 불어 천지 닫히고	朔風天地閉
얼음과 눈이 하천에 매섭다[156]	氷雪厲河梁
머문 사람은 북쪽 창호 꼭꼭 막은 채	居人墐北戶
주리고 언 몸으로 빈 침상에 누웠는데	饑凍臥空床
정생이 먼 길 가면서	鄭生遠于邁
천 리 길에 양식 꾸려오지 않았네	千里不齎糧
그 까닭 물으니	借問何爲爾
이번 일 기뻐 서둘렀다지	樂此行役忙
세자께서 오랫동안 유연에 계셨으니[157]	副君久幽燕
하늘은 캄캄하고 아득하였지	皇穹黯冥茫
팔 년 동안 부로들 그리워하며	八年父老思
목 빼고 서쪽 변방 오래 바라보았지	引領西塞長
청나라가 마침 화란 일으킨 걸 뉘우쳐	殊庭適悔禍
방울 수레 짤랑거리며 돌아오네	鑾輅歸瑲瑲
뭇 신들이 에워싸 호위하고	百神擁環衛

156 삭풍……매섭다 : 겨울철의 차가운 날씨를 말하면서, 청나라의 학대를 은근히 비유하여 표현한 것이다.

157 세자께서……계셨으니 : 소현세자가 9년 동안 심양에 있었음을 읊은 것이다. 부군(副君)은 세자를 의미한다. 유연(幽燕)은 전국 시대의 연(燕)나라, 당(唐)나라 이전의 유주(幽州)로, 중국의 요동(遼東) 및 하북(河北) 지방을 가리킨다.

해와 달이 밝은 빛 드리우네	日月垂晶光
지금 그대가 앞길을 살피러 가니	今子候前途
기쁜 기색 된서리도 아랑곳 않네	喜氣排嚴霜
발에 물집 잡히며 삼천 리[158] 달려가는데	足趼赴百舍
험한 길을 한길처럼 가는구나	險艱猶通莊
산천이 아득하게 펼쳐지고	山川曠綿邈
요동 벌판 까마득히 멀어라	遼野莽蒼蒼
지난날 상란의 초기 생각하니	憶昔喪亂初
울분이 내 가슴속에 다시 돌아오네	鬱紆回我腸
어찌하면 깃털 꽂고 날아가서	安得揷羽翮
길가에서 눈 씻고 맞이할까	拭目衢路傍

158 삼천 리 : 일사(一舍)가 30리이므로, 백사(百舍)는 3,000리이다. 여기서는 먼 길을 의미한다.

한탄스럽다

可歎

산속 썩은 나무 옛 모습 그대로 남아	山中朽木古形貌
밤마다 오솔길에 괴이한 빛 만드네	每夜當蹊作光怪
세상만사 온갖 일 다 있으며	世間萬事無不有
하늘의 뜬 구름도 모양 바뀐다네	天上浮雲足變態
장부가 곤경에 처해 바야흐로 어긋났으니	丈夫坎凜方齟齬
꾸며대며 아첨하는 이들 모두 속된 무리구나[159]	刻畫逢迎盡流輩
저들은 귓병 있어 개미 싸우는 소리 듣고서	從渠耳病聞蟻鬪
날 보는 눈빛이 소 등인가 하는구나[160]	看我目光在牛背

159 꾸며대며……무리구나 : 사실이 아닌 말로 비방하는 무리들이 모두 속된 사람들이라는 말이다. 각화(刻畫)는 새기고 그린다는 뜻으로, 누추한 자질을 아름답게 꾸며 장식해 준다는 말이다. 진(晉)나라 유량(庾亮)이 주의(周顗)에게 "사람들이 모두 그대를 악광(樂廣)에 견주고 있다."라고 하니, 주의가 "어떻게 무염을 화장시켜서 서시의 앞에 내세운단 말인가.〔何乃刻畫無鹽, 唐突西施也.〕"라고 답변한 각화무염(刻畫無鹽)의 고사가 전한다.《晉書 卷69 周顗列傳》 봉영(逢迎)은 "군주의 악을 조장하는 것은 그 죄가 작고 군주의 악을 미리 맞아줌은 그 죄가 크다.〔長君之惡, 其罪小, 逢君之惡, 其罪大.〕"라는 말에서 유래하였다.《孟子 告子下》

160 저들은……하는구나 : 이민구를 의심하는 사람들이 그를 비방하며 의심의 눈초리로 바라본다는 의미이다. 진(晉)나라 은중감(殷仲堪)의 아버지 사(師)가 일찍이 귓병을 앓아 이상하게 잘 들리게 되었는데, 상 아래 개미가 움직이는 소리를 듣고는 소가 싸우는 소리 같다고 말했다는 고사가 있다.《晉書 卷84 殷仲堪列傳》

섣달그믐에 섬에 있는 사람의 시를 받고 그 운자에 맞춰 짓다

除夕得島客詩 次韻

푸른 바다에 떠도는 한 외로운 신하 漂零滄海一孤臣
만 리 우편에 소식 보내니 글에 마음 담겼네 萬里郵筒筆有神
남쪽 끝 무더위 속에 도깨비 막고[161] 南極炎蒸堪禦魅
서호의 눈서리 속에 아직 살아 있네[162] 西湖霜雪尙爲人
위태한 시절 통곡하던 초나라 생각하고[163] 時危痛哭懷存楚
도 없으니 거문고 타며 진에 있을 때 기억하네[164] 道屈絃歌憶在陳
함께 새해를 맞이하고 병도 같이 들었으니 同受新年且同病
두 고을 꺼져 가는 촛불이 앓는 사람 비추겠지 兩鄕殘燭照嚬呻

161 남쪽……막고 : 남쪽 섬에서 유배 중이라는 말이다. 어매(禦魅)는 도깨비를 막는다는 말로, 유배를 의미한다. 570쪽 각주64 참조.

162 서호의……있네 : 이민구 자신은 눈서리 내리는 아산에서 지내고 있다는 말이다.

163 위태한……생각하고 : 직언하다 방축(放逐)되었던 초나라의 굴원(屈原)을 생각한다는 말이다.

164 도(道)……기억하네 : 곤경에 처해서도 평소의 태도를 잃지 않아야 한다는 말이다. 공자(孔子)가 진(陳)나라와 채(蔡)나라 사이에서 포위를 당하여 식량이 떨어지니, 따라온 사람들이 배가 고파 일어나지 못하였는데, 공자는 강송(講誦)하고 거문고를 탔던 고사가 있다.《史記 卷47 孔子世家》

또 오언율시를 차운하다

又次短律

풍속 물으니 인정이 다르고	問俗人情異
귀향은 나그네 꿈에서도 의심하네	還家客夢疑
밭 구하겠다던 옛 계획 포기하고[165]	求田抛宿計
가는 곳마다 새로운 친구 찾노라	着處覓新知
병든 몸 삼시와 함께 머물고[166]	病與三尸住
곤궁한 신세 한 귀신이 따르려 하네[167]	窮將一鬼隨
타향의 더할 수 없이 깊은 한	他鄕莫深恨
말술로 애써 슬픔 달래노라	斗酒强舒悲

2

가는 세월 빨리도 지나가니	徂年超若失
우리 무리 돌아가자 탄식하네[168]	吾黨歎歸歟

165 밭……포기하고 : 구전(求田)은 밭을 구한다는 말로, 원대한 뜻을 버리고 집안일만 경영하는 사람을 말한다. 삼국 시대 유비(劉備)가 "세상을 구할 뜻은 없이 시골에 내려가 집안일 돌볼 생각만 할 뿐〔求田問舍〕"이라고 허사(許汜)를 조롱한 고사가 있다. 《三國志 魏志 陳登傳》 여기서는 해배되어 고향으로 돌아갈 꿈을 접었다는 뜻이다.

166 병든……머물고 : 병을 앓는 자신의 신세를 읊은 것이다. 삼시(三尸)는 사람의 몸속에 들어 앉아, 재앙을 일으키며 상제에게 고자질한다는 도교(道敎)의 귀신이다.

167 곤궁한……하네 : 학질(瘧疾)에 걸릴 것 같다는 말이다. 두보(杜甫)의 시에 "삼년 동안 학질을 앓았는데도, 한 귀신은 녹아 없어지지 아니하였네.〔三年猶瘧疾, 一鬼不銷亡.〕"라고 하였다.《杜少陵詩集 卷8 寄彭州高三十五使君適虢州岑二十七長史參》

드넓은 강호에　地闊江湖上

봄기운이 눈 내린 뒤에 생동하네　春生雨雪餘

소식은 때때로 멀어지고　音書時緬邈

터럭은 날마다 성글어진다　鬢髮日稀疏

홍로 안에 빠져　汩沒洪爐內

일기 부는 대로 기꺼이 따르노라[169]　甘從一氣噓

3

큰 바다 밖 방장산에 있고　方丈重溟外

서호의 깊은 물 가운데 있구나[170]　西湖積水中

사귀는 자리 다른 날 만남을 생각했는데　交壇懷異日

객지에서 다른 풍토 한하네　客土恨殊風

바닷길에 붕새의 도모 장대하고　海運鵬圖壯

168 우리……탄식하네 : 사람들이 세상에 대한 뜻을 접고 초야로 돌아가고자 한다는 말이다. 공자가 "돌아가자, 돌아가자. 우리 당의 소자들이 뜻만 컸지, 행동은 허술해서 찬란하게 문채만 이루었을 뿐, 스스로 재단할 줄은 모르고 있다.〔歸與歸與, 吾黨之小子狂簡, 斐然成章, 不知所以裁之.〕"라고 한 말을 원용한 것이다.《論語 公冶長》

169 홍로(洪鑪)……따르노라 : 주어진 운명에 순응하며 살아간다는 말이다. 홍로는 큰 용광로로, 만물을 생성하는 본원을 말한다.《장자(莊子)》〈대종사(大宗師)〉에 "지금 천지를 큰 용광로로 생각하고, 조물주를 훌륭한 야금장이라고 생각한다면, 어디를 가든 안 될 것이 있겠는가."라고 하였다. 고대에는 일기(一氣)의 취산(聚散)에 따라 만물이 생성소멸한다고 보았다.

170 큰……있구나 : 시를 보내 준 사람은 섬에 있고, 이민구 자신은 아산에 있다는 말이다. 방장(方丈)은 봉래(蓬萊), 영주(瀛洲)와 함께 바다 가운데 있다고 전해지는 삼신산(三神山) 가운데 하나이다.

재앙 없앨 검기 웅장하지만	氛銷劍氣雄
명당에서 장차 예를 논한다면	明堂將議禮
끝내 노의 신공에게 부탁하리[171]	終屬魯申公

171 명당(明堂)에서……부탁하리 : 해배된다면 초야에 물러나 살겠다는 말이다. 명당은 천자(天子)가 정령(政令)을 내는 궁전을 가리키는데, 전하여 조정을 의미한다. 노신공(魯申公)은 한나라 때 노(魯) 지역 사람인 신공(申公)으로, 어려서 초 원왕(楚元王) 교(交)와 함께 부구백(浮丘伯)에게 시를 배웠다. 잠시 동안 초왕(楚王)의 태자 무(戊)의 사부가 되었다가, 물러난 뒤에는 노 땅에 살면서, 집안에서 제자들을 가르쳤다. 종신토록 문밖으로 나가지 않고 빈객들을 사양하였으며, 가끔 왕명이 있을 때에만 대궐로 나아갔다고 한다.《漢書 卷88 申公傳》

섣달 그믐밤에

除夜

쓸쓸함이 마치 이별 자리에 마주한 듯　　悽悽如對別離筵
이 밤 잡고자 해도 벌써 아득히 떠나가네　　欲挽良宵已渺然
북두성 돌고 은하 비끼자 닭 울고 난 뒤에　　斗轉河橫鷄唱後
이 사람도 진정 갑신년을 저버렸네　　此生眞擲甲申年

지은이 **이민구(李敏求)**

1589(선조22)~1670(현종11). 지봉(芝峯) 이수광(李睟光)의 아들로, 본관은 전주(全州), 자는 자시(子時), 호는 동주(東州) 또는 관해도인(觀海道人)이다. 1612년 증광 문과에 장원하였다. 인조반정 이후 사가독서(賜暇讀書)하고, 이괄(李适)의 난에 도원수 장만(張晩)의 종사관이 되어 공을 세웠다. 내직(內職)으로 부제학, 대사성, 도승지 등을 역임하였고, 외직(外職)으로 경상도 관찰사, 강원도 관찰사, 임천 군수를 지냈다. 1636년 병자호란 당시 부검찰사의 직책으로 강화도에 있었는데, 강화도 함락의 책임을 지고 평안북도 영변에 유배되어 7년, 충청남도 아산으로 이배되어 3년 동안 지냈다. 1647년 4월에 해배되었으나 서용(敍用)되지 못하고 생을 마감하였다. 고문(古文)에 뛰어나다는 평가를 받았으며, 저서로 《동주집》, 《간언귀감(諫言龜鑑)》, 《독사수필(讀史隨筆)》, 《당률광선(唐律廣選)》이 있다.

옮긴이

강원모(姜元模)

1957년 충남 예산에서 태어났다. 공주사범대학, 한국교원대학교, 충남대학교에서 교육학을 전공하였다. 현재 충남대학교 한자문화연구소 선임연구원으로 재직 중이다. 공역으로 《기려수필》, 역해서로 《얘야 논어를 읽었느냐》가 있다.

김문갑(金文甲)

1960년 충남 논산에서 태어났다. 한남대학교 대학원에서 동양철학 박사학위를 받고, 아당 이성우 선생에게 수학하였다. 현재 충남대학교 한자문화연구소에 선임연구원으로 재직 중이다. 번역서로 《전례문답》, 《고산유고》 예송관련부분이 있다.

오승준(吳承峻)

1979년 충북 청주에서 태어났다. 충남대학교에서 학사와 석사 과정을 마쳤으며, 박사과정을 수료하였다. 학산 조종업, 아당 이성우 선생에게서 한문을 배웠다. 《서고독사차기》, 《현산집》 번역에 참여하고 있다. 현재 한자문화연구소에서 연구보조원으로 재직 중이다.

정만호(鄭晩浩)

1971년 충남 부여에서 태어났다. 충남대학교와 단국대학교에서 한문학을 전공하였으며, 현재 충남대학교 한자문화연구소 선임연구원으로 재직 중이다. 번역서로는 《취암선생시집》과 공역으로 《기려수필》, 《승암시화》, 《오재집》, 《옥오재집》, 《좌계부담》, 《해동사부》 등이 있다.

권역별거점연구소협동번역사업 연구진

연구책임자 **박우훈**(충남대학교 한문학과 교수)
공동연구원 **김선기**(충남대학교 국어국문학과 명예교수)
이향배(충남대학교 한문학과 교수)
자문위원 **이성우**(한국고전번역원 자문위원)
선임연구원 **강원모**
김문갑
정만호
연구보조원 **오승준**

동주집 3
이민구 지음 | 강원모 · 김문갑 · 오승준 · 정만호 옮김
2015년 4월 28일 초판 1쇄 발행
편집 · 발행 도서출판 문진 | 등록 2002. 5. 6. 제2006-000011호
주소 (305-301) 대전광역시 유성구 대학로 31 한진리조트오피스텔 2004호
전화 042-933-6510 | 팩스 042-367-5510
인쇄 현대그래픽스 | 제본 은정제책사

값 30,000원
ISBN 978-89-92229-84-5 94810
978-89-92229-81-4 (세트)